Schriftenreihe zur Praxis
der Leibeserziehung und des Sports

Band 198

Schriftenreihe zur Praxis
der Leibeserziehung und des Sports

Band 198

Horst Rusch / Stefan Größing

Sport mit Körperbehinderten

Verlag Hofmann
Schorndorf

Die Deutsche Bibliothek — CIP-Einheitsaufnahme

Sport mit Körperbehinderten / Horst Rusch; Stefan Grössing. —
Schorndorf: Hofmann, 1991
   (Schriftenreihe zur Praxis der Leibeserziehung und des Sports; Bd. 198)
   ISBN 3-7780-9981-7
NE: Rusch, Horst [Hrsg.]; GT

Bestellnummer 998

Zeichnungen und Fotos: Von den Verfassern

Erschienen als Band 198
der ,,Schriftenreihe zur Praxis der Leibeserziehung und des Sports‘‘

Gesamtherstellung in der Hausdruckerei des Verlags
Printed in Germany · ISBN 3-7780-9981-7

Inhalt

Vorwort

Die eine Sportwelt von früher — hat sie wohl jemals bestanden, wie sie Sportfunktionäre in ihren Reden beschrieben und beschworen haben — ist zu einer, bestenfalls lose miteinander verbundenen Gemeinschaft mehrerer Sportwelten geworden und in diesem Verband nimmt der Behindertensport sicherlich keine Führungsrolle ein. Aber er existiert, und verfolgt man seine Entfaltung in den Jahrzehnten seit dem Ende des Zweiten Weltkrieges, besteht er heute in einer Vielfalt der Bereiche und Ideen.

Was als Sport der Kriegsversehrten, der bein- und armamputierten Männer begonnen hat, ist zu einer Palette unterschiedlichster Sportangebote für viele Behinderungen geworden. Dieses Buch legt ein Zeugnis ab von dieser Vielfalt des Sports für körperlich behinderte und motorisch eingeschränkte junge Menschen: Wassersport und Gymnastik, die Sportspiele und der Wintersport, Spielfeste und Wettkämpfe, schulische und freizeitliche Bewegungsangebote für körperbehinderte Kinder und Jugendliche sind seine Themen. Man kann den Sport als eine der bedeutsamsten sozialen Bewegungen des 20. Jahrhunderts bezeichnen, aber man darf ihn dabei nicht nur in seiner spektakulären Ausformung betrachten. Die weltweite Anteilnahme am Schau- und Spitzensport und die wirtschaftliche, politische und ideologische Wirksamkeit dieser Sportwelt sind ein faszinierendes Phänomen unserer Kultur und Epoche. Die soziale Bedeutung des Sports aber geht darin nicht auf. Die sportlichen Freizeitaktivitäten der Menschen, die Breitenarbeit der Vereine, der Gesundheits- und Fitneß-Sport als kommerzielles Angebot, der Schulsport und Seniorensport und die zahlreichen Formen des Behindertensports, des therapeutischen und resozialisierenden Sports sind mit in die Schale zu legen, wenn die Gewichtigkeit des Sports als soziale Bewegung ausgemacht werden soll. Bewertet und betrachtet man alle Formen des modernen Sports in ihren Bedeutungen, Hilfen und Wirkungen für den Menschen jeglichen Alters, Geschlechts und Leistungsvermögens, kommt ein Urteil zustande und ein soziales und kulturelles Phänomen zum Vorschein, das den Sport insgesamt zu einer großen Bewegung des 20. Jahrhunderts werden läßt.

Mehrere Zeichen deuten allerdings gegenwärtig einen tiefgehenden und grundlegenden Wandlungsprozeß im Sport an. Die Bedürfnisse des Menschen wenden sich mehr und mehr vom aktiven und passiven Leistungssport ab — auch wenn die Medien dies nicht zur Kenntnis nehmen wollen und weiterhin viele Zeitungsseiten und Sendezeiten damit füllen — und den freudvollen, sanfteren, erlebnishaften und meditativen Bewegungsaktivitäten zu. Die zweite Seite der Veränderung in der Sportwelt ist die Aufwertung des Gesundheitssports und aller Bereiche des Sports der kranken und behinderten Menschen. Dabei geht es nicht nur um den therapeutischen Sport, sondern um alle jene Bewegungstätigkeiten, durch die benachteiligte Menschen Freude erleben, den Handlungsspielraum erweitern und soziale Kontakte auf- und Isolation abbauen.

Und es zeigt sich drittens eine Öffnung des Sports an, die in vielfacher Weise wirksam wird. Die Sinngehalte des Überbietens und Wetteiferns verlieren ihre

Dominanz und weichen den Bedürfnissen nach Spiel, Freude, Geselligkeit und Körpererleben. In den Natur- und Erlebnissportarten des Wanderns, Radfahrens, Paddelns, Rafting, Paragleitens usw. drückt sich ein Verlangen nach Natur- und Körpererleben aus, das wenig mit den bisher vorherrschenden Werten des Sports gemein hat. Ebenso wenig entsprechen die zahlreicher und bedeutsamer werdenden Formen des expressiven Sports, der gestalterischen, gymnastischen und tänzerischen Bewegungskultur, dem gewohnten Sportbild. Die wiederentdeckten Spiel- und Brauchtumsformen der lokalen und regionalen Bewegungskultur sind ein weiteres Anzeichen einer Sinnwandlung im Sport.

Der Wertewandel im Sport ist ein Merkmal der kulturellen und sozialen Wendezeit, die viel verändert im Denken und Handeln der Menschen. Auch der Behindertensport wird davon betroffen sein. Er ist aber auch schon die neuen Wege zu neuen Formen der menschlichen Bewegungskultur gegangen, es hat sich viel verändert seit den Tagen des Leistungssports der Kriegsversehrten und es wird sich auch in Zukunft noch manches ändern in seinem Bereich, angesichts der Dynamik, die auch den Sport ergriffen hat. Ernsthaft zu überlegen wäre, ob das Wort Sport noch passend ist für die so unterschiedlichen Welten der Körper- und Bewegungskultur, die sich in der Gegenwart gebildet haben. Das Bewegungshandeln der behinderten Menschen jedenfalls ist nur zu einem kleinen Teil sportlich geprägt. Körpererfahrung, Bewegungserleben, geselliges Handeln und Bewegungsspiel sind gewichtige Erscheinungen in der Bewegungskultur behinderter Menschen, die mit dem herkömmlichen Sportbegriff nicht viel zu tun haben.

Nach dem Sprichwort daß ,,Gut Ding Weile braucht'', muß dieses Buch ein gutes geworden sein, denn Weile hat es gehabt. So wie sich der Behindertensport nur mühsam und zeitraubend seinen Platz in den Sportwelten der Gegenwart erobert hat, so hat auch das Buch zu diesem Thema erst nach vielen Anläufen und Jahre nach seiner Konzipierung die Veröffentlichung geschafft. Die beiden Herausgeber bedanken sich bei den Autoren für ihre Geduld und Bereitschaft, über die lange Zeit hinweg an diesem Projekt festzuhalten und sie danken dem Hofmann Verlag für das Engagement auf einem Nebenschauplatz des Sports und der Sportwissenschaft.

STEFAN GRÖSSING

Einführung

Eine Gesellschaft, die alte Menschen, kranke Menschen und behinderte Menschen nicht als natürlichen Teil ihrer selbst zu achten und zu behandeln weiß, spricht sich selbst das Urteil. Unsere grundsätzlich auf Leistung und Wettbewerb ausgerichtete Gesellschaft ist nur dann in Ordnung, wenn sie behinderten Minderheiten volle Gemeinschaft und ein Höchstmaß an Eingliederung gewährt (Bundespräsident HEINEMANN am 12. 10. 1979 in München).

Die Zahl der behinderten Menschen nimmt aufgrund zunehmender Behinderungen von Geburt an und steigender Unfallhäufigkeit ständig zu. Nach den von Socialdata 1984 vorgelegten Ergebnissen einer Stichprobenerhebung im Bundesgebiet sind 7,8 Millionen Bundesbürger von Behinderungen betroffen, was einem Bevölkerungsanteil von 13,54 % entspricht. In diesen Zahlen sind rund eine Million Menschen, die dringend psychotherapeutisch behandlungsbedürftig sind, nicht eingeschlossen (SPECK 1988).

DE MARÉES und WEICKER (1986) stellen schon bei Nichtbehinderten ein Entwicklungsdefizit fest, das durch den allgemeinen Bewegungsmangel in unserer Industriegesellschaft hervorgerufen wird und das sich bis zur Jahrtausendwende ganz erheblich vergrößern wird.

Wie unvergleichlich größer ist dieses Defizit bei behinderten Menschen, die sich aufgrund ihrer körperlichen Mängel nicht oder eben nur beschränkt mit der Umwelt auseinandersetzen können.

Pädagogen, Ärzte und Psychologen sind sich einig darüber, daß Bewegung, Spiel und Sport eine erstrangige Hilfe darstellen, Entwicklungsrückstände zu vermindern oder diese auszugleichen (RIEDER 1971, KIPHARD 1980).

In einer Empfehlung der Kultusministerkonferenz (KMK) vom 21. 3. 1980 zum Sport mit behinderten Kindern und Jugendlichen wird u. a. festgestellt, daß Sport- und Bewegungserziehung bei behinderten Kindern zu individueller Entfaltung, Selbständigkeit und sozialen Verhaltensweisen und, infolge der Verflechtung geistig-seelischer Vorgänge mit motorischen Prozessen, zur Kompensation behinderungsbedingter Entwicklungsrückstände und zur Förderung von Bildungsprozessen entscheidend beitragen kann.

Sport und Sportunterricht müssen daher stärker als bisher in der Behinderten- und Sportpädagogik berücksichtigt werden. Dies gilt sowohl für den schulischen wie außerschulischen Bereich und auch für die verschiedenen Behinderteneinrichtungen. Bis heute gibt es in der Bundesrepublik nur wenig Ansätze für den Sport in der Sonderpädagogik und es ist kaum zu leugnen, daß im Sportunterricht an Sonderschulen und im Sportangebot für behinderte Kinder und Jugendliche in Behinderten-Sportvereinen noch ein nicht zu übersehendes Defizit besteht. Ursache dafür ist die Tatsache, daß man bei der Gestaltung des Bewegungs- und Sportunterrichts lange Zeit davon ausgegangen ist, daß Sport eine Sache der Gesunden, Talentierten und Leistungsfähigen sei. In den letzten Jahren kommt jedoch immer mehr in das Bewußtsein der Verantwortlichen, daß auch und gerade die in der Sportausübung Behin-

derten und Leistungsschwachen mindestens der gleichen Aufmerksamkeit bedürfen wie die Nichtbehinderten. Das beweisen die Aktivitäten des Bundes und der Länder, des Deutschen Sportbundes (DSB), des Deutschen Behindertensportverbandes (DBS), des Allgemeinen Deutschen Hochschulsportverbandes sowie privater und caritativer Verbände:

1972 wurde von der KMK eine ,,Empfehlung zur Ordnung des Sonderschulwesens" verabschiedet, in der auch auf spezifische Möglichkeiten des Sportunterrichts eingegangen wird.

1975 beschloß die KMK-Kommission Sport die Erstellung einer Bestandsaufnahme im Bereich des Behindertensports nach deren Ergebnis z. Zt. 381 460 Schüler in 26 958 Klassen an 2 625 Sonderschulen unterrichtet werden.

1975 fand die 7. Werkwoche des DSB, der evangelischen und katholischen Kirche Deutschlands auf der Jugend-Burg Sensenstein mit dem Thema ,,Sport für Behinderte" statt.

1976 bekam der Lehrstuhl für Sportpädagogik der Technischen Universität München im Rahmen eines Modellversuches der Bund-Länder-Kommission den Auftrag (neue), curriculare Lehrpläne für die verschiedenen Sonderschultypen zu erstellen.

1980 startete die Deutsche Sportjugend den Versuch, einheitliche Richtlinien für die Ausbildung von Betreuern für den Sport mit behinderten Kindern und Jugendlichen modellhaft zu entwickeln.

1981 wurde von der Bundesrepublik Deutschland zum Jahr der Behinderten proklamiert. Der DSB hat in diesem Zusammenhang mit seinen Landesverbänden in einer Fülle von Veranstaltungen auf seine Aktivitäten im Sport für Erwachsene und behinderte Kinder und Jugendliche hingewiesen.

1985 fand die erste Rehabilitationsmesse (Reha '85) statt. Hier wurde in vielen Veranstaltungen auf die Möglichkeiten des Sports mit Behinderten hingewiesen.

1986 berief der Deutsche Bundestag Fachexperten zu einem hearing zum Behindertensport ein.

1986 wurde am Sportzentrum der Technischen Universität München ein Projektseminar zum Thema ,,Behindertensport an Hochschulen" durchgeführt, das vom Allgemeinen Deutschen Hochschulsportverband in Zusammenarbeit mit dem Sportzentrum gestaltet wurde (RUSCH/SPERLE 1988).

1987 kam in Leverkusen ein Werkstättengespräch mit dem Thema ,,Behindertensport in den 90er Jahren" zur Durchführung.

1989 fand in Westberlin das 7. Internationale Symposium ,,Adapted Physical Activity" statt, an dem 800 Teilnehmer aus 54 Nationen teilnahmen. Ziel der Veranstaltung war es, die Zusammenarbeit zwischen Fachleuten auf dem Gebiet der ,,angepaßten körperlichen Aktivität von Behinderten" weltweit zu verbessern.

Das Verständnis für den Sport für, und der mit Behinderten hat in den letzten Jahren merklich zugenommen. Diesen Trend gilt es fortzuführen. Deshalb sollten nachstehend aufgezeigte Maßnahmen nach der Empfehlung der KMK vom 21. 3. 1980 und als Ergebnis des Expertengesprächs zwischen der KMK und dem DSB lang- und mittelfristig vorangetrieben werden:

— Umfassende interdisziplinäre Grundlagenforschung über die Bedeutung der Sport- und Bewegungserziehung für behinderte Menschen.

— Berücksichtigung der gewonnenen Erkenntnisse in der Aus-, Fort- und Weiterbildung von Sportpädagogen, Sportärzten und Übungsleitern.

— Sicherung einer speziellen sportdidaktischen Ausbildung für Sonderpädagogen u. a. durch Einrichtung von Lehrstühlen für Bewegungsbehinderungen.

— Verwirklichung von mindestens drei Stunden Sportunterricht an allen Sonderschulen und Einplanung weiterer Bewegungszeiten

— Verstärkung der Aus- und Fortbildung von Übungsleitern im Behindertensport.

— Schaffung eines flächendeckenden Systems von außerschulischen Sportangeboten für behinderte Kinder und Jugendliche.

— Einführung neuer Unterrichtsmaterialien einschließlich audiovisueller Mittler.

— Erarbeitung von Kriterien und Empfehlungen für den Bau behindertengerechter Sportstätten.

— Integration von behinderten Schülern in Sportvereine und Entwicklung von Partnerschaften zwischen Sonderschulen und Vereinen.

— Aufklärung und Öffentlichkeitsarbeit über die Entwicklungsmöglichkeiten durch Sport und Bewegung.

Die bisherigen Ausführungen machen deutlich, daß gerade im Bewegungs- und Sportunterricht mit Behinderten die jeweilige Bildungs-, Gesundheits- und Sportpolitik sowie die Normen und Interessen unserer Gesellschaft entscheiden über den Stellenwert des schulischen und außerschulischen Behindertensports, über Stundenzahl, Ausbildung der Sportlehrer und Übungsleiter, über Geräteausstattung, über Integrations- und Emanzipationsmöglichkeiten behinderter Menschen durch und im Sport.

Im vorliegenden Buch ,,Behindertensport" wird versucht, anhand des Modells einer unterrichtstheoretischen Sportdidaktik den Sportunterricht mit körperbehinderten Kindern und Jugendlichen im schulischen und außerschulischen Bereich darzustellen (GRÖSSING 1988). Es setzt sich mit den Voraussetzungen, Zielen, Inhalten (Anregungen für die Praxis), Methoden und Organisationsformen eines Sportunterrichts mit Körperbehinderten auseinander.

Das Buch dient daher vor allem der pädagogisch-didaktischen Orientierung des Sportlehrers und Übungsleiters bei der sportlichen Betreuung behinderter Kinder, Jugendlicher und Erwachsener.

HORST RUSCH

Literatur

DE MARÉES, H./WEICKER, H.: Sport und Gesundheit. In: DSB: Menschen im Sport 2000. Schorndorf 1986.
DEUTSCHER BEHINDERTENSPORTVERBAND: Behindertensport in den 90er Jahren. Düsseldorf 1988.

DEUTSCHER BILDUNGSRAT: Zur Förderung behinderter und von Behinderung bedroh-
ter Kinder und Jugendlicher. 34. Sitzung der Bildungskommission am 12./13. 10. 1973
in Bonn. Bonn 1973.
GABLER, H.: Bewegung, Spiel und Sport für körperbehinderte Kinder. In: sportunterricht
(1977), 2.
GRÖSSING, S.: Sportdidaktik. Bad Homburg 1988[5].
KIPHARD, E.: Motopädagogik. Dortmund 1987.
KIPHARD, E.: Mototherapie I und II. Dortmund 1986.
KMK: Empfehlung zum Sport mit behinderten Kindern und Jugendlichen. Bonn 1980.
RIEDER, H.: Sport als Therapie. Bonn 1971.
RUSCH, H./SPERLE, N.: Behindertensport an Hochschulen. Berlin 1988.
SOCIALDATA: Anzahl und Situation der Behinderten nach Zielgruppen 1. und 2. Teilbe-
richt. München 1984.
SPECK, O.: System Heilpädagogik. München 1988.

HERBERT KARL

Die schulische und außerschulische Situation körperbehinderter Kinder und Jugendlicher unter Berücksichtigung entwicklungs- und sozialpsychologischer Aspekte

1. Vorbemerkungen

1.1 Möglichkeit und Intention des Beitrages

Die schulische und außerschulische Situation des körperbehinderten Kindes und Jugendlichen in der Weise zu beschreiben, daß der mit körperbehinderten Sportlern arbeitende Übungsleiter (Sportlehrer) hier ein Rezept für sein Handeln findet, ist unmöglich. So, wie es den typischen Körperbehinderten nicht gibt, so wenig gibt es auch die spezielle Körperbehinderten-Umweltsituation. Durch die Verschiedenheiten der einzelnen Behinderungsbilder und die damit verbundenen Einschränkungen und Veränderungen des ,,normalen" Lebens bedingt, steht jeder Behinderte in einer spezifischen, individuellen, von seiner Behinderung abhängigen Umweltsituation.

Arbeit mit körperbehinderten Kindern und Jugendlichen ist wesentlich personenorientierter als die Arbeit mit unbehinderten; im Sport ebenso wie in Bereichen, die die körperliche Aktivität weniger fordern.

Läßt sich auch die individuelle Umweltsituation nicht allgemein beschreiben, so kann doch eine Reihe von generellen, jeweils für eine größere Zahl von Körperbehinderten mehr oder weniger zutreffenden Aspekten beschrieben werden, die jeder, der mit Körperbehinderten im Sport arbeiten will, kennen sollte, da sie oft das möglicherweise von der Norm abweichende Verhalten des Behinderten erklären können bzw. Grund für eine von der normalen Methodik abweichende Verfahrensweise des Übungsleiters sein können.

Der vorliegende Beitrag möchte den Übungsleitern Hilfen bieten, die individuelle Situation seines behinderten Schützlings zu erkennen, um ihn optimal betreuen zu können. Das Eingehen auf die individuelle Problematik kann dieser Beitrag dem im Behindertensport Tätigen nicht abnehmen.

1.2 Definition Körper- und Bewegungsbehinderung

Wer alles in unserer Gesellschaft als Behinderter anzusehen ist, darüber gehen die Meinungen der verschiedenen Autoren oft weit auseinander. Ebenso uneinheitlich sind die Definitionen, wer als körperbehindert zu gelten hat. Eine

Beschäftigung mit Behinderten im Sport macht jedoch eine Abgrenzung des Personenkreises notwendig, auf den sich dieser Beitrag bezieht.

Nach dem Bundessozialhilfegesetz (§ 39, 1) sind jene Personen körperbehindert, die durch eine Beeinträchtigung des Stütz- und Bewegungssystems über längere Zeit wesentlich beeinträchtigt sind, sowie diejenigen, bei denen eine Spaltbildung des Kopfes oder des Rumpfes besteht.

Diese Definition erfaßt zwar auch alle Personen, auf die sich dieser Beitrag bezieht, andererseits ist sie, was z. B. die Spaltbildung betrifft, ohne daß diese Folgen für die Bewegung hat, zu weit gefaßt; sie scheint für die sportpädagogische Fragestellung dieses Beitrages, dessen zentrales Problem die Beeinträchtigung der menschlichen Bewegung sowie die Beeinträchtigung des Menschen selber, seiner gesamten Persönlichkeit, aufgrund von Bewegungsstörungen sein soll, unbrauchbar. Ausgehend von der Definition des Begriffes ,,behindert'' durch den Deutschen Bildungsrat:

,,Als behindert im erziehungswissenschaftlichen Sinne gelten alle Kinder, Jugendliche und Erwachsene, die in ihrem Lernen, im sozialen Verhalten, in der sprachlichen Kommunikation oder in den psychomotorischen Fähigkeiten so weit beeinträchtigt sind, daß ihre Teilhabe am Leben der Gesellschaft wesentlich erschwert ist'' (Deutscher Bildungsrat 1973, S. 32).

Möchte ich hier eine umfassende Definition von körper- und bewegungsbehindert als Grundlage des Beitrages einführen, die jeweils unterschiedliche Aspekte verschiedener Definitionen aufnimmt und zusammenfaßt (WEGENER 1959, 435; KUNERT/JANSEN 1974, 6; GILL 1975, 12; KUNERT 1974, 10). Als körperbehindert im Sinne des Themas dieses Beitrages soll derjenige Mensch gelten, der aufgrund einer angeborenen oder erworbenen Beeinträchtigung des Bewegungs- und Stützapparates und/oder der die Bewegung hervorrufenden bzw. steuernden cerebralen Funktionen nicht oder nur mit außergewöhnlicher Anstrengung in der Lage ist, sich einer normalen Bewegungsfähigkeit entsprechend in seiner Umwelt zu bewegen.

Als bewegungsbehindert sollen alle Körperbehinderten sowie weiter die Personen gelten, deren Bewegungsfähigkeit und Bewegungserscheinung so weit von der gruppenspezifischen Norm und Erwartung der Hauptbezugsgruppen der jeweiligen Person abweicht, daß dadurch die Gefahr besteht, in eine soziale Isolierung zu geraten (KARL 1979, 6).

Während der erste Teil der Definition durch einen festen Ursache-Wirkung-Zusammenhang eine genau definierbare Personengruppe erfaßt, läßt die zweite Definition die Kausalität der Behinderung bzw. Störung bewußt offen und berücksichtigt, dem weiten Anwendungsfeld motorischer Aktivität entsprechend, mehr die ,,Andersartigkeit'' des Behinderten in bezug auf seine Umwelt, die ihn oft erst zum ,,Problemfall'' macht.

Eine Unterscheidung zwischen Bewegungsschwäche und Bewegungsschaden, zwischen angeborenen und erworbenen Beeinträchtigungen, zwischen zeitlich absehbaren und das ganze Leben andauernden Bewegungsbehinderungen muß bei der Definition selber nicht vorgenommen werden, wenn dies auch in jedem Einzelfall bei der pädagogischen Arbeit unbedingt berücksichtigt werden muß. Diese sportpädagogisch angereicherte Definition zeigt bereits deutlich Tendenzen, worauf die Arbeit mit Behinderten auszurichten ist, und wodurch diese Menschen als „Behinderte", als „andere" sich vom „Normalbürger" unterscheiden. Die Beeinträchtigungen im motorischen und im sozialen Bereich, die hier angesprochen werden, müssen vom Übungsleiter erkannt und richtig bewertet werden, will er die Situation seines Schützlings verstehen.

1.3 Zur „Sportfähigkeit" des Körperbehinderten

Die Schwere von Körperbehinderungen reicht von den einfachen Störungen oder Schädigungen einzelner kleiner motorischer Bereiche bis hin zu so schweren Beeinträchtigungen, aufgrund derer der Behinderte nicht mehr in der Lage ist, seinen Körper auch nur ansatzweise willkürlich zu beherrschen. Hinzu kommt die oft festzustellende Mehrfachbehinderung, d. h. der Körperbehinderte ist zusätzlich auch sinnesbehindert, in seinem Intellekt behindert usw. Wer aber kann oder soll nun Sport treiben, welcher Behinderte kann vom Sportlehrer betreut werden und welcher nicht? Wichtig ist hierbei, sich auch über das Wesen des Sportes klarzusein, zu bedenken, daß Sport nicht mit Therapie gleichzusetzen ist, daß der Sportlehrer, der Übungsleiter eigene, originäre Aufgaben und natürlich auch Chancen der Arbeit mit Behinderten hat (KARL/KARL 1977, 248). Es ist hier nicht möglich, erschöpfend zu diskutieren, was Sport ist. Ich möchte Sport als eine menschliche Aktivität definieren, die wesentlich als aktive motorische Aktion der Willkürmotorik erscheint und deren Vollzug in der Regel positive Emotionen beim sich Bewegenden hervorruft. Diese motorische Aktion soll nur dann als Sport definiert werden, wenn sie sich in einem Kontinuum zwischen verschiedenen menschlichen Aktionsweisen bewegt, die sich mit Spiel, motorischer Gestaltung, Leistung/Wettkampf, motorischer/körperlicher Entwicklung/Training umschreiben lassen.

Nur wenn die jeweilige Bewegung potentiell oder latent allen oder zumindest der überwiegenden Zahl dieser Aktionsweisen zugeordnet werden kann, möchte ich von sportlicher Aktivität sprechen (vgl. DSB 1980). Gehen wir davon aus, daß zwischen sportlicher Aktivität und Therapie ein Unterschied besteht, daß im Sport gewisse unverzichtbare Essentials verwirklicht werden müssen, damit man noch von Sporttreiben sprechen kann, so ist die Frage berechtigt, welcher Behinderungsgrad unter Umständen sportliche Aktivität in Frage stellt. Hiermit verbunden ist auch die Eingrenzung der Aussagen dieses Beitrages, der sich — wenn auch eine scharfe Abgrenzung nicht möglich ist — nur mit den „sportfähigen" Behinderten befassen kann.

Sportfähig bedeutet, daß die Behinderungen nicht so ausgeprägt sein dürfen, daß die Kriterien des Sportes nicht mehr erfüllt werden können.

Bewegungen, die nicht der Willkürmotorik gehorchen, können kein Sport sein; die passive, von außen kommende Bewegung kranker Gliedmaßen, wie in der Therapie, ist kein Sport. Der seine Willkürmotorik in keiner Weise beherrschende Behinderte muß zwar auch motorisch „versorgt" werden; dies sollte man dann jedoch nicht als Sport bezeichnen. Positiv formuliert meine ich, ein Behinderter ist allgemein oder im speziellen Fall dann sportfähig, wenn die geforderte Bewegung von seinem Willen gesteuert wird, wenn die Aktion positive Emotionen freisetzt und einem oder mehreren der Bereiche Spiel, Leistung, motorische Gestaltung, Wettkampf, körperliche Entwicklung zugeordnet werden kann. Dies setzt neben körperlichen Mindestmöglichkeiten auch eine gewisse Mindestleistungsfähigkeit im intellektuellen, emotionalen und sensorischen Bereich voraus.

2. Anzahl der Körperbehinderten in der Bundesrepublik Deutschland

Um die Situation eines Behinderten verstehen zu können, sollte man sich im klaren darüber sein, wie viele Behinderte es in unserer Gesellschaft überhaupt gibt. Völlig abwegig scheint mir die immer wieder genannte Zahl von über 6 Mio. Behinderten zu sein, die verschiedene Autoren aus durchsichtigen tagespolitischen Gründen in die Welt setzen (z. B. KLEE noch 1980).

Diese Zahl wurde auf der Basis einer Mikrozensus-Erhebung aus dem Jahre 1966 hochgerechnet, bei der erfragt wurde, ob ,,ein Haushaltsmitglied körperlich oder geistig behindert oder vor dem Pensionsalter invalidisiert" worden ist. Zwei Fehler sind hier besonders schwerwiegend. Zum einen wurde und wird immer noch die Zahl von damals noch rund 1,15 Mio. Kriegsbeschädigten auf die heutige Bevölkerung hochgerechnet. Zum zweiten deckt sich die arbeits- und rentenrechtliche Definition, ob jemand im Sinne dieser Vorschriften schwerbeschädigt ist, in keiner Weise mit unserer pädagogisch orientierten Definition. Als Beispiel sei hier angeführt, daß z. B. eine Kupferallergie durchaus einen Arbeitnehmer im rentenrechtlichen Sinne zum Behinderten, evtl. sogar zum Arbeitsunfähigen machen kann, ohne daß er im Sinne unserer Definition behindert ist. Solche Angaben werden dann noch durch Aussagen wie die von v. BRACKEN gestützt, der schon von 1,6 Mio. behinderten Kindern und Jugendlichen spricht, wobei man in den seltensten Fällen darauf aufmerksam macht, daß v. BRACKEN hier junge Menschen allgemein meint, die einer besonderen pädagogischen Behandlung bedürfen (vgl. KLEE 1980, 28).

Wie sehr diese Angaben nach oben gedrückt werden, zeigt, daß sich die hier als Behinderte Eingestuften selber oft nicht als Behinderte ansehen. So bezeichneten sich schon rund 950 000 Bezieher einer Behindertenrente beim Mikrozensus 1976 als Nichtbehinderte (*Statistisches Bundesamt* 8/78, 493).

Wesentlich verläßlicher scheinen auf den ersten Blick Statistiken zu sein, die nur behinderte Kinder erfassen. Jedoch auch hier ist Vorsicht geboten. Einerseits wird in diesen Zahlenzusammenstellungen meist nicht untersucht, ob und inwieweit die Behinderung durch den Besuch von Sondereinrichtungen ,,geheilt" wird. Zum anderen läßt man außer acht, daß manche amtlichen Definitionen — z. B. ,,Lernbehinderter" — außerhalb der Schule in der Gesellschaft überhaupt keine Bedeutung haben. Immerhin zählen ca. 2,5 % eines Geburtsjahrganges als Lernbehinderte, das sind über 40 % der Behinderten. Drittens basieren solche Zahlen oft auf Angaben von Ärzten, wobei alle ärztlich versorgbaren Abweichungen mit aufgeführt werden, so daß man bei diesen Zählungen auf Zahlen bis um 15 % eines Geburtsjahrganges kommt, die ,,mehr oder minder gestört" sind (HELLBRÜGGE 1971, 100). Ich meine, daß auch diese Zahlen nicht als Grundlage für eine Berechnung der Anzahl der Behinderten benutzt werden können. Anders bereits die Angaben des Statistischen Bundesamtes über die Ergebnisse des Mikrozensus vom Mai 1976, demzufolge 5,4 % der Bevölkerung körperlich, geistig und seelisch behindert waren (*Statistisches Bundesamt* 8/78). Erfaßt wurden Körperbehinderung, Wachstumsschäden, chronische Krankheiten, Organfehlbildungen, Sehbehinderung, Hörbehinderung, Sprachbehinderung, Anfallskrankheiten, geistige Behinderung, Lernbehinderung, Verhaltensstörungen und seelische Behinderung. Als behindert galt derjenige, der nach Angaben der Befragten in der Ausübung der normalen Funktionen nicht nur vorübergehend erheblich beeinträchtigt war oder ständiger ärztlicher Pflege oder Betreuung bedurfte. Auch das Statistische Bundesamt spricht hier von einem „sehr weit gefaßten Begriff" von Behinderung (S. 492).

67,2 % der Behinderten gaben eine Körperbehinderung als primäre Behinderung an. Diese Zahl bezieht jedoch alle Altersgruppen ein. Bezogen auf die Gesamtbevölkerung fanden sich jedoch bei den unter 25jährigen nur 1,4 % Behinderte; dies sind bezogen auf die Gesamtzahl der Behinderten 9,5 % (*Statistisches Bundesamt* 8/78).

Auf die Bundesrepublik hochgerechnet bedeutet dies, daß etwa 360 000 Kinder unter 16 Jahren behindert, davon ca. 70 000 körperbehindert sind (*Bundesminister Raumordnung* 1976, 14). Die wohl verläßlichste Untersuchung ist die von TÖRÖK durchgeführte Erfassung aller körperbehinderten Kinder und Jugendlichen in Niedersachsen. Da hier Wohlfahrtsverbände, Sondereinrichtungen, Sozialarbeiter, caritative Dienste sowie Ärzte, Heilpraktiker, Krankengymnasten und Behindertenverbände befragt wurden, kann man annehmen, daß wirklich die Fälle erfaßt wurden, bei denen die in den Untersuchungen genannten Abweichungen dann tatsächlich zu Behinderungen geführt haben. TÖRÖK ermittelte, daß 0,46 % eines Geburtsjahrganges körperbehindert sind, ähnlich auch die Zahl von SANDER, der 0,3 % ermittelte (SANDER 1976, 99). Die Zahl von 0,46 % ist ein Durchschnittswert für das Land Niedersachsen, städtische Bereiche zeigten eine höhere, ländliche Gebiete eine geringere Zahl von lebendgeborenen Behinderten (TÖRÖK 1977, 200).

Nach TÖRÖK verteilen sich die Körperbehinderten auf die einzelnen Schadensbilder wie folgt:

Behinderung	gesamt		männlich		weiblich	
	abs.	%	abs.	%	abs.	%
Cerebralparese	5 638	44,6	3 228	57,3	2 401	42,7
Fehlbildung v. Gliedmaßen	2 159	17,0	1 117	51,7	1 042	48,3
Querschnittslähmung	285	2,3	151	53,0	134	47,0
Poliomyelitis	750	5,9	418	55,7	332	44,3
Muskelkrankheiten	341	2,7	242	71,0	99	29,0
Knochenkrankheiten	123	1,0	70	56,9	53	43,1
Skelettfehlbildungen	421	19,1	1 635	67,6	782	32,4
Spaltbildung	334	2,6	165	49,5	168	50,5
Hydrocephalus	328	2,6	179	54,6	149	45,4
Extremitätenverlust	153	1,2	97	63,4	56	36,6
Sonstige KB	36	0,3	23	63,9	13	36,1
Unklar	86	0,7	42	48,8	44	51,2
Gesamt	12 654	100,0	7 367	58,3	5 273	41,7

(erfaßt sind hier die Geburtsjahrgänge 1949—1972) (TÖRÖK 1977, 135)

Die Zahl der Körperbehinderten zeigt deutlich ihren Minderheitenstatus, der noch dadurch verstärkt wird, daß wir zwischen den einzelnen Arten von Körperbehinderungen unterscheiden müssen. Die hier noch als drittstärkste Gruppe aufgeführten Gliedmaßenfehlbildungen werden in Zukunft wieder wesentlich geringer auftreten. Das diese Fehlbildungen hervorrufende Mittel wurde bereits 1961 aus dem Verkehr gezogen (HENSLE 1979, 51).

Zur Beurteilung der Situation körperbehinderter Kinder und Jugendlicher gehört neben der Überlegung, inwieweit wir hier von einer soziologisch definierbaren Gruppe sprechen können, die Erkenntnis, daß eine Körperbehinderung alleine nicht der Regelfall ist. BLÄSIG und SCHORNBURG fanden, daß 66 % der Körperbehinderten sprachgestört, 8 % hörgestört, 39 % sehbehindert waren. Eine andere Untersuchung an Wiener körperbehinderten Schülern nennt 50 % mit zusätzlichen Lernbehinderungen (nach SOLAROVA 1970). KUNERT nennt 40 % sprech- oder sprachbehindert, bei Kindern mit cerebralen Bewegungsstörungen sogar 70 % (KUNERT 1971, 39).

Wenn es auch für den Behinderten selber ziemlich gleich ist, ob es sich bei den Mehrfachbehinderungen um ,,primäre Defekte" oder ,,konsekutive Verbildungen" (v. BRACKEN) handelt, so kann dies für die Bewertung der Situation eines Behinderten sowie für methodisches Handeln wichtig sein.

Wichtig ist zunächst für den Übungsleiter, wo die Behinderung ihre Ursache hat, ob nur motorische oder auch intellektuelle oder affektive Bereiche primär oder sekundär geschädigt sind. Einem körperbehinderten Jugendlichen, der durch seine Körperbehinderung auch intellektuell behindert ist, ist anders zu begegnen, als z. B. einem Sportler, der erst durch einen Unfall nach der Intelligenzentwicklung behindert wurde. Körperbehinderte, deren primärer körperlicher Schaden sekundäre Schäden im sozialen Bereich nach sich zog, sind anders zu behandeln als Behinderte, die völlig ohne jede sekundäre Schädigung blieben. Eine Kurzcharakteristik der wichtigsten Körperbehinderungsarten soll diese Bandbreite deutlich machen.

Sinnvoll scheint, zuerst einmal zwischen Körperbehinderten mit oder ohne (meist frühkindlichen) Hirnschäden (Cerebralparese) zu unterscheiden.

Über 40 % der Körperbehinderten leiden an Cerebralparesen (Spastik, Athetose, Ataxie), bei denen, betrachten wir einmal besonders ihre Auswirkung auf die Motorik, die Koordination der Bewegungen, Bewegungsentwurf, Krafteinsatz, Bewegungskontrolle etc. mehr oder weniger schwer behindert sind, während die Muskulatur und der Bewegungsapparat von Natur aus meist funktionstüchtig sind bzw. sein könnten.

Bei ihnen treten oft zusätzliche Sinnesbehinderungen, Anfallsleiden, Intelligenzdefekte, Sprachbehinderungen etc. auf, die letztlich die normale Integration des Behinderten in die Gesellschaft mehr behindern als die körperliche Behinderung selbst.

Vor allem die Tatsache, daß die Steuerung der Motorik hier häufig in Mitleidenschaft gezogen ist, bzw. daß die Konzentration auf eine zielgenaue Bewegung die Bewegungsausführung oft empfindlich beeinträchtigt (Spastik), fordert vom Übungsleiter ein besonderes Verhalten und schließt eine Reihe von Sportarten aus. Die Tatsache, daß in sehr vielen Fällen der Wille hier nicht oder nur sehr schwer als Kompensationsmittel einsetzbar ist, hebt die Gruppe der Cerebralparetiker, was die motorische Aktion selber betrifft, deutlich aus der der anderen Körperbehinderten heraus. Die andere große Gruppe ist die der Behinderten, bei denen die Bewegungsorgane selber geschädigt sind (Dysmelien, Muskeldystrophie, Amputationen, Wachstumsstörungen etc.). Da in diesen Fällen die Steuerung vom Großhirn her nicht gestört ist, sind kompensatorische Bewegungen möglich, können unbeschädigte Körperbereiche für sportliche Bewegungen genutzt werden. In vielen der hier einzuordnenden Fälle wird die Bewegung am geschädigten Bereich selber ansetzen, um ihn zu stabilisieren, um ein weiteres Fortschreiten des Schadens zu stoppen; in anderen Fällen wird man bewußt die Möglichkeit einsetzen, über die gezielte Aktivierung nicht betroffener Bereiche den Schaden zu kompensieren. Da die Bewegung dem Willen gehorchen kann, da der Intellekt meist normal ansprechbar ist, läßt sich mit diesen Kindern im Sport meist sehr gut arbeiten.

Eine weitere Gruppe bilden die Behinderten mit spinaler Lähmung (Kinderlähmung, Querschnittslähmung, Spina bifida).

Hier sind ,,lediglich" die jeweils betroffenen Körperteile schwer oder nicht aktivierbar. Abgesehen von der Gruppe der Spina-bifida-Kinder, die in der Regel sicher äußerst selten in einer freien Sportgruppe zu finden sind, treten die spinalen Lähmungen meist erst im späteren Alter, oft durch Unfall, auf. Nach TÖRÖK waren 77% der Unfallgeschädigten über 3 Jahre alt (S. 234). Diese Behinderten haben meist schon normale Bewegungserfahrung, an die man methodisch anknüpfen kann.

3. Das körperbehinderte Kind im täglichen Leben

3.1 Vorschulzeit

Da der Zeitpunkt des Eintrittes der Behinderung neben dem Grad der Behinderung wesentlich für die Persönlichkeitsentwicklung und damit das Verhalten des Behinderten ist, soll hier eine der Entwicklung des Kindes folgende Betrachtungsweise des Verhältnisses Kind/Umwelt erfolgen. Zu Beginn des Lebens besteht für das Kind die Umwelt nur aus dem häuslichen Bereich mit Eltern und nächsten Verwandten als Bezugspersonen und der Wohnung im materialen Bereich als Auseinandersetzungsfeld zwischen Individuum und Umwelt. Dieser häusliche Bereich (Personen und Sachen) wird als in sich geschlossener und damit sicherer Bereich erfahren, nach und nach erkannt, strukturiert und geistig verarbeitet. Er schafft durch seine Abgrenzung nach außen eine gewisse Sicherheit und Geborgenheit. Die Anzahl der Bezugspersonen ist relativ klein, das Verhalten der Personen, die mit dem Kind kommunizieren, ist kalkulierbar, die materiale Umwelt bleibt mehr oder weniger gleich und steht für den Lernprozeß wiederholt in gleicher Konstellation zur Verfügung. Eine schon bei der Geburt bestehende oder kurz darauf auftretende Körperbehinderung verändert bereits diese primäre Umwelterfahrung, die in dieser Zeit, anfangs ausschließlich, über motorische Aktionen zustande kommt. Jede motorische Beeinträchtigung bedeutet so eine Behinderung der Auseinandersetzung zwischen Individuum und Umwelt. Wird die Körperbehinderung, wie es bei größeren Behinderungen meist der Fall ist, früh erkannt, so wird das Kind von Anfang an mit einer weiteren Bezugsgruppe konfrontiert. Ärzte, Krankenschwestern, Krankengymnasten, Krankenhaus, Therapieräume etc., eventuell immer wieder wechselnd, stellen für ein kleines Kind eine unverhältnismäßig ausgeweitete Umwelt dar, die Bedeutung der Eltern und Familienmitglieder wird geringer, was zur Verunsicherung des Kindes beiträgt. Dieser zusätzliche Bereich zeichnet sich meist durch eine totale „Fremdbestimmung" des Kindes, durch seinen pflichtmäßigen Charakter und eine durch die zielgerichtete Arbeit bedingte reglementierte Organisation aus. Die stark personenzentrierte Aufmerksamkeit, die das behinderte Kind genießt, sind für eine optimale Förderung meist erforderlich. Festzuhalten ist hier jedoch, daß dies eben nicht die normale Art des „Sich-in-die-Welt-Einlebens" ist. Daß sich das Kind, das von Beginn an in oder mit dieser „rehabilitativen Teilumwelt" aufgewachsen ist, wahrscheinlich anders verhält als ein normal aufgewachsenes Kind, ist leicht einzusehen. Allein die Überlegung, wieviel Spielzeit dem Kind durch die Rehabilitationsmaßnahmen, Untersuchungen, Fahrten zum Arzt, Krankengymnastik etc. — alles Aktivitäten mit Pflichtcharakter — fehlt, macht dies deutlich. Auch die häuslichen Aktivitäten wie Selbsthilfetraining, Krankengymnastik etc. nehmen dem Kind sehr viel Spielzeit weg. Von 96 untersuchten Kindern trainierten 30 täglich 30 Min., 10 bis 45 Min., 32 bis 60 Min., 7 bis 90 Min., 11 bis 120 Min., 5 bis 180 Min. und ein Kind mehr als 180 Min. (GRESSMANN 1973, 74).

Der zeitlich nächste Schritt in der Entwicklung des Kindes unter dem Gesichtspunkt des in die Umwelt Hereinwachsens ist der Moment, in dem zu der bisher dominierenden Umwelt Elternhaus weitere Teilumwelten, weitere Bezugsgruppen kommen. Der Kindergarten, die Spielgruppe der Gleichaltrigen, die Spielumwelt außerhalb des direkten Wohnungsbereiches werden für die Auseinandersetzung mit der Welt wesentliche Größen. Die Schutzzone Familie und Wohnung wird zeitlich befristet aufgegeben. Im Vergleich mit Gleichaltrigen werden Möglichkeiten der Selbsteinschätzung geschaffen, die eigene Handlung wird als aktive Einflußnahme auch auf fremde Personen und Sachen erkannt und bewertbar. Das Kind muß die Umwelt nun stärker differenzieren, bewerten und einschätzen lernen. Aktionen Unbekannter müssen gedanklich vorweggenommen werden, die eigenen Kräfte werden auch im ungeschützten Bereich erprobt. Alles erfolgt jedoch noch meist spielerisch, auch wenn einige Bereiche schon eine Art Pflichtcharakter bekommen, wenn in einigen Bereichen schon von außen gesteuerte Aktionen starken Einfluß gewinnen. Die Gesamtumwelt setzt sich aus immer mehr Teilumwelten zusammen, als geschlossene (Kindergarten) mit relativ fester Organisationsform und damit für das Kind auch gut einschätzbar, aber auch als völlig offene, sich in der Organisationsform ändernde, situationsabhängige, die schlecht einschätzbar, unbestimmt, risikoreich sind. Vorschule, Turnspiele im Kindergarten, musikalische Früherziehung, erste Aktivitäten in Sportvereinen etc. werden nun für eine Reihe von Kindern schon ihre Freizeit reglementierende Faktoren. Die freie spielerische Grundsituation herrscht jedoch noch vor. Auch in den Bereichen, die man als Funktionsbereiche (Vorschule, Sportverein, Musik etc.) ansprechen könnte, ist die motorische Aktivität des Kindes ausschlaggebend. Das Kind spielt, macht Musik, bewegt sich im Sport. Die Umwelterfahrung läuft in dieser

Zeit immer noch primär unter Zuhilfenahme motorischer Aktivitäten ab. Außerhalb des schon oben beschriebenen Funktionsbereiches Rehabilitation/medizinische Versorgung erfährt der Körperbehinderte jetzt sicherlich am deutlichsten das Anderssein. Er ist aufgrund seiner Behinderung von einer Reihe von Umwelterfahrungen ausgeschlossen, manche Erfahrungen sind mit großen Belastungen verbunden, normale Verhaltensweisen (Hygiene, Körperpflege) können nur schwer bewältigt werden. Der Körper ist unter Umständen nicht selbstverständliches Werkzeug der Umweltbewältigung, sondern wird als sperrig, als hinderlich erkannt.

Mit zunehmender Schwere der Defizite des Behinderten werden frei zu bewältigende Umweltsituationen, funktionsfreie Bereiche, offene Spielgruppen abnehmen; hinzu kommt die Schwierigkeit der Integration in unbehinderte Personengruppen. Sei es, daß der Behinderte die die Gruppe begründenden Aktivitäten nicht mitmachen kann, sei es, daß er aufgrund seines Andersseins nicht in die Gruppe aufgenommen wird. Je mehr der Behinderte Hilfe braucht, um so weniger selbständig kann er werden, um so abhängiger und damit oft auch weniger selbstbewußt wird er. Hinzu kommt die starke Belastung durch die therapeutischen Maßnahmen, die in vielen Fällen notwendig sind.

Einige Zahlen aus einer Sondereinrichtung für Körperbehinderte *(Annastift Hannover)* können belegen, wie stark die Therapieumwelt ein Kind in Anspruch nimmt. Von den Kindern einer Untersuchungsstichprobe hatten 5 % eine Fahrzeit zur Therapiestätte von unter 30 Min., 37 % waren über 30 Min., 28 % der Kinder benötigten mehr als eine Stunde, 12 % über 90 Min. und 8 % sogar über 2 Stunden Fahrzeit. Für Therapie inklusive An- bzw. Rückfahrt waren rund 17 % länger als 2 Stunden, 33 länger als 3 Stunden, 26 % länger als 4 Stunden, 13 % länger als 5 Stunden und 11 % sogar länger als 6 Stunden von zu Hause abwesend (GRESSMANN 1973, 65—66).

3.2 Schule

Mit dem Eintritt in die Schule verändert sich die Situation aller Jugendlichen wesentlich. Zum einen wird nun die Bewertung des sich entwickelnden Menschen immer mehr an seiner intellektuellen Leistungsfähigkeit gemessen; die Bewertung der körperlichen Fitneß, die bei Kindern sehr hoch mit ihrem Gruppenprestige und dem Status in ihrer Gruppe korreliert, nimmt immer mehr zugunsten der intellektuellen Leistungsfähigkeit ab. Zum anderen beginnt sich eine deutliche Trennung der Bereiche Familie, Schule, Freizeit abzuzeichnen. Die Teilumwelt Schule, ein fremdbestimmter Bereich mit Pflichtcharakter, wird für die Entwicklung bestimmend, nach ihr richtet sich das Leben des Jugendlichen fast völlig aus.

Die Schulzeit ist für den Aufbau des Selbstwertgefühles wesentlich. Das Kind muß Vertrauen in die eigene Leistungsfähigkeit bekommen und Durchsetzungsfähigkeit erfahren. Die Schule bietet die Möglichkeit, sich zunehmend mit fremden Personen, Sachverhalten, Autoritäten auseinanderzusetzen.

In dieser neuen fremden Umwelt Schule findet das Kind, besonders das behinderte Kind, oft auch einen anderen Erziehungsstil vor. Die Eltern gingen meist auf das Kind persönlich ein, in der häuslichen Umgebung richtet man sich nach der Behinderung, in der Schule ist dies anders. Das Kind ist eines unter vielen, der Erziehungsstil richtet sich nach der großen Zahl. Die neuen Aufgaben, mit denen das behinderte Kind konfrontiert wird, bieten Chance und Gefahr zugleich. Einerseits bieten sich hier Kompensationsmöglichkeiten für die verminderte körperliche Leistungsfähigkeit, durch die das behinderte Kind Erfolgserlebnisse bekommen kann, zum anderen drohen aber auch Überforderungen, weil das Kind oder die Eltern zuviel erwarten. In bezug auf die Schulsituation körperbehinderter Kinder können wir verschiedene Schülergruppen unterscheiden.

Die erste Gruppe bilden die Kinder, die aufgrund ihrer Behinderung nicht in einer Normalschule beschult werden können, sei es, daß die körperlichen Gegebenheiten dies nicht erlauben, sei es, daß die geistigen Fähigkeiten den Besuch der Normalschule unmöglich machen, sei es, daß die äußeren Bedingungen der Normalschule (Schulweg, Schulausstattung) dies nicht erlauben, sei es, daß psychologische Gründe für die Einschulung in eine Sonderschule sprechen. Die Unterschiede, die sich allein für diese vier Untergruppen ergeben, können hier nicht ausdiskutiert werden, sind aber für die Analyse der Situation des Behinderten wichtig.

Den Rahmen für die Ziele und Aufgaben der Sonderschule formulierte die ständige Konferenz der Kultusminister 1972.

Den Angaben des Statistischen Bundesamtes zufolge gab es im Jahre 1976 im Bundesgebiet 10 301 Schüler in 1163 Klassen an 90 Sonderschulen für Körperbehinderte *(Statistisches Bundesamt)*. Insgesamt rechnet man, daß 0,2 % eines Geburtsjahrganges eine Körperbehindertensonderschule besuchen müssen (*Kultusministerkonferenz* 1972, 6). Die restlichen Körperbehinderten besuchen Normalschulen bzw. andere Sonderschulen. Da ein großer Teil der körperbehinderten Kinder mehrfachbehindert ist, finden wir Körperbehinderte in mehreren Sonderschulen (siehe Tabelle).

Besuchte Sonderschulart und Behinderungsform, nach den Angaben der Gesundheitsämter im Land Niedersachsen:

Behinderungsart	Sonderschule oder -klasse für			
	Körper-behinderte %	Lern-behinderte %	Geistig-behinderte %	Gesamt = 100 %
Cerebralparese	41,6	18,3	40,1	1000
Fehlbildung	52,0	23,6	24,5	229
Muskelerkrankungen	82,6	9,2	8,0	87
Spaltbildung	64,5	11,3	24,2	62
Hydrocephalus	46,0	9,2	44,8	87
Poliomyelitis	69,6	21,4	8,9	56
Querschnittslähmung	79,2	20,8	—	24
Knochenerkrankungen	72,7	13,6	13,6	22
Extremitätenverlust	81,8	18,1	—	11
Insgesamt	48,0	18,0	34,0	

(TÖRÖK 1977, 127)

24

Grundlage der Einschulung in eine Sonderschule soll die als dominierend erkannte oder definierte Behinderung sein. Die weiteren Behinderungen werden zwar, wenn möglich, vom Lehrer berücksichtigt, können in aller Regel aber nicht entsprechend behandelt werden. So haben nach KUNERT/JANSEN 93% aller Schüler von Körperbehindertenschulen Zusatzbehinderungen; 70% sollen Verhaltensstörungen zeigen (KUNERT/JANSEN 1974, 7). Da die Körperbehindertenschulen in der Regel einen großen Einzugsbereich haben, werden die Schulwege länger als für Unbehinderte. Bei GRESSMANN Stichprobe in Hannover hatten 72% der Kinder einen Schulweg von mehr als 10 km, 16% bis zu 25 und 12% sogar mehr als 40 km (GRESSMANN 1973, 84). 11% der Kinder empfanden den Schulweg als ausgesprochene Belastung (S. 88). Die Schule selber wurde von 9% der Schüler als körperlich sehr anstrengend empfunden.

Die zweite Gruppe der Schüler ist die derjenigen Körperbehinderten, die in einer Normalschule unterrichtet werden. Für sie besteht natürlich die beste Möglichkeit der Integration in die Gesellschaft. Innerhalb der Gruppe der Mitschüler sind sie jedoch, anders als in der Sonderschule, eine Minderheit und Sondergruppe.

Die Tatsache, daß leichtbehinderte Kinder ebenso kritisch von ihren Mitschülern betrachtet werden, obwohl diese sie für krank halten, zeigt den schweren Stand der leichtbehinderten Kinder in der Normalschule, während schwerer behinderten Kindern deutlich mehr Toleranz entgegengebracht wird (ESSER nach KUNERT/JANSEN 1974, 13/14). Da die allgemeinen Anforderungen der Schule grundsätzlich auch für den Behinderten gelten, er durch seine Behinderung jedoch oft im Bereich des sich Aneignens des Stoffes Schwierigkeiten hat (Schreibschwierigkeiten, Sprachbehinderungen usw.), wird die Schulumwelt oft noch mehr Zeit in Anspruch nehmen als bei anderen Kindern.

Leicht körperbehinderte Kinder haben in der Regel in der Normalschule besonders zu kämpfen mit:

— gestörter Formauffassung, die zu Minderleistung im Schreiben wie in der schriftlichen Darstellung von Ziffern führt
— verlangsamtem Arbeitstempo, gestörter Feinmotorik
— sozialen Problemen; die Kinder werden aufgrund ihres abweichenden Gangbildes, ihrer Minderleistung im Sport und Unterricht und ihres daraus erwachsenden geringeren Selbstbewußtseins von den Mitschülern eher abgelehnt (vgl. KUNERT/JANSEN 1974, 13).

Nach Angaben der Eltern bestehen bei 55% der Kinder Schulschwierigkeiten, 31% haben keine (14% o. A.). Nach Meinung der Klassenlehrer hatten 41% der Körperbehinderten Schulschwierigkeiten. Die Lehrer meinten, der Schulunterricht erfahre in 52% eine leichte Beeinträchtigung, in 38% eine mittlere bis schwere (DÄUMLING 1965, 66, 223/224).

Durch die Sonderrolle bedingt sind bei den in der Normalschule eingeschulten Kindern, besonders bei den leichter Behinderten, deutliche Verhaltensauffälligkeiten zu beobachten.

,,Es besteht eine hohe negative Korrelation zwischen Verhaltensstörung und Schweregrad der Behinderung, d. h., daß das leichtbehinderte Kind vermehrt

Verhaltensauffälligkeit aufweist im Verhältnis zum schwerbehinderten Kind" (KUNERT/JANSEN, a. a. O.).

Eine dritte kleine Gruppe wird aus Kindern und Jugendlichen gebildet, die nur kurz- oder längerfristig auf Sonderschulen zubringen, die aber „eindeutig in eine Normalschule gehören" (LAUBER, KÖNIG S. 47). Für sie stellt die Sonderschule eine Durchgangsstation dar.

3.3 Freizeit

Neben dem Pflichtbereich Schule gewinnt der Freizeitbereich als der selbstbestimmte Bereich besondere Bedeutung. Die Möglichkeit, eigene Interessen und Neigungen zu verwirklichen, die Kommunikation mit Gleichaltrigen etc. sind in der Zeit der Persönlichkeitsausbildung und der allmählichen Lösung von der Autorität des Elternhauses wesentliche Faktoren der Identitätsfindung. Besonderen Einfluß muß man hierbei den Bereichen innerhalb der Freizeitwelt einräumen, in denen der Jugendliche sich freiwillig bindet, sich nach selbstgewählten Zielen hin orientiert, wie zum Beispiel den meist ideologisch ausgerichteten Ideen von Jugendgruppen, dem Erlernen eines Musikinstrumentes, der Hinwendung zur sportlichen Leistung, dem Aufbau eines Freundeskreises. Dadurch, daß hier selbstgewählte Ziele angestrebt werden, ist eine Identifikation mit der Aufgabe zu erwarten, kann die erreichte Leistung als eigene Leistung bewertet werden. Im Schulbereich wird körperliche Aktivität oft nur noch 2 x 45 Min. pro Woche gefordert, für die familiären Bereiche ist besondere körperliche Aktivität meist nicht nötig. Im Freizeitbereich hingegen, den ich für die Identitäts- und Persönlichkeitsentwicklung für besonders wesentlich halte, ist die körperliche Aktivität für viele Freizeitaktivitäten wie Spiel, Sport, Musik, Tanz, Wandern, Spazierengehen usw. Voraussetzung. Ebensowenig wie man von dem Behinderten allgemein sprechen kann, kann man von dem Freizeitverhalten des Behinderten sprechen. Da die sportliche Aktivität als Freizeitaktivität definiert ist, ist ein Blick auf diese Problematik für den Übungsleiter jedoch unvermeidlich.

Die Folgen von Körperbehinderungen auf die Freizeit lassen sich in vier große Gruppen von Freizeiteinschränkungen einteilen. Man kann zwischen Freizeiteinschränkungen infolge fehlender Zeit, Antriebs- oder Interesseneinschränkung, fehlender Mobilität oder gestörter Kommunikation unterscheiden (vgl. TEWS 1976, 41).

Eine Situationsbeschreibung der schulischen und außerschulischen Situation des Körperbehinderten muß neben der rein quantitativen Erfassung aber auch berücksichtigen, welche Funktionen Schulzeit bzw. Nichtschulzeit für den Behinderten haben.

Um hier einen sinnvollen Einstieg zu finden, sollte man bei der dem Individuum zur Verfügung stehenden Zeit zunächst zwischen gebundener und freier Zeit unterscheiden. Die Schule beansprucht hierbei einen großen Teil der gebundenen Zeit, d. h. der Zeit, deren inhaltliche Gestaltung im wesentlichen von außen erfolgt. In den Bereich der gestalteten, der gebundenen Zeit mit Pflichtcharakter gehört weiter der Bereich der rehabilitativen Maßnahmen, mit dem der Behinderte konfrontiert wird.

Dem gegenüber steht die Zeit, die der Behinderte seinen Neigungen und Interessen gemäß füllen und gestalten kann. Tendenziell müssen wir davon ausgehen, daß der behinderte Mensch zuviel gebundene und zu wenig freie Zeit hat, was zu einer Störung eines organischen Wechsels von Belastung und Muße, von Anpassung und Rekreation führt (vgl. BOCHNIK 1976, 32). Der Übungsleiter muß prüfen, ob der von ihm betreute Sportler über genügend Gestaltungsfreiheit verfügt. Der Sport darf nicht das letzte Zipfelchen Freizeit in Anspruch nehmen, den behinderten Sportler zum ,,total außengeleiteten Menschen'' (BOCHNIK) machen. Betreuung sollte hier nur Anleitung zum Selberhandeln sein.

Man muß jedoch auch daran denken, daß es Behinderte gibt, die über zuviel Zeit verfügen, die sie selber nicht gestalten können, da ihre Behinderung sie — meist jedoch nur vordergründig — hindert, aktiv zu sein. Behinderte, die keine Schule (nicht mehr oder noch nicht) besuchen, die nicht in Rehabilitationsprogramme integriert sind, haben oft zuviel Zeit. Hinzu kommt, daß viele Behinderte, durch die überschießende Fürsorge der Eltern und Angehörigen bedingt, es verlernt haben, sich selbst zu beschäftigen. Für sie kann die Freizeit als zwar gestaltbare, aber nicht gestaltete Zeit Risiken bergen. BOCHNIK weist im Anschluß an BÜRGER-PRINZ darauf hin, ,,daß ungestaltete leere Zeit sich gegen die Person richten kann, daß sie zerstörerische Kräfte entfaltet, wenn sie nicht durch gestaltete Zeit im ganzen ausgewogen wird'' (BOCHNIK 1976, 31).

Die ungestaltete Zeit bewirkt leicht Langeweile, ,,einen Leidensdruck, von dem wiederum eine unfruchtbare Unruhe ausgehen kann'' (BOCHNIK). Diese Langeweile kann zur Abhängigkeit (seelisch und körperlich) von vordergründigen Ablenkungen führen (Alkohol, Fernsehen, Flucht in Traumphantasien), die die Eigeninitiative des Behinderten lähmen können. In diesen Fällen wird der Übungsleiter Sport als Freizeitaktivität zu steuern haben, bei der Freizeit unter mehr erzieherischem Aspekt zur Verfügung gestellt wird, bei der Selbstverwirklichung, aktives Handeln etc. im Mittelpunkt stehen.

Die Menschen sind je nach Persönlichkeitsstruktur mehr oder minder darauf angewiesen, mit ihren Handlungen soziale Anerkennung zu erhalten. Diese soziale Anerkennung findet im allgemeinen in der Zuordnung zu einer sozialen Gruppe und meist innerhalb der frei verfügbaren Zeit statt (ÖSTERWITZ 1976, 19). Auch die Entwicklung spezifischer Talente, die über die in der Schule geförderten Leistungen hinausgehen, erfolgt im wesentlichen in der Freizeit, so daß Umfang und Wesen der Freizeit wesentliche Faktoren für die Persönlichkeitsentwicklung sind.

,,Die soziale Eingliederung Behinderter vollzieht sich zu einem wesentlichen Teil im Freizeitbereich. Dies gilt sowohl für die Behinderten, die bei ihren Familien wohnen, als auch für diejenigen, die in Heimen leben'' (*Bildungskommission des Deutschen Bildungsrates* 1973). Sowohl die Einschränkung der Freizeit durch die Behinderung oder Rehabilitationsprogramme als auch die Schwierigkeit, unbehindert mit der Umwelt zu kommunizieren, bedrohen die Persönlichkeitsentwicklung des Behinderten. Ob und inwieweit die Persönlichkeitsentwicklung des Behinderten tatsächlich durch eine Kommunikationsbarriere oder Einschränkung der Freizeit behindert ist, läßt sich nur im Einzelfall entscheiden (Mobilitäts- und Kommunikationseinschränkung; TEWS 1976, 41). Die Mobilitätseinschränkung durch die Körperbehinderung bedeutet eine Erschwerung bzw. Verlangsamung der Aktivitäten des täglichen Lebens. Anziehen, Essen, Waschen, Schulweg etc. nehmen mehr Zeit in Anspruch, strengen körperlich mehr an, so daß die Freizeit geringer wird. Sie bedeutet auch den Ausschluß von bzw. die Behinderung bei einer Reihe von Freizeitaktivitäten. Für Belastungs- und Leistungsfähigkeit entscheidend ist die freie Gehfähigkeit. ,,Wer sich allein ohne Hilfsmittel fortbewegen kann, ist zumeist, von der Bewegungsstörung abgesehen, in körperlich gutem Zustand und der Tagesbelastung gewachsen'' (GRESSMANN 1973, 101).

In einer bayrischen Untersuchung, die offensichtlich bei schwerer Behinderten durchgeführt wurde, wurde die Frage nach den Fähigkeiten zu selbständigen Alltagsverrichtungen wie folgt beantwortet:

Es können selbständig				bis 6 Jahre	7 bis 15 Jahre	über 15 Jahre
essen	53%	essen		72%	50%	41%
trinken	50%	trinken		66%	50%	34%
zu Bett gehen	78%	zu Bett gehen		85%	75%	59%
aufstehen	78%	aufstehen		91%	78%	71%
sich an- und auskleiden	89%	sich an- und auskleiden		97%	93%	74%
sich waschen	76%	sich waschen		91%	77%	59%
baden	90%	baden		93%	92%	85%
WC benutzen	78%	WC benutzen		91%	82%	57%

(*Bundesminister Raumordnung* 1976, 15)

Ältere Behinderte besitzen die genannten Fähigkeiten offenbar seltener. Ursache könnte sein, daß in ihren Entwicklungsjahren die Einübung selbständiger Fähigkeiten durch spezielle Trainingsprogramme in Kindergarten und Schule noch nicht so praktiziert wurde wie heute.

29% der durch TÖRÖK insgesamt erfaßten Körperbehinderten waren auf orthopädische Hilfsmittel angewiesen (TÖRÖK 1977, 74). Innerhalb einer gesondert untersuchten Gruppe von 6177 Fällen ergaben sich weitere Präzisierungsmöglichkeiten, inwieweit technische Hilfen erforderlich sind:

%	Alter	keine	Schienen etc.	Rollstuhl	ständig bettlägerig	
		%	%	%	%	%
18	bis 4	57	7	12	24	100
12	5 bis 7	53	19	21	7	100
25	8 bis 12	58	23	18	1	100
17	13 bis 16	58	26	15	1	100
28	älter	55	29	14	2	100
100		56	22	16	6	100

(*Bundesminister Raumordnung* 1976, 14)

Als Kommunikationseinschränkung, und damit für die Persönlichkeitsentwicklung wesentlich gravierender, wirkt die Körperbehinderung als Folge von mangelnder Mobilität, die den sozialen Kontakt in der Freizeit einengt, bzw. direkt als Behinderung sensorischer oder intellektueller Funktionen oder durch Störung der Mimik, Gestik etc. Durch solche primäre Kommunikationseinschränkung ist natürlich jede Freizeitaktivität mit anderen Menschen beeinträchtigt.

Autonomes Freizeitverhalten wird vielfach auch durch die starken familiären Bindungen des Behinderten an seine Familie verhindert. Durch die geringere Mobilität entstehen Unsicherheiten bei der Kontaktaufnahme sowie oft eine Fixierung auf einmal bestehende Beziehungen (TEWS 1976, 35), die den Behinderten in der Freizeitgestaltung einschränken.

4. Die Körperbehinderung als Störung der Auseinandersetzung von Ich und Umwelt

Die Definitionen von körper- und bewegungsbehindert weist auf die soziale Dimension des Begriffes „behindert" hin, zeigt auf, daß die rein motorische Mangelsituation weitere sekundäre Mängel nach sich ziehen kann, daß erst der Vergleich mit der sozialen Umwelt die Klassifizierung „behindert" möglich macht.

Die Behinderung kann eine Reihe von Folgen für die Persönlichkeit des Behinderten nach sich ziehen, die der Übungsleiter kennen sollte. Zentraler Punkt der o. a. Definition von Körper- und Bewegungsbehinderten ist die Wirkung, die die meist im somatischen Bereich angesiedelte Störung auf die Auseinandersetzung von Individuum und Umwelt hat. Auch für diesen Bereich ist in diesem Beitrag lediglich eine allgemeine Beschreibung von Einflußgrößen möglich. Auch hier muß der Übungsleiter versuchen zu bewerten, welche Einflußgrößen auf das Leben des ihm anvertrauten Körperbehinderten-Sportlers einwirken, um so eine dem einzelnen entsprechende Methodik erarbeiten zu können. Die Entwicklung des Menschen läßt sich unter einer Reihe von Aspekten betrachten. Für unser Thema sind hier im wesentlichen vier Gesichtspunkte maßgebend.

Zum ersten bedeutet Entwicklung die biologisch-somatische Konkretisierung der in den Erbanlagen begründeten Körperlichkeit. Entwicklung bedeutet körperliches Wachstum, Ausbildung der motorischen, nervösen, sensorischen Leistungsfähigkeit, Entwicklung der einzelnen Organe und Organsysteme sowie die Koordination ihrer Funktionen miteinander.

Weiter bedeutet Entwicklung aber auch ständige Auseinandersetzung zwischen dem Individuum und seiner Umwelt; sowohl der personalen wie der materialen. Diese Auseinandersetzung, die als ein ständiger Prozeß der Akkommodation und der Assimilation von Individuum und Umwelt beschreibbar ist (PIAGET), ist für die Entwicklung der Intelligenz sowie des sozialen Verhaltens besonders wichtig. Auch die Entwicklung des Körperschemas, des Körpergefühls, der Bewertung der eigenen Leistungsfähigkeit ist von der Art und Weise dieser Auseinandersetzung abhängig.

Als vierter Aspekt der Entwicklung des Menschen sei hier die Entwicklung der Persönlichkeit, das Finden der Identität, der Aufbau des Selbstwertgefühles genannt. Die hier aufgeführten Bereiche der biologischen Entwicklung der Auseinandersetzung mit der Umwelt und der Persönlichkeitsentwicklung lassen sich nur gedanklich voneinander trennen. Lediglich der Anschaulichkeit wegen sollen sie hier gesondert angesprochen werden.

Es ist leicht ersichtlich, daß unabhängig von der jeweiligen Form einer Körperbehinderung und dem Zeitpunkt, wann diese Behinderung eintritt, eine Körperbehinderung eine grundsätzliche Störung im Entwicklungsprozeß bedeutet.

4.1 Der somatische Aspekt

Am deutlichsten ist dies zunächst unter dem ersten, dem biologisch somatischen Aspekt zu sehen. Die Behinderung bedeutet hier vor allem ein Abweichen vom vorgegebenen Bauplan, der von einer ausgewogenen Einheit aller Bereiche und Funktionen ausgeht bzw. auf sie abzielt. Eine Störung auch nur in einem Teilbereich des Körpers bedeutet meist, daß der gesamte Bauplan nicht mehr stimmt, daß, um das angestrebte Gleichgewicht zwischen allen Bereichen und Funktionen zu gewährleisten, von anderen Bereichen und Funktionen Ersatzleistungen oder Kompensationsleistungen erbracht werden müssen. Die Folgen einer Bewegungs- und Körperbehinderung auf den motorischen Bereich kann man als einen Rückkopplungseffekt charakterisieren. Die Körper- und Bewegungsbehinderung stellt eine Einschränkung des normalen Bewegungsverhaltens dar. Ausreichende Bewegung ist jedoch für die körperliche Entwicklung unerläßlich. Die Bewegung und die durch die Bewegung hervorgerufene Belastung des Organismus setzt die für die Entwicklung notwendigen Reize. Körperliche Entwicklung ist kein lediglich genetisch vorprogrammiertes Sich-Entfalten, sondern zum großen Teil funktionell angepaßte Reaktion auf Bewegungsreize und Belastungen des Organismus. Unterbleibt diese notwendige Belastung infolge einer Behinderung oder wird sie nur teilweise gesetzt, so entwickelt sich der Organismus entsprechend schlecht oder nur in bestimmten Bereichen. Festzuhalten ist, daß auch eine Einzelbewertung oder auch Einzelbeeinträchtigung eines für das Zustandekommen von Bewegung verantwortlichen Organs jeweils Wirkungen auf den gesamten Organismus zeigt.

Die Bewegungen des Neugeborenen bestehen zum überwiegenden Teil aus natürlichen Reflexen und unkontrollierten Massenbewegungen. KUNERT/JANSEN sprechen von einem Bedürfnis ,,motorisch-expansiver Betätigung'' (KUNERT/JANSEN 1974, 26). Aus den unkontrollierten ziellosen Bewegungen werden mit der Zeit kontrollierte Willkürbewegungen. Das Erkennen eines Ursache-Wirkung-Zusammenhanges von Bewegung und Wirkung der Bewegung (Berühren einer Rassel — Geräusch) wirkt als Verstärker für eine koordinierte Motorik. Die Rückmeldung über das neurophysiologische System — beim Cerebralparetiker geschädigt — spielt zudem eine wesentliche Rolle beim Aufbau des ,,body images'', des Körperschemas, dem für die räumliche Lokalisation grundlegenden Bezugssystem.

Die Schwierigkeiten, die Körperbehinderte hier haben, führten oft zu Schwierigkeiten im Gebrauch einfacher Kategorien des Raumes wie oben, unten, hinterher. Besonders beim cerebralparetischen Kind kommt hinzu, daß zusätzlich zur Störung der Koordination die motorische Entwicklung stark verlangsamt verläuft.

Ein wesentlicher Gesichtspunkt bei der Analyse der Situation des Körperbehinderten ist der Zeitpunkt des Eintrittes der Behinderung. Eine Körperbehinderung von Geburt an bedeutet etwas anderes als eine Behinderung, die vielleicht erst nach der Pubertät eintritt. Durch die Behinderung von Anfang an sind u. U. eine ganze Reihe von motorischen Funktionen nicht oder nur sehr schlecht ausgebildet, nervöse Schaltbilder überhaupt nicht erlernt worden, gewisse Muskelgruppen fast ungeübt, selbst wenn sich der Schaden auf diese Bereiche nicht direkt bezog.

Oben haben wir auf die verschiedenen Gruppen der somatischen Ursachen von Körperbehinderung hingewiesen. Die cerebralen Schädigungen treten in der Regel vor oder während der Geburt auf. Das bedeutet, daß das Kind von Geburt an geschädigt ist, daß die körperliche, geistige und soziale Entwicklung von Anfang an behindert verläuft. Da hierbei die allgemeine Koordination und die Willkürmotorik beeinträchtigt ist, verfügt das cerebralparetische Kind meist auch nur über geringe Kompensationsmöglichkeiten. Je später eine Behandlung eines so geschädigten Kindes einsetzt, um so geringer ist zudem die Chance, daß nicht behinderte Hirnregionen die Funktionen behinderter Regionen übernehmen können.

Da auch die Kommunikation mit der Umwelt an Willkürbewegungen gebunden ist, mißlingt diese oft bzw. ist stark eingeschränkt (Störungen der Mimik, der Gestik, Sprachstörungen etc.). Hierdurch wird der soziale Kontakt stark eingeschränkt, soziale Erfahrungen fehlen bzw. sind anders als zwischen Unbehinderten.

Bei den nichthirngeschädigten körperbehinderten Kindern kann man davon ausgehen, daß nichtbehinderte Bereiche willkürlich zur Kompensation der Behinderung eingesetzt werden können. Das Kind mit einer Cerebralparese kann seine Motorik nicht willkürlich steuern. Der Arm, den es nach einem Spielzeug ausstrecken möchte, fährt in irgendeine andere Richtung (KUNERT 1974, 27).

Der Vergleich zwischen dem cerebralparetischen und dem cerebral nicht geschädigten Kind zeigt, daß ein immer größer werdender Entwicklungsrückstand auftritt; keine motorische Funktion wird in der Regel altersgerecht erworben. Alle physischen und psychischen Funktionen, die Bewegung voraussetzen, sind hiervon betroffen.

4.2 Der intellektuelle Aspekt

Von vielen wird das Denken als Spezifikum menschlichen Seins angesehen. Gerade die Überlegungen, wie die Fähigkeit zu denken entsteht, wie sich Intelligenz als handlungsrelevantes Denken entwickelt, haben in jüngerer Zeit eine Verbindung zwischen Bewegung und damit Körperlichkeit und Intelligenzentwicklung aufgezeigt. Fassen wir die verschiedenen Aussagen zusammen (vgl. DECKER 1973), so kann man über den Zusammenhang von Motorik und Denken bzw. Intelligenzentwicklung sagen, daß Intelligenz ein Prozeß des Erkennens und Sichaneignens von Umweltbedingungen ist (AEBLI in PIAGET 1947, X). Erkennen und Denken ist eine Art des Verhaltens; eine umfassende Handlung, die nicht nur eindimensional geistig aufzufassen ist. Denken bedeutet hierbei eine Auseinandersetzung des Menschen mit seiner Umwelt, wobei das Individuum sich mit seiner Umwelt mittels Akkomodations- und Assimilationsprozessen (PIAGET) koordiniert. Die ursprünglichste und einfachste Form der Auseinandersetzung mit der Umwelt, und damit des Denkens, stellt die Bewegung dar. Durch Bewegung wird die Umwelt ertastet, begriffen, im ursprünglichen Sinn des Wortes. Denken, Umwelterfahrung und Bewegung sind im frühen Lebensalter dasselbe. Vor allem die Entwicklung von räumlichen Vorstellungen, räumlichen Begriffen, des abstrakten Begriffes Raum und der räumlichen Strukturierung der Umwelt ist direkt an die Selbstbewegung und damit Erfahrung des Raumes gebunden. Das Denken ist ein Prozeß, der anfangs über konkrete Handlungsoperationen abläuft. Nach und nach wird die konkrete Handlung überflüssig, kann man von ihr abstrahieren. Das Denken wird verinnerlichtes Handeln, Sublimierung der auf Abstraktion reduzierten Bewegung (DECKER 1973, 86). Neben diesen Überlegungen zum Zusammenhang von Körperlichkeit und Denken bzw. Intelligenz im Kleinkindalter sei hier noch auf die Bedeutung der Bewegung für die Sprache, für sprachliche Kommunikation und damit eine weitere wesentliche Komponente menschlicher Intelligenz hingewiesen. ,,Solange die verbale Sprache nicht bedeutsam geworden ist, bleibt die Sprache der Haltungen und Gesten für das Kind das wichtigste Mittel der Kommunikation mit dem anderen" (VAYER 1975, 145). Die Bewegung ist die erste und grundlegende Form der Umweltkommunikation, auf der alle Kommunikationsformen wie Sprechen, Mimik, Gestik, die alle wieder Bewegung sind, aufbauen. Für den intellektuellen Bereich bedeutet nicht nur eine cerebrale Schädigung eine Beeinträchtigung, sondern auch eine nicht cerebral bedingte Bewegungsbehinderung, z. B. Anomalien der Bewegungsorgane, aber auch eine unnatürliche Einengung des Bewegungsraumes des Neugeborenen. In beiden Fällen ist eine deutliche Beeinträchtigung des intellektuellen Verhaltens gehäuft (SCHÖNBERGER 1974, 218) aufgetreten.

Eine zwangsläufige Koppelung von intellektueller und motorischer Beeinträchtigung ist jedoch nicht festzustellen. Durch geeignete Therapie und Übungsbehandlung können solche Ausfälle zum Teil kompensiert werden.

Die Schädigung des intellektuellen Bereiches als Folgeerscheinung von Bewegungsbehinderungen ist oft eine Intelligenzleistungsschwäche und keine Intelligenzschwäche (SCHMIDT 1972, 42). Dies kann sogar soweit gehen, daß eine ausgezeichnete Intelligenzausstattung aufgrund der motorischen Schwäche nicht entwickelt werden kann. Beispiele hierfür sind Sprachstörungen — Sprachgestörte gelten oft von vornherein als schwachsinnig —, die normale Kommunikation verhindern, und feinmotorische Störungen der oberen Extremitäten, die zu Schreibstörungen führen, durch die das Kind in der Schule, obwohl nicht weniger begabt, immer wieder zurückbleibt, weil es z. B. bei Arbeiten nicht schnell genug fertig wird und daher schlechte Noten bekommt (Rechenarbeit, Diktat etc.).

SCHMIDT stellt fest, daß neben den verschiedenen Funktionen oder Dimensionen der Intelligenz, die die psychologische Forschung aufgezeigt hat, noch Faktoren aus anderen Persönlichkeitsbereichen mitbestimmend für das intelligente Verhalten sind und die Störung dieser verschiedenen Persönlichkeitsbereiche, zu denen fraglos auch die unbehinderte Verfügung über die volle Bewegungsfreiheit und Bewegungsmöglichkeit gehört, die Umsetzung auch einer guten Intelligenzausstattung in entsprechende Intelligenzleistungen verhindern kann (SCHMIDT 1972, 42). Bedeutsam ist, daß die thalidomidgeschädigten Kinder wesentlich weniger intellektuelle Behinderungen zeigen, ein Indiz dafür, wieviel eine gezielte, sofort einsetzende Förderung des Körperbehinderten ausmacht. Aufgrund der besonderen Publizität setzte die Förderung sofort und massiv von vielen Seiten ein, so daß man davon sprechen kann, daß eine bereits früh gelungene Eingliederung vieler thalidomidgeschädigter Kinder zu verzeichnen sei und daß das Dysmeliekind in der Normalschule zumindest gleich gut, wenn nicht sogar besser, sozial und geistig gefördert werden kann als in der Sonderschule (HAIBÖCK, HELLBRÜGGE, MENARA 1972).

4.3 Der soziale Aspekt

Von entscheidendem Einfluß auf die soziale Entwicklung des Menschen ist die Auseinandersetzung des Individuums mit der Umwelt. Ohne den Umweltbezug kann niemand sich selbst bewerten. Das Bild, das ein Mensch sich von sich macht, ist im Grunde das Spiegelbild, das er im Spiegel Umwelt von sich zu erkennen glaubt.

So ist auch der Begriff „Behinderter", d. h. ein von der sozialen Norm Abweichender, umweltabhängig. Das Beispiel des im alten China als Schönheitsideal für junge Mädchen angesehenen und künstlich verkrüppelten Vorderfußes zeigt dies deutlich.

Die Umwelt ist in ihrem Verhalten dem Behinderten gegenüber unsicher. Die ablehnende Einstellung der Umwelt ihm gegenüber führt zu einer mangelhaften Definition von Status und Rolle in der Gesellschaft, was vor allem die Identitätsentwicklung erschwert. Berücksichtigt man, daß Auseinandersetzung mit der Umwelt nur über Bewegung möglich ist, dann wird jedem einsichtig, daß eine Störung der Bewegung eine Störung der Umweltbeziehung darstellt.

Je jünger der behinderte Mensch ist, desto gravierender ist die affektive Verbindung Bewegung/Umwelt. Das Ansehen, das ein Kind bei seinen Kameraden hat, korreliert hoch mit seiner Bewegungsqualifikation. Das Kind, das geschickt ist, das die Auseinandersetzung mit der Umwelt ohne Einschränkungen leistet, ist angesehen. Der Bewegungsbehinderte erfährt diese Bestätigung nicht; für ihn ist der Aufbau eines Selbstwertgefühls, das an „Könnenserfahrung" gebunden ist, erschwert, wenn nicht unmöglich gemacht.

Vor allem leichter Behinderte sind in ihrer Identitätsfindung sehr stark beeinträchtigt, da sie sich weder der Gruppe der Normalen noch der der Behinderten zugehörig fühlen.

Wir können eine negative Korrelation zwischen Verhaltensstörung und der Schwere der Behinderung feststellen, d. h. je schwerer die Behinderung ist, um so weniger treten schwere Verhaltensstörungen im Verhältnis zur Umwelt auf, wobei man allerdings berücksichtigen muß, daß der normale Umweltkontakt mit steigendem Grad der Behinderung abnimmt. Der stärker Behinderte findet leichter eine feste Zuweisung auf eine bestimmte Rolle, und sei es eine Sonderrolle, als der Leichtbehinderte. Dabei ist die Bewertung, die er erfährt, nicht einfach an die Tatsache gebunden, daß er eine Sonderrolle einnimmt, sondern sie unterliegt der Wertung, die eben diese Sondergruppe in der Gesellschaft genießt. Sonderbegabungen im intellektuellen Bereich werden in der Regel gut angesehen, Sonderbehinderungen gelten als schlecht.

Festzuhalten ist, daß das soziale „Sonderverhalten" des Behinderten primär eine Reaktion auf das Verhalten der Umwelt ist. Erst in zweiter Linie setzt hier der bewußte Vergleich des Behinderten selbst mit der Umwelt ein, der ja ein gewisses Maß an Abstraktionsfähigkeit voraussetzt. Gerade im Bereich der sozialen Einordnung ist es wichtig zu berücksichtigen, daß eher die Umwelt einen Behinderten aus einer Gruppe ausschließt bzw. ihn nicht aufnimmt, als daß er sich selber ausschließt.

Bei der Analyse der Situation des Behinderten müssen wir immer beide Seiten, den Behinderten und die Umwelt, sehen. Die Behinderung wirkt ja nicht nur unmittelbar auf den Behinderten, sondern auch auf seine Umwelt ein, deren Verhalten ihm gegenüber sich danach richtet, wie die Behinderung auf sie wirkt.

In dem Moment, in dem eine Behinderung für die Umwelt erkennbar ist, wird das Umweltverhalten anders als einem Unbehinderten gegenüber sein.

Zusammenfassend kann man sagen, daß die Einstellung der Bevölkerung Behinderten gegenüber ungünstig ist, der Unbehinderte fühlt sich den Behinderten gegenüber unsicher und bevorzugt die Distanz. Aus der Entfernung werden behinderte Kinder als sanft, aus der Nähe als unangenehm eingestuft. Dem Behinderten gegenüber existieren viele Vorurteile, die sich intrapersonal stark unterscheiden (BRACKEN 1976). 90% der Nichtbehinderten wissen nicht, wie sie sich Behinderten gegenüber verhalten sollen, 63% wollen die Behinderten in Heimen sehen, 56% lehnen eine Hausgemeinschaft mit Behinderten ab (KLEE 1980, 9). Die Behinderung, die ihn „anders" erscheinen läßt, isoliert den Behinderten mehr oder weniger stark. Dies beginnt bereits bei dem Schock der Mutter, die erfährt, daß sie ein mißgebildetes Kind bekommen hat. Sie ist meist nicht in der Lage, ein „normales" Verhältnis zu ihrem Kind zu bekommen, so daß schon auf dieser primären Ich-Umwelt-Ebene von einer normalen Umweltbeziehung nicht gesprochen werden kann (JANSEN, D. 1976, 18; KUNERT 1974, 42). Die Abwehr der Umwelt wird dann besonders stark, wenn die Behinderung mit einer deutlichen Veränderung des äußeren Erscheinungsbildes verbunden ist. Die Begegnung mit dem Andersartigen, evtl. sogar „Entstellten" löst Befremden bis Abweisung oder Ekel bei der Umwelt aus (SCHÖNBERGER 1974, 221; JANSEN, G. 1972, 116). Wir können davon ausgehen, daß es sich hierbei um eine unbewußte Abwehrreaktion, einen Abwehrmechanismus dem Andersartigen gegenüber handelt. Es ist versucht worden, dieses Phänomen der Abwehr von verschiedenen theoretischen Sichtweisen her zu erklären (vgl. CLOERKES 1980, bes. S. 20), sei es aus psychoanalytischer oder allgemein psychologischer Sicht, bei der verschiedene Ängste als Erklärung herangezogen werden, sei es von mehr soziologischen Ausgangslagen her, bei denen die Minoritätensituation der Behinderten im Vordergrund steht, bis hin zu Theorien, daß der Behinderte deswegen abgelehnt wird, weil er der Leistungsgesellschaft nicht entspreche.

Diese allgemeine Ablehnung kann mit Angstgefühlen verbunden sein. Der Gesunde will den Behinderten meiden, die Behinderung übersehen, weil er unbewußt davor Angst hat, in die gleiche Situation zu kommen. Andererseits stellt der Kontakt mit Behinderten oft allein dadurch eine „Bedrohung" der psychischen Situation des Nichtbehinderten dar, daß dieser verunsichert ist und nicht weiß, wie er sich dem Behinderten gegenüber verhalten soll.

Diese allgemeine Ablehnung, die dem Behinderten gegenüber empfunden wird, ist zwar unbewußt, wird aber vom Nichtbehinderten durchaus wahrgenommen. Befindet sich der Nichtbehinderte dem Behinderten gegenüber nun in einer Situation, in der die Ablehnung des Behinderten als sozial unerwünscht angesehen wird (z. B. Eltern-Kind-Beziehung), so kann dies zu neuer Unsicherheit oder Aggressivität dem Behinderten gegenüber führen. Auch die immer wieder zu beobachtende „overprotection", das Bedürfnis, dem Behinderten alle Schwierigkeiten aus dem Weg zu räumen, ist als Mechanismus deutbar, Angst, Schuldgefühle oder Unsicherheit zu kompensieren.

Je weniger eine Person äußerlich als behindert erkennbar ist, um so weniger wird sie abgelehnt. Die Funktionsbeeinträchtigung, die durch die Behinderung hervorgerufen wird, ist, zumindest in unserer heutigen Umwelt, für die Haltung den Behinderten gegenüber unerheblich. Ebenso unerheblich für den Nichtbehinderten ist es auch zu wissen, wann und wodurch die Behinderung aufgetreten ist. Lediglich nach dem Krieg hatte der Kriegsversehrte einen wesentlich höheren Status als der Nichtkriegsversehrte.

Neben dieser grundsätzlichen Abwehrhaltung, der sich der Behinderte gegenübersieht, ist seine Situation natürlich durch eine Reihe weiterer Faktoren bestimmt, deren Kenntnis für den Betreuer wichtig ist.

Nicht nur die Unbehinderten sehen den Behinderten als anders an, auch der Behinderte selber sieht sich außerhalb der Gesellschaft stehend. Beider Sicht begründet eine Sonderrolle für den Behinderten. Sie sind Außenseiter, Angehörige einer Randgruppe, einer Minorität.

Die Behinderten insgesamt und ihre Untergruppen Körperbehinderte, Geistigbehinderte etc. erfüllen die Kriterien einer Minorität: unterprivilegiert, in einer ungeklärten sozialen Situation, ständig neuartigen sozialen Schwierigkeiten ausgesetzt (CLOERKES 1980, 34, 35). Sie sind von einer Reihe normaler Aktivitäten ausgeschlossen (unterprivilegiert), ihre Position ist ungeklärt, besonders die leichter Behinderten befinden sich in einer unklaren Zuordnung (ungeklärte soziale Situation) und werden durch ihre Behinderung immer wieder vor teilweise überraschende Schwierigkeiten gestellt, da die normale, vor allem die physikalische Umwelt, auf die Bedürfnisse der Nichtbehinderten hin konstruiert ist. Im Gegensatz zu den „klassischen" Minoritäten ethnischer Art (Neger, Juden etc.) bilden die Behinderten keine in sich geschlossene Gruppe, es existiert kein gemeinsames diskriminierendes Charakteristikum, so daß eine Gruppensolidarität, die soziale und emotionale Sicherheit geben könnte, nicht entsteht. Auch die Tatsache, daß der Behinderte seine Behinderung zwar ablehnt, aber nicht in „sozialer Gegnerschaft" zur Gesellschaft steht, wie etwa ethnische Minderheiten, macht seine soziale Situation unübersichtlich. Neben der Familie, den Gleichaltrigen, den Schulkameraden existieren für den Behinderten weitere spezielle Bezugsgruppen, z. B. die Gruppe der ebenfalls Behinderten, die Therapiegruppe, die Kollegen einer Sondereinrichtung etc., zusätzlich oder als alleinige Bezugsgruppen.

Je mehr unterschiedliche Bezugsgruppen für den Jugendlichen jedoch existieren, um so schwerer wird seine Identitätsfindung sein. Wenn es auch sehr hart klingt: je eindeutiger, je schwerer eine Behinderung ist, um so leichter ist für den Behinderten die Einordnung in eine spezielle Gruppe und damit die Identitätsfindung und um so sicherer weiß der Übungsleiter, woran er ist. Die Unsicherheit, in der das behinderte Kind zwischen Behindertengruppe und Nichtbehinderten aufwächst, wird dadurch verstärkt, daß eventuell seine Familie selbst durch seine Behinderung zur „behinderten Familie" (THIMM) geworden ist.

Die ersten und wichtigsten interpersonellen Kontakte erfährt das körperbehinderte Kind — wie alle anderen Kinder auch — in der Familie.

Nun wurde aber gezeigt, daß die Eltern eines körperbehinderten Kindes der Körperbehinderung zunächst einmal die gleichen Einstellungen entgegenbringen wie die Nichtbehinderten überhaupt. Andererseits nehmen sie aber durch die Verbundenheit mit ihrem Kind eine Sonderstellung ein. Es kommt zwangsläufig zu einem Ambivalenz-Konflikt zwischen den Einstellungen zur Körperbehinderung und den Gefühlen und gefühlhaften Erwartungen der Eltern-Kind-Beziehung.

Dabei ist die Rolle der Mutter besonders hervorzuheben: Sie fühlt sich in der Regel mitschuldig an der Behinderung des Kindes.

Allein das Suchen nach den Ursachen und die aufkommenden Schuldgefühle beeinträchtigen den Mutter-Kind-Bezug (G. W. JANSEN 1974, 134).

4.4 Der Aspekt der Identitätsfindung

Ich habe immer wieder betont, daß in der Regel jede Behinderung eine spezifische Individualsituation schafft, auf die der Individualität des Behinderten entsprechend zu reagieren ist. Je nachdem, aus welcher Perspektive man die Persönlichkeit des Behinderten betrachtet, sind eventuell auftretende Verhaltensauffälligkeiten von Behinderten erklärbar.

Dem Behinderten werden Minderwertigkeitsgefühle, Aggressivität, Isolationstendenzen sowie Dispositionen zur Neurose nachgesagt (vgl. HENSLE 1979, 45). Ausgangspunkt der Überlegungen hierzu ist die Einheit von körperlicher, geistiger und emotionaler Dimension des menschlichen Wesens. Beeinträchtigungen in einem dieser Bereiche ziehen demnach Reaktionen in anderen Bereichen nach sich (JANSEN, D. 1976, 13).

Andere Erklärungen gehen davon aus, daß eine Organminderwertigkeit vom Behinderten als ein Makel empfunden wird, der ihn sich seiner Umgebung gegenüber als ungleichwertig erscheinen läßt. Durch dieses Minderwertigkeitsgefühl wird die Integration in die Gemeinschaft erschwert. Kompensationsversuche können zu übersteigertem Ehrgeiz führen, der, wenn er nicht befriedigt werden kann, zu Neurosen führen könnte. Sozialpsychologische Thesen gehen davon aus, daß die Identität des Behinderten durch die fehlende Gruppenzugehörigkeit gestört wird.

Von der Frustrations-Aggressionshypothese von DOLLARD et al. ausgehend, erwarten andere vom Behinderten eine höhere Aggressivität. Der Körperbehinderte kommt immer wieder in Situationen, die er nicht meistern kann — zu
enge Fahrstuhltüren, Treppen, interpersonale Barrieren etc. —, was dazu führt,
daß seine Bedürfnisse nicht erfüllbar sind. Dies führt zu Frustrationen, die Aggressionen gegen die Umwelt oder gegen sich selbst zur Folge haben. Auch
Regressionen und ein sich Aus-der-Welt-zurückziehen können hiernach Folge
solcher Frustrationen sein.

Versucht man, die Folgen einer Körper- und Bewegungsbehinderung im affektiven Bereich zusammenzufassen, so muß man zum einen für den Innenbereich
die fehlende oder verminderte „Könnenserfahrung" und Gelegenheit zum Aufbau von Selbstwertgefühl und die damit verbundene mangelnde Identitätsfindung nennen; zum anderen ist die soziale Deprivation hervorzuheben, durch
die der Behinderte von seiner Umwelt isoliert wird und die eine Integration in
die Gesellschaft erschwert oder sogar verhindert. Der Behinderte verhält sich,
um nicht immer wieder Mißerfolgserlebnisse, Frustrationen und Ablehnung zu
erfahren, meist passiv und zeigt wenig Ansätze von Aktivität. Er versucht,
Schwierigkeiten durch Nichtstun aus dem Wege zu gehen. Sein mangelndes
Selbstvertrauen und die Ablehnung durch die Umwelt kann jedoch auch zur
Feindschaft gegen sich selber, zu Autoaggression oder zu Ablehnung der Umwelt und Aggression gegen sie führen.

Begreifen wir Entwicklung als einen Prozeß der Bewältigung von Grundman-
gelerfahrungen (BALINT), die der heranwachsende Mensch zu leisten hat, so
können wir die Behinderung als einen solchen Mangel ansehen, der weder
durch eigene noch durch äußere Kräfte behoben werden kann. Der „Mangel"
wird bekämpft: das Kind kann meist nicht erkennen, daß der Kampf nicht ihm
als Träger dieses Mangels gilt. Seine Persönlichkeit wird von den Erwachsenen
und von ihm selbst auf die Behinderung reduziert; das Kind empfindet unter
Umständen schließlich sich selbst gegenüber Aggressionen, feindliche Gefühle etc. Die Enttäuschung der Eltern über eventuell ausbleibende Rehabilita-
tionserfolge werden auf sich selbst bezogen, Selbstwertgefühle und die
Entwicklung des Bewußtseins, die Welt meistern zu können, bleiben u. U. im
Keim erstickt. Betrachtet man die Folgen einer Körper- und Bewegungsbehinderung für den affektiven Bereich, so muß man hier zwischen dem Außen- und
Innenverhältnis des Individuums unterscheiden. Zum einen erfährt der Mensch
sich selbst, seinen eigenen Körper für sich selbst und in Bewertung zu seiner
Umwelt. Dieses Erleben und Erfahren „des eigenen Leibes" ist phänomenolo-
gisch eng verbunden mit dem Erleben des Gefühls, der Triebe, des „Ichbe-
wußtseins" (JASPERS 1965, 78). Der Behinderte erlebt sich selbst als
ungeschickt und seinen Körper als „sperrig"; er kann oft nicht so, wie er will.
Das Bewußtsein des eigenen Körpers und dessen Gebrauch scheint eine Be-
dingung der Entwicklung des Ichs zu sein (VAYER 1975, 144).

Aufgrund der Schwierigkeiten im Zusammenleben mit den Nichtbehinderten
sprechen viele Autoren über die Persönlichkeit von Behinderten bestimmende
theoretische Abweichungen. Einer empirischen Überprüfung, ob und inwieweit
diese Störungen oder Abweichungen bei den Behinderten auch tatsächlich
auftreten, wurden diese Überlegungen jedoch nicht unterzogen. Erst in jüng-

ster Zeit wurden hier Untersuchungen vorgelegt, die die Persönlichkeit Körperbehinderter beschreiben. Eine Untersuchung von D. JANSEN, die allerdings erwachsene Rehabilitanden untersuchte, ergab, abgesehen von Aggressivität und einer etwas geringeren Maskulinität, zwischen Körperbehinderten und Nichtbehinderten keine signifikanten Unterschiede (Nervosität, Erregbarkeit, Geselligkeit, Gehemmtheit, Neurotizismus, Leistungsmotivation, Offenheit etc.). Untersucht wurden, ich möchte dies noch einmal betonen, junge Erwachsene, deren Entwicklung vor Eintritt der Behinderung abgeschlossen war (Altersdurchschnitt 26,4 Jahre).

STEINHAUSEN und WEFERS, die körperbehinderte Kinder zwischen 9 und 16 Jahren untersuchten, fanden heraus, daß die Körperbehinderten im Leistungsbereich den unbehinderten Kindern gegenüber unterlegen sind.

,,Verballeistungen wie Wort- und Sprachverständnis, Wortflüssigkeit und verbales Ausdrucksvermögen sind bei körperbehinderten Kindern und Jugendlichen in gleicher Weise beeinträchtigt wie Denkfähigkeit und eine Reihe verschiedener Wahrnehmungsleistungen, nämlich Raumvorstellung, Veranschaulichung, Flexibilität und Geschwindigkeit der Gestalterfassung sowie Wahrnehmungstempo'' (STEINHAUSEN, WEFERS 1977, 94).

Die cerebralparetischen Kinder hatten zudem deutlichere Schwächen beim ,,gedanklichen Bewegen von Symbolen'' und hatten ein geringeres räumliches Vorstellungsvermögen. Im Emotionalbereich zeigten sich geringere emotionale Stabilität und zögernde Verhaltensbereitschaft der körperbehinderten Kinder. Das Selbst- und Idealbild, die für die Häufigkeit von Neurosen wesentlichen Persönlichkeitsvariablen, unterschieden sich zwischen Behinderten und Nichtbehinderten nicht.

Weder D. JANSEN noch STEINHAUSEN/WEFERS Untersuchungen widerlegen die von vielen Autoren aufgestellte These, es gäbe so etwas wie eine Behindertenpersönlichkeit, wenn sie sie auch nicht bestätigen konnten. JANSENS Untersuchung läßt sich jedoch als Beleg dafür anführen, daß eine erst spät eintretende Behinderung im allgemeinen keine ,,Behindertenpersönlichkeit'' schafft.

Eine Reihe weiterer Untersuchungen zur Persönlichkeitsentwicklung von Körperbehinderten zeigen deutliche Rückstände bzw. Entwicklungsdefizite im Bereich der Erfahrung und Kenntnisse, ihrer sozialen Anerkennung, ihrer intellektuellen und sozialen Entwicklung. Emotionelle Schwierigkeiten, höhere Ängstlichkeit, Furcht etc. waren häufiger als bei Nichtbehinderten (Zusammenfassung KUNERT 1974, 18—21).

Unterschiede zwischen den verschiedenen Formen der Körperbehinderung scheinen nicht zu bestehen.

In vielen Fällen muß man davon ausgehen, daß der elementare Bewegungstrieb durch die Einschränkung gehemmt wird und es schließlich zu einer Antriebshemmung, gekoppelt mit Frustration und Resignation, kommt. Eine ausgeprägte Einschränkung der Spontanaktivität ist dazu nicht selten zu beobachten. Diejenigen körperbehinderten Kinder, die zu Beginn ihres Lebens eine normale körperliche Entwicklung erlebten, konnten sich ihre Umwelt normal erschließen, konnten sozialen Kontakt aufnehmen, können sich als normales Mitglied der Gesellschaft empfinden. Nach Eintritt ihrer Behinderung jedoch müssen sie eine ,,Umorientierung'' vornehmen (KUNERT 1974, 27). Neben der

Schwierigkeit, sich motorisch in der Welt zurechtzufinden, ist ihr Hauptproblem die psychische Verarbeitung ihres Schicksals. Daß es hierbei oft zu Verhaltensstörungen und Verhaltensanomalien kommen kann, ist leicht verständlich. KUNERT stellte fest, daß die Verarbeitung der neuen Situation 2—3 Jahre nach Eintritt der Behinderung (Kinderlähmung) noch nicht abgeschlossen war und die behinderten Kinder durch Angst, gesteigertes Zuwendungsbedürfnis, Depressivität, Isolierung und Kontaktstörungen auffielen (HARBAUER, KENTNER, KUNERT 1960).

5. Literatur

BOCHNIK, H.-J.: Freizeit — soziale und klinische Aspekte aus psychiatrischer Sicht. In: Deutsche Vereinigung für die Rehabilitation Behinderter. Bericht 26. Kongreß „Freizeitaspekte bei der gesellschaftlichen Integration Behinderter". Heidelberg 1976.

BRACKEN, H., v.: Vorurteile gegen behinderte Kinder, ihre Familien und Schulen. Berlin 1976.

BUNDESMINISTER RAUMORDNUNG (Hrsg.): Die Wohnsituation der Körperbehinderten in der Bundesrepublik Deutschland. Schriftenreihe Bau und Wohnraumforschung 04.01. Bonn 1976.

CLOERKES, G.: Einstellung und Verhalten gegenüber Körperbehinderten. Berlin 1980[2].

DÄUMLING, A. M.: Psychologische Untersuchungen über das körperbehinderte Kind in der Volksschule. In: Jahrbuch der Deutschen Vereinigung für die Rehabilitation 1965/66, 222.

DECKER, R.: Praxis und Theorie der psychomotorischen Erziehung bei behinderten und normalen Kindern in Frankreich. In: EGGERT, KIPHARD. Dortmund 1973, 68—97.

DEUTSCHE VEREINIGUNG FÜR DIE REHABILITATION BEHINDERTER: Bericht über den 26. Kongreß „Freizeitaspekte bei der gesellschaftlichen Integration Behinderter". Heidelberg 1976.

DEUTSCHER BILDUNGSRAT: Empfehlungen der Bildungskommission zur pädagogischen Förderung behinderter und von Behinderung bedrohter Kinder und Jugendlicher. Stuttgart 1973.

DEUTSCHER BILDUNGSRAT: Gutachten und Studien 35, Sonderpädagogik, Bd. 4. Stuttgart 1974.

DEUTSCHER SPORTBUND (DSB): Zur Diskussion des Sports. In: Sportwissenschaft 10 (1980), 4, 437.

EGGERT, D./KIPHARD, E. J. (Hrsg.): Die Bedeutung der Motorik für die Entwicklung normaler und behinderter Kinder. Schorndorf 1980[4].

GILL, J.-G.: Möglichkeiten des Sports bei der Rehabilitation Körperbehinderter. Neuburgweiher 1975.

GRESSMANN, CH.: Die allgemeine Belastbarkeit des cerebralparetischen Kindes. In: Schriftenreihe des Bundesministers für Jugend, Familie und Gesundheit, Bd. 12. Stuttgart/Berlin/Köln/Mainz 1973.

HAIBÖCK, H./HELLBRÜGGE, TH./MENARA, D.: Förderungsmaßnahmen beim Dysmeliekind im Kleinkindalter. In: Münchner medizinische Wochenschrift 114 (1972), 9, 384.

HARBAUER, H./KENTNER, M./KUNERT, S.: Über die Anpassung von Kindern mit poliomyelitischen Dauerlähmungen. In: Jahrbuch der Jugendpsychiatrie. Bd. II. Bern 1960.

HENSLE, U.: Einführung in die Arbeit mit Behinderten. Heidelberg 1979.

JANSEN, D.: Die Persönlichkeitsstruktur von Körperbehinderten. Weinheim/Berlin/Basel 1976[2].

JANSEN, G.: Die Einstellung der Gesellschaft zu Körperbehinderten. Neuburgweiler 1974[2].

JASPERS, K.: Allgemeine Psychopathologie. Berlin/Heidelberg/New York 1965[8].

KARL, E. L./KARL, H.: Sport-Anwendungsmöglichkeiten und Zielsetzungen in einem Berufsförderungswerk für Behinderte. In: Die Rehabilitation 16 (1977), 4, 246.

KARL, H.: Eine Neudefinition des Begriffes Körperbehinderter aus sportwissenschaftlicher/sportpädagogischer Sicht. In: Behindertensport 28 (1979), 4, 54.

KARL, H.: Zur psychomotorischen Übungsbehandlung mit körper- und bewegungsbehinderten Kindern. In: Heilpädagogik, Wege der Forschung, Bd. 506. Darmstadt 1980.

KLEE, E.: Behindertensport. Frankfurt 1980[9].

KULTUSMINISTERKONFERENZ: Empfehlung zur Ordnung des Sonderschulwesens vom 16. 3. 1972.

KUNERT, S.: Mehrfachbehinderung bei körperbehinderten Kindern. In: Deutsche Vereinigung für die Rehabilitation Behinderter. Jahrbuch 1971.

KUNERT, S./JANSEN, G. W.: Zur Sondererziehung körperbehinderter Kinder. In: Behinderte Kinder und Jugendliche. Informationen aus dem Fachbereich Pädagogik (Hrsg. Stiftung Rehabilitation Heidelberg). Heidelberg 1974.

KUNERT, S.: Verhaltensstörungen und psychagogische Maßnahmen bei körperbehinderten Kindern. Neuburgweiher 1974[2].

LAUBER, M./KÖNIG, E.: Schule und Sport des cerebral bewegungsgestörten Kindes. In: Behinderte Kinder. O. O. O. J. S. 47. Druckschrift des MM f. JFG.

ÖSTERWITZ, J.: Kommunale Bürgerinitiativen von Behinderten und Nichtbehinderten als Möglichkeiten emanzipatorischer Freizeitgestaltung. In: Deutsche Vereinigung für die Rehabilitation Behinderter. Bericht 26. Kongreß „Freizeitaspekte bei der gesellschaftlichen Integration Behinderter". Heidelberg 1976.

PIAGET, J.: Psychologie der Intelligenz aus dem französischen Paris 1947. Zürich/Stuttgart 1966[2].

SANDER, A.: Die statistische Erfassung von Behinderten in der Bundesrepublik Deutschland. In: DEUTSCHER BILDUNGSRAT, Gutachten und Studien, Bd. 34. Stuttgart 1976.

SCHMIDT, M. H.: Kinder mit cerebralen Bewegungsstörungen in ihrem intelligenten Verhalten. Berlin 1972.

SCHMIDT, M. H.: Behinderte Kinder und Jugendliche. Klinisch-psychologische Grundlagen der Didaktik und der Behandlung von Verhaltensstörungen des Körperbehinderten. Heidelberg 1974.

SCHÖNBERGER, F.: Körperbehinderung — ein Gutachten zur schulischen Situation körperbehinderter Kinder und Jugendlicher in der Bundesrepublik Deutschland. In: DEUTSCHER BILDUNGSRAT: Gutachten und Studien 35, Sonderpädagogik, Bd. 4. Stuttgart 1974.

SEYWALD, A.: Physische Abweichung und soziale Stigmatisierung. Rheinstellen 1978[2].

SOLAROVA, S.: Zur Theorie der Mehrfachbehinderungen. In: Die Rehabilitation (1970), 8, 132.

STATISTISCHES BUNDESAMT (Hrsg.): Körperlich, geistig und seelisch behinderte Personen. Ergebnis des Mikrozensus Mai 1976. In: Wirtschaft und Statistik (1978), 8.

STATISTISCHES BUNDESAMT (Hrsg.): Strukturdaten über Behinderte. Ergebnis des Mikrozensus Mai 1979. In: Wirtschaft und Statistik (1979), 3.

STEINHAUSEN/WEFERS: Körperbehinderte Kinder und Jugendliche. Weinheim 1977.

TEWS, H. P. u. a.: Freizeit und Behinderung. Schriftenreihe des Bundesministers für Jugend, Familie und Gesundheit, Bd. 47. Stuttgart/Berlin/Köln/Mainz 1976.

THIMM, W. (Hrsg.): Soziologie der Behinderten. Neuburgweiher 1972.

TÖRÖK, M.: Methoden zur Feststellung der Zahl körperbehinderter Kinder und Jugendlicher. Schriftenreihe des Bundesministers für Jugend, Familie und Gesundheit, Bd. 46. Stuttgart/Berlin/Köln/Mainz 1977.

VAYER, P.: La personne de l'enfant daus une approche globale. In: MÜLLER/DECKER/SCHILLING (Hrsg.): Motorik im Vorschulalter. Schorndorf 1975.

WEGENER, H.: Die psychologische Problematik des körperbehinderten Kindes. In: Hdb. d. Psychologie, Bd. 10. Göttingen 1959, 435—457.

GERHARD ASCHER

Medizinische Aspekte beim Sport mit körperbehinderten Kindern und Jugendlichen

Statistische Schätzungen des Jahres 1989 ergaben eine Gesamtzahl von mehr als 17000 sporttreibender behinderter Kinder und Jugendlicher bis 21 Jahre im Deutschen Behindertensportverband. Hiervon stellen die recht jungen Gruppen der infantilen Zerebralparesen bei explosiver Entwicklung in den letzten Jahren mit der gleich dynamisch expandierenden Gruppe der geistig Behinderten über 80%. Der Rest von etwas mehr als 10% verteilt sich auf die Gesamtheit der sonstigen, z. T. bereits „klassischen" Behinderungen, wie Dysmelien, Amputationen, Deformierungen/Destruktionen am Haltungs- und Bewegungsapparat verschiedenster Genese, Sehgeschädigte, Spina-bifida-Lähmungen, vor allem unter Ausländerkindern noch häufigere Poliolähmungen und periphere Nervenschäden, Muskeldystrophien, spinale Muskelatrophien, ernstere Skoliosen, juvenilen Diabetes, Mukoviszidose, Asthma u. ä.

Die Gruppe der Gehörgeschädigten führt weiterhin ein vereinspolitisches Sonderleben im Gehörlosenverband. Hier haben sich keine wesentlichen Veränderungen ergeben. Lediglich innerhalb der Gruppe der schwereren Zerebralparesen werden entsprechende Sinnesstörungen im Rahmen der Multimorbidität zunehmend sportrelevant.

Eine größere Zahl behinderter Kinder und Jugendlicher betreibt Sport in Eigenregie oder im Gefüge eines Sportvereins Nichtbehinderter.

1. Sport als Therapie

Jede angeborene und jede in früher Kindheit erworbene Behinderung bedeutet zunächst die Gefahr entscheidener Beeinträchtigung der Entwicklung von Psyche, Motorik, Sensorik und Sozialverhalten. Es bedarf in der Regel jahrelanger intensiver therapeutischer Bemühungen eines eng kooperierenden Teams von Krankengymnasten mit neurophysiologisch-psychomotorischer Zusatzausbildung, von Logopäden, Orthoptisten, Audiologen, Ergotherapeuten, von speziell ausgebildeten Sportlehrern, Psychologen, Soziologen, Übungsleitern sowie von Ärzten verschiedenster Fachgebiete, um die drohenden Sekundärschäden so gering wie möglich zu halten. Die ernsten und in späteren Jahren kaum mehr aufholbaren Defizite im Gefolge der angeborenen oder früh erworbenen Sinnesschäden, der gestörten Körperaufrichtung und Fortbewegung, der erschwerten Kontaktnahme und der Antriebsarmut von mangelnder Zuwendung und fehlender Stimulierung der organisch und geistig Gesunden (Deprivierung), sind zwischenzeitlich allgemein anerkannte und genügend wissenschaftlich abgesicherte Erkenntnisse.

Die motivationsfördernden Momente des Sports, das dabei intensive und spielerische Erfahren des eigenen Körpers mit Verbesserung von Sensorik und Motorik, die Erweiterung des Lebensraums z. B. durch das Medium Wasser, die Möglichkeiten der Gruppendynamik und des Sich-Auslebens führen immer mehr behindertensportlich orientierte Sporthochschulen zu entsprechenden Aktivitäten mit wissenschaftlicher Aufarbeitung der Ergebnisse. Die Veröffentlichungszahlen zum sogenannten therapeutischen Sport steigen derzeit rapide an.

Die praktische Arbeit orientiert sich zu einem größeren Teil an seit Jahren bekannten Techniken der krankengymnastischen Gruppentherapie, der Psychomotorik, der Hippotherapie u. ä. Dürftig blieb aber bisher unser Wissen über geeignete Sportarten für die verschiedenen Behinderungsformen, über kompensatorische Bewegungsabläufe, über verträgliche Trainingsmethoden, schließlich über psychische und motorische Testanalysen bei Schwerbehinderten. Selten wurden Untersuchungen wie die von Frau Dr. BAUSENWEIN bekannt, die im EMG eindeutig sportbezogene Normalisierungseffekte auf pathologische Bewegungsmuster bei infantilen Zerebralparesen nachweisen konnte. Ihre Empfehlung von Schwimmen, Radfahren, Reiten, Skilanglauf und Bogenschießen, allgemeiner formuliert von zyklischen und geführten Bewegungsformen mit Koordinationsschulung, fußt auf gesicherter Grundlage.

In dieser ersten Rehabilitationsphase steht der Behindertensport also ganz vorrangig im Dienste der Therapie, d. h. psycho-motorischer Zielvorstellen mit ständiger diesbzgl. Erfolgskontrolle. Freude und Spaß, damit die Entwicklung einer dauerhaften Motivation für lebenslange sportliche Betätigung, sind zwar gewollte und aktiv geförderte Begleitfaktoren, sie können aber weder die geeignete Sportart noch Frequenz und Intensität der ,,Rezeptur'' bestimmen.

Erst mit Erreichen eines zielgesetzten psycho-motorischen funktionalen Niveaus respektive eines Plateaus bei ausgereizten Entwicklungsmöglichkeiten kann der Patient aus der aufwendig betreuten Phase der Therapie in den entscheidend weniger kontrollierbaren und großenteils selbst bestimmten Bereich des Breiten- bzw. Freizeitsport entlassen werden. Beide Bereiche sollten vernünftigerweise längere Zeit parallel laufen. Die geeignete Sportart muß die Motivation des Behinderten, Möglichkeiten in der näheren Umgebung, Auswirkungen auf die Behinderungen und damit Einpassung in den lebenslangen Rehabilitationsplan berücksichtigen.

Hat das behinderte Kind schließlich Spaß an einer verträglichen Sportart gefunden, so bringt der Freizeitsport, möglichst unter qualifizierter Anleitung in einer speziellen Sportgruppe, durch den erweiterten und intensivierten Einsatz körperlicher Fähigkeiten, durch kleinere Wettspiele und durch das Fehlen vordergründiger Zweckgebundenheit neue Selbstbestätigung, ein höheres Maß an Lebensfreude, intensivere Gruppenerlebnisse, deutlich bessere Grundkonditionen mit einem Mehr an Bewegungserfahrung und Kompensationsmöglichkeiten, also einen entscheidenen Gewinn für das tägliche Leben.

2. Mangelhafter Einsatz des Sports als Therapiemittel in Vergangenheit und Gegenwart

Die vorliegenden wissenschaftlichen Untersuchungen beweisen eindeutig die Abhängigkeit des Nutzens für die psycho-motorische Rehabilitation vom möglichst frühzeitigen Einsatz entsprechender therapeutischer Bemühungen. Gleichermaßen wird sinnvolles sportlich orientiertes Freizeitverhalten am besten in Kindheit und Jugend grundgelegt. Behinderte Kinder und Jugendliche müssen frühzeitiger und vollständiger als bisher für den Behindertensport rekrutiert werden.

An erster Stelle nenne ich einige Gedanken zum ärztlichen Sektor. Weder im Rahmen der ärztlichen Ausbildung an den Universitäten, noch in der sportmedizinischen Weiterbildung zur Erlangung der Zusatzbezeichnung ,,Sportmedizin'' wird bisher zwingend und in zureichender Form auf den Behindertensport eingegangen. Erst in jüngerer Zeit wurden unter dem Druck behindertensportlich orientierter Sporthochschulen Forderungen zur Ausbildungsordnung laut, verschaffen sich die Sektion ,,Rehabilitation und Behindertensport'' im Deutschen Sportärztebund, der Arbeitskreis ,,Behindertensport'' der Deutschen Gesellschaft für Orthopädie und Traumatologie, der medizinische Arbeitskreis im Deutschen Behindertensportverband und exponierte Einzelpersonen zunehmend Gehör.

Die Möglichkeit der ärztlichen Verordnung von Behindertensport, bei Schwerstbehinderten auch lebenslang auch ohne ständige Erneuerung des Rezeptes, ist noch weithin unbekannt. Die vor allem früher zahlreichen leichtfertigen Befreiungen vom Turnunterricht zeigten ebenfalls die Tendenz vieler Ärzte, die sportliche Betätigung behinderter Kinder und Jugendlicher eher zu bremsen als zu fördern, und damit die therapeutischen Möglichkeiten des Sports ungenutzt zu lassen. Bereits in Akutkliniken und noch mehr an Rehabilitationseinrichtungen müssen verstärkt entsprechende Sportgruppen angeboten oder die Patienten auf solche Möglichkeiten hingewiesen werden.

Der zweite Punkt betrifft die Krankengymnasten.

Neben den Ärzten stehen sie in der poststationären Rehabilitationsphase an vorderster Front. An den Krankengymnastikschulen wird derzeit die Gruppentherapie relativ kleingeschrieben, sind behindertensportliche Möglichkeiten kaum in den Ausbildungsrichtlinien enthalten. Nun stehen Krankengymnasten meist in einem sehr guten persönlichen Verhältnis zu ihren Patienten, haben ein primäres Interesse, den Patienten über die Intensivbehandlungsphase hinaus zu geeigneter körperlicher und sportlicher Betätigung anzuhalten, sind in medizinischer Terminologie, funktioneller Untersuchungstechnik und Beurteilung einschließlich der Bestimmung von Gelenkbeweglichkeiten und Muskelstatus genügend ausgebildet und damit ideale Partner für Ärzte und Behindertensportverbände. Die derzeitige Bemühungen um intensivere Einbindung zunächst einiger modellhafter Krankengymnastikschulen und späterhin eine evtl. enge Abstimmung zwischen den Dachverbänden, könnte ein erfolgversprechender Weg in Richtung kompetenter Werbeträger für den Behindertensport werden.

Darüber hinaus müßte last not least auch der Staat mehr als bisher über die finanzielle Förderung hinaus aufklärend wirken, in den Medien und an den Schulen behindertensportliche Berichterstattung und Angebote fördern.

Gerade auch an Sonderschulen wird dem Sportunterricht vielerorts zu wenig Bedeutung beigemessen.

An Schwerpunktkliniken und regionsdeckend z. B. unter Anbindung an die Gesundheitsämter oder die Behindertensportorganisation sollten speziell ausgebildete Sportlehrer an der Ausarbeitung und Überwachung entsprechender Angebote verantwortlich mitwirken. Sie könnten ideale Vermittler zwischen staatlichen Stellen und den Sportvereinen sein.

Wir müssen also unter Nutzung der zunehmend angespannten Arbeitsmarktsituation Sportmediziner, Krankengymnasten, Sportlehrer mit spezifischer Ausbildung verstärkt in den Behindertensport einbinden, die Übungsleiterausbildung weiter verbessern und spezifizieren. Wir müssen auch funktionsfähige Kooperationsformen zwischen den Rehabilitationsträgern und den Sportvereinen finden.

Es ist in meinen Augen ein sehr viel sinnvolleres und erfolgversprechenderes Unterfangen, den Behinderten auch durch den Sport in möglichst großer Unabhängigkeit von fremder Hilfe konkurrenzfähig an die Gesellschaft anzupassen, als eine auf Leistung ausgerichtete Gesellschaft unter falsch verstandenem Mitleidsdenken zu einer ,,Gesellschaft für Behinderte" umerziehen zu wollen. Es ist wahrscheinlich auch der einzig finanzierbare Weg.

3. Breitensportliche Aktivität muß Spaß und gesundheitlichen Nutzen verbinden

Die breitensportliche Aktivitäten unserer Behinderten bergen z. T. unterschätzte Gefahren. Gemäß meinen täglichen Erfahrungen wird die Wichtigkeit konditioneller Grundfertigkeiten weit unterschätzt, zumal ihr Erwerb mit Anstrengung und Arbeit verbunden ist. In Verbindung mit einem Mangel an Technik, in ungeeigneten Sportdisziplinen auch aufgrund bleibender technischer Überforderung, steigt die Verletzungsgefahr überproportional stark an.

Die euphorische Verkennung der gewachsenen eigenen Möglichkeiten durch zu frühzeitige Wettkampfteilnahme oder Konkurrenz in der Gruppe akzentuiert diese Gefahr. Ohne entsprechende Kontrolle und Führung können deshalb die vorausgegangenen oder noch laufenden Rehabilitationsbemühungen bei meist kleiner Kompensationsbreite entscheidende Rückschläge erleiden. Durch zusätzliche Schäden an einer vorher noch gesunden Extremität sind sogar Dauerinvalidisierungen zu befürchten. Deshalb sind bereits für den Freizeit- und Breitensport folgende Forderungen unabdingbar, die in der Regel nur durch Einbindung in speziell ausgerichtete Sportvereine unter qualifizierter Anleitung durch entsprechend ausgebildete Übungsleiter oder Sportlehrer in Verbindung mit fortgesetzten medizinischen Kontrollen erfüllt werden können. Die Verwirklichung sogenannter integrativer Sportgruppen mit breitem Angebot und Teilnahme aller Freizeitsportler der Umgebung einschließlich der Nichtbehinderten soll aber keinesfalls in Frage gestellt werden. Im Gegenteil erscheint diese z. B. in Hamburg mit enormem persönlichem Einsatz verwirklichte Konstellation besonders interessant und förderungswürdig. Eine Öffnung auch der Behindertensportvereine ist sicher für die Zukunft unabdingbar.

a) Die Auswahl der Sportart darf nicht dem Sporttreibenden oder dem Erziehungsberechtigten allein überlassen werden. Die Beratung muß der Gesamtheit der Behinderungen in funktioneller Hinsicht gerecht werden, d. h. sie soll die Restfunktionen und die Kompensationsfähigkeit einschließlich Orthesen/Prothesenbenutzung fördern, keine technische oder psychische Überforderung bedeuten, also eine sinnvolle Fortführung oder Ergänzung der Rehabilitationsbemühungen sein. Besonders engmaschige Eingangs- und Kontrolluntersuchungen sind für progrediente Leiden, Multimorbidität und noch mangelnde Erfahrungen mit der betreffenden Behinderungsart zu fordern.

b) Vor Eintritt in kleinere Wettkämpfe ist auf eine ausreichende Konditionierung und Beherrschung der speziellen Sporttechnik zu achten. Dies ist besonders wichtig bei der immer stärker vertretenen Gruppierung der Zerebralparesen (Koordinationsverlust durch z. B. Erschöpfung!).

c) Der Freizeit- und Breitensport darf vor allem bei Kindern und Jugendlichen nie zum Konkurrenten gezielterer Rehabilitationsmaßnahmen werden. Andererseits ist ohne freizeitintensive sportliche Betätigung in einer für den Behinderten attraktiven Sportart der dauerhafte Rehabilitationserfolg gleichermaßen gefährdet. Rein an therapeutischen Vorstellungen orientierte Therapie wird vor allem für Kinder und Jugendliche mit Nachlassen der Entwicklungsdynamik sehr schnell zu einer langweiligen Pflichtübung. Spätere Gegenreaktionen beschwören die ernste Gefahr sekundären Rückzugs aus dem Sportbetrieb mit nachfolgend bekannten Bewegungsmangelkrankheiten, Haltungsschwächen, zunehmenden Deformitäten u. ä. herauf.

Schwerstbehinderte erreichen auch durch intensivste Rehabilitationsbemühungen im Team selten ein motorisches, konditionelles, intellektuelles, emotionales und soziales Niveau, um in Eigenmotivation selbständig sportlich aktiv zu sein. Sie müssen damit lebenslang im Rahmen der Sport-Therapie betreut werden. Man sollte trotz des oft bewundernswerten Aufwands an Zeit und Kraft durch Behinderte und Betreuer diese sportlichen Aktivitäten nicht als Breitensport oder gar Leistungssport bezeichnen.

Ich möchte in diesem Zusammenhang neben grundsätzlichen Bedenken hinsichtlich des Werts entsprechender Wettbewerbe auf die Verwendung des Begriffs „Leistungssport" für die Schwimmwettbewerbe schwerer Tetraparesen bei den Weltspielen in New York verweisen. Es wurden hierbei nach Einbringen der Patienten in das Schwimmbecken Distanzen von wenigen Metern mit Schwimmhilfen ohne erkennbare Schwimmtechnik zurückgelegt, die erschöpften Kinder anschließend wieder mühsam dem Medium Wasser entnommen.

Überhaupt ist die Orientierung an gesellschaftlich relevanten und seit Jahrzehnten breitenwirksamen Sportarten sicher ein brauchbares und integrationswirksames Auswahlkriterium. Zu häufig bleiben aber notwendige Abwandlungen unter Anpassung an die verschiedenen Behinderungsarten aus. Besonders erfolgversprechend erscheinen Ausdauer- und Geschicklichkeitssportarten sowie gruppendynamisch wirksame Mannschaftsspiele unter Durchmischung möglichst vieler Behinderungsarten und Behinderter mit Nichtbehinderten. Schwimmen, Skilanglauf, Radfahren, Wasserball, Rollstuhltanz und Tanzen allgemein, Reiten, Volley-Ball und Sitz-Volley-Ball, Badminton, Tennis und Rollstuhltennis, Schießen, Segeln, Rudern, Billard und Boccia, Blindentorball, mit Einschränkung auch alpiner Skilauf, Fußball, Handball, Basketball und manche leichtathletische Disziplinen sowie Geschicklichkeitsparcours geben eine riesige Auswahl mehr oder weniger ideal geeigneter Sportarten an die Hand.

4. Der Deutsche Behindertensport bejaht den Leistungssport behinderter Mitbürger

Leistungssportliche Ambitionen erwachsen bei entsprechender Begabung natürlicherweise aus begeisterter freizeitsportlicher Aktivität unter zunehmender Betonung des Wettkampfcharakters und der Spezialisierung auf eine oder wenige Lieblingssportarten. Der Wunsch nach Leistungssport wird vom Deutschen Behindertensportverband nicht nur akzeptiert, sondern aktiv gefördert. Auf den Spitzensport mit seiner in den letzten Jahren zunehmenden Beachtung auch durch breitenwirksame Medien verzichten, hieße außerdem eines der wirksamsten Werbemittel für den Behindertensport aus der Hand zu geben.

Der Leistungssport vermittelt nicht nur dem Behinderten letzte Selbstbestätigung, das Gefühl hoher Konkurrenzfähigkeit, Anerkennung, nationale und internationale Begegnungen, sondern er führt einer breiten Öffentlichkeit Nichtbehinderter das hohe Maß verbliebener Leistungsstärke, Selbständigkeit, Lebensbewältigung und Konkurrenzfähigkeit behinderter Mitmenschen vor Augen. Das wiederum hat seine unweigerlichen Auswirkungen auf die allgemeine Einstellung der Bevölkerung weg vom meist wenig hilfreichen Mitleid hin zu größerer Akzeptanz und Wertschätzung des behinderten Mitbürgers in Beruf und Privatleben.

Mit gesteigertem Trainingsaufwand, intensiviertem körperlichem Einsatz und vermehrter Wettkampftätigkeit steigen allerdings die Gefahren für den meist weitgehend rehabilitierten jugendlichen Athleten erneut an und zwingen ähnlich der ersten Phase zu intensiverer Überwachung, sportmedizinischen Kontrolluntersuchungen sowie behinderungsgerechter Auswahl der Sportart. Um eines möglichst effizienten Trainingsaufbaus willen sollte zu einem möglichst frühen Zeitpunkt die leistungssportliche Eignung erkannt werden. Die geeignete Sportart sollte in Abstimmung von Neigung des Behinderten und Rehabilitationsziel festgelegt und ihre Verträglichkeit ausgetestet werden. Als Entscheidungsgrundlage muß die genaue Kenntnis der funktionellen Möglichkeiten (Funktionsprofil) des Behinderten, in jungen Jahren die Einschätzung der zu erwartenden weiteren Entwicklung, die ganzheitliche Erfassung aller pathologischen Befunde im Rahmen der häufigen Multimorbidität, insbesondere auch der oft schwer erkennbaren Praearthrosen, Organschwächen, Affektlabilität und sonstigen Verhaltensauffälligkeiten, und nicht zuletzt die Funktions-analyse der gewählten Sportart dienen. Nur so können bereits vor Auswertung notwendiger und bisher kaum angestrengter retro- und prospektiver Studien voraussehbare Überforderungen, erhöhte Verletzungsrisiken und sonstige Gefahren für den Rehabilitationsstand des Behinderten vorab erkannt und vermieden werden.

Leider geschieht die Wahl der leistungsmäßig betriebenen Sportart meist erst im späten Jugendalter im direkten Vorfeld nationaler und internationaler Großveranstaltungen.

Wegen finanzieller, personeller und organisatorischer Schwierigkeiten folgt selten eine kontinuierliche Aufbauarbeit. Zudem bedeutet der Spitzensport wegen der national und international noch vorrangigen Betonung klassischer olympischer Disziplinen häufig eine Umorientierung auf weniger förderliche oder gar ungeeignete Sportarten. Grundlage dieser Situation ist in meinen Augen u. a. ein zu rigides Integrationsmodell, daß vor allem in der hautengen Anlehnung an Sportarten und Regelwerk im Sportbetrieb Nichtbehinderter die Chance sieht, Behinderten und Öffentlichkeit die Vergleichbarkeit der sportlichen Leistungen zu demonstrieren, und damit eventuell die Eingliederung in reguläre Sportvereine zu erreichen. Zugegebenermaßen werden sportliche Leistungen auf bekanntem Hintergrund leichter als solche verstanden, ist der Erwerb gesellschaftsrelevanter Fähigkeiten ein bestechendes und notwendiges Integrationsmittel, ist die Ausbildung unserer Sportlehrer, die sportmedizinische Erfahrung und nicht zuletzt die Sportförderung vor allem im Leistungssektor auf Bekanntes und in Teilen Bewährtes ausgerichtet. Trotzdem darf es nicht zu bereits ein wenig grotesk anmutenden Auswüchsen — wie den leistungssportlich ambitionierten Kugelstoßversuchen schwerer zerebraler Tetraparesen — kommen, die nach langwierigen und teilweise selbstgefährdenden Balanceakten in bizarrer Imitation einer schwierigen kompositorischen Disziplin mit Weiten um 1 m in New York weltweit Pseudonormalität demonstrierten!

Spätestens seit dem erzwungenen Verzicht auf den Namen Olympia für die Behindertenweltspiele sollte ein Umdenkprozeß mit zunehmender Lösung von teilweise archaisch anmutenden Disziplinen eingeleitet sein. Die Zukunft sollte für unsere Behindertenjugend zu attraktiveren Sportarten mit ebenfalls gesellschaftlicher Akzeptanz und hohem Freizeitwert führen, die in Einklang mit den Erkenntnissen der Herz-Kreislauf-Forschung und dem zugegeben noch unvollständigen Wissen um behinderungsspezifische Risiken stehen. Ich rede damit nicht einer radikalen Abkehr von teilweise Bewährtem und damit der unnötigen Aufgabe eines wesentlichen Integrationsmoments das Wort, sondern einer intensiveren und wissenschaftlichen Bemühung um die geeignete Sportart in allen Behindertenbereichen und einer behindertensportlichen Gesamtkonzeption.

Ohne entsprechenden Untersuchungen und Erprobungsphasen vorgreifen zu wollen, sollten folgende Sportarten mehr als bisher gefördert werden:

Der Ausdauerbereich in den Schwimmdisziplinen, im Skilanglauf, wo behinderungsverträglich in den Laufsportarten, wo immer technisch praktikabel beim Radfahren. Gerade letztere Sportart bedarf in Deutschland noch entscheidender Förderung in den nächsten Jahren. Der Ausbau der Wassersportarten mit

z. B. Kanufahren, Rudern, Segeln, Windsurfing, Hindernisschwimmen oder Wasserballett. Die Betonung gruppendynamisch bedeutsamer attraktiver Spiele wie Volley-Ball, Wasserball und Hockey. Die Einführung leistungsmäßiger Tanzdisziplinen nicht nur im Rollstuhl.

Eventuell könnte der Leistungssport auch Teile der Reitdisziplinen erfassen. Neben den hochbewährten Sportarten wie Rollstuhl-Basket-Ball, Tischtennis, Schießwettbewerben u. ä. sollten junge Sportarten wie Rollstuhltennis und Badminton nach längerer Erprobung geeigneter Reglements in Sonderlehrgängen angeboten und national und international entsprechend propagiert werden.

5. Funktionelle Anpassung der geeigneten Sportart an die Behinderung entscheidend

Abweichend von den ärztlichen Anliegen bei breitensportlicher Betätigung ist für die leistungsmäßig betriebenen Sportarten eine zunehmende Spezialisierung und eine möglichst behinderungsgerechte Ausgestaltung unter Abänderung der ursprünglichen Sporttechnik extrem wichtig. Ich halte die mehrfach vernommene Ansicht, die Behinderung müsse in der jeweiligen Sportart für den Betrachter besonders deutlich zum Ausdruck kommen, um den Charakter des Behindertensports zu demonstrieren, nicht nur für eine leichtere Perversion, sondern für sportmedizinisch sehr bedenklich. Leistungssport bedeutet immer einen sehr hohen Trainingsaufwand und im Wettkampf letzten körperlichen Einsatz nahe der Erschöpfungsgrenze unter eingeschränkter Selbstkontrolle.

Beinhaltet nun eine leistungsmäßig betriebene Sportart Techniken und Abläufe, die den Behinderten bis an die Grenze seiner Möglichkeiten belasten oder ihn gar überfordern, wird nicht nur die Charakteristik der jeweiligen Sportart und das Leistungsniveau erheblich beeinträchtigt, sondern es steigt selbstverständlich das Verletzungsrisiko und die Gefahr von Überlastung und Langzeitschäden.

Deshalb folgender Leitsatz im Leistungssport:

Geeignete Sportarten lassen die Behinderung in der Sportausübung möglichst wenig zum Ausdruck kommen!

Zur Verdeutlichung möchte ich folgendes Beispiel anführen:

Im Standvolleyball wird derzeit von internationalem Reglement die prinzipiell sehr begrüßenswerte Durchmischung leichter und schwerer Behinderungen gefordert. Der verpflichtende Einbau Doppelbeinamputierter oder vergleichbarer Sportler überschreitet aber dabei eindeutig die obig genannte Grenze zur technischen Überforderung. Entscheidende Grundtechniken — wie Schmetterschlag, Blockspiel, tiefe Abwehr — sind kaum mehr möglich, oberes Zuspiel und Angabe deutlich beeinträchtigt. Diese Situation weist dem beteiligten schwerbehinderten Sportler in entscheidenden Wettkämpfen die Rolle eines Statisten zu, der kaum ins schnelle und wendige Spielgeschehen einbezogen werden kann.

Zudem setzt er sich bei letztem Einsatz einem vermehrten Verletzungsrisiko aus. Wird der gleiche Spieler im Sitzvolley-Ball eingesetzt, führt das Fehlen von Teilen der unteren Extremitäten nach Meinung vieler behinderter und nicht behinderter Sportler sogar zu leichten technischen Vorteilen des Behinderten gegenüber einem Nichtbehinderten hinsichtlich Wendigkeit und Schnelligkeit.

Manche mögen nun entgegnen, letzte Hilfsmittelbeherrschung und Kompensationstraining auch in Grenzsituationen sowie die Demonstration der Leistungsfähigkeit trotz schwerer Behinderung sei durch den Wechsel des beinbehinderten Standvolley-Ballers zum Sitzvolley-Ball ernsthaft gefährdet.

Diese Argumentation greift aber nur bei vordergründiger Betrachtung.

Als generelle Leitlinie muß Funktions- und Kompensationstraining alltagsorientiert bleiben und darf nicht mit der Bewährung in einer speziellen Sportart gleichgesetzt werden. Die Lösung des Problems im Leistungssport bietet das zusätzliche verpflichtende Ausgleichstraining mit Berücksichtigung der gesamten Funktionsbreite, der Symmetrie und der Vermeidung von Überlastungsschäden in geeigneten Begleitsportarten ohne Hochleistungskomponente.

Wie wenig alltagsrelevant oder sogar gefährlich das sogenannte Funktionstraining im Leistungssport sein kann, darf ich nur an 2 Beispielen beleuchten:

Der aus dem Programm genommene Kurzstreckenprothesenlauf für Oberschenkelamputierte hatte eine Vielzahl von Stürzen mit höherer Verletzungsgefahr zur Folge und konnte zu keiner sinnvollen Lauftechnik oder gar besserer Prothesenbeherrschung führen. Die Bezeichnung Prothesenhüpfen hätte den Bewegungsablauf sicher genauer charakterisiert. Des weiteren leidet der dänische Rollstuhlweltmeister unter den schweren Zerebralparesen mit seiner Rückfahrtechnik unter ausgeprägten sekundären Asymmetrien und Kontrakturen, die ihn zwar ideal an sein Sportgerät adaptieren, den sich der Betrachter aber außerhalb seines Rollstuhls nicht mehr vorstellen kann.

Neben der funktionsorientierten Anpassung sind für die Zukunft detaillierte Verletzungsstatistiken mit sportartspezifischer und behinderungsspezifischer Aufschlüsselung unabdingbar, obwohl der Behindertensport in der Verletzungsstatistik noch mit an letzter Stelle im Vergleich mit anderen Fachverbänden des Deutschen Sportbundes rangiert. Die schwierige und häufig kontrovers diskutierte Problematik sei anhand zweier Beispiele aus dem alpinen Skisport kurz beleuchtet:

Die alpinen Skidisziplinen für Blinde einschließlich dem Abfahrtslauf wurden in das Programm der Weltwinterspiele 1984 aufgenommen und werden derzeit vor allem von amerikanischer Seite stark forciert. Trotz der hohen technischen Anforderungen ist prinzipiell gegen den äußerst erlebnisintensiven und für die Sensorik und Motorik einschließlich psychischer Parameter wie Konzentration und Reaktion sehr wertvollen Blindenskisport wenig einzuwenden, wenn die notwendigen Regeln beachtet werden. Hierzu gehört die langjährige qualifizierte und vertrauensvolle Ausbildung und Anleitung durch normalsichtige Betreuer, relativ wenig befahrene und lautarme Pisten, keine zu risikofreudige Geländewahl und last not least zumindest für die Abfahrt der Verzicht auf Höchstgeschwindigkeit und damit implizit auf den Leistungssport. Wettkampfmäßig betriebener Abfahrtslauf bedeutet die zunehmende Steigerung von

Schwierigkeitsgrad und Geschwindigkeit, bei größerem Können auch eine immer höhere Risikobereitschaft. Bereits eine kleine Unachtsamkeit der Vorläufer aber, die z. B. durch Geschwindigkeitsdifferenzen an Bodenwellen mögliche Überholvorgänge durch den nachfolgenden blinden Skiläufer oder kurzfristigen Verlust des Rufkontaktes verursacht, kann bei den relativ hohen Geschwindigkeiten zu katastrophalen Folgen führen, die auch als relativ seltenes Ereignis durch keine Argumentation zu rechtfertigen sind. Die Lebensqualität ist bei fehlendem Augenlicht zu einem wesentlich höheren Anteil als beim Nichtbehinderten von einem intakten Haltungs- und Bewegungsapparat abhängig. Der Deutsche Behindertensportverband geht deshalb diesen international beschrittenen Weg bewußt nicht mit. Er wird hierfür z. T. von den Sportlern selbst, von einigen Betreuern und mehr sensationsorientierten Medien immer wieder zur Rede gestellt und kritisiert.

Als 2. Beispiel sei der Unfall eines contergangeschädigten ohnarmigen Leistungssportlers mit Seitenband-Kreuzbandverletzung seines Kniegelenkes angeführt. Die erschwerte Behandlung durch die fehlende Möglichkeit der Entlastung an Stützkrücken, die geringe Kompensationsbreite bei lediglich 2 intakten Extremitäten, und damit die hohe Gefahr der Invalidität durch ausgeprägte Bandläsionen oder komplizierte Trümmerfrakturen geben zu ernsten Bedenken Anlaß.

Die Frage nach den geeigneten Konsequenzen aufgrund der wenigen bisherigen Vorkommnisse in einer von den Behinderten seit Jahren begeistert auch leistungssportlich ausgeführten Disziplin wird in diesem Punkt aber sicher nicht einhellig beantwortet werden können.

Noch schwieriger sind die Fragen nach Langzeitschäden z. B. nach jahrelanger einseitiger Belastung zu entscheiden.

Häufiger gestellt wird diese Frage z. B. im Zusammenhang mit den Hochsprungleistungen oberschenkelamputierter Athleten. Neben der Möglichkeit retrospektiver Erfassung unserer jetzt ausscheidenden langjährigen Sportler der Nachkriegszeit könnten nur langdauernde und finanziell aufwendige prospektive Studien zur definitiven Klärung über oft wenig aussagefähige Einzelbeobachtungen hinaus führen.

6. Ausgefeilte Klassifizierungsverfahren durch Mediziner nur im Leistungssportbereich relevant

Im Leistungssport und nur dort ist eine derzeit in den Händen der Mediziner liegende hieb- und stichfeste Klassifizierung nach funktionellen und damit behinderungs- und sportartspezifischen Kriterien unerläßlich.

Grundlegend ist zu bedenken, daß die naturgegebenen Voraussetzungsunterschiede, die im Nichtbehindertenbereich zwanglos akzeptiert werden und zur funktionsgerechten Spezialisierung führen, im Bereich des Behindertensports durch die unterschiedliche Ausprägung gleichartiger oder vergleichbarer Behinderungen noch weiter vergrößert werden. Diese immanenten Wettbewerbsverzerrungen lassen sich auch durch subtilste und funktionsorientierte

50

Klassifizierung nicht vollständig beseitigen. Zudem ist bereits jetzt die inflationäre Entwicklung der Behinderungsklassen mit dem Medaillenregen bei internationalen Großveranstaltungen und den sinkenden Konkurrentenzahlen innerhalb der einzelnen Behinderungsklassen der Sache des Behindertenleistungssports nicht zuträglich. Nicht nur die Öffentlichkeit zeigt hierfür wenig Verständnis, auch für den Ausrichter werden vor allem integrative Großveranstaltungen mit Wettkämpfen für alle Behinderungsgruppen immer weniger praktikabel und finanzierbar.

Die Reduktion der Gesamtklassenzahl, die Integration vergleichbarer verschiedenster Behinderungen in integrative Klassen in sportartspezifischer Ausgestaltung ist daher erklärtes Ziel der internationalen Verbände und des Deutschen Behindertensportverbandes. Der Sportgerechtigkeit zuliebe müssen aber auf der anderen Seite die funktionellen Möglichkeiten innerhalb der Klassen ausreichend vergleichbar bleiben.

Sollte die individuelle Variationsbreite innerhalb einer vergleichbaren Behinderungsart so groß werden, daß gerechte und wettbewerbsfähige Klasseneinteilungen nicht mehr möglich erscheinen, wie dies in meinen Augen bei schweren zerebralen Tetraparesen der Fall ist, muß die Konsequenz Verzicht auf leistungssportliche Betätigung heißen.

7. Abschließende Anmerkungen zur Forderung nach Leistungssport bei geistigen Behinderungen und infantilen Zerebralparesen

Geistig behinderte Kinder und Jugendliche drängen zwar vor allem in den Übergangsbereichen der Lernbehinderung zunehmend auf den Ausbau des Wettkampfsports. Der Deutsche Behindertensportverband und die Lebenshilfe e. V. haben sich aber bisher bewußt gegen den Leistungssport für die geistig Behinderten entschieden. Dies hat seinen Grund zum einen in bisher untauglichen Klassifizierungsversuchen. Intelligenzquotient-orientierte Einteilungen haben sich aus verständlichen Gründen nur zur Groborientierung bewährt. Zum anderen sind ausreichendes Regelverständnis, Motivation, Konzentration, Emotionskontrolle und Frustrationstoleranz, in Spielsituationen ausreichendes Verständnis für komplexe Handlungsvorgänge unabdingbare Voraussetzungen für wettbewerbsorientierte sportliche Betätigung. Hermann GRAMS, für den Sport mit geistig Behinderten zuständiger Vertreter des Behindertensportverbandes Niedersachsen, schrieb in einem persönlichen Brief:

„. . . das Übernehmen der Disziplinen Laufen, Werfen, Springen mit Bewertung im Sinne des normalen Sports ist noch lange kein Beitrag zur Normalisierung . . . der Schweregrad der Behinderung entscheidet, inwieweit Formen des Leistungsvergleichs verstanden und damit realisierbar werden."

Gerade für unsere geistig behinderten Kinder und Jugendlichen ist breiten- und freizeitsportliche Betätigung in zwangloser und abwechslungsreicher Form zu empfehlen. Kleinere Wettspiele sind als willkommene Abwechslung und Motivationshilfe mit regionalen und überregionalen Begegnungen zu verstehen.

Echter Leistungssport dürfte auch in fernerer Zukunft nur für einen sehr kleinen Teil dieser Behinderungsgruppe möglich werden.

Es ist nun in ganz erster Linie die Behindertengruppierung der Zerebralparesen, die nicht nur den rehabilitations- und breitensportlichen Sektor im Jugendsport majorisiert, sondern weltweit immer stärker auf die leistungssportliche Ebene vordringt. Bezüglich positiver Auswirkungen sportlicher Betätigung und der Auswahl verträglicher Sportarten existieren aber bisher nur wenige Untersuchungen, diese nahezu ausschließlich zum Thema Rehabilitations- und Freizeitsport.

Während in Amerika angeblich positive Erfahrungen überwiegen, verbieten südafrikanische Behindertensportärzte ihren sportlich interessierten Zerebralparesen die Laufdisziplinen aufgrund beobachteter verstärkter und fixierter spastischer Bewegungsmuster bei einigen mehrjährig leistungsorientierten Läufern. Bei den Weltsommerspielen in Amerika 1984 war die nach intensiver Anstrengung vor allem in den Laufdisziplinen für jeden Beobachter deutlich verstärkte Spastik in Haltung und Bewegung einer der Hauptkritikpunkte. Die Gefahr, durch Leistungssport jahrelange teilweise erfolgreiche krankengymnastische Bemühungen um Unterdrückung spastischer Bewegungsmuster, Vermeidung von Kontrakturen und Symmetrie in Haltung und Bewegung wieder zunichte zu machen, ist ohne genauere Kontrollen und prospektive Studien nicht von der Hand zu weisen.

Bereits nicht behinderte Sportler erleiden bei intensiver sportlicher Betätigung oberhalb der anaeroben Schwelle korreliert mit einem Laktatspiegel von etwa 8 mmol/l einen ausgeprägten Koordinationsverlust.

Weist nun das zentrale Nervensystem ausgeprägtere diffuse Schädigungen auf, wird der resultierende Koordinationsverlust durch andere Hirnteile sehr viel schwerer kompensiert und individuell unterschiedlich bei bereits deutlich niedrigeren Laktatspiegeln auftreten können. Wir müssen deshalb dringend wissenschaftliche Untersuchungen durchführen, die Aussagen über unschädliche Belastungsbereiche ermöglichen. *Eventuell* müssen bestimmte anaerob betonte Sportarten aus dem Programm für Zerebralparesen genommen werden. *Eventuell* können begleitende krankengymnastische Bemühungen oder ein langsamer und gezielter Trainingsaufbau mit Verbesserung der bisher äußerst mangelhaften Kondition der zerebralparetischen Sportler die schädlichen Nebenwirkungen weitgehend ausschalten. Bereits länger bekannt sind auch die negativen Einflüsse auf spastische Bewegungsmuster durch Haltearbeit, gesichert der rehabilitationsverträgliche förderliche Einfluß symmetrischer und teilweise außengeführter Bewegungen möglichst im aeroben Belastungsbereich beim Radfahren, Skilanglauf, Reiten, teilweise den Schwimmdisziplinen u. ä.

Keinesfalls dürfen also sportartspezifische Kompensationsmechanismen unter Benützung pathologischer Bewegungsmuster ,,antrainiert" werden, wenn sie den Rehabilitationsbemühungen und der Alltagstauglichkeit des betroffenen Sportlers zuwiderlaufen. Zugegeben ist aber nicht jedes beobachtbare und eventuell sinnvoll in den Sportablauf einbezogene spastische oder athetotische Bewegungsmuster als großes Unglück oder gar absolute Kontraindikation anzusehen. Auch krankengymnastische Bemühungen auf neurophysiologischer Grundlage gelangen mit abnehmender Plastizität des Gehirns früher oder später asymptotisch an die Grenzen ihrer Möglichkeiten. Der in jedem Fall positive Effekt intensiver sportlicher Betätigung auf Lungen- und Herz-Kreislauffunktion, die Stoffwechselsituation und die Psyche mit Vermeidung gefährlicher Bewegungsmangelkrankheiten ist in die Überlegungen miteinzubeziehen. Das in Beratung und Kontrolle verantwortliche Team muß des weiteren über die Motorik hinaus die häufig begleitende Pathologie in Psyche und Sozialverhalten erkennen und austesten.

Mangelnde emotionale Stabilität mit Frustrations- und Streßintoleranz führen in Wettkampfsituationen individuell unterschiedlich zum kaum beeinflußbaren Durchschlagen pathologischer Bewegungsmuster mit eklatantem Leistungsabfall, nachfolgend Frustration und gemindertem Selbstwertgefühl.

Solche wichtigen Kontraindikationen zum Wettkampfsport im Einzelfall zu sichten und auf die Frage nach wettkampfsportlicher Eignung die richtige Antwort zu geben, gelingt nur in der vertrauensvollen und verantwortlichen Zusammenarbeit von Sportmedizinern, Gebietsärzten, Krankengymnasten, Trainern mit möglichst Spezialerfahrung, last not least den Erziehungsberechtigten und den Sportlern selbst.

8. Zusammenfassung

Behindertensportliche Arbeit muß sich also ganzheitlich und lebenslang sowohl mit dem Sport als Rehabilitationsmittel, als auch dem förderungswürdigen Übergang in den Freizeitsport als auch der in größeren Teilen umstrittenen Forderung nach Wettkampf- und Leistungssport auseinandersetzen.

Die unbedingt nötige wissenschaftliche und empirische Aufarbeitung hat insbesondere im Kinder- und Jugendsport eben erst begonnen. Unser Wissensdefizit wird sich in den nächsten Jahren nur mühsam und nur mit in der Aufbauphase verstärkter staatlicher Unterstützung verringern lassen. Wir dürfen uns deshalb vor allem im kritischen Bereich des Leistungssports nicht von nationalen und internationalen Entwicklungen überrollen lassen.

Hier ist neben einer vernünftigen Zurückhaltung z. B. im Leistungssport ein aktiveres Gestalten der in der Bundesrepublik Verantwortlichen gefordert. Besondere Beachtung verdienen breitensportlich und integrationswirksam angelegte Aktivitäten mit einem breit gefächertem Angebot an behinderungsverträglichen Sportarten unter qualifizierter Anleitung. Regional flächendeckend und hauptamtlich z. B. über die Gesundheitsämter oder krankenkassenangestellte Sportlehrer mit behindertengerechter Ausbildung, wie auch in den Vereinen durch die verstärkte Einbindung als Übungsleiter tätige Krankengymnasten könnten den vordringlichen Bereich der Sport-Therapie und des Freizeitsports entscheidend beleben und qualitativ verbessern. Die Gelder für derartige Initiativen würden sich für die Gesellschaft mit Sicherheit auszahlen.

8. Literatur

BAUSENWEIN, I./REEH, A./REEH, P./STADLER, D.: Sport als Therapie bei Zerebralparetikern. Therapiewoche 28 (1978).

BAUSENWEIN, I.: Sport als Therapie bei Zerebralparetikern. Schriftenreihe des Bundesministeriums für Jugend, Familie und Gesundheit, Bd. 38. Stuttgart/Berlin/Köln/Mainz 1977.

BLOSS, H./HARMANN, B./SCHEFFEL, H./SCHULZE, B./WOLL, M.: Sport mit körperbehinderten Kindern und Jugendlichen. Bad Homburg 1978.

GUTTMANN, L.: 20 Jahre Rehabilitationsarbeit am Querschnittsgelähmten. Münch. Med. Wschr. 106 (1964).

HÜLLEMANN, K. D.: Die fünf motorischen Hauptbeanspruchungsformen des menschlichen Körpers und ihre Eignung für rehabilitatives Training. Therapiewoche 28 (1978).

JOCHHEIM, K. A.: Behindertensport — eine ärztliche Aufgabe? Therapiewoche 28 (1978).

JOCHHEIM, K. A.: Zum Problem der medizinischen Leistungen und der Verantwortung des Arztes in der Rehabilitation. Therapiewoche 28 (1978).

KOHLMANN, E.: Die Jugendlichen in der Umschichtung des Versehrtensportes. Z. Orthop. 113 (1975).

KOHLMANN, E.: Entwicklung des Versehrtensportes unter Berücksichtigung des Jugendversehrtensportes. Arbeitssitzung Versehrtensport. Aachen 1973.

KOSEL, H.: Leibesübungen mit behinderten Kindern. Symposion Versehrtensport in der Praxis 1974.

KOSEL, H.: Die verschiedenen Versehrtensportarten und ihre Eignung für Behinderte. Z. Orthop. 113 (1975).

LORENZEN, H.: Lehrbuch des Versehrtensports. Enke: Stuttgart 1961.

MARTEN, G.: Gehschule und Prothesentraining bei Sport und Bewegungstherapie. Symposium „Versehrtensport in der Praxis" 1974.

MARTEN, G.: Ärztliche Aspekte beim Sport mit Behinderung der unteren Extremitäten. Therapiewoche 28 (1978).

RUSCH, H.: Die Jugendarbeit ist eine wichtige Zukunftsaufgabe des BVS. In: 25 Jahre Versehrtensport in Bayern 1977.

SCHUH, R. J.: Koordinations- und Organschulung mit cerebralparetischen Jugendlichen im Rollstuhl. Rehabilitation 9 (1970).

Eugen Kohlmann

Sport mit körperbehinderten Kindern und Jugendlichen — Schadenskatalog

1. Vorbemerkung

Bei der Abhandlung dieses Themas muß man davon ausgehen, daß jedes Kind, auch das behinderte, ein Recht auf Erziehung und Bildung entsprechend seinen Fähigkeiten hat.

Das schließt den Sport mit ein, auch wenn beim Vorhandensein einer Körperbehinderung dieser sich anpassen muß.

Die Euphorie im Sport mit Behinderten muß von sportärztlicher Seite gedämpft und bei jedem Schadensbild auf ihre praktische Anwendbarkeit überprüft werden.

Nicht jede Behinderung läßt auf Grund der Schädigungsarten eine sportliche Betätigung zu. Bei vielen Behinderungen liegen Mehrfachschäden vor — vor allem bei angeborenen Defekten und endogenen Schädigungen —, die bei möglichem sportlichen Einsatz von seiten des sichtbaren Grundschadens infolge der Zusatzschäden eine Sporttauglichkeit nicht geben. Es ist daher für den Sportpädagogen bei Betreuung von Behinderten in jedem Falle die genaue Kenntnis des vorliegenden Krankheitsbildes, seine Entstehung und sein erkennbarer Verlauf zwingende Notwendigkeit, um dem Grundatz ,,Nil nocere'' nicht zuwiderzuhandeln. Auch lassen sich daraus die Voraussetzungen ableiten, ob man auf bekannte Bewegungsmuster zurückgreifen kann oder nicht.

Eine Aufgabe des Sportarztes ist es, zusammen mit den Sportpädagogen, behindertengerechte, schadensgerechte Übungen zu entwickeln und die Bewegungstechniken den von der Natur teilweise abweichenden biomechanischen Gesetzmäßigkeiten des Körperbehinderten anzupassen. Die Zielsetzung des Sportes mit Behinderten schließt ebenso wie beim Sport mit Gesunden physische, psychologische und soziale Ziele mit ein.

2. Zielsetzungen

2.1 Physisch

Organschulung, Stärkung des Herz-Kreislaufsystems, der Lungen, des Stoffwechsels und Schulung des Bewegungsapparates.

Hierbei ist aber zu beachten, daß jedes Mißverhältnis zwischen Anforderung und Leistungsbereitschaft, gleichgültig, ob es sich um lokalisierte oder generalisierte Leistungsanforderungen handelt, vermieden werden muß und die Grenze der funktionellen Anpassungsmöglichkeiten und der mechanischen

Beanspruchbarkeit, je nach Behinderungsart erkannt und berücksichtigt werden sollte.

Die erreichbare Leistung ist auch beim Behinderten abhängig vom Willen, von der Intelligenz und Möglichkeit zur gefühlsmäßigen Erfahrung und Bewältigung einer Situation.

2.2 Psychologisch

— die Weckung der Freude an körperlicher Bewegung und sportlicher Betätigung,
— die Weckung des Willens zur Leistungssteigerung und die Stärkung des Selbstwertgefühls.

2.3 Sozial

Die sozialen Ziele, also die Sozialisation durch Sport sind noch lange nicht wissenschaftlich ausreichend untersucht und bestätigt. Sport scheint sich nach K. HEINEMANN immer mehr zu einem Allheilmittel für alle erdenklichen Probleme, Schäden und Mangel industrieller Gesellschaft zu entwickeln. Dies zeigt sich weniger darin, daß Sport zunehmend für therapeutische Zwecke gezielt eingesetzt wird, sondern vor allem auch in Funktionen, die dem Sport zugeschrieben werden, ohne daß Untersuchungen darüber vorliegen, ob sie der Sport erfüllt oder auch nur erfüllen kann.

Ich darf diese angeblichen Funktionen von HEINEMANN übernehmen:

— Sport präge und festige die Fähigkeit und Bereitschaft zu sozial normativem Verhalten.
— Sport vermag wesentlich zur Formierung der Persönlichkeit, zur Prägung charakterlicher Eigenschaften beizutragen.
— Im Sport werden soziale Verhaltensweisen wie Anpassung an die Anforderungen der Gruppe, Solidarität, Kooperation, Fairneß erlernt.
— Sport ist ein Handlungsfeld, in dem besondere kognitive Fertigkeiten ausgebildet werden können.

3. Behindertensport versus Krankengymnastik

In der Einführung (RUSCH) wurde auf die unterschiedliche Namensgebung des Sportes mit Behinderten eingegangen. Dem Sportarzt sind im Rahmen der Rehabilitation vorwiegend die Begriffe Krankengymnastik, Sporttherapie (als Heilsport im Krankenhaus) und der Behindertensport geläufig.

So wird auch sportmedizinisch die Gemeinsamkeit der Sporttherapie mit der Physiotherapie und Arbeitstherapie in folgenden Punkten gesehen:

— Ärztliche Verordnung
— Ärztliche Überwachung
— Dosierter Einsatz
— Anleitung durch Fachpersonal.

56

Wenn auch im Sport mit Behinderten die Übergänge zwischen Therapie und Sport oft fließend sind, muß in einem Handbuch aus der Sportpädagogik-Reihe wie diesem, m. E. die Betonung auf Sport liegen und die Therapie als willkommenes Zusatzprodukt genommen werden.

Auch im Behindertensport muß, wie bei der Krankengymnastik und der Sporttherapie, die ärztliche Überwachung und Beratung — nach vorheriger Feststellung der Sporttauglichkeit — erfolgen, aber die Unterschiede zwischen der Krankengymnastik und dem Behindertensport sind in der Gegenüberstellung, wie sie LORENZEN (1961) gegeben hat, klar erkennbar:

Krankengymnastik	Behindertensport
Ärztlich verordnet	Freiwillig
Angriffspunkt ist der Schaden	Angriffspunkt ist der Mensch, seine verbliebene Funktion
Der Patient ist teilweise passiv, teilweise aktiv	Teilnehmer in jedem Fall aktiv
Findet unter Anleitung von Krankengymnasten statt	Unter Anleitung eines Sportpädagogen
Zeitdauer vorübergehend	Über unbegrenzte Zeit möglich

4. Ursachen von Behinderungen

Die Beteiligung bzw. Hinzuziehung des Sportarztes beim Behindertensport ist aus unserer vieljährigen Erfahrung im Bayerischen und Deutschen Behindertensportverband nicht nur nützlich, sondern fast zwingend notwendig, denn die Kenntnis der Entstehung der Behinderung und deren Verlauf ermöglicht ihm, die dem Sport innewohnende und gar nicht aufzuhaltende Tendenz zum Wettkampf in Bahnen zu lenken, die einmal zusätzliche Schäden für den Behinderten verhindern, zum anderen durch eine gerechte, d. h. möglichst objektive Einschätzung der vorliegenden Funktions- und damit Leistungsminderung dafür sorgen, daß die Wettkämpfe und Vergleiche jeweils zwischen vergleichbaren Geschädigten ausgetragen werden.

Im folgenden Schadenskatalog wird kurz auf Entstehung und Verlauf der Krankheitsbilder bzw. Behinderungsarten eingegangen. Man kann angeborene und erworbene Schädigungen unterscheiden.

— *Angeborene Schädigungen:*

Ursachen:

Genetische Faktoren (Erbleiden)
Entwicklungsstörungen im Mutterleib (= pränatale Schädigung) z. B. Infektion, Medikamente.
Geburtstraumatische Vorgänge (= perinatale Schädigung), z. B. Steißlage, Zangengeburt, Sauerstoffmangel (Asphyxie).

— *Erworbene Schädigungen: (= postnatale Schädigungen)*

Ursachen:

Entwicklungsstörungen

Erkrankungen
Verletzungen durch Unfälle mit Funktionseinbuße oder Verlust von Sinnesorganen, Gliedmaßen oder lebenswichtigen Organsystemen.

4.1 Angeborene Defekte

4.1.1 Angeborene Systemerkrankungen

a) Osteogenesis imperfecta bzw. Osteopsathyrosis (= abnorme Knochenbrüchigkeit). Hier besteht bis Ende des Wachstums Sportuntauglichkeit!

b) Chrondrodystrophie (erbliche Störung der Knorpelbildung infolge Fehlens der Knorpelwachstumszone mit stark verzögerter enchondraler Ossifikation und dadurch bedingt Minderwuchs).
Das Leiden zeigt keine Progredienz.
Diese Wachstumsstörung läßt bei Berücksichtigung der dem Leiden innewohnenden Gelenkdeformierungen eine schonende sportliche Belastung zu. Sprungübungen sind wegen der Ephiphysenveränderungen und Hüftveränderungen, oft auch Wirbelsäulenveränderungen, zu vermeiden.

c) Enchondrale Dysostosen (= genbedingte Knorpelschäden mit Störungen in der Verknöcherung der Epiphysen) sind wegen ihrer Variationsbreite bei der Festellung der Sporttauglichkeit einer fachärztlichen Entscheidung zuzuführen.

d) Arthrogryphosis ist sporttauglich.
Die Gelenkkontrakturen können durch Sport günstig beeinflußt werden. (Es muß hier auf die relativ häufig vorhandene Patellaluxation geachtet werden.)

4.1.2 Extremitätenmißbildungen

Endo- bzw. exogene Mangelbildungen bzw. Mißbildungen:

Phokomelie = Robbengliedrigkeit, wobei die Ober- und Unterschenkel bzw. Ober- und Unterarme fehlen. Die Hände bzw. Füße sind an Schultern bzw. Hüften angewachsen.
Amelie = völliges Fehlen einer Gliedmaße.
Peromelie = Gliedmaßenverstümmelung.
Hypoplasie der Gliedmaßen = Verkürzung bzw. Unterentwicklung.
Synostosen = Zusammenwachsen von Knochen.
Daktylien = Rückbildung oder Überschußbildung von Hand- und Fußstrahlen.
Gelenkaplasien.
Diese seltenen Krankheitsbilder, wie sie auch bei der Contergan-Affäre aufgetreten sind, bringen von der Behinderung her von selbst ihre sportliche Einschränkung.

4.1.3 Angeborene Hüftverrenkung

Es handelt sich hier um ein anlagemäßig fehlangelegtes Hüftgelenk, welches auch nach erfolgreicher Restitution (konservativ oder operativ) einer langen Schonung bedarf. Sprungübungen sind zu vermeiden.

4.1.4 Angeborener Klumpfuß

Zeigt Schäden im Bereich des Fußskeletts, der Weichteile des Fußes und der

Unterschenkelmuskulatur. Nach entsprechender Korrekturbehandlung ist weitgehende Belastbarkeit gegeben.

4.1.5 Angeborener Plattfuß

Er ist nur bedingt belastbar. Meist ist er bis zum 6. Lebensjahr schon voroperiert.

4.1.6 Wirbelsäulendefektbildung

a) Angeborene Blockwirbelbildung. Ist voll sportfähig. Bedarf keiner Betreuung im Behindertensport.
b) Angeborene Skoliose infolge Halbwirbel- bzw. Wirbelmißbildungen. Sporttauglichkeit hängt von dem Schweregrad der Entwicklungsstörung ab.
c) Spaltbildung im Wirbelbogen = Spina bifida. Leichte Schäden bis Lähmungen. Jeweils Rücksprache mit dem behandelnden Orthopäden bzw. Neurologen notwendig.

4.2 Erkrankungen des Nervensystems

4.2.1 Infantile Cerebralparese (= Schädigung in den motorischen Steuerzentren des Gehirns) (Spastik, Athetose, Ataxie, Hypotonie)

Das Krankheitsbild mit unterschiedlichsten Schweregraden und unterschiedlichem Befall der Extremitäten und des Rumpfes (Diplegie, Tetraplegie, Hemiplegie, Monoplegie) entsteht auf Grund frühkindlicher Läsion des Gehirns, während der Entwicklung und Reifung, teilweise schon vor der Geburt (= pränatal), meist während (= natal) oder nach der Geburt (= postnatal), gehäuft bei Frühgeburten.

Das Leiden ist nicht fortschreitend.

Die motorische Behinderung ist durch die Schädigung des pyramidalen und extrapyramidalen Systems verursacht. Damit ist das für physiologische Bewegungen erforderliche, ausgewogene Gleichgewicht zwischen Bahnung und Hemmung gestört. Das Bahnungsniveau ist angehoben und es kommt zur Spastik mit erhöhtem Muskeltonus, vor allem der Antigravitätsmuskeln, Hyperreflexie, Störung der Mitinnervation der Antagonisten (reziproke Innervation). Die moderne „Soforttherapie" versucht das Einschleifen physiologischer Bewegungsmuster durch Führung (BOBARTH 1962; VOJTA 1965, 1969, 1971; KABAT 1961).

Es kommt zusammenfassend zu folgenden Auffälligkeiten:

— Die Kontraktionsstrecke der Muskulatur ist verkürzt, dadurch ist der Bewegungsausschlag der Gelenke verkleinert.
— Die Kontraktionsgeschwindigkeit ist herabgesetzt, dadurch benötigen alle Bewegungen mehr Zeit als beim Gesunden.
— Die Kraft der Bewegungsausführung ist vermindert.
— Häufig werden durch Bewegungen andere Mitbewegungen (assoziierte Reaktionen) initiiert.

— Die Bewegungen laufen dann am besten, wenn sie sich einem bestimmten Haltungsschema nähern. Dabei handelt es sich allerdings um pathologische Muster, die durch Reflexe bestimmt sind, die der Behinderte im Gegensatz zum nicht Behinderten nicht abbauen kann.

Es handelt sich hier bevorzugt um Streckbewegungen der Beine und Beugebewegungen der Arme („Spitzfuß", „Pfötchenstellung") bei gleichzeitiger Gliedmaßenadduktion (-Heranführung). Der Rumpf zeigt Tendenz zur übermäßigen Brustkyphose (Rundrücken) und Lendenhyperlordose (Hohlkreuz). Dabei besteht im Bereich der Hüfte immer ein Streckdefizit. Die Oberschenkel tendieren zur Adduktion und Einwärtsrotation („X-Beinstellung").

Das Kind mit einem frühkindlichen Hirnschaden kann auf Grund der noch vorhandenen Reifungsmöglichkeiten bis zum Alter von 5—6 Jahren über archaische Bahnen Bewegungsmuster ausbauen und vielgestaltige Synergien ausbilden und auch entsprechend vorhandene Koppelungen wieder trennen, um Einzel- und auch Feinbewegungen auszuführen.

Die sportliche Betätigung mit diesen Schadensbildern hat auf diesen Erkenntnissen aufzubauen und Formen körperlicher Aktivierung zu suchen, die die durchlaufende Einzelbehandlung mit sportlichen Mitteln fortsetzt bzw. fortführt. Es dürfen nicht durch Übungen und Tätigkeiten spastische Reize gesetzt werden, die eine motorische Dysregulation noch verstärken. Besonders geeignet ist Schwimmen (wobei zu beachten ist, daß der Reiz zu kalten oder evtl. auch zu warmen Wassers eine verstärkte Spastik hervorrufen kann), Radfahren, eventuell auf Dreirad, Skilanglauf oder Rollenskilauf. Sehr wertvoll ist auch das Reiten.

Akustische Reize (Lärm, Anfeuerung) sind zu vermeiden. Kampfsport mit Cerebralgeschädigten ist wegen der Streßsituation ungeeignet, denn schon bei geringen physischen und psychischen Streßsituationen reagiert der Spastiker mit maximaler Muskelkontraktion. Wettkämpfe können alles zerstören, was mühsam aufgebaut wurde (INNENMOSER 1980).

4.2.2 Spina bifida aperta (= zweigeteilter Dornfortsatz)

Durch diese Spaltbildung an der Wirbelsäule im Lendenabschnitt kann die fehlgebildete Rückenmarkshaut nach außen gekehrt werden (Meningozele — Meningomyelozele). Es kommt zu unterschiedlich schweren Lähmungen der unteren Extremitäten. Bei Spina bifida aperta im Rückenmarksbereich sind diese Lähmungen spastisch, im Bereich der Cauda equina schlaff. Häufig ist hier zusätzlich ein Hydrocephalus (= Wasserkopf) mit vorhanden; dann ist eine Gefährdung beim Schwimmen, Tauchen, Gewichtheben gegeben. Es kann eine individuell recht unterschiedliche Minderleistung in der Feinkoordination beobachtet werden. Sportliche Betätigung: Rollstuhlsport (s. unter Querschnittslähmung).

4.2.3 Kinderlähmung (= Poliomyelitis)

Entstehung durch Virusinfektion über den Verdauungstrakt. Es kommt zu Zerstörung der Ursprungszellen der Bewegungsnerven im Rückenmark und damit zur schlaffen Lähmung der Muskulatur. Sporttauglichkeit ist gegeben, soweit es die Lähmung zuläßt. Zu beachten sind Verletzungsgefahr durch Stürze mit Frakturen. Bei völliger Armlähmung besteht durch Schleudern beim Lauf die Gefahr einer Schulterluxation.

4.2.4 Spinale progressive Muskelatrophie (erheblich)
(Degenerative Erkrankung der Vorderhornganglien)
Fortschreitende Erkrankung.
Sport wie bei Polio. Trampolinspringen wegen der WS-Belastung bei geschwächter Stabilität verboten.

4.2.5 Periphäre Nervenlähmungen
Z. B. radialis, N. ulnaris, N. fibularis, N. ischiaticus, Plexuslähmung.
Sport entsprechend der Ausfälle an der betroffenen Extremität eingeschränkt.

4.2.6 Querschnittslähmungen
Entstehung durch:
— Traumatische Verletzung der Wirbelsäule (Wirbelkörperbruch, Wirbelkörperverschiebung, Rückenmarksprellung) mit Rückenmarksschädigung
— Entzündungen
— Rückenmark-Tumoren
— Gefäßerkrankungen der das Rückenmark versorgenden Gefäße
— Angeborene Paraplegie (Spina bifida aperta, Meningomyolocele).
Je nach Höhe der Schädigung kommt es zur Lähmung durch Unterbrechung der Rückenmarksfunktion mit motorischen, sensorischen und vegetativen Ausfällen unterhalb der Einwirkungsstelle. Für das Ausmaß der Symptome ist von Bedeutung, ob die Schädigung des Rückenmarks komplett oder inkomplett ist und auf welche Höhe der Schaden liegt, im cervikalen Bereich (Halsteil), im thoracalen Bereich (Brustteil), im lumbalen Bereich (Lendenteil).
Bei Lähmung der unteren Extremitäten spricht man von Paraplegie, bei Lähmung aller vier Extremitäten von Tetraplegie.
Infolge der Ausfälle muß sich die sportliche Betätigung auf die nichtbehinderten Körperteile beschränken. Das ist von der Höhe der Schädigung abhängig. Bei Paraplegikern sind Rumpf und Arme einsetzbar, bei Tetraplegikern die Restfunktionen des Schultergürtels und der Arme.
Neben dem Schwimmen können alle Sportarten, die aus dem Rollstuhl heraus möglich sind, betrieben werden. Von der ,,International Stoke Mandeville Games Federation", die mit GUTTMANN (1964) auf das engste verbunden ist, ist ein Katalog aller wettkampfmäßig zu betreibenden Sportarten erstellt worden, der eine enge Anlehnung an den Nichtbehindertensport zeigt. Darüber hinaus gibt es eine Reihe weiterer Möglichkeiten für Querschnittsgelähmte, sich sportlich zu betätigen, wobei das Segeln, Segelfliegen und Tauchen anzuführen wäre, ebenso das Tanzen im Rollstuhl. Im Winter ist der Skischlitten die einzige Möglichkeit für diesen Personenkreis diese Jahreszeit auch positiv zu erleben.
Wie bei allen Behindertensportarten gilt es auch hier darauf zu achten, daß nicht noch verbliebene funktionsfähige Gelenke Schaden erleiden, wie es z. B. beim Speerwurf für das Ellbogengelenk der Fall sein kann. Der Querschnittsgelähmte ist zu sehr auf seine verbliebenen Restfunktionen angewiesen, als daß er für eine kurze Freude diese noch aufs Spiel setzen soll.

4.3. Erworbene Gelenkerkrankungen:

4.3.1 Spezifische Gelenkerkrankungen

a) Gelenktuberkulose (= durch Tuberkelbazillen verursachte Gelenkentzündung).
Sportuntauglichkeit bis zur völligen Ausheilung.

b) STILLsche Erkrankung (= besondere Form des Gelenkrheumatismus bei Kindern mit Befall mehrerer Gelenke).
Sportuntauglichkeit.

c) Septische Gelenkentzündungen (= Invasion von Eitererregern in das Gelenk).
Nach Ausheilung besteht Sporttauglichkeit.

4.3.2 Gelenkkontrakturen

Formen:

a) Narbenkontrakturen
b) Muskuläre Kontrakturen
c) Arthrogene Kontrakturen
d) Neurogene Kontrakturen.

Die Narbenkontraktur entsteht nach ausgedehnten Haut- und Weichteilverletzungen (z. B. Verbrennungen, lang anhaltende Eiterungen).
Sporteinschränkungen sind nicht zu beachten.

Muskuläre Kontraktur findet sich nach langer Ruhigstellung oder Fehllagerung (z. B. Spitzfuß).

Arthrogene Kontrakturen entstehen nach Blutergüssen, Gelenkentzündungen oder Gelenkverletzungen.

Neurogene Kontrakturen sind noch einmal in spastische Kontrakturen nach zentraler Schädigung und paralytischer Kontraktur nach Schädigung des peripheren Neurons zu unterteilen.

Für alle Kontrakturen sind keine Sporteinschränkungen zu beachten.

4.3.3 Epiphysiolysis capitis femoris (= in der Pupertät zu beobachtende Hüftkopfkappenlösung, durch hormonelle Dysregulation ausgelöst)

Unabhängig von der konservativen oder operativen Therapie ist bis zum Abschluß des Wachstums nur Schwimmen, Reiten, Radfahren erlaubt.

4.3.4 Osteochondrosen
(= örtlich begrenzte Knorpel-Knochen-Wachstumsstörungen)

Als Folge der Verknöcherungsstörungen bleibt eine verschieden stark ausgeprägte Deformierung des befallenen Körperteils zurück.

a) Osteochondrosis des Hüftgelenkes (PERTHESsche Erkrankung) (= Hüftkopfzerfall).
Gehäuft bei Knaben zwischen dem 3. und 12. Lebensjahr.
Bis zur Ausheilung, die oft mit bleibenden Deformierungen des Hüftkopfes

erfolgt, ist wegen dieser Gefahr absolutes Sportverbot auszusprechen. Auch danach weiter keine Sprungübungen, bei Verbleib stärkerer Hüftkopfdeformierungen auch keine Laufübungen.

b) Osteochondrosis des Kahnbeines am Fuß (M. KÖHLER I).
Bevorzugter Befall bei Jungen zwischen dem 3. und 8. Lebensjahr.
Erhebliche Einschränkung der Belastung notwendig. Schwimmen, Radfahren erlaubt.

c) Osteochondrosis der Mittelfußköpfchen (M. KÖHLER II/FREIBERG).
Häufiger (ca. 75%) bei Mädchen zwischen dem 12. und 18. Lebensjahr.
Durch entsprechende entlastende Einlagen und Zurichtung der Schuhe volle Belastbarkeit gegeben.

d) Osteochondrosis der Fersenbeinapophyse (HAGLUND/SEVER).
Vorwiegend bei Knaben zwischen dem 8. und 13. Lebensjahr.
Schmerzen am Achillessehnenansatz schränkt bis zur Ausheilung Belastbarkeit ein. Keine flachen Schuhe ohne Absatz.

e) Osteochondrosis des Schienbeinhöckers (M. OSGOOD/SCHLATTER).
Schmerzen am Ansatz des Kniescheibenbandes.
Knaben zwischen dem 10. und 15. Lebensjahr betroffen. Bis zur Ausheilung — öfters mit bleibendem Defekt — Einschränkung der sportlichen Betätigung, die mit starkem Einsatz der Oberschenkel-Streckmuskulatur verbunden ist.

4.4 Knochentumore

Bei allen gutartigen Knochengeschwülsten muß die sportliche Betätigung vom Röntgenbild abhängig gemacht werden. Die bösartigen Tumore bedingen Sportuntauglichkeit.

4.5 Haemophile Bluterkrankheit

Es handelt sich um ein vererbbares Leiden mit gestörter Blutgerinnung, bei dem die Mutter Erbträgerin ist, aber nur die Söhne erkranken.

Bei entsprechender Medikation und laufender Kontrolle der Blutgerinnungszeiten ist bedingte Sporttauglichkeit gegeben. Kampfspiele und hohe Abgänge sind auch dann zu vermeiden.

4.6 Wirbelsäulenleiden

1. Skoliosen (= seitliche Wirbelsäulenverbiegung)
a) Kongenitale Skoliose durch Wirbelfehlbildung verursacht.
b) Rachitische Skoliose, linkskonvex.
c) Idiopathische Skoliose, rechtskonvex, entwickelt sich besonders in der Adoleszenz.
d) Lähmungsskoliose, entsprechend der Muskelausfälle der Rückenstreckmuskulatur mit einseitig wirkendem Zug der erhaltenen Seite.
e) Skoliose bei Systemerkrankungen, neurogen bedingt.
f) Narbenskoliose, durch Narbenzug.
g) Posttraumatische oder Destruktionsskoliose, infolge Wirbelverformung verursacht.

h) Statische Skoliose, Beinlängendifferenz und Beckenschiefstand; Verkürzungsausgleich erforderlich.

Bei Skoliosen Schwimmen, Gymnastik, Ballspiele, Radfahren, Laufen besonders geeignet. Korrekturübungen, Extensions- oder Lockerungsübungen führen zur Auflockerung der Wirbelsäule und sind zu vermeiden. Auch mit Korsett soll Sport getrieben werden.

4.6.2 Kyphosen (= verstärkte Sagittalkrümmung)

a) Rachitische Kyphose, infolge der Knochenerweichung bis zur Ausheilung nicht sporttauglich.

b) Adolescentenkyphose (M. SCHEUERMANN).
Wachstumsstörungen an den Wirbelkörpern in der Pupertät.
Im floriden Stadium ist Entlastung und Schonung erforderlich, dann aber intensive gezielte sportliche Betätigung zur Verhütung von Sekundärschäden notwendig. Besonders Schwimmen (hier Rückenschwimmen zur Verhütung einer Hyperlordose im Hals- und Lendenbereich zu bevorzugen), Gymnastik, Laufen, Spiele sind zu empfehlen.
Lange Laufstrecken (wegen der zu vermeidenden axialen Belastung), Radfahren (wegen der verstärkten Kyphosierung der BWS), Gerätturnen, alle Sprungübungen und Gewichtheben sind abzulehnen.

c) Spondylolisthesis (= Wirbelgleiten).
Bei Jugendlichen selten mit Beschwerden verbunden. Erkannte Erkrankungen sollen Kraftübungen im Stehen und Gerätturnen vermeiden. Schwimmen und Übungen zur Kräftigung der Rücken-, Bauch- und Gesäßmuskulatur (Muskelkorsett!) sind besonders empfehlenswert.

4.7 Amputationen

(= Absetzen eines Gliedes in seinem Verlauf nach Trauma oder Erkrankung).
Wird die Gliedmaße im Gelenk abgetrennt, spricht man von Exarticulation.
Bei Armamputationen sind nahezu alle Sportarten, die mit der Hand — einem Arm — noch ausgeführt werden können, durchführbar. Die sportliche Betätigung bei Armamputationen soll Kompensation der erhaltenen Extremität erreichen, weiter Abhärtung und Kräftigung des Armstumpfes, vor allem aber Wiederherstellung und Automatisierung des Gleichgewichtsgefühls. Letztlich wird durch den Sport auch einer Wirbelsäulenverbiegung und Atrophie der langen Rückenmuskulatur an der armamputierten Seite entgegengearbeitet.
Sport mit Beinamputierten bringt schon mehrere Probleme mit sich.
Die Frage nach Sport mit Prothese ist weitgehend abgeklärt. Der Unterschenkelamputierte soll seinen Sport mit angelegter Prothese betreiben. Damit „verwächst" er mit seinem Kunstbein. Das im Erwachsenenalter abzulehnende Hüpfen ist bei Kindern kaum so schädlich, muß aber nicht gefördert werden.
Der Krückenskilauf beim Oberschenkelamputierten soll dosiert werden, da dabei doch eine verstärkte Belastung des verbliebenen Kniegelenkes erfolgt.
In der Leichtathletik ist der Hochsprung bei nichtbeherrschter Technik eine Gefahr für die Gelenke der verbliebenen Extremität.
Aufs Trampolin gehört die Prothese oder der Apparat am Bein nicht.

5. Literatur

INNENMOSER, J.: Behindertensport — noch zeitgemäß. Behindertensport 5/1980.

JOCHHEIM, K. A.: Behindertensport — eine ärztliche Aufgabe? Therapiewoche 28/1978.

JOCHHEIM, K. A.: Zum Problem der medizinischen Leistungen und der Verantwortung des Arztes in der Rehabilitation. Therapiewoche 28/1978.

KABAT, H.: Proprioceptive Faciliation. In: Therapeutic exercises, 2nd Ed. by Lich, 1961.

KOHLMANN, E.: Die Jugendlichen in der Umschichtung des Versehrtensportes. Z. Orthop. 113/175, Enke, Stuttgart.

KOHLMANN, E.: Entwicklung des Versehrtensportes unter Berücksichtigung des Jugendversehrtensportes. Arbeitssitzung Versehrtensport Aachen 1973.

KOSEL, H.: Leibesübungen mit behinderten Kindern. Symposion Versehrtensport in der Praxis 1974.

KOSEL, H.: Die verschiedenen Versehrtensportarten und ihre Eignung für Behinderte. Z. Orthop. 113/1975, Enke, Stuttgart.

KÜSTER, W.: Behindertensport: Sinn und Zweck aus ärztlicher Sicht. Therapiewoche 28/1978.

LANGE, M.: Lehrbuch der Orthopädie und Traumatologie. Enke, Stuttgart 1965.

LORENZEN, H.: Lehrbuch des Versehrtensports. Enke, Stuttgart 1961.

MARPMANN, J.: Behindertensport im Rahmen der Neurologie und Psychiatrie. Behindertensport aus sportmedizinischer Sicht. Hrsg.: K. JUNG, Pharma-Schwarz, 1978.

MARTEN, G.: Gehschule und Prothesentraining bei Sport und Bewegungstherapie. Symposium ,,Versehrtensport in der Praxis" 1974.

MARTEN, G.: Ärztliche Aspekte beim Sport mit Behinderung der unteren Extremitäten. Therapiewoche 28/1978.

MEINECKE, F.-W.: Entwicklung im Rollstuhlsport. Sportmedizin. P. NOWACKI, Thieme, Stuttgart 1980.

MOCELLIN, R.: Zur Problematik des Sports bei Heranwachsenden. Materia Medica Nordmark 28/1967.

MORSCHER, E.: Orthopädische Behandlung von Muskeldystrophien. In: J. F. SCHOLZ (Hrsg.) Heidelberger Rehabilitationskongreß. Gentner, Stuttgart 1968.

PAESLACK, V.: Sport bei Querschnittsgelähmten. In K. D. HÜLLEMANN, (Hrsg.): Leistungsmedizin — Sportmedizin. Stuttgart 1976.

ROLF, G./BRESSEL, G./HOLLAND, B./RODATZ, U.: Physiotherapie bei querschnittsgelähmten Patienten. Stuttgart, Berlin, Köln, Mainz 1973.

RUSCH, H.: Die Jugendarbeit ist eine wichtige Zukunftsaufgabe des BVS. In: 25 Jahre Versehrtensport in Bayern 1977.

SCHUH, R. J.: Koordinations- und Organschulung mit cerebralparetischen Jugendlichen im Rollstuhl. Rehabilitation 9/1970.

SCHÜLE, K.: Untersuchungen zur Epidemoiologie, zum Behandlungs- und Rehabilitationsablauf bei Spina bifida. Inauguralschrift, Köln 1976.

SLUET, G.: Behindertensport gestern — heute und morgen. Symposium ,,Versehrtensport in der Praxis" 1974.

STROHKENDL, H.: Entwicklung einer funktionellen Klassifizierung für den objektiven Leistungsvergleich von Rollstuhlsportlern ohne Armschaden im Wettkampf. Inauguralschrift, Köln 1977.

VOJTA, V.: Frühdiagnostik des spastisch infantilen Syndroms. Beitr. zur Orthop. und Traumatol. 12, 543/1965.

VOJTA, V.: Ein neuer Lagereflex in der Frühdiagnostik des Cerebralschadens bei Neugeborenen und Säuglingen. Z. Orthop. 107/1969.

VOJTA, V.: Reflexbewegungen als Bahnungssystem in der Rehabilitation des cerebralparetischen Kindes. In: Spastisch gelähmte Kinder, Stuttgart 1971.

WITT, A. N.: Bewegungstherapie und Sport in der Rehabilitation nach Verletzungen des Bewegungsapparates. Sportarzt und Sportmed. 11/1963.

HORST RUSCH

Pädagogisch-didaktische Aspekte des Sportunterrichts mit körperbehinderten Kindern und Jugendlichen

1. Modell einer unterrichtstheoretischen Sportdidaktik

Die nachfolgende Beschreibung pädagogisch-didaktischer Aspekte des Sportunterrichts mit körperbehinderten Kindern und Jugendlichen orientiert sich am Modell einer unterrichtstheoretischen Sportdidaktik (GRÖSSING 1988[5]).

Mit der modellhaften Darstellung wird zwar die Vielfalt eines komplexen Geschehens, wie es der Sportunterricht mit Körperbehinderten ist, reduziert, es hebt aber zugleich die wesentlichen Merkmale und Zusammenhänge hervor. Der Unterricht konstituiert sich demnach an drei miteinander in Wechselbeziehung stehenden Ebenen *(Abb. 1)*.

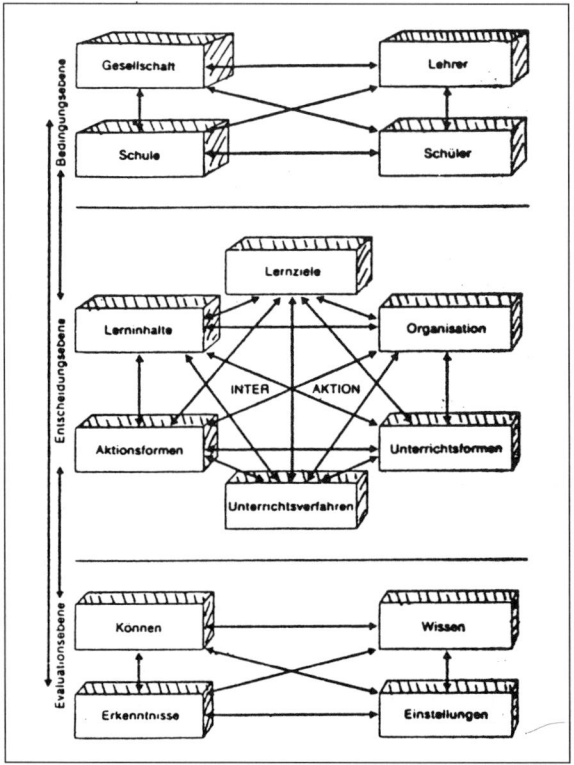

Abb. 1 Modell einer unterrichtstheoretischen Sportdidaktik (GRÖSSING 1988[5])

In Anlehnung an das unterrichtstheoretische Didaktikmodell sollen, ausgehend von besonderen anthropogenen und soziokulturellen Bedingungen und unter Orientierung an Anforderungen gegenwärtiger und zukünftig zu erwartender Lebenssituationen, Zielsetzungen gefunden werden und daraus Konsequenzen für den didaktischen Entscheidungsprozeß abgeleitet werden. Didaktische Entscheidungen lösen Handlungsprozesse im Sportunterricht aus, die wiederum die Ausgangspositionen verändern. *Abbildung 2* zeigt die didaktischen Kategorien Bedingungsgefüge, Entscheidungsfelder und Evaluation in ihrer Abhängigkeit (KAPUSTIN 1977).

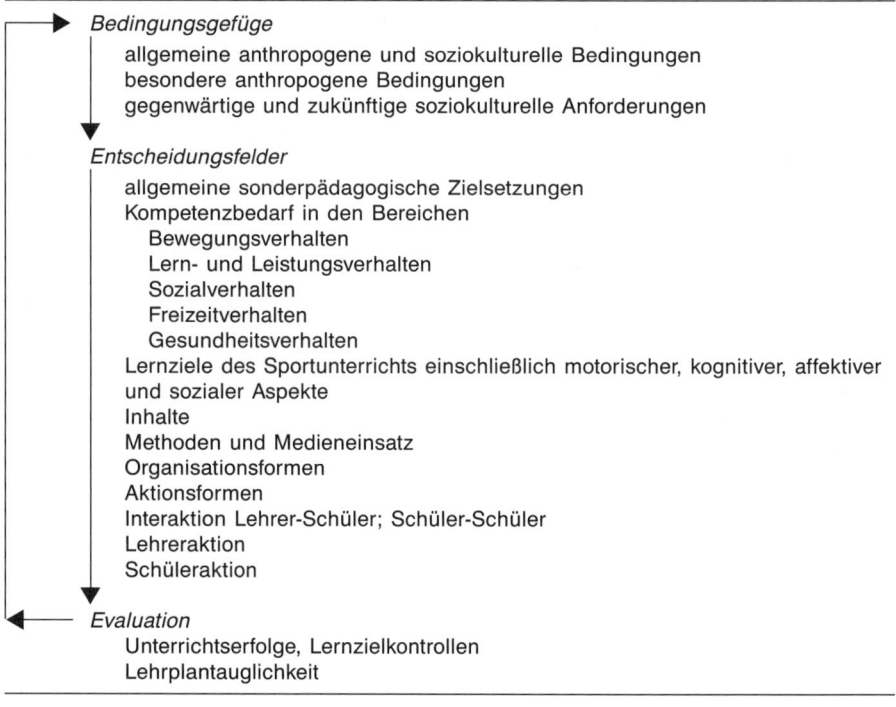

Bedingungsgefüge
    allgemeine anthropogene und soziokulturelle Bedingungen
    besondere anthropogene Bedingungen
    gegenwärtige und zukünftige soziokulturelle Anforderungen

Entscheidungsfelder
    allgemeine sonderpädagogische Zielsetzungen
    Kompetenzbedarf in den Bereichen
        Bewegungsverhalten
        Lern- und Leistungsverhalten
        Sozialverhalten
        Freizeitverhalten
        Gesundheitsverhalten
    Lernziele des Sportunterrichts einschließlich motorischer, kognitiver, affektiver und sozialer Aspekte
    Inhalte
    Methoden und Medieneinsatz
    Organisationsformen
    Aktionsformen
    Interaktion Lehrer-Schüler; Schüler-Schüler
    Lehreraktion
    Schüleraktion

Evaluation
    Unterrichtserfolge, Lernzielkontrollen
    Lehrplantauglichkeit

Abb. 2   Didaktische Kategorien

2. Anthropologische und soziokulturelle Bedingungen

2.1 Anthropologische Bedingungen

Die fachdidaktische Analyse der Bedingungsebene des Sportunterrichts richtet sich auf die Bedeutung des Sports und des Sportunterrichts für körperbehinderte Kinder und Jugendliche im Rahmen des Sonderschulunterrichts, aber auch des außerschulischen Sportunterrichts, auf den Aktionsraum Schule, auf das Handlungsfeld Sport, den Lehrer und den Schüler.

2.1.1 Definition Körperbehinderung

Siehe H. KARL „Definition Körper- und Bewegungsbehinderung" in diesem Band.

2.1.2 Probleme der Abgrenzung

Beispiele für Körperbehinderungen sind u. a. Amputationen, Querschnittlähmungen und spastische Lähmungen (s. KOHLMANN „Sport mit körperbehinderten Kindern und Jugendlichen — Schadenskatalog" in diesem Band). Neben diesen unschwer erkennbaren Behinderungen sind aber auch Kinder mit minimalen cerebralen Dysfunktionen (MCD) bewegungsbehindert. MCD ist eine heute häufig vorkommende motorische Störung, die im Alltagsverhalten nicht auffällt. Erst nähere Untersuchungen und feinmotorische Anforderungen bzw. Aufgaben, die die motorische Steuerung und Koordination beanspruchen, machen diese Dysfunktion deutlich. Auf Grund eines Minderangebotes von sensorischen und emotionalen Stimulationen, einhergehend mit perinatalen Cerebralschädigungen (Hirnschädigungen während der Geburt), die sowohl die sensorische Reizaufnahme, die zentrale Verarbeitung als auch die motorische Äußerung beeinträchtigen, kann die gesunde und lebenswichtige Entwicklung eines Kindes belastet werden. Das Kind ist also in seiner gesamten Persönlichkeitsentwicklung gefährdet und somit von Behinderung bedroht. Unabhängig von einer Diskussion, ob nun diese Kinder körperbehindert sind oder nicht, ob sie in Sonderschulen eingewiesen werden sollen oder nicht, eine Förderung dieser Kinder ist unter allen Umständen notwendig, sei es im Sportförderunterricht, durch psychomotorische Übungsbehandlung oder im Sportunterricht für körperbehinderte Schüler im schulischen oder außerschulischen Bereich.

2.1.3 Feststellung von Behinderungen

Mit dem Definitionsproblem, wer (körper-)behindert ist oder nicht, eng verbunden ist die möglichst frühzeitige Feststellung einer Behinderung. Leichte Behinderungen werden oft genug nicht rechtzeitig erkannt oder falsch interpretiert. Für den Sportunterricht mit Körperbehinderten von besonderer Bedeutung ist die Diagnose der Motorik, wobei nach BACH (1976) „Wichtiger als die negative Konstatierung von Minderleistungen und Ausfällen für die zu treffenden pädagogischen Maßnahmen und für die erzieherischen Aufgaben die Ermittlung der offengebliebenen Möglichkeiten" ist.

Die Feststellung des allgemeinen motorischen Entwicklungsstandes ist notwendig, da sich dieser neben der funktionellen Behinderung auf die Entscheidungen im Bereich der Inhalte, Methoden und Organisationsformen auswirkt.

In der Motodiagnostik bedient man sich motoskopischer, d. h. beschreibender Verfahren, motometrischer, d. h. messender Verfahren und manchmal auch motographischer Verfahren, bei denen Bewegungen mit Hilfe von Film- und Lichtspuraufnahmen aufgezeichnet werden. Da letzteres Verfahren schon aus rein finanziellen Gründen nur in Ausnahmefällen zum Einsatz kommen wird und die beschreibenden Verfahren stark von den Beobachtern abhängen, sind motometrische Verfahren im Sportunterricht am objektivsten durchzuführen.

Der Untersucher ermittelt hier die erreichten Bewegungsleistungen mit Bandmaß, Stoppuhr und auf Grund der Anzahl von Wiederholungen. Das bekannteste Verfahren ist der von SCHILLING 1974 überarbeitete Körperkoordinationstest für Kinder (KTK).

Bei fast allen Behinderungsarten sind Beeinträchtigungen oder Störungen der Motorik mit unterschiedlicher und vielfältiger Ausprägung bekannt. ASCHMONEIT (1974) beschreibt in Anlehnung an MEINEL unterschiedliche Störungen der Fein- und Grobmotorik, Anpassungsschwierigkeiten, mangelnde Bewegungsvorausnahme, Rhythmusübertragungsstörungen. Störungen des Bewegungsflusses und der Bewegungsgenauigkeit sowie geringe Bewegungselastizität und Bewegungsharmonie bedingen eine stark gestörte Bewegungskoordination. Gestörte Motorik bedeutet auf der einen Seite eine unmittelbare Lebenserschwernis für den Behinderten selbst, z. B. eingeschränkte Fortbewegungsmöglichkeit, Störung des Lernvermögens und Verständnisschwierigkeit, zum anderen wird durch sie die soziale Interaktion gestört und die Eingliederung in die Gesellschaft (Familie, Bildungsinstitution, Arbeitswelt) erschwert. Körperbehinderte Kinder erfahren also im Laufe ihrer Entwicklung eine Fülle von Einschränkungen, die, wie oben gezeigt, vor allem im motorischen Bereich liegen und Auswirkungen auf die körperliche Entwicklung haben können.

Traumatische Erlebnisse, physische Belastungen und psychische Benachteiligungen bedingen Frustration und permanente Streßsituationen, die Folgen für das eigene Anspruchsniveau und für das Selbstbewußtsein haben. KUNERT (1976) beschreibt als mögliche Auswirkungen einer Körperbehinderung: Erlahmen der motorischen Aktivität, Minderung der Spontanaktivität, aggressive Verhaltensweisen, fehlendes Selbstvertrauen, Unsicherheit, Minderwertigkeitsgefühle, Anerkennungsbedürfnis, Spannung, depressive, resignierende Lebensgrundstimmung.

2.2 Soziokulturelle Bedingungen

Die Aussagen darüber, wer behindert ist, bzw. wer als behindert eingestuft wird, hängen neben den Merkmalen der Person auch von den allgemeinen Wertsetzungen, Erwartungen und Gewohnheiten in der Gesellschaft ab. Je nachdem in welcher sozialen Umwelt ein Mensch lebt, ergibt sich, in welchem Umfang er von anderen und von sich selbst als mehr oder weniger behindert eingeschätzt wird. Deshalb hängen der Grad der Behinderung und das subjektive Empfinden der Behinderung durch den behinderten Menschen wesentlich davon ab, in welchem Maße die jeweilige Gesellschaft und als Folge davon, die Bezugsgruppen der Behinderten bereit sind, Menschen mit beeinträchtigter körperlicher Leistungsfähigkeit, verminderter Kommunikationsfähigkeit und abweichendem körperlichen bzw. psychischem Habitus anzunehmen und entsprechende Hilfen zu leisten. Eine nicht allzulange zurückliegende Befragung des Meinungsforschungsinstituts Infratest ergab, daß

91 % der Bevölkerung weiß nicht, wie sie sich gegenüber Behinderten verhalten sollen,
70 % glaubt, daß man sich vor Behinderten ekeln kann,
63 % meint, Behinderte gehören in ein Heim,
56 % möchte nicht gerne mit einem Körperbehinderten in einem Haus wohnen.

In unserer Gesellschaft sind die Probleme der Behinderten für den nichtbetroffenen Teil der Bevölkerung noch weitgehend unbekannt. Behinderte werden kaum als Subjekte, die selbständig handeln können, sondern als Objekte zum Betreut-Werden angesehen. Mit Mitleidsgaben und Lotteriebeteiligungen zugunsten der Sorgenkinder glaubt sich die Mehrheit freikaufen zu können. Leider werden Behinderte auch als ,,Reklamekrüppel'' mißbraucht (KLEE 1974). Aktionen geschehen selten mit ihnen zusammen, sondern zu ihren Gunsten. Wohlfahrtsorganisationen und Behindertenverbände vermitteln zwischen dem Staat und den Behinderten. Für die Rehabilitation Behinderter gibt es im Bundesrecht 22 Gesetze und Verordnungen sowie 131 verschiedene Ländergesetze (z. B. Bundessozialhilfegesetz in der Fassung vom 1. 4. 1974, Jugendwohlfahrtsgesetz in der Fassung vom 6. 8. 1970, Schwerbehindertengesetz vom 29. 4. 1974).

In der Empfehlung zur Ordnung des Sonderschulwesens der KMK vom 16. 3. 1972 werden die Aufgaben der Sonderschule bestimmt. Mit besonderen Maßnahmen in abgeschirmten Einrichtungen sollte das Recht des behinderten Menschen auf eine seiner Begabung und Eigenart entsprechende Bildung und Erziehung gesichert werden.

In den Empfehlungen der Bildungskommission des Deutschen Bildungsrates zur pädagogischen Förderung behinderter und von Behinderung bedrohter Kinder und Jugendlicher (Stuttgart 1973) wird eine Konzeption vorgelegt, die eine weitgehend gemeinsame Unterrichtung von Behinderten und nicht Behinderten vorsieht und selbst für behinderte Kinder, für die eine gemeinsame Unterrichtung mit Nichtbehinderten nicht sinnvoll erscheint, soziale Kontakte mit Nichtbehinderten ermöglicht. Dieses differenzierte System von Fördereinrichtungen mit dem Ziel, die Integrierung Behinderter in die Gesellschaft zu erleichtern, sollte reichen

— von der gemeinsamen Unterrichtung aller Kinder, auch der Behinderten
— über Organisationsformen einer teilweisen gemeinsamen Unterrichtung und einer parallel durchgeführten separaten Förderung behinderter Kinder
— bis zur getrennten Unterrichtung behinderter Kinder in Schulen für Behinderte (Deutscher Bildungsrat 1973, S. 66).

Zur Realisierung dieser unterrichtsorganisatorischen Formen ist neben der Veränderung der äußeren Gliederung der Schule eine Lehrplanrevision sowie eine konsequente innere Differenzierung des Unterrichts durch Individualisierung notwendig. Für die Ausbildung fachkompetenter Lehrkräfte ist ein Curriculum zu entwickeln! (Deutscher Bildungsrat 1973.) In der Zwischenzeit haben sich ein Teil der Sonderpädagogen und Eltern behinderter Kinder formiert und gehen jegliche Aussonderung an: Sie stellen den Klassifikationsterminus ,,Behinderung'' ebenso in Frage wie eine ,,Behindertenpädagogik''. Pädagogik für alle ist gefragt, nicht ,,Sonderpädagogik'' (SPECK 1988, 26).

Im 1972 von der Kultusministerkonferenz beschlossenen ,,Aktionsprogramm für den Schulsport'' wird festgestellt, daß der Sportunterricht ein wesentlicher und unaustauschbarer Bestandteil der Gesamtentwicklung auch für die Behinderten ist. Anhand einer Bestandsaufnahme zur Situation des Schulsports für behinderte Schüler in der Bundesrepublik Deutschland (Stand: Schuljahr 1976), die im Auftrag der Kultusministerkonferenz durchgeführt wurde, kann recht gut überblickt werden, inwieweit diese Aussagen mit der Schulwirklichkeit übereinstimmen.

2.2.1 Sportunterricht für behinderte Schüler an Schulen für Nichtbehinderte

In der Bestandsaufnahme wird nach Regelungen oder Modellen gefragt, nach denen behinderte Schüler, die keine Sonderschule besuchen

a) gemeinsam mit nichtbehinderten Schülern am regulären Sportunterricht ihrer Klasse teilnehmen können,
b) schulintern in schulischen Behindertensportgruppen zusammengefaßt werden,
c) in besonders eingerichteten allgemeinbildenden bzw. beruflichen Schulen einen entsprechenden Sportunterricht erhalten,
d) vollkommen vom Sportunterricht befreit werden.

In der nachstehenden Tabelle *(Abb. 3)* sind die Befragungsergebnisse zusammengestellt.

Bundesland	a	b	c	d
Baden-Württemberg	nein	nein	nein	ja
Bayern	ja	ja	ja	ja
Berlin	—	—	—	—
Bremen	nein	nein	nein	ja
Hamburg	nein	nein	ja	nein
Hessen	nein	ja	ja	nein
Niedersachsen	ja	nein	ja	nein
Nordrhein-Westfalen	ja	nein	nein	nein
Rheinland-Pfalz	nein	nein	ja	ja
Saarland	nein	nein	nein	nein
Schleswig-Holstein	nein	nein	nein	nein

Abb. 3

Für Behinderte, die keine Sonderschule besuchen, bestehen in der Mehrzahl keine Regelungen hinsichtlich des Sportunterrichts. Schulische Behindertengruppen werden nur vereinzelt gebildet.

Allein im Bundesland Bayern ist der Sportunterricht für behinderte Schüler, die keine Sonderschulen besuchen, geregelt. Schüler, die vollkommen vom Sportunterricht befreit sind, können an Übungsstunden des Bayerischen Behinderten- und Versehrten-Sportverbandes teilnehmen, die im Auftrag des Bayerischen Staatsministeriums für Unterricht und Kultus als Ersatz oder Ergänzung des schulischen Pflichtsportunterrichtes durchgeführt werden.

2.2.2 Sportunterricht an Sonderschulen

In einem weiteren Punkt der Bestandsaufnahme wird die Situation des Sportunterrichts an Sondervolksschulen beleuchtet. Aus der nachstehenden Übersicht *(Abb. 4)* ist die Zahl der Schulen, die Gesamtzahl der Klassen, die

Gesamtzahl der Schüler an Sondervolksschulen für Körperbehinderte zu ersehen. Gleichzeitig wird die in der Stundentafel vorgesehene Zahl der Sportunterrichtsstunden pro Woche beleuchtet.

Land	Schulen	Klassen	Schüler	Lehrplan	Wochenstunden
					vorges.
BAW	15	197	1403	nein	2—3
BAY	16	120	1264	ja	4
BER					
BRE	1	14	196	nein	6
HAM	4	54	543	nein	2
HES	10	77	507	ja	2—3
NIS	6	64	664	nein	3
NRW	28	427	4083	in Vorb.	3
RHP	8	110	915	nein	3
SAA	2	24	194	ja	3
SLH	4	27	214	nein	4
Gesamt	94	1114	9983		3

Abb. 4   Sport an Sondervolksschulen

2.2.3 Die Situation des Behindertensports an Hochschulen

Zur Situation des Behindertensports an Hochschulen wurden bisher zwei Erhebungen durchgeführt. Während PFISTER 1980 nur an sieben Hochschulen im Verbandsbereich des Allgemeinen Deutschen Hochschulsportverbandes (ADH) Aktivitäten im Behindertensport ausfindig machen konnte, stellte BORCKE 1985 in ihrer Umfrage fest, daß sich die Zahl der Hochschulen, die Behindertensport in ihrem Programm ausweisen, auf 15 gestiegen ist. Ursache dafür mögen die vom ADH angebotenen Informationsveranstaltungen sein, die im Zeitraum von 1980—1984 in Bremen, Marburg und Heidelberg stattfanden. Derzeit ein in 39 verschiedenen Sportgruppen 500 Teilnehmer organisiert.

Das Projektseminar ,,Behindertensport an Hochschulen'', das 1986 vom ADH in Zusammenarbeit mit dem Sportzentrum der Technischen Universität München durchgeführt wurde und an dem Vertreter von 32 Hochschulen teilnahmen, wird bestimmt die Zahl behindertensportanbietender Hochschulen erneut steigen lassen. Die nachstehende Tabelle *(Abb. 5)* gibt eine Übersicht über Hochschulen, die Behindertensport anbieten, über das Schadensbild der Teilnehmer, die Anzahl der Sportgruppen und ihrer Teilnehmer.

Zur Verbesserung der Situation des Behindertensports an Hochschulen wurden in München folgende Forderungen formuliert (RUSCH 1988):

1. Die Forderung ,,Sport für alle'' kann nur verwirklicht werden, wenn das Hochschulsportangebot auch für behinderte Studierende und Hochschulangehörige geöffnet wird, und eine Teilnahmemöglichkeit Nichtbehinderter (Freunde, Bekannte) an Behindertensportangeboten im Rahmen des Hochschulsports ermöglicht wird!

Hochschule	Behindertengruppe Großgr.	Untergr.	Erscheinungsbild der Schädigung	Anzahl d. Sportgr.	Anzahl der Teilnehmer	Teilnehmerzusammensetz.
TU Berlin	KB	A	Skoliosen, M. Bechterew, Bandscheibengeschädigte, Amputierte, Querschnittläsionen	5	55—60	Behinderte und Nicht-Behinderte
		C	Asthma			
Uni Bielefeld	KB	A	Querschnitt			
		B	Multiple Rollis, Sklerose, Poliomyelitis	3	55—60	keine Angaben
Uni Bochum	KB	A	Querschnitt Rollis	1	20	Behinderte
		B	Poliomyelitis			und Nicht-
	KB/SB		Spastik/Sehstörungen	1	8	Behinderte
TU Braunschweig	KB	A	geringe Bewegungseinschränkungen	1	15	keine Angaben
		C	Coronar			
TU Clausthal	KB	A	Querschnitt	1	15	k. Angaben
Uni Essen	KB	allg.		1	6—8	k. Angaben
Uni Göttingen	KB	A	Amputierte Bandscheibengeschädigte	1	6	
				1	10	
		B	Multiple Sklerose	1	15	k. Angaben
		C	Coronar	3	80	
	indiff.			2	14	
Uni Heidelberg	KB	allg.		1	10	Behinderte
		A	Querschnitt Rollis	1	20	und Nicht-
		B	Poliomyelitis			Behinderte
Uni Karlsruhe	KB/SB		allgem. Sehstörungen	1	4	nur Behinderte
Uni Mainz	KB	allg.		2	16—18	k. Angaben
Uni Mannheim	indiff.			3	18	Behinderte und Nicht-Behinderte
Uni Marburg	KB	A	Querschnitt Poliomyelitis Rollis	2	16—18	k. Angaben
	SB		Sehgeschädigte Blinde	1	6—8	k. Angaben
Uni Oldenburg	KB	A	Morbus Bechterew	1	20	Behinderte
	indiff.			1	12	und Nicht-Behinderte
Uni Osnabrück	KB	allg.		1	3	nur Behinderte
Uni Tübingen	KB	A	Querschnitt	1	10	Behinderte
		B	Spastik Rollis			und Nicht-
		C	Coronar	2		Behinderte
	SB		Sehgestörte/Blinde	1	15	
			Gesamt	39	500	

KB = Körperbehinderte
A = KB mit Schädigungen des Bewegungsapparates
B = KB mit Schädigungen, ausgehend von Gehirn und Zentralnervensystem
D = KB mit Schädigungen innerer Organe, d. Blutes und d. Stoffwechsels
allgemein = in den Fragebögen keine weitere Differenzierung angegeben
SB = Sinnesbehinderte
indifferent = keine Angabe zu vorliegenden Schädigungen

Aufstellung der erfaßten, anbietenden Hochschulen nach Behinderungsgruppen, den Angaben aus den Fragebögen zum Erscheinungsbild der Schädigung, Anzahl der Sportgruppen und ihrer Teilnehmer.

Abb. 5

2. Eine Verbesserung der Information behinderter Studierender und Hochschulangehöriger über die Ziele und Auswirkungen des Behindertensports und über die Behindertensportangebote durch Einschaltung der Behinderten-Beauftragten, durch Auflage von Informationsmaterial in den Studentensekretariaten, durch Aushängen und Veröffentlichungen ist notwendig!

3. „Sport für alle" fordert die Einrichtung von Sportangeboten über den Bereich der Körper- und Sinnesbehinderten hinaus d. h. auch für infarktgeschädigte Menschen, Diabetiker, Rheumatiker, Menschen mit psychischen Erkrankungen, Suchtkranke und für Menschen mit inneren Erkrankungen!

4. Die Erstellung eines breitgefächerten, zielgruppenorientierten und ansprechenden Sportangebotes ist anzustreben!

5. Das Angebot von Transportmöglichkeiten, besonders für Gehbehinderte muß verbessert werden!

6. Geeignete Sportstätten müssen bereitgestellt werden!

7. Die finanziellen Mittel für die Anschaffung behindertensportspezifischer Geräte (z. B. auch Sportrollstühle) müssen gesichert werden!

8. Eigeninitiativen behinderter Studierender müssen gefördert werden!

2.2.4 Lehrerausbildung

Die Qualifikation der Lehrer für den Sportunterricht an Sonderschulen ist noch sehr unterschiedlich. Vollausgebildete Sportlehrer mit gleichzeitiger sonderpädagogischer Ausbildung stehen nicht, oder nur in geringem Umfang, zur Verfügung. In einigen Ländern ist eine besondere Sportausbildung oder eine Schwerpunktfach- bzw. Wahlpflichtfachausbildung für Studierende des Lehramtes an Sonderschulen eingerichtet (Nordrhein-Westfalen und Rheinland-Pfalz). Durch das neue Lehrerbildungsgesetz kann in Bayern durch die Erweiterung eines Sportstudiums um die sonderpädagogische Qualifikation der Mangel an sportfachlich und sonderpädagogisch in gleicher Weise ausgebildeten Lehrkräften abgebaut werden. Am Sportzentrum der Technischen Universität München kann seit 1985 im Rahmen eines achtsemestrigen Diplomstudiengangs die Studienrichtung „Präventions- und Rehabilitationssport" gewählt werden.

2.2.5 Lehrerfortbildung

Um die Zahl der für den Sportunterricht an Sonderschulen qualifizierten Lehrkräfte zu erweitern, unternehmen alle Länder besondere Anstrengungen im Bereich der Lehrerfortbildung. Im Bereich der Sonderschulen für Körperbehinderte finden nach der Erhebung von 1976/77 Fortbildungslehrgänge jedoch nur in den Ländern Bayern, Hamburg und Hessen statt.

2.2.6 Sportstätten

Der Empfehlung der Kultusministerkonferenz vom 21. 3. 1980 ist in bezug auf den Sportstättenbau zu entnehmen, daß neue Sportstätten bei Sonderschulen überwiegend nach den Schulbaurichtlinien für die allgemeinbildenden Schulen errichtet werden. Spezifische Anforderungen der Behinderungsformen werden jedoch berücksichtigt. Bestehende Einrichtungen an Schulen für Nichtbehinderte, die von Behinderten mitbenützt werden, sind häufig leider nicht für Nutzung durch Behinderte geeignet. Planungshinweise für die Einrichtungen für Spiel und Sport mit Behinderten gibt das Schulbauinstitut der Länder (Berlin 1981, 1982 und 1983).

2.2.7 Geräteausstattung

Die Ausstattung der Sportstätten mit Sportgeräten berücksichtigt meist nicht die speziellen Anforderungen der Behinderten. Die Geräteausstattung der Sportstätten erfolgt vorwiegend nach den allgemeinen Geräteausstattungslisten. Nach der Erhebung von 1976/77 machen hier mit Bayern und Hamburg eine Ausnahme, die Ausstattungslisten, differenziert nach Behinderungsformen, erstellt haben.

Das Schulbauinstitut der Länder hat in der Zwischenzeit länderübergreifende Empfehlungen für den behindertengerechten Bau und die behindertengerechte Ausstattung von Sportstätten bei Schulen entwickelt (Berlin 1981, 1982, 1983).

2.2.8 Sportunterricht für körperbehinderte Kinder und Jugendliche im außerschulischen Bereich

Die Betreuung körperbehinderter Kinder und Jugendlicher im außerschulischen Bereich hat der Deutsche Behinderten-Sportverband mit seinen Landesverbänden übernommen. *Abbildung 6* zeigt die Struktur des Deutschen Behinderten-Sportverbandes, Fachverband im Deutschen Sportbund.

Deutscher Behinderten-Sportverband
Landes-Verbände z. B. Baden-Württemberg, Bayern
Bezirke z. B. Oberbayern, Schwaben
Sportgruppen VSG, VSV
Übungsgruppen

Außerordentliche Mitglieder sind:
— Der Deutsche Rollstuhlsportverband
— Der Bundesverband der Lebenshilfe
— Der Bundesverband der Spastiker

Abb. 6   Struktur des Deutschen Behinderten-Sportverbandes

Die Entwicklung des Kinder- und Jugendsports im Deutschen Behinderten-Sportverband ist recht unterschiedlich. Sie hängt stark von der Förderung durch die Kultusministerien der einzelnen Bundesländer ab.

So führt z. B. der Bayerische Behinderten- und Versehrten-Sportverband im Auftrag des Kultusministeriums seit 1963 für rund 2 000 körperbehinderte Schüler in 53 Gruppen unter ärztlicher Aufsicht eine sportliche Betreuung durch speziell hierfür ausgebildete Übungsleiter durch. In Niedersachsen sind im Rahmen eines Aktionsprogramms ,,Behindertensport" ab 1977 22 Sportgruppen für behinderte Kinder und Jugendliche durch Sportorganisationen eingerichtet worden. Eine Übersicht über die Zahl der Jugendgruppen und deren Mitglieder im DBS vermittelt *Abbildung 7.*

Landesverband	Anzahl der Gruppen	Mitglieder ♂	♀
Baden	1	11	9
Bayern	46	686	768
Berlin	6	132	125
Bremen	11	197	151
Hamburg	18	144	116
Hessen	10	233	202
Niedersachsen	11	222	171
Nordrhein-Westfalen	32	567	582
Rheinland-Pfalz	8	136	102
Saarland	8	114	93
Schleswig-Holstein	16	310	190
Württemberg	9	108	62
Gesamt	164	2860	2571
		5431	

Abb. 7 Verteilung der Jugendgruppen auf die Landesverbände Deutscher Behinderten-Sportverband

Durch die Vielzahl von Gruppen, die nach den unterschiedlichen Graden und Arten der Behinderung zu organisieren sind, muß jedoch das Sportangebot erweitert und in ein flächendeckendes Sportangebot für behinderte Kinder erweitert werden.

Zur Unterstützung der Neueinrichtung von Sportgruppen für behinderte Kinder und Jugendliche ist eine gezielte Aufklärungsarbeit erforderlich, die sich vornehmlich an die Eltern behinderter Kinder, an Schulen und Ärzte wendet, wobei die Zusammenarbeit mit den Gesundheitsämtern, Krankenhäusern, Behindertenorganisationen und Sportämtern angestrebt werden sollte. Geeignet sind Filme, Broschüren, Fibeln, Werbespots und Informationszettel.

Um das außerschulische Sportangebot zu bewältigen, müssen mehr Übungsleiter als bisher für diese Aufgabe vorbereitet und ausgebildet werden.

Die Sportorganisationen, aber auch die Hochschulen, Sportfachschulen und Lehrerfortbildungsinstitute müssen sich verstärkt mit der sonderpädagogischen Didaktik auseinandersetzen und entsprechende Aus- und Fortbildungsmaßnahmen anbieten.

In diesem Zusammenhang ist zu vermerken, daß der Deutsche Behinderten-Sportverband „Rahmenrichtlinien für die Ausbildung im Deutschen Behinderten-Sportverband" im August 1980 erstellt hat.

3. Ziele, Inhalte, Organisation, Methoden und Medien

3.1 Lernziele des Sportunterrichts mit körperbehinderten Kindern und Jugendlichen

Die Bedeutung des Sportunterrichts für Behinderte wird in der Sonderpädagogik erst in den letzten Jahren diskutiert. Häufig wird als übergeordnetes Ziel die Verbesserung der motorischen Funktionsfähigkeit herausgestellt. Dabei bedingen die verschiedenen Arten von Körperbehinderungen besondere Zielsetzungen. KOSEL (1980) nennt folgende Lernziele:

Kondition/Körperbildung

Fertigkeit/Bewegungsbildung

Anwenden/Bewegungsgestaltung und Leisten

Sir LUDWIG GUTMANN, der Begründer des Sports mit Querschnittgelähmten und Initiator der Internationalen Stoke-Mandeville-Games, faßt die Ziele des Sports mit Körperbehinderten in drei Abschnitte zusammen (1979):

Sport als kurativer Faktor

Sport als Mittel zur Rekreation

Sport als Mittel zur sozialen Reintegration

INNENMOSER (1973) nennt sporttechnische und sozialpädagogische Ziele, GILL (1975) beschreibt physische, psychische und soziale Funktionen des Sportunterrichtes für Körperbehinderte.

GABLER (1977) leitet die Ziele für einen Sport mit Körperbehinderten von fünf Aspekten ab, die seiner Ansicht nach durch eine Körperbehinderung bedingt sind:

1. Motorische Funktionsbeeinträchtigungen	Ausgleich durch Erlernen und Üben motorischer Fertigkeiten
2. Einschränkung der körperlichen Erfahrung	Ausgleich durch sportmotorische Übungsformen im Wasser, Schnee, beim Reiten, auf dem Trampolin
3. Einschränkung von Materialerfahrung	Wie oben und zusätzlich durch die Verwendung von Kleingeräten
4. Einschränkung sozialer Erfahrung	Erweiterung durch gemeinsames Sporttreiben
5. Einschränkung der Gesamtentwicklung (Mißerfolgsängstlichkeit, geringe Frustrationstoleranz, unrealistische Zielsetzungen)	Beeinflussung durch Sport und Bewegung

KIPHARD fordert die Entwicklung von Qualifikationen, durch die, unter besonderer Berücksichtigung der Behinderung, die Kinder Mündigkeit, Entscheidungs- und Handlungsfähigkeit erlangen. „Es geht darum, das Kind zu befähigen, sich sinnvoll mit sich selbst, seiner dinglichen und personalen Umwelt auseinanderzusetzen und entsprechend zu handeln" (KIPHARD 1979, 23). Folgende Qualifikationen sollen entwickelt werden:

Ich-Kompetenz, d. h. sich selbst und seinen Körper (kognitiv) erfahren und (affektiv) erleben

Sachkompetenz, d. h. sich an die dingliche Umwelt mit ihren Materialien, Geräten und Hindernissen anzupassen sowie dieser Umwelt handelnd sich anzupassen

Sozial-Kompetenz, d. h. zu lernen, sich an andere Personen anzupassen, dabei aber in echter Kommunikation eigene Bedürfnise durchzusetzen (KIPHARD 1987).

Zusammenfassend ergeben sich für den Sportunterricht mit körperbehinderten Kindern und Jugendlichen im schulischen und außerschulischen Bereich aus den beschriebenen Ansätzen folgende Aufgaben:

— Schaffung von Handlungsfeldern und Bewegungsmöglichkeiten, in denen eigenständiges Erfahrungssammeln und selbständige Auseinandersetzungen im Vordergrund stehen und kognitive, motorische und psychosoziale Fertigkeiten und Fähigkeiten erworben werden können.

— Schaffung von Interaktions- und Kommunikationsmöglichkeiten zur Förderung der Interaktionsfähigkeit und Interaktionsbereitschaft.

Zielorientierungen im Behindertensport zeigt KAPUSTIN (1988) in nachstehendem Schema auf. Durch Bewegung, Spiel und Sport im Kindesalter sollen behinderte Kinder zum Sporttreiben, ob organisiert oder nicht, auch im Erwachsenenalter befähigt werden.

Bewegung, Spiel und Sport

- Behindertenspezifisch für Behinderte
- Behindertengerecht mit Behinderten
- in souveräner Selbstverantwortung der Behinderten
  - als Erziehungsziel und Erziehungsmittel
  - als Sportunterricht
  - als Freizeitgestaltung
  - als Training
  - als Therapie

Eine Übersicht über Lernziele und Lerninhalte eines Sportunterrichts mit Sondergruppen hat RIEDER (1986) zusammengestellt *(Abb. 8)*.

Globale Ziele ⟶	Sporttherapie, Mototherapie, Motopädagogik, allgemeine Bewegungserfahrung, Haltungsverbesserung, Erweiterung der Handlungsfähigkeit, Bewegungsdiagnose, Entwicklungsstimulation, Ausgleichssport, Sinnesschulung, Gesundheit und Wohlbefinden
Psychosoziale Ziele ⟶	Gruppenkontakte, Geselligkeit generell, Erlebnisse (Bewegung, Natur, Wasser etc.), Körpererfahrung
Sportarten lernen ⟶	Bogenschießen, Sitzball, Blindentorball, Rollstuhl-Basketball, Rollstuhltennis, Spiele, Schwimmen etc.
Fertigkeiten und Koordination ⟶	Geschicklichkeit, Bewegungsrhythmus, Brustschwimmen, Bewegungstechniken, Feinmotorik, Kleinmotorik, Gehschulung, Koordinationsschulung etc.
Kondition und Fitneß ⟶	Krafttraining, Laufausdauer, gezielte Gymnastik, Niveauverbesserungen durch Kondition, Ballspiel, Beweglichkeit, Kräftigungen allgemein, Verbesserungen der Herz-Kreislauf-Funktionen
Spezielle Fertigkeiten und Fähigkeiten ⟶	Pantomime, Orientierung, Gleichgewichtsvermögen, Reaktionsfähigkeit, Bewegungsgefühl, Wahrnehmungsverbesserung, Handlungsplanung

Abb. 8   Lernziele und Lerninhalte eines Sportunterrichts mit Sondergruppen (RIEDER 1986)

3.1 Lerninhalte

Die Lerninhalte des Sportunterrichts sind sportliche Bewegungsfertigkeiten einfacher und zusammengesetzter Art, die nach pädagogischen und schulorganisatorischen Kriterien aus der Vielzahl der möglichen Sportarten ausgesucht werden. Auswahlkriterien für die Übernahme einzelner Sportarten sind die bereits beschriebenen Lernziele und deren besondere Eignung für die betreffende Behinderungsart. Bei der Auswahl einzelner Sportarten ist zu hinterfragen, ob sich diese auch für die verschiedenen Schadensbilder eignen (s. Abschnitt Medizinische Aspekte), ob die motorischen, kognitiven und psychosozialen Fähigkeiten des Behinderten ausgeschöpft werden, oder ob die geforderten Übungsformen die körperbehinderten Kinder und Jugendlichen überfordern und negative Auswirkungen auf den Organismus, auf die Persönlichkeitsentwicklung und auf die Motivationslage zu befürchten sind.

Aber auch die vorhandenen Sportstätten, die Geräteausstattung, der Ausbildungsstand der Sportlehrer und die Interessen der Schüler beeinflussen die Auswahl der Sportarten. *Abbildung 9* zeigt die vielfältige sportliche Betätigungsmöglichkeit. Diese sportlichen Aktivitäten sind zum Teil dem Sport der Nichtbehinderten entliehen und zum Teil Eigenentwicklungen des Behindertensportverbandes wie z. B. Sitzball und Krückenskilauf für Beinbehinderte. Eine von KOSEL 1976 angestellte Erhebung über den Kinder- und Jugendsport im Deutschen Behinderten-Sportverband gibt eine Übersicht über den Beliebtheitsgrad verschiedener Sportarten.

Folgende Reihung ergab sich aus dem Angebot von über 20 Sportarten: Schwimmen — Gymnastik — Spiele — Leichtathletik — Turnen — Reiten — Wintersport — Bogenschießen.

Sportarten und Spiele,
die im Behindertensport betrieben werden:

Sportarten	*Spiele*
Bogenschießen	Badminton
Fechten	Ball über die Schnur
Gewichtheben	Rollstuhl-Basketball
Gymnastik	Bosseln
Judo	Faustball
Kegeln	Fußballtennis
Kanu	Prellball
Leichtathletik	Rollball
Reiten	Sitzball
Rudern	Sitzfußball
Schwimmen	Sitzvolleyball
Segeln	Tischtennis
Skilauf	Tennis
Skibob	Torball
Skischlitten	Volleyball
Turnen	Wasserball
Trampolinspringen	
Tanzen	

Abb. 9

3.2 Organisationsformen

Um einen Überblick über die Handlungsfelder des Schulsports zu bekommen, wird in der nachfolgenden *Abbildung 10* die Gliederung des Schulsports in Anlehnung an SÖLL (1973, 18) dargestellt.

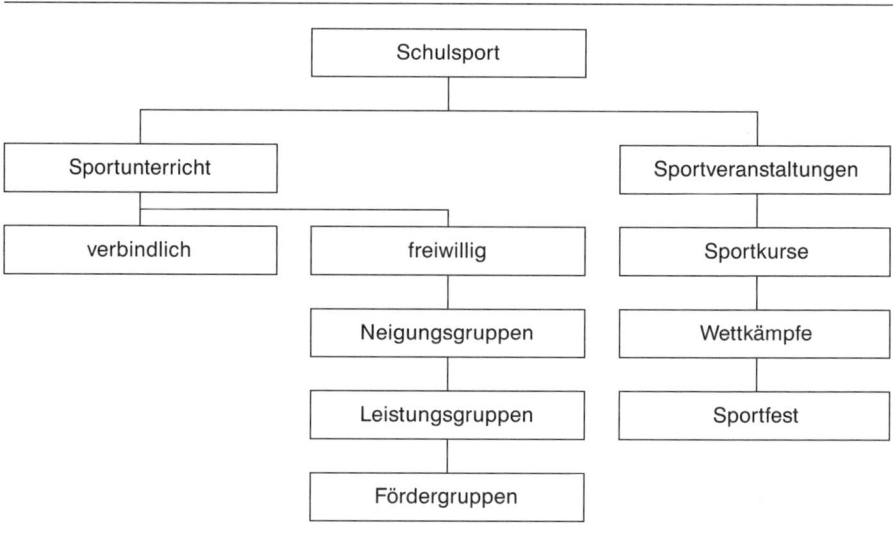

Abb. 10 Organisation des Schulsports

Eine Übertragung dieser Organisationsformen auf den Sport an Sonderschulen sollte angestrebt werden. Im verbindlichen wie im freiwilligen Sportunterricht ist eine Differenzierung nach Schadensgruppen unerläßlich. Bei homogenen (gleichartigen) Schadensverhältnissen kann die Schülerzahl 8—10 pro Gruppe bei einer Lehrkraft, bei heterogenen (ungleichartigen Schadensverhältnissen sollte die Schülerzahl 5—8 pro Gruppe bei einer Lehrkraft betragen. Das Zahlenverhältnis hängt zusätzlich von der Schwere der Behinderung ab. Koedukativer Sportunterricht sollte grundsätzlich angestrebt werden. Eine jahrgangsübergreifende Zusammenfassung homogener Schadensbilder kann in Erwägung gezogen werden.

Zusätzlich wird im Sportunterricht mit Körperbehinderten auch eine Differenzierung nach Neigung und Leistung notwendig, die jedoch im freiwilligen Schulsport leichter durchführbar ist.

Auf Grund der unterschiedlichen Leistungsfähigkeit der körperbehinderten Schüler wird auch eine ständige methodische Differenzierung notwendig werden.

Eine Bildung von Neigungsgruppen kann einmal zur Verbesserung des Leistungsvermögens in einer Sportart, zum anderen zum Erlernen einer neuen Sportart erfolgen. Während der erste Typ einer Neigungsgruppe im freiwilligen Sportunterricht an Sonderschulen die Ausnahme sein wird und der Bildung einer Leistungsgruppe nahekommt (z. B. Rollstuhl-Basketball, Hockeyspielen im Elektrorollstuhl, Handball auf Schedebrettern), käme dem zweiten Typ einer Neigungsgruppe besondere Bedeutung zu. Es ist kaum zu verstehen, daß die sogenannte life-time-Sportarten wie Reiten, Rudern, Kanu, Tischtennis, Segeln u. a., die ganz besonders geeignet sind, die Ziele Gesundheit, Integration und Kommunikation anzustreben, im Sportunterricht an Sonderschulen nicht zu finden sind.

Natürlich sprechen gegen die Einführung der genannten Sportarten organisatorische, finanzielle und personelle Gründe. Trotzdem sollten diese Sportarten bei der Planung des Sportunterrichts nicht übersehen werden.

Auch die Bildung von Fördergruppen ließe sich im Bereich der Sonderschulen für Körperbehinderte vorstellen. In den Fördergruppen sollte ein gezielter, auf den jeweiligen Schüler abgestimmter Übungseinsatz unter individueller Betreuung und Beratung erfolgen. Schüler, die auf Grund ihrer Behinderung am Sportunterricht nicht teilnehmen können, werden oft auch zusätzlich physiotherapeutisch behandelt. Darüber hinaus erfordern Verschiedenartigkeit und Grad der Behinderung einen planmäßigen Ergänzungsunterricht, in dem beispielsweise Kinder mit motorischen Störungen eine krankengymnastische Behandlung erfahren.

Neigungsgruppen, Leistungsgruppen und Fördergruppen sind als zusätzliche und freiwillige Sportveranstaltungen innerhalb des Sports an Sonderschulen aus verschiedenen Gründen kaum durchführbar. Eine Möglichkeit körperbehinderten Schülern trotzdem die Teilnahme am freiwilligen Schulsport zu eröffnen, demonstriert das Bayerische Staatsministerium für Unterricht und Kultus, das dem Bayerischen Behinderten- und Versehrten-Sportverband die Aufgabe übertragen hat, außerhalb des normalen (wobei wohl der verbindliche Sportunterricht gemeint ist) Schulbetriebes behinderte Schüler in Sondergruppen zusammenzufassen, in denen ihnen unter fachlicher Leitung und ärztlicher Überwachung eine besondere fachgerechte Betreuung zuteil wird. Leider kann dieses Angebot nicht flächendeckend ausgeweitet werden, so daß nur eine relativ geringe Zahl von körperbehinderten Kindern und Jugendlichen (etwa 2000 in 53 Gruppen) diese zusätzlichen Sportstunden nützen kann.

Bezogen auf die Gesamtzahl behinderter Kinder und Jugendlicher in der Bundesrepublik Deutschland ist, ohne die in den Sportgemeinschaften geleistete Arbeit schmälern zu wollen, die organisierte Betreuung von ca. 5500 jugendlichen Verbandsmitgliedern unbedeutend.

Folgende Gründe für die mangelnde Beteiligung an sportlichen Aktivitäten seien genannt:
— übertriebenes Fürsorgedenken der Eltern,
— Scheu vor sportlicher Anstrengung,
— Überschätzung der Gefahrenmomente,
— Selbstmitleid,
— Nichterkennen der positiven Auswirkung sportlicher Betätigung,
— Ausmaß der Schädigung und sekundäre Beschwerden,
— Hilfsabhängigkeit,
— Hindernis durch Wohnsituation und bauliche Gegebenheiten der Sportstätten,

— Freizeitgestaltung durch andere Aktivitäten,
— mangelnde Vorbereitung auf den Freizeitsport während der Schule,
— scheinbarer Alleinvertretungsanspruch der Behindertensportverbände,
— Mangel an allgemeinen Sportvereinen mit Behindertensportabteilungen,
— Mangel an ausgebildeten Sportlehrern und Übungsleitern für die verschiedenen Behindertenbereiche,
— Fehlen spezifischer Übungs- und Trainingsprogramme,
— Fehlen von Übungsstätten,
— fehlende oder zumindest mangelnde Zusammenarbeit von Pädagogen, Psychologen und Medizinern.

Das Übungsangebot, das in den Kinder- und Jugendgruppen der Behindertensportvereine vermittelt wird, ist sehr groß. Die wichtigsten Sportarten sind im Kapitel Anregungen für die Sportpraxis beschrieben.

Der Sportunterricht an Schulen für Körperbehinderte wird in letzter Zeit zunehmend durch zusätzliche Sportveranstaltungen ergänzt. Leider kommen mehrtägige Sportkurse, wie z. B. Skikurse aus organisatorischen Gründen selten zustande. Hindernisgründe sind auf der einen Seite fehlende behindertengerechte Unterkunftsmöglichkeiten und eine nicht ausreichende Zahl fachspezifisch ausgebildeter Lehrkräfte. Natürlich spielt die Kostenfrage auf der anderen Seite eine nicht unbedeutende Rolle.

Sportkurse sind im Übungsangebot der Behindertensportverbände bzw. einzelner Behindertensportgruppen schon längst fester Bestandteil. So führt der Bayerische Behinderten- und Versehrten-Sportverband seit Jahren in seinem Sportheim Winter- und Sommersportwochen für Kinder und Jugendliche durch. Das behindertengerecht gebaute Haus, das in den Allgäuer Bergen liegt, eignet sich für derartige Maßnahmen hervorragend. Ausgestattet mit Schwimmhalle, Turnhalle, Kegelbahn, Werkräumen, Sportplatz, Minigolfanlage, Bocciabahnen ermöglicht dieses Haus die Verwirklichung von psychomotorischen, sozial-affektiven und kognitiven Lernzielen (s. Abschn. Ferienmaßnahmen für körperbehinderte Kinder). Eine große Zahl ehrenamtlicher und fachlich qualifizierter Betreuer erlaubt eine intensive Anleitung der Kursteilnehmer. Aber auch einzelne Behindertensportvereine führen mit ihren Jugendgruppen mehrtägige Sportkurse allgemeiner Art und spezielle Wochenkurse für Wintersport, Segeln und Reiten durch.

3.3 Methoden und Unterrichtsverfahren

Methoden und Unterrichtsverfahren im Sportunterricht mit Körperbehinderten wurden in der Literatur bisher kaum beschrieben. Hervorgehoben werden muß, daß im Sportunterricht mit Körperbehinderten nicht zu sehr das zu erreichende Lernziel im Vordergrund stehen sollte, sondern besonders der Prozeß der zu diesem Ziel führt, von großer Bedeutung ist (prozeßorientierter Unterricht). Die Anwendung geeigneter methodischer Vermittlungsverfahren hängt ab von den einzelnen Behinderungsarten, von der Fähigkeit Bewegungsaufgaben zu erfassen, zu verarbeiten und zu realisieren. Sie hängt aber auch ab vom Alter der Körperbehinderten und damit von deren Einstellung zur sportlichen Betätigung, die für den einen ausschließlich therapeutischen Gesichtspunkt hat, für den anderen eine sinnvolle Freizeitbeschäftigung darstellt, für einige — wenn auch wenige — das Erreichen von Höchstleistungen bedeuten kann.

Während im Kleinkind und Vorschulalter die Auseinandersetzung mit der Umwelt durch Schulung der Auge-Körper-Koordination und der Auge-Hand-Koordination schwerpunktartig angeregt werden sollte, steht ab dem Grundschulalter neben den vorgenannten Übungsformen die Förderung der Kommunikationsfähigkeit im Vordergrund.

Da das induktive Unterrichtsverfahren die Selbständigkeit und Selbsttätigkeit des Schülers besonders herausfordert, sollte dieses Verfahren im Sportunterricht mit Körperbehinderten den Vorzug haben. Teilschritte des induktiven Lehrverfahrens sind in *Abbildung 11* dargestellt.

Soziale Lernziele werden bei dieser Methode den motorischen Lernzielen vorgezogen. Der Lehrer fungiert als Helfer und Berater, ohne die Führungsrolle aus der Hand zu geben. Die partnerschaftliche Handlungsweise des Lehrers beim induktiven Unterrichtsverfahren wird als sozial-integrativer Führungsstil bezeichnet. Diskussion, Mitbestimmung, Meinungsäußerung und Abstimmung werden durch die Lehrkraft geradezu herausgefordert. Vertieft werden kann die Lehrer-Schüler-Interaktion durch positive Haltungen wie Zuwendung, Verständnis, Zuversichtlichkeit, Ermutigung, Lob, Bestätigung, Zufriedenheit.

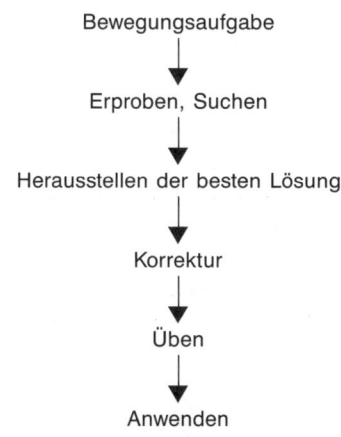

Abb. 11 Induktives Lehrverfahren

Dieses Lehrverhalten wird schließlich die Schüler motivieren, auch unter schwierigsten (körperlichen) Bedingungen Sport zu treiben, es wird die Lehrer-Schüler-, Schüler-Lehrer- und Schüler-Schüler-Interaktion fördern und zur Emanzipation, d. h. zur Reflektionsfähigkeit, Bewußtseinsbildung und Erziehung zur Kritik beitragen. Natürlich muß demokratisches Verhalten erlernt werden. So setzt die Anwendung des sozial-integrativen Führungsstils Lernerfahrungen voraus. Nicht selten reagieren in Konfliktsituationen oder bei Auftreten von Distanzlosigkeit der Schüler die Lehrer durch die Strenge des autokratisch-dominativen Führungsstils. Nicht jede Lehrkraft ist daher für den

Einsatz im Sportunterricht mit Körperbehinderten geeignet. TAUSCH (1956, 126) nennt u. a. als Lehrerqualifikation für diese pädagogische Tätigkeit „innere Sicherheit".

Planung des Unterrichts

Obwohl sich ein so komplexes Phänomen wie der Sportunterricht nicht bis in alle Einzelheiten planen läßt, ist es notwendig, jede Stunde planend vorwegzunehmen. Dabei sollte weder die Spontaneität der Schüler noch die des Lehrers unterdrückt werden. Elemente der Unterrichtsplanung sind Ziele, Inhalte, Methoden, Medien, Organisationsformen und Interaktionen unter Berücksichtigung der anthropologischen und soziokulturellen Voraussetzungen.

Zur *Unterrichtsvorbereitung* sollte sich die Lehrkraft immer die Lernziele vor Augen halten, die sie in der Unterrichtsstunde anzustreben gedenkt. Folgendes Schema für die *Unterrichtsvorbereitung* mag dies verdeutlichen:

		Empfehlungen zur Unterrichtsgestaltung		
Lernziele	*Lerninhalte*	*Methodik*	*Organisation*	*Lernzielkontrolle*
psychomotorisch kognitiv sozial-affektiv	Übungen dazu	induktiv/ deduktiv	offener oder geschlossener Unterricht	Feststellung des Übungserfolgs

Abb. 12

Auch im Sportunterricht mit Körperbehinderten ist eine Gliederung in Einleitung, Hauptteil, Ausklang anzustreben.

Um auf den Hauptteil der Stunde vorzubereiten, sollte die Einleitung dem Aufwärmen und der Motivation dienen. Inhalte des Hauptteiles der Stunde können sein (s. auch Gymnastik):

— Verbesserung des Wahrnehmungsbereichs (optisch, akustisch, taktil)
— Verbesserung des Bewegungsbereiches (Körper- und Bewegungserfahrung)
— Konditionsschulung
— Erwerb von Fähigkeiten und Fertigkeiten
— Ausgleich von Haltungs-, Organleistungs- und Koordinationsschwächen
— Entspannungsübungen

Die Gestaltung des Stundenausklangs hängt von der Aktionsform des Hauptteils ab und kann beruhigenden oder auch bewegungsreichen Charakter haben. Dabei sollte sich der Unterricht vornehmlich an den Interessen und Bedürfnissen der körperbehinderten Schüler orientieren. Selbständiges Handeln, freier Gestaltung, Spontaneität und Kreativität sollte breitester Raum gewidmet werden.

Von den didaktischen Grundsätzen bei der Gestaltung des Unterrichts:

1. Optimale Bewegungszeit,
2. Dosierung der physischen und psychosozialen Belastung und Beanspruchung,

3. Thematischer Schwerpunkt,
4. Aktionsschwerpunkt,
5. Ökonomie und Effektivität,
6. Zielstrebigkeit,
7. Vielseitigkeit,
8. Situationsgemäßheit

sollen einige in ihrer Bedeutung für den Sportunterricht mit Körperbehinderten herausgestellt werden.

Zu 1. und 5.: Die Übungsplanung sollte eine möglichst optimale Übungshäufigkeit für jeden Schüler ermöglichen, lange Wartezeiten sollten unbedingt vermieden werden, da der Lernerfolg auch von der Wiederholungsmöglichkeit abhängt. Auf Grund der manchmal stark eingeschränkten Beweglichkeit sollte eine Doppelstunde eingeplant werden. Durch exakte Überlegung des Geräteeinsatzes, der Einteilungsformen, der Verwendung von AV Medien und der Planung der Unterrichtsdifferenzierung, können Ökonomie und Übungseffektivität gesteigert werden. Ausreichende Zeiten für Aus- und Bekleiden sowie Waschen sollten zusätzlich zur Verfügung stehen.

Zu 2.: Damit die Schüler nicht überfordert werden, müssen alle Teilnehmer am Sportunterricht einer gründlichen sportärztlichen Untersuchung unterzogen werden, die mehrmals im Jahr wiederholt werden sollte. Die physische, psychische und soziale Beanspruchsfähigkeit der Schüler sollte in die Unterrichtsplanung mit einbezogen werden.

Zu 3. und 8.: Bei der Stundenplanung sind behinderungsspezifische und entwicklungsspezifische, geschlechtsspezifische, jahreszeitliche und räumliche Gegebenheiten zu berücksichtigen.

Zu 4. und 7.: Die Aktionsschwerpunkte Lernen, Üben, Anwenden müssen in den einzelnen Stunden so verteilt werden, daß ein abwechslungs- und bewegungsreicher sowie freudvoller, die Schüler zu Eigentätigkeit anregender und zur Mitarbeit motivierender Unterricht ablaufen kann.

Die Gestaltung der Lernlandschaft und des Lernumfeldes ist hierbei von größter Bedeutung. Der Einsatz von Medien, Gelände-, Bewegungs- und Orientierungshilfen ist genauestens zu prüfen.

Medien

Für den Sportunterricht mit Körperbehinderten können grundsätzlich alle Sportgeräte verwendet werden, die zur Normalausstattung einer Turnhalle für Grundschüler vorhanden sind. Zur Wahrnehmungs- und Orientierungsschulung wird eine große Anzahl von Kleingeräten benötigt. Zusätzlich zu diesen Geräten, müssen behindertenspezifische Übungsgeräte angeschafft werden. Dazu gehören u. a. Sportrollstühle für Rollstuhlfahrer, Rollbretter für Gehbehinderte, Bälle aller Art, psychomotorische Übungsgeräte wie Teppichfliesen, Pedalos, Bierdeckel u. v. a.

Wie im Sportunterricht mit Nichtbehinderten, können und sollten auch audiovisuelle Medien eingesetzt werden. Schallplatte, Tonband, Zeichnungen, Lichtbilder und Filme, projiziert mit Hilfe von Overheadprojektor und Filmprojektor dienen als wertvolle Unterstützung bei der Unterrichtsdurchführung. Sie tragen darüber hinaus auch zur Abwechslung des Unterrichts bei und haben sicher auch eine motivierende Funktion.

Lernzielkontrollen

Mit Hilfe von Lernzielkontrollen erfolgt eine Überprüfung der Verwirklichung der Lernziele. Diese ist notwendig, um Unterrichtsverlauf und Unterrichtserfolge einer kritischen Analyse zu unterziehen. Nur so kann, nach gründlicher Reflexion, eine Weiterentwicklung bzw. eine Änderung des Unterrichts in Angriff genommen werden. Die Feststellung des Lern- und Leistungsfortschrittes der körperbehinderten Schüler sollte jedoch nicht zur Benotung des Unterrichtserfolgs, sondern vielmehr zur Motivierung dienen.

Da ein Leistungsvergleich zwischen den Schülern auf Grund der unterschiedlichen Behinderungsarten kaum möglich ist, können und sollten nur die individuellen Leistungsfortschritte im motorischen Bereich zur Beurteilung, wenn diese unbedingt erforderlich ist, herangezogen werden.

Neben der Leistungsfähigkeit im motorischen Fertigkeitsbereich könnten als mögliche Bewertungskriterien herangezogen werden:

— Mitarbeit, Interesse,
— Leistungswille, Anstrengungsbereitschaft,
— Selbständigkeit, Kreativität,
— Kooperations- und Integrationsfähigkeit,
— Hilfsbereitschaft,
— theoretische Kenntnisse.

Die Feststellung von kleinen und kleinsten Erfolgserlebnissen motiviert zum erneuten Lernen, Üben und Trainieren. Die Vorstellung der individuellen Leistungsfähigkeit, wenn möglich auch im Vergleich mit anderen, kann in Klassen- und Schulwettkämpfen oder Vereinswettkämpfen erfolgen.

Auf das sehr schwierige Problem der Bewertung und des Leistungsvergleichs bei Wettkampfveranstaltungen für körperbehinderte Kinder und Jugendliche wird im Abschnitt Wettkämpfe eingegangen.

4. Aufgaben für die Zukunft

Mit Hilfe des Modells einer unterrichtstheoretischen Sportdidaktik wurde versucht, die Situation des Sportunterrichts mit körperbehinderten Kindern und Jugendlichen im schulischen und außerschulischen Bereich darzustellen. Die derzeitigen Voraussetzungen für den Unterricht, mögliche Ziele, Inhalte und Organisationsformen des Unterrichts und Medien zur Unterrichtsdurchführung wurden vorgestellt. Es muß zusammenfassend leider festgestellt werden, daß auf diesem Gebiet noch unendlich viel zu tun ist. Hochschulen, Sportfachschulen, Lehrerfortbildungsinstitute und Sportorganisationen müssen sich in Zukunft mehr mit dem Sportunterricht mit Körperbehinderten auseinandersetzen.

Zur Verbesserung der Bedingungs- und Handlungsebene für den Sportunterricht mit Körperbehinderten müssen folgende Maßnahmen kurzfristig in Angriff genommen werden (Empfehlung der KMK vom 21. 3. 1980):

— Verwirklichung von mindestens 3 Stunden Sportunterricht je Woche an allen Sonderschulen und Einbau weiterer Bewegungszeiten.
— Sicherung einer speziellen sportdidaktischen Ausbildung für Sonderpädagogen.
— Verstärkte Berücksichtigung des Sports mit behinderten Kindern und Jugendlichen in den Programmen der Lehrerfort- und -weiterbildung.
— Erarbeitung von Kriterien und Empfehlungen für den Bau von behindertengerechten Sportstätten durch das Schulbauinstitut der Länder und deren Ausstattung.
— Erarbeitung von Handreichungen für den Lehrer an allgemeinbildenden und Sonderschulen zur Umsetzung der Empfehlungen der Kultusministerkonferenz für die sportdidaktische Arbeit mit behinderten Kindern und Jugendlichen.
— Entwicklung eines differenzierten, eigenständigen Wettkampfprogramms.
— Integration von behinderten Schülern in Sportvereine und Entwicklung von Partnerschaften zwischen Sonderschulen und Sportvereinen.
— Schaffung eines flächendeckenden Systems von außerschulischen Sportangeboten für behinderte Kinder und Jugendliche.
— Verstärkung der Aus- und Fortbildung von Übungsleitern im Behindertensport.
— Aufklärung und Öffentlichkeitsarbeit über die Möglichkeiten des Sports mit Behinderten.
— Verstärkte Förderung des Aufbaus und des Übungsbetriebes von Sportgruppen für behinderte Kinder und Jugendliche.

5. Literatur

ASCHMONEIT, W.: Motorik und ihre Behinderungen im Kindes- und Jugendalter. Berlin 1971.
BACH, H.: Sonderpädagogik im Grundriß. Berlin 1976[2].
BARBU, A./SUNKEL, K.: Basketball für Rollstuhlfahrer. Lübeck 1979.
BORCKE, B.: Behindertensport an Hochschulen. In: Hochschulsport 1985, 8, 9.
Deutscher Behinderten-Sportverband: Rahmenrichtlinien für die Ausbildung im Deutschen Behinderten-Sportverband. Düsseldorf 1980.
Deutscher Bildungsrat: Empfehlungen der Bildungskommission — Strukturplan für das Bildungswesen. Stuttgart 1973[4].
Deutscher Bildungsrat: Empfehlungen der Bildungskommission — Zur pädagogischen Förderung behinderter und von Behinderung bedrohter Kinder und Jugendlicher. Bonn 1972.
GABLER, H.: Bewegung, Spiel und Sport für körperbehinderte Kinder. In: Sportunterricht 2, 1977.
GILL, J. K.: Möglichkeiten des Sports bei der Rehabilitation Körperbehinderter. Rheinstetten 1975.
GRÖSSING, S.: Einführung in die Sportdidaktik. Frankfurt 1988[5].
GUTTMANN, L.: Sport für Körperbehinderte. München 1979.

INNENMOSER, J.: Behindertensport im Klassenverband. In: Jahrbuch der Deutschen Sporthochschule Köln. Schorndorf 1974.

KAPUSTIN, P.: Didaktische Aspekte des Sports an Sonderschulen. In: ALTENBERGER/HAUPT (Hrsg.): Fachdidaktisches Studium in der Lehrerbildung. München 1977.

KAPUSTIN, P.: Zielorientierung im Behindertensport. In: Deutscher Behinderten-Sportverband (Hrsg.): Behindertensport in den 90er Jahren. Werkstättengespräch 1987 in Leverkusen.

KIPHARD, J. E.: Motopädagogik. Dortmund 1979[3].

KLEE, E.: Behindertensport II. Frankfurt 1976.

KOSEL, H.: Behindertensport, Körper- und Sinnesbehinderte. München 1981.

KMK: Ständige Konferenz der Kultusminister der Länder in der Bundesrepublik Deutschland (Hrsg.): Empfehlung zur Ordnung des Sonderschulwesens. Bonn-Bad Godesberg 1972.

KMK: Empfehlungen zum Sport mit körperbehinderten Kindern und Jugendlichen. Bonn 1980.

KMK: 2. Aktionsprogramm für den Schulsport. Bonn 1985.

KUNERT, S.: Verhaltensstörungen und psychagogische Maßnahmen bei körperbehinderten Kindern. Neuburgweier 1976.

RIEDER, H./FISCHER, G.: Methodik und Didaktik im Sport. München 1986.

RUSCH, H.: Bestandsanalysen des Behindertensports an Hochschulen. In: RUSCH/SPERLE (Hrsg.): Behindertensport an Hochschulen. Hamburg 1986.

SCHILLING, F.: Körperkoordinationstest für Kinder. Weinheim 1974.

Schulbauinstitut der Länder: Einrichtungen für Spiel und Sport mit Behinderten. Planungshinweise Teil 3: Körperbehinderte 1983.

SÖLL, W.: Differenzierung im Sportunterricht. Schorndorf 1973.

SPECK, O.: System Heilpädagogik. München 1988.

TAUSCH, R./TAUSCH, A.: Kinderpsychotherapie in nicht direktem Verfahren. Göttingen 1976.

HILDEGARD KRASOVIC

Spielfest mit Behinderten und Nichtbehinderten — Ziele, Planung, Durchführung und Schwierigkeiten

Im folgenden Beitrag sollen Ziele, Inhalte, Schwierigkeiten und Erfolge bei der Durchführung eines Spielfestes von Behinderten gemeinsam mit Nichtbehinderten dargestellt werden.

Vielleicht können diese Ausführungen dazu anregen und helfen, daß der Leser selbst auf die Idee kommt, eine solche Veranstaltung in der Schule, im Verein, in Heimen oder auf privater Basis zu organisieren.

Abb. 1   Riesenschwungtücher — Bewegung und Gaudi für alle

1. Szenenbeschreibung

Gleißende Hitze — auf einer 400-m-Leichtathletikanlage — Kinder werfen mit nassen Schwämmen auf eine Torwand, durch die man die Köpfe stecken kann — Wassereimer aus Luftballons werden hin- und hergeworfen — Rollstuhlfahrer fahren im Slalom oder um die Wette auf der Tartanbahn; sie lassen sich von Nichtbehinderten aus dem Rollstuhl heben, damit diese auch mal fahren können.

Dazwischen schlängelt sich ein selbstgebautes Bettuchmonster aus ca. 10 Kindern, bunt bemalt, mit Trommel und Rasseln machen sie ein Mordsgetöse.

Verkleidete Prinzessinnen auf Stöckelschuhen mit langen Gewändern stolzieren von einer Station zur anderen. Ein großes Tuch von 8 m Durchmesser wird zu einer großen Kuppel hochgeschwungen und spendet kühlen Wind.

An einer anderen Stelle probieren Kinder Hüpfbälle aus, Jugendliche spielen mit überdimensional großen Bällen Jägerball und andere, zum Teil selbsterfundene Spiele.

An zwei Trampolins drängen sich Menschentrauben — das Sprungtuch ist ständig in Bewegung. *Fach*spezialisten geben Hilfestellung für jeden, der neue Bewegungserfahrungen machen möchte.

Kleine Kinder tummeln sich an der Malstation, Luftballons bekommen Gesichter und Pappwände werden langsam bunt.

Abb. 2   In Erwartung des Riesenballes

Es gibt eine Profiecke für Rückschlagspiele, wie z. B. Brett-Tennis, Federball, Indiaca; 50 m weiter gibt es Stationen für Büchsenwerfen, daneben eine Fußballtorwand. In einer Ecke kann man Galgenkegeln und auf umgedrehten Kuppeln (Therapiekreisel) balancieren. Dort, wo bei Fußballspielen das Tor steht, ist die Station mit Tauen und Rundtauen aufgebaut.

Beim Sackhüpfen herrscht großes „Hallo" — nicht nur bei den Wettrennen, sondern auch besonders bei den „Spielen im Sack". Sommerskifahrer auf Holzbrett „Vierern" sind unterwegs und schaffen sich Platz mit ihrem einstimmigen Rechts-Links-Rechts-Links-Kommando. In einer anderen Ecke läuft Musik und es wird zum Tanzen animiert. Ein Gartensprenger sorgt für Abkühlung, wenn man nach dem Toben und Hüpfen auf einer Riesen-Luftschlange k. o. ist.

2. Zielsetzung

Was soll das ganze Spektakel, wird so manch einem durch den Kopf gehen? — Was kann man denn da lernen — wozu ist das gut?

Als erstes ist festzustellen, daß die Teilnehmer an der oben beschriebenen Veranstaltung, die sich übrigens „Spielfest" nennt, sich aus behinderten und nicht behinderten Kindern und Jugendlichen im Alter von 6—18 Jahren zusammensetzen.

Die Behinderten wurden vom Bayerischen Behinderten- und Versehrten-Sportverband direkt über die jeweiligen Vereine eingeladen. Es meldeten sich ca. 500 Teilnehmer an, wobei die Schadensbilder Körperbehinderte verschiedener Grade, Sehbehinderte, Schwerhörige, bzw. Blinde und Gehörlose und Geistigbehinderte umfaßte, soweit dies aus Beobachtungen zu erschließen war. Die Bevölkerung der veranstaltenden Vereinsstadt Straubing war ebenfalls eingeladen. Es kamen grob geschätzt etwa 300 Straubinger Nichtbehinderte.

Erfreulich war, daß nach kurzer Zeit nicht mehr auf den ersten Blick zu erkennen war, wer behindert ist und wer nicht — ein Zeichen dafür, daß Integration gelungen ist bzw. der Behinderungsbegriff sich beim Spielfest relativieren läßt. „Als behindert im erziehungswissenschaftlichen Sinne gelten alle Kinder, Jugendliche und Erwachsenen, die in ihrem Lernen, im sozialen Verhalten, in der sprachlichen Kommunikation oder in der psychomotorischen Fertigkeiten so weit beeinträchtigt sind, daß ihre Teilhabe am Leben der Gesellschaft wesentlich erschwert ist. Deshalb bedürfen sie besonderer pädagogischer Führung" (Deutscher Bildungsrat 1974, S. 32).

Ob die Teilnahme am gesellschaftlichen Leben erschwert ist, hängt jedoch vom jeweiligen Kriterium ab, das für die Teilnahme relevant ist. Ist das Kriterium absolute Leistung etwa im motorischen Bereich und nicht z. B. individueller Leistungszuwachs (ich habe etwas geschafft) ist natürlich die Teilnahme erheblich erschwert.

Gelten jedoch die Kriterien
— neue Bewegungserfahrungen machen
— Kontakte zum Mitmenschen aufnehmen
— selbständig entscheiden können,

erleichtert sich die Teilnahme am „gesellschaftlichen Leben" für Behinderte — der Begriff „behindert sein" relativiert sich in diesem Zusammenhang. Diese Kriterien haben für Nichtbehinderte ebenso Gültigkeit wie für Behinderte. Zielsetzung des Spielfestes ist es also nicht, absolute Höchstleistungen in den verschiedenen sportlichen Disziplinen zu erreichen, wie es bei den bisherigen Landessportfesten üblich war, sondern es geht primär darum, den Begriff der Integration in die Praxis umzusetzen. Behinderte und Nichtbehinderte sollten gemeinsam spielen und sporteln, sich gegenseitig kennenlernen und miteinander Spaß haben. Ein wichtiges Element dabei ist die Freiwilligkeit der Teilnahme an einzelnen Stationen. Kinder und Jugendliche sollen die Möglichkeit haben, selbst über sich zu bestimmen und zu entscheiden, welches Spiel sie mitspielen wollen, welche Geräte sie ausprobieren möchten.

Gerade im Bereich der Behindertenarbeit halte ich diese Zielsetzung für besonders wichtig, da Sozialarbeit mit Behinderten oft genug falsch verstanden wird, als Übernahme jeglicher Verantwortung und Abnehmen von Entscheidungen für den Behinderten. Selbständiges Handeln läßt sich nur durch Tätigkeit lernen, d. h., „sich entscheiden" muß man üben können. Dafür einen Rahmen zu schaffen, im Sinne einer vorbereiteten Umgebung, hatten wir uns als Ziel gesetzt. Zur Verdeutlichung: herkömmliche Sportfeste, die veranstaltet werden, um Bestleistungen und Sieger zu ermitteln, haben andere pädagogische Zielsetzungen. Erfolg und Niederlage verarbeiten lernen (wobei den Niederlagen wohl das Hauptgewicht zufällt, da es immer nur einen Sieger in jeder Disziplin geben kann), sich der Wettkampfordnung und den Wettkampfregeln unterwerfen lernen, seine eigenen Leistungsgrenzen erfahren, sind nur einige der wichtigsten Zielsetzungen. Die Frage ist jedoch, ob nicht auch im Sport Prioritäten für grundlegende erzieherische Ziele gesetzt werden sollten, die nach meiner Wertentscheidung im Bereich der Selbstbestimmung und Mündigkeit liegen. Dazu gehört z. B. Kontakt aufzunehmen zu Mitspielern

— indem ich frage, ob ich mitmachen darf,

— wann ich drankomme,

— um Regeln zu erfahren oder zu entwickeln,

— um eine gemeinsame Aufgabe miteinander lösen zu können.

3. Planung und Durchführung

Schwierig ist es — und das unterscheidet die Organisation eines Spielfestes, das Behinderte mitberücksichtigt, von anderen Sportfesten — Situationen zu schaffen, in denen Behinderte und Nichtbehinderte aufeinander angewiesen sind und nicht Behinderte als Mitspieler nur geduldet werden. Hier ist wirklich Pionierarbeit nötig — das Problem wurde auch von uns noch nicht zufriedenstellend gelöst. Ansätze wurden sichtbar bei den Stationen Rollstuhlslalom und Rollstuhlschnellfahren, wo leere Rollstühle zur Verfügung standen, um von Nichtbehinderten ausprobiert zu werden. Da die Nachfrage größer war, als das Angebot, entwickelte sich außerdem ein Ausleihdienst, bei dem Behinderte ihren Rollstuhl verliehen und den Nichtbehinderten Fahrunterricht gaben.

*Abb. 3   Rollstuhlschnellfahren für Pro-
fis und Amateure*

Weitere kooperative Aufgaben, wie das Gruppensofa, bei dem ein großer Kreis
eng beieinander sich jeweils auf den Schoß des Hintermanns setzt, gelangen
mit Rollstühlen als Stabilisatoren mit angezogener Bremse besonders gut.

Hier: bei der Entstehung

Abb. 4   Gruppensofa bei der Entstehung

Auch die Rollstuhltanzgruppe, bei der Rollstuhlfahrer Nichtbehinderte und Gehfähige zum Tanzen aufforderten, waren ideale Möglichkeiten, um Kontakte zu schaffen.

Abb. 5   Tanzecke

Blinde und Sehbehinderte waren voll integriert bei Aufgaben der Sinnesschulung wie ,,Riechecke'' und ,,Rhythmusecke'', in der mit Rasseln und leeren Büchsen musiziert wurde. Auch die überdimensional großen Bälle führten ganz heterogene Schadensbilder sowie Nichtbehinderte zusammen. Man konnte sich auf sie legen bzw. mit je einem Helfer an Kopf und Beinen in Bauchlage federn.

Sicherlich ist es kein Zufall, daß dieses Spielfest im Jahr der Behinderten stattgefunden hat. Was es jedoch in dieser Hinsicht angenehm von anderen Veranstaltungen unterscheidet, ist die Tatsache, daß es größtenteils von den Betroffenen selbst organisiert und durchgeführt wurde. Der Versehrtensportverein Straubing selbst war Veranstalter und bat um fachliche Beratung zur Organisation eines Festes. Dies ermöglichte uns vom Lehrstuhl für Sportpädagogik und Sportzentrum der TU München die hier dargestellten Erfahrungen zu machen. Das Spielfest sollte anstelle des jährlich üblichen Landesjugendsportfestes stattfinden, an dem bis jetzt immer ausschließlich Behinderte teilgenommen hatten.

Der Entscheidung für ein Spielfest gingen harte Positionskämpfe in den eigenen Reihen voraus. Für viele Funktionäre mit herkömmlichen Sportverständnis ,,schneller, höher, weiter'', war es unverständlich,
— daß es keine Urkunden geben sollte (,,dann strengt sich doch keiner an'')

- daß kein Kampfgericht nötig sei (,,wir haben doch schon zehn Damen im Wertungsausschuß zum Rechnen")
- daß jeder zu der Station hingehen konnte, wo er wolle (,,das gibt ja ein Chaos")
- daß es keine Siegerehrung geben sollte. (In Klammern Originalzitate aus der ersten Planungssitzung, bei der wir unsere Spielfestvorstellungen erläuterten.)

Die Angst vor dem Neuen, Unbekannten war sehr groß und einige murrten: ,,da mach ich nicht mit". Glücklicherweise blieben noch genügend Optimisten übrig, mit denen die weitere Organisation voranschritt. Diese erste Vorbesprechung fand im Januar statt. Das Spielfest sollte Mitte Juli des gleichen Jahres stattfinden. Es erwies sich als günstig, schon ein halbes Jahr vor der Veranstaltung mit der Grobplanung zu beginnen. Bei dieser ersten Sitzung wurde festgelegt, welche Geräte zu beschaffen sind, wo eventuell Geld herkommt (Werbemaßnahmen, Spenden, Vereinsetat), welche Zielgruppe eingeladen wird, wieviele Spielleiter zur Verfügung stehen. Im Februar wurde dann mit folgendem Beitrag in einer Behindertenfachzeitschrift für die Teilnahme am Spielfest geworben:

,,Spielfest" — Was ist das?

Seit spätestens 1979 ist im deutschen Sportgeschehen ein neuer Trend festzustellen.

Vom DSB als ,,Spiel-Mit"-Bewegung aufgegriffen, ist eine Idee aus den USA übernommen und weiterentwickelt worden. ,,New Games" sind ,,in". Mit ungewohnten Geräten sollen jung und alt, Könner und Sportlaien zum Spielen und Bewegen animiert werden. Ausgediente Fallschirme oder Tücher mit 5 m Durchmesser, überdimensional große Bälle, Sommerski aus Holzbrettern und wiederentdeckte Stelzen bieten neben einem eindrucksvollen ästhetischen Bild für den Zuschauer eine Vielzahl von ungewohnten, interessanten Bewegungsmöglichkeiten für die Mitspieler.

Das Kennenlernen neuer Bewegungs- und Spielformen mit genügend Zeit zum Ausprobieren der ungewohnten Geräte steht im Vordergrund — was nicht bedeutet, daß nicht auch im Wettstreit Sommerski gelaufen werden darf.

Spielfeste sind eine Möglichkeit, über das Spiel und gemeinsamen Spaß, neue Leute kennenzulernen, Kontakte zu knüpfen. Dazu muß man kein Spitzensportler sein. Kinder können mit ihren Eltern gemeinsam spielen — jeder kann mitmachen.

Meistens sind Spielfeste jahrmarktähnlich organisiert. An verschiedenen Stationen wird mit und ohne Geräte gespielt, gesportelt und getanzt.

Die Teilnahme ist natürlich freiwillig und außerdem gibt es keine Verlierer. Geschulte Spielanreger helfen, die Sache in Schwung zu bringen und achten darauf, daß das Spiel fair und ohne Verletzung verläuft. Für selbständige Spielvorschläge aus den Reihen der Mitspieler sind sie natürlich sehr aufgeschlossen; die Teilnehmer sollen nicht nur unterhalten werden, sondern selber Erfahrungen machen.

In vielen Institutionen, Stadtteilen und Städten haben schon Spielfeste stattgefunden und neue Kontakte zwischen Nachbarn, Kollegen, Ausländern, Besuchern usw. entstehen lassen.

Im Jahr der Behinderten soll die Idee aufgegriffen werden, um Kontakte zu schaffen zwischen Behinderten und Nichtbehinderten; möglichst viele Gruppen sollen mit der Idee vertraut gemacht werden, in der Hoffnung, daß einige Spiele in den engeren Bereich jedes einzelnen, für seine Party, seine Freizeit, in Familie oder Freundesgruppe mitgenommen werden.

Am 11. Juli 1981 ab 13.00 Uhr findet in Straubing auf dem FTSV-Leichtathletiksportplatz (bei schlechtem Wetter in den Hallen des Volksfestplatzes Hagen) ein großes Spielfest für Kinder und Jugendliche von 6—18 Jahren statt.

Gleichzeitig mit diesem Hinweisartikel wurden Handzettel zur Verteilung in den Straubinger Schulen sowie in der Fußgängerzone gedruckt.

Die nächsten Monate dienten der Beschaffung des benötigten Materials. Dazu wurden Arbeitsaufträge an freiwillige Mitarbeiter aus den Reihen des Versehrtensportvereins verteilt. Die Stationen wurden auf das zur Verfügung stehende Gelände verteilt (hier: eine moderne Sportanlage, es könnte aber auch ein Stadtpark oder eine große Wiese sein). Es wurde darauf geachtet, daß die Rollstuhlfahrer auf dem Gelände zurechtkommen konnten. Tartanboden oder eine asphaltierte Bahn eignen sich besser als Rasen.

Folgende Stationen waren eingeplant und konnten in beliebiger Reihenfolge von den Teilnehmern besucht werden (bei schlechtem Wetter wären die meisten auch in die Halle zu verlegen gewesen):

— *Galgenkegeln*
— *Büchsenwerfen*
— *große Bälle Ø 80 cm.* An dieser Station wurden Spiele mit den großen Bällen von Spielleitern angeboten. Es waren aber auch genügend Bälle zum freien Spiel und Ausprobieren vorhanden.
— *Tanz.* Eine Gruppe aus Rollstuhlfahrern und Nichtbehinderten bewegte sich zur Musik und animierte Vorbeikommende zum Mittanzen.
— *Therapiekreisel.* Die Spielleiter an dieser Station forderten zum Ausprobieren auf. Die Teilnehmer erfanden selber Spiele.
— *Schwungtuch oder Fallschirmstation.* Hier konnten bis zu 40 Teilnehmer gleichzeitig das ca. 25 qm große Tuch in die Luft schwingen und verschiedene Spiele ausprobieren.
— *Sommerski.* Aus selbstgemachten Holzbrettern mit Schlaufen entstanden ,,Vierer'' und ,,Zweier''. Die Ski waren teils im Wettlauf, teils im freien Ausprobieren immer besetzt.
— *Hüpfbälle* standen den kleinen Kindern zur Verfügung. Auch hier durfte frei probiert werden und im Slalom gehüpft werden.
— *Rollstuhlschnellfahren* war eine beliebte Station, an der auch freie Rollstühle für Nichtbehinderte zur Verfügung standen.
— *Rollstuhlhindernisfahren* wurde auch von Nichtbehinderten probiert. Die Rollstuhlfahrer stellten hierzu ihre Stühle zur Verfügung und gaben ,,Nachhilfeunterricht''.
— *2 Trampolins* waren unter fachmännischer und ärztlicher Aufsicht aufgebaut (es durfte nur mit Hilfestellung auf dem Gerät gesprungen werden).
— *Eine Klingelballstation* war in Hinblick auf die blinden Teilnehmer geplant. Nichtbehinderte sollten sich die Augen verbinden und mitspielen.
— *Beim Sackhüpfen* wurde nicht nur um die Wette gehüpft. Es entstanden auch Kreisspiele im Sack.

— *Rückschlagspiele* verschiedener Art forderten in einer Ecke die Speckbrett- und Federballprofis zum Mitmachen auf.

— *Torwandschießen* mit einem Fußball erinnerte ans Sportstudio und fand regen Anklang.

— *Nasse Schwämme auf die Torwand zu werfen* war wegen der starken Hitze besonders attraktiv.

— *In einer Traumecke* konnte man sich verkleiden, Theater spielen, musizieren, sich schminken, Gewürze riechen, also auf alle möglichen Arten die Sinne schulen.

— *Die Mal-Ecke* war auf Tischen vorbereitet, an die die Rollstuhlfahrer bequem hinfahren konnten. Es wurden Luftballons, Pappkartons und die eigenen Gesichter angemalt.

— *Mit Wassereiern* aus gefüllten Luftballons zu werfen, war an diesem heißen Sommertag eine Erfrischung.

— *Eine ca. 10 m lange luftgefüllte Schlange* mit 1,50 m Durchmesser forderte klein und groß zum Toben und Springen auf.

— *Mit dem großen Tau* wurde auch Seilspringen probiert und ein Rundtau geknüpft.

Einen Monat vor dem Spielfesttermin wurde überprüft, ob alle Geräte vorhanden waren, das Rote Kreuz oder eine andere Sanitätshilfe wurden verständigt, Helfer, die sich als Spielleiter zur Verfügung gestellt hatten, zu einer Vorbesprechung, 14 Tage vor dem Spielfesttermin, eingeladen. Hier wurde endgültig geklärt, wer welche Station übernimmt, wie die Getränke- und Essensversorgung ablaufen sollte. Gemeinsam wurde durchgesprochen, was man an den einzelnen Stationen alles machen kann. Es erwies sich als günstig, daß immer 2—3 Spielleiter an einer Station waren, so daß sie sich ergänzen und abwechseln konnten. Die Aufgabe der Spielleiter war es, zum Spiel zu animieren, keine strengen Vorschriften zu machen, sondern das Ausprobieren zu fördern. Bei früheren Spielfesten hatte sich gezeigt, daß es günstig ist, wenn die Spielleiter vorher üben, Teilnehmer anzusprechen, zum Mitmachen anzuregen.

Viele wollen „nur mal schauen" und trauen sich nicht, mitzuspielen, sei es, weil Jugendliche „spielen kindisch finden" oder eine Angst da ist, sich zu blamieren o. ä. Spielleiter sollten es ganz bewußt üben (denn sonst machen sie es in den meisten Fällen nicht) zu sagen: „Komm, spiel mit, wir brauchen noch einen Mann" oder „hilf mal schnell mit, dann geht's besser".

Ist einmal eine Gruppe im Spiel, kann damit begonnen werden, nach eigenen Vorschlägen und Ideen zu fragen: „Was könnten wir denn an dem Spiel ändern" oder „wer hat noch eine Idee, was wir spielen könnten". In Straubing hat sich gezeigt, daß durch die Beteiligung der Betroffenen (des Versehrtensportvereins) die Spiele behindertengerechter wurden und durch gemeinsames Ausprobieren und Überlegen Integration von Behinderten und Nichtbehinderten gelebt wurde.

Einige Stationen, so z. B. die Traumecke forderten mehr Zeitaufwand für die Vorbereitung. Die Studentengruppe der Technischen Universität München, die diese Station übernommen hatte, traf sich fünfmal, um gemeinsam über die Gestaltung und Durchführung ihrer Station nachzudenken und evtl. benötigtes Material zu basteln.

Es konnte ein Moderator gewonnen werden, der mithelfen sollte, die Teilnehmer zum Spielen anzuregen. Abgesehen von seiner Eisbrecherfunktion zu Anfang, erwies er sich jedoch als überflüssig und hielt sich, als das Fest von
selbst lief, sehr zurück und animierte durch eigene Teilnahme.

Zu Beginn des Festes waren Gemeinschaftsspiele mit allen 1000 Teilnehmern
geplant. Wir machten eine Riesensitzschlange, bei der der Vordermann auf
dem Schoß des Hintermanns sitzt und spielten gemeinsam mit dem großen
Erdball, Ø 150 cm.

Anschließend verteilten sich alle auf die Stationen, die jede für sich attraktiv genug war, um zum Mitspielen anzuregen.

4. Schwierigkeiten

Da ich möchte, daß dieser Beitrag den Leser zur Nachahmung bzw. Durchführung eines eigenen Spielfestes ermuntert, glaube ich, daß auch unsere Fehler
hier dargestellt werden sollten, um zu vermeiden, daß sie sich wiederholen (soweit dies in Händen der Veranstalter liegt).

— Es lag nicht in unseren Händen, daß prominente Politiker unsere Veranstaltung nutzten, um ihren Einsatz im Jahr des Behinderten zu dokumentieren.
So gab es eine Schirmherrschaft über das Spielfest, die dazu mißbraucht
wurde, in gleißender Mittagshitze vor Beginn des Spielfestes, lange Reden
zu halten, was die Teilnehmer weniger als die örtliche Presse interessiert haben dürfte. Für letztere war die Rede wohl auch gedacht, obwohl sie mit ,,lie-
be Mädchen und Buben, die ihr am Spielfest teilnehmt" begann. In dieser
Form stört eine Schirmherrschaft mehr, als sie nützt. Desgleichen sollte darauf geachtet werden, daß Funktionäre eine solche Veranstaltung nicht dazu
verwenden, völlig überflüssige Eröffnungsreden zu üben.

— Ein Mangel, der uns als Organisatoren voll anzulasten ist, war das Fehlen
von behindertengerechten Toiletten und einem behindertengerechten Zugang dazu. Daß dies sogar einem Versehrtensportverein passiert, zeigt, daß
keine Rollstuhlfahrer an der Planung beteiligt waren. Es ist nötig, daß auch
bei der Organisation Vertreter der unterschiedlichen Schadensbilder beteiligt werden.

— Dann hätte vielleicht auch eine Gruppe Nichtbehinderter entstehen können,
die die Blinden führte, so daß diese nicht gezwungen wären, sich mit ihrem
Leiter ständig gemeinsam zu bewegen. Oder man hätte für Blinde ein Führ-
system in Form von Leisten oder Plastikbändern auf den Boden einplanen
müssen. Dies hätte ihnen sicherlich mehr Selbständigkeit ermöglicht.

— Für einen derartigen heißen Tag würden wir nicht nochmals die Mittagszeit
als Beginn wählen, sondern das Spielfest grundsätzlich am Nachmittag
starten. Zugleich empfiehlt es sich, für einen solchen Fall, viele Wasserspie-
le zur Erfrischung einzuplanen. Wir stellten einen zusätzlichen Gartensprenger auf, der reges Interesse fand.

— Die ,,Höher-, Schneller-, Weiter"-Funktionäre ließen es sich nicht nehmen,
Firmen dazu aufzufordern, Pokale zu stiften, so daß wir krampfhaft über-

legen mußten, für welche Leistungen wir Sieger ermitteln sollten. So gab es schließlich an den Positionen ,,Rollstuhlschnellfahren'', ,,Rollstuhlslalom'' und beim ,,Torwandschießen'' eine Wertung und zum Schluß der Veranstaltung eine Siegerehrung. Die Siegerehrung wurde von unserem Moderator sehr geschickt und in einem gelösten Klima vorgenommen. Die Sieger freuten sich sehr und waren stolz auf ihre Leistungen — ob es jedoch angebracht ist, Torwandschießen mit einem 40 cm hohen geschliffenen Glaspokal zu honorieren, kann der Leser selbst beurteilen. Wir halten es auf jeden Fall für sinnvoller, daß, wenn schon eine Siegerehrung stattfinden soll, nützliche Spielgeräte, wie etwa der große Ball oder ein Schwungtuch für den jeweiligen Verein vergeben werden. Auf diese Weise kann man natürlich nicht die Stifterfirma eingravieren — aber darf das das einzige Kriterium sein? Wir meinen nach diesen Erfahrungen auf jeden Fall ,,nein''.

5. Schlußbemerkung

Diese Ausführungen sollten als Anregung und Beispiel für die Durchführung eines Spielfestes dienen. Der Ablauf ist in jeder Richtung veränderbar und sollte sich immer an den örtlichen und personellen Gegebenheiten orientieren. Besonders im Hinblick auf die Gestaltung der einzelnen Stationen kann unser Versuch nur als erster Anfang verstanden werden — es ist uns noch nicht zufriedenstellend genug gelungen, Spielsituationen zu finden, an denen Behinderte und Nichtbehinderte zum Gelingen des Spiels wirklich aufeinander angewiesen sind, um den Gedanken der Integration noch besser zu verwirklichen.

Zur Kostenfrage nur einige kurze Hinweise. Ich halte es nicht für gut, festzulegen, wieviel Geld zur Durchführung eines solchen Festes benötigt wird. Eine zu hohe Summe würde nur abschrecken — nenne ich eine geringere Summe, falle ich etwaigen Spielfestplanern in den Rücken, denn dann heißt es, dort

Gerätebeschaffung	Eigenbau bzw. Leihgabe	oder	kaufen
Spielleitervergütung	nein	oder	ja
Musikkapelle	ehrenamtlich	oder	professionell
Lautsprecher- und Verstärkeranlage bzw. Megaphon für Massenspiele	Werbeleihgabe	oder	mieten
Einheitliche Kleidung der Spielleiter	Werbemützen selbermachen, weglassen	oder	kaufen
Urkunden, Siegerehrung	nein	oder	ja
Platz- oder Hallenmiete	nein	oder	ja
	billiges Spielfest		teures Spielfest

ging es auch billiger. Es kann an jedem einzelnen Posten viel Geld ausgegeben werden, falls vorhanden, und es kann auch überall Geld eingespart werden, falls nicht vorhanden. Dann müssen finanzielle Lücken durch ein Vielfaches an Engagement und freiwilliger Mehrarbeit geschlossen werden. Posten, an denen man viel Geld ausgeben kann, aber durch Eigeninitiative auch viel sparen kann sind.

Ein gelungenes Spielfest ist sicherlich nicht vom finanziellen Aufwand abhängig. Es gehören einige glückliche Umstände dazu, wie z. B. gutes Wetter und es gehört Spiellaune dazu, die sich nicht kaufen oder verordnen läßt, sondern die aus der Freude an der Sache und der damit verbundenen Arbeit entspringen kann.

6. Literatur

BAUER/EBERHARD/WEIBLEIN: ,,Riesenwiesengaudi", In: Sportpädagogik Heft 2/1980, S. 8—11.
BRINCKMANN/TREESS: Bewegungsspiele, Hamburg 1980.
Deutscher Bildungsrat, Gutachten der Bildungskommission 34, In: Sonderpädagogik 3, Stuttgart 1974.
ELSTNER, F.: Spiel mit, Dortmund 1979.
FISCHER, U.: ,,Kommunikation und Kooperation im Rahmen eines Sportfestes", In: Sportpädagogik Heft 2/1980, S. 28—31.
FLUEGELMANN/TEMBECK: New Games, Die neuen Spiele. Soyen 1979.

HORST RUSCH

Freizeitaktivitäten für körperbehinderte Kinder und Jugendliche

1. Begründung von Ferienmaßnahmen

Mehr noch wie nichtbehinderte benötigen behinderte Menschen ausreichend *Zeit zur Regeneration* (der Zeitaufwand zur Erholung und Erneuerung der Kräfte) aber auch *verhaltensbeliebige Zeit* (wie Ausruhen, Arbeit aus eigener Initiative und Freizeitbeschäftigungen). Freizeitbereiche sind

— *Kurzzeitunterbrechungen* (Pausen, Feierabende, Wochenenden)
— *Langzeitunterbrechungen* (Ferien- und Urlaubszeiten)

Beschäftigungen in der Freizeit können innerhalb und außerhalb des Wohnbereiches erfolgen oder auch organisiert und nicht organisiert in Freizeiteinrichtungen oder eigener Urlaubsgestaltung ausgeführt werden. Folgende Grundbedürfnisse können in der Freizeit befriedigt werden:

— Körperliche Bewegung, sportlich-spielerische Betätigung
— Mobilität, Suchen neuer Umweltreize
— Ruhe, Alleinsein, Selbstverwirklichung
— Geselligkeit, soziale Kommunikation
— Soziale Selbstdarstellung
— Vergnügen, Zerstreuung
— Intellektuelle Auseinandersetzung, Diskussion, Bildung

Aufgrund der eingeschränkten Mobilität und der damit oft verbundenen Tendenz zur Isolation bleiben viele Freizeiträume für Behinderte verschlossen. Hinzu kommt das ablehnende Verhalten der Bevölkerung gegenüber Behinderten.

Mit welchen Schwierigkeiten behinderte Menschen bei der Gestaltung ihrer Freizeit rechnen müssen, zeigen Beispiele aus jüngster Zeit. Bekannt ist das ,,Frankfurter Urteil", das einer Frau die teilweise Rückerstattung ihrer Reiseausgaben zusicherte, weil es ihr nicht zumutbar war, in einem Hotel ihren Urlaub zu verbringen, in dem auch körperbehinderte Jugendliche aus Schweden ihre Ferien verbrachten. Unverständlich ist auch, daß eine Gruppe von Dysmeliekindern aus Deutschland in Italien aus einem Hotel verwiesen wurden, weil die anderen Gäste deren Anblick nicht ertragen konnten.

Maßnahmen, mit dem Ziel, Behinderte bei ihrer Freizeitgestaltung sinnvoll zu unterstützen, gibt es viele. Staatliche, kommunale und kirchliche Wohlfahrtsinstitutionen und Jugendorganisationen lassen Behinderte an ihren Freizeitaktivitäten teilhaben mit dem Ziel, diesen die Möglichkeit zu bieten, am sozialen Leben der Nichtbehinderten teilzuhaben, sie zu eigener Freizeitgestaltung anzuregen und zu ermutigen.

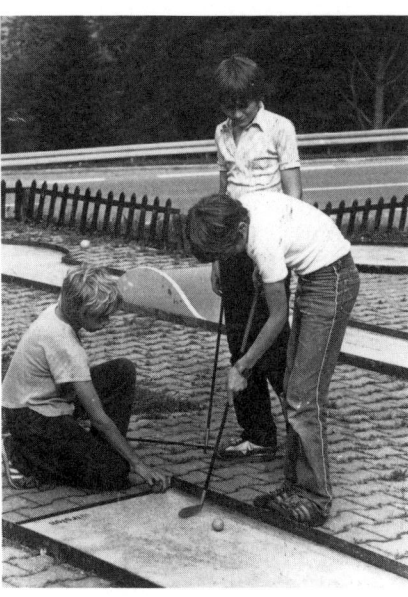

Am Beispiel von Kinder- und Jugendferienwochen im Sport- und Ferienheim des Bayerischen Behinderten- und Versehrten-Sportverbandes soll dargestellt werden, wie motorische Befürfnisse zufriedengestellt werden können, und wie für körperbehinderte Kinder und Jugendliche Freizeitwochen ein Prüffeld für die Selbstfindung, Integration und Emanzipation werden können.

Die Verteilung der freien Zeit bei Behinderten auf sportliche Aktivitäten ist ähnlich wie bei Nichtbehinderten.

Die sportlichen Aktivitäten stehen durchaus nicht an erster Stelle in der Rangliste der Freizeitgestaltung. Unbestritten ist jedoch die Möglichkeit, durch Sport und Spiel auf die obengenannten Defizite positiv einzuwirken. Das gelingt besonders dann, wenn ein den Erfordernissen genügender Ferienaufenthaltsort zur Verfügung steht, wie das beim Bayerischen Behinderten- und Versehrten-Sportheim der Fall ist.

Das Versehrten-Sportheim ist mitten in den bayerischen Alpen gelegen. Es ist ein Haus mit einer kleinen Schwimmhalle, einer kleinen Turnhalle, mit Sauna und Kegelbahn, mehreren Aufenthaltsräumen, einem Sportplatz, einer Minigolfanlage, Bocciabahnen, einem Spielplatz, und es ist ausgerüstet mit vielen kleinen und großen Sportgeräten, vom Tennisball bis zu einem großen Trampolin. Das Haus ist rollstuhlgerecht gebaut, das heißt, daß jeder Raum des Hauses mit dem Rollstuhl erreicht werden kann. In der Nähe des Hauses ist ein an einem Gebirgsbach idyllisch gelegener Zeltlagerplatz, auf dem 10—15 Viermannzelte aufgeschlagen werden können.

2. Das Jugendlager als Freiraum

Das Wort Ferienlager hat einen negativen Beigeschmack. Es erinnert auf der einen Seite an Unmenschlichkeit, an Katastrophe, an Überleben oder an harte Ausbildung. Auf der anderen Seite erinnert dieses Wort auch an Naturverbundenheit, Lagerfeuerromantik, an Gemeinschaftserlebnisse. So ist das Ferienlager als Freiraum und Lernfeld für den Behinderten zu sehen.

Bei der Gestaltung der Freizeitablaufes ist von vornherein der Freiheit des einzelnen größtmöglichster Spielraum zu gewähren. Es müssen Möglichkeiten geschaffen werden für einen Rückzug allein oder mit anderen, zum Lesen, zum Ausruhen, zum Plaudern, Radiohören oder zum Basteln. Natürlich muß die Freiheit des einen dort aufhören, wo die des anderen beginnt.

Von den Betreuern müssen die Gründe für mögliche Isolationstendenzen erkannt werden, denn die Unfähigkeit etwas mit sich anfangen zu können, muß durch Hinführung und Anleitung zu selbständiger Tätigkeit abgebaut werden. Hier muß sich der Betreuer um die Kontaktschwachen und Phantasiearmen persönlich bemühen und sie Schritt für Schritt zur Zusammenarbeit mit einem Partner oder einer Gruppe heranführen. Ein Fallbeispiel mag dies verdeutlichen:

Ein 12jähriger Junge im Rollstuhl schaut bei mehreren sportlichen Aktivitäten zu, ohne sich jedoch den einzelnen Gruppen anzuschließen, was er aufgrund seiner Behinderung auch nicht kann. Auch bei Brettspielen ist das gleiche Verhalten zu beobachten. Da versucht ein Betreuer ihn mit einem Luftballon zur Aktivität zu bringen. Er wählt einfache Übungen aus, die der gelähmte Junge ohne Schwierigkeiten nachvollziehen kann. Er findet sogar selbst einige Übungsvariationen. Bald kommt ein beinamputierter Junge hinzu und schon spielen sich die beiden die Luftballons zu. Nach einigen Minuten ist die Gruppe auf fünf Kinder angewachsen. Als sie die Lust an der Spielerei mit den Luftballons satt haben, gehen sie in den Aufenthaltsraum und beginnen ein Würfelspiel. Der Junge im Rollstuhl war mit dabei.

Von Anfang an sollte die Gestaltung einzelner Aktivitäten, von den Tagesplänen bis hin zur Planung der gesamten Ferienfreizeit von Betreuern und Teilnehmern gemeinsam erfolgen. Ausflüge, Zeltlageraufbau, Lagerfeuer, Kochen, Spielwettkämpfe, Ausflüge, Spiel- und Sportwettkämpfe, Quiz- und Discoabende müssen vorher eingehend besprochen und diskutiert werden. So kann im Sinne eines ,,brain-stormings" in einer Erkundungsstufe ein Vorhaben gemeinsam erarbeitet werden. Nach der Festlegung des Vorhabens erfolgt die entsprechende Arbeitsaufteilung. Aufgaben sollen von allen Gruppenmitgliedern übernommen werden. Regeln für den Ablauf des Vorhabens werden erstellt. So sind z. B. die einen verantwortlich für die Skizzierung eines Wanderplanes, die anderen für die Versorgung mit Proviant, wieder andere übernehmen die Funktion eines Fotografen oder eines Berichterstatters. Ein Gruppenführer wird gewählt und ein ,,Medizinmann" bestimmt. Die Betreuer geben nur Impulse. Sich für die Gruppe entbehrlich zu machen sollte das Ziel eines jeden Betreuers sein. Nur so kann eine Gruppe zur Selbständigkeit, Entscheidungsfähigkeit und zur Eigeninitiative geführt werden.

Nach der Beendigung der gemeinsamen Aktivität sollte Zeit für eine Reflexion bleiben. In der Sachbetrachtung gilt es aufzuzeigen, ob und unter welchen Bedingungen jedes einzelne Gruppenmitglied des gesteckte Ziel erreicht hat. Die Freude über ein gelungenes Vorhaben motiviert dann für ein neues Vorhaben. Aber auch Kritik über eine abgelaufene Unternehmung sollte herausgefordert werden. Kritisch seine Meinung zu äußern, aber auch die Entgegennahme einer Kritik muß gelernt werden. Nicht selten wird es dabei zu Streit und zur Entladung von Aggressionen kommen. Konflikte können entstehen aufgrund von unterschiedlichen Rollenverteilungen, aufgrund des Alters, der Sozialisation, der Behinderung und der damit verbundenen motorischen Leistungsfähigkeit. Nur in ausführlichen und offenen Gesprächen können Konflikte gelöst werden. Häufig kommt es aber auch vor, daß Kritik oder Wünsche nicht offen ausgesprochen werden. Hier kann ein Mecker- oder Kummerkasten eine sehr günstige Ventilwirkung haben.

Ferienlager mit körperbehinderten Jungen und Mädchen eignen sich auch zur Kontaktherstellung mit der nichtbehinderten Bevölkerung. Die Einladung zu einer Lagerolympiade, zu einer Ausstellung, zu einem Spielnachmittag kann dazu beitragen, Vorurteile abzubauen und Meinungsänderungen zu bewirken. Ein Fallbeispiel mag das wiederum verdeutlichen:

Während einer Ferienwoche wurden nichtbehinderte Jugendliche, die in der Umgebung in einem Ferienheim untergebracht waren, zu einem Sportnachmittag eingeladen. Mit gemischten Gefühlen wurden die Gäste erwartet. Diese beobachteten erst einmal die behinderten Jungen und Mädchen beim Minigolfspielen, beim Pfeilwerfen und beim Trampolinspringen. Natürlich wollten sie auch selbst die verschiedenen Sportarten ausprobieren. Groß war deren und unser Erstaunen, daß sich die Leistungen der Nichtbehinderten von denen der behinderten Kinder kaum unterschieden. Auf dem Trampolin mußten die Gäste feststellen, daß die Behinderten ihnen in bezug auf Gleichgewichtsfähigkeit und Sprungausdauer weit überlegen waren. In einer anschließenden Teerunde wurde darüber ausführlich gesprochen. Man kann sich vorstellen, daß dieser Nachmittag vielen behinderten Kindern Selbstvertrauen und Selbstbewußtsein vermittelte und bei den Nichtbehinderten Anerkennung und Achtung vor den Leistungen der Behinderten auslöste.

Gemeinsame Aktivitäten in einer Ferienfreizeit können ein Anfang eines sozialen Prozesses sein. Vertieft und weitergeführt werden sollten diese Errungenschaften im Alltag, in der Schule, im Heim, im Familienbereich. Manchmal wird leider die so erreichte Emanzipation zu Hause wieder unterdrückt. Nicht selten werden aber auch die Möglichkeiten, die ein Ferienaufenthalt zur Selbstbestimmung, zur Demokratisierung und zur Verbesserung der Interaktionsfähigkeit bietet, bei vielen derartigen Veranstaltungen aufgrund organisatorischer aber auch fachlicher Mängel nicht erkannt.

3. Das Jugendlager als Lernfeld

Behinderung bedeutet motorische Funktionsbeeinträchtigung, wie in der Einführung aufgezeichnet, Einschränkung materieller und körperlicher Erfahrung. Ein Freizeitaufenthalt, bei dem sportliche Aktivitäten im Vordergrund stehen, kann zum Ausgleich beziehungsweise zur Verbesserung dieser Defizite dienen. Die Wahl der Freizeitbeschäftigung ist individuell sehr unterschiedlich. So haben viele Teilnehmer einen großen Nachholbedarf an Bewegung, die einen wollen spielen, die anderen wollen Fertigkeiten erlernen. Es liegt an den Organisatoren eines Ferienlagers, ein Angebot zu machen, das allen Teilnehmern gerecht wird.

Ein Tagesablauf im Bayerischen Versehrten- und Behinderten-Sportheim mag das verdeutlichen. Am jeweiligen Vorabend besprechen Teilnehmer und Betreuer das Programm, das am darauffolgenden Tag zur Durchführung kommen soll. Aus dem großen Angebot kann der Jugendliche das auswählen, was er gerne machen möchte.

Angeboten werden kann z. B. Baden, Schwimmenlernen, Erlernen einer bestimmten Schwimmart, Wandern, Ballspielen, Bogenschießen, Wasservolleyball, Wurfpfeilwerfen, Minigolf, Sauna, Kegeln, Hallenbosseln, Tischtennisspielen, Indiaka, Trampolin, Frühgymnastik.

Dabei haben die Teilnehmer die Möglichkeit, ohne Zwang von Übungsangebot zu Übungsangebot zu wechseln. Wie schon eingangs erwähnt, bleibt jedoch auch die Möglichkeit offen, sich mit einem Buch auf die Sonnenterrasse zurückzuziehen und zu faulenzen.

Einen Anreiz zum Üben bildet eine Lagerolympiade, die jeweils am Ende eines Ferienaufenthalts durchgeführt werden kann. Bei der Lagerolympiade sollte sich jeder Teilnehmer einige Übungen auswählen, die er besonders eingeübt hat. Natürlich werden keine Sieger ermittelt, weil die unterschiedlichen Behinderungen keinen echten Vergleich zulassen. Jeder erhält eine Teilnehmerurkunde auf der seine Leistung bestätigt wird. So werden individuell kleinste Lernfortschritte festgestellt und Erfolgserlebnisse vermittelt, die das Selbstvertrauen stärken und zu weiterem Üben motivieren.

Bei einem Ferienlager geht es aber nicht allein um die Bewältigung der Freizeit, um die Auslösung motorischer Erfahrungen und Lernprozesse im Umgang mit den Elementen und der Auseinandersetzung mit den verschiedenen Materialien, es geht vielmehr auch um die Initiierung von Lernvorgängen im kognitiven Bereich.

So können die Teilnehmer in Jugendferienwochen das umgebende Land und dessen Bewohner kennenlernen. Wanderungen, Ausflugsfahrten, Filme, Diavorträge und Heimatabende, bei denen Folkloregruppen altes Brauchtum vorstellen, vertiefen diese Kenntnisse.

Die Möglichkeit Fotos von der Landschaft und von Tieren, vom Lagerleben, von Sportaktivitäten zu machen, die Bilder selbst zu entwickeln und in einer Ausstellung zu dokumentieren, Pflanzen zu bestimmen, Landkarten zu lesen und nach Kompaß sich den eigenen Weg suchen, interessante Bastelarbeiten zu erlernen, vertiefen nicht nur das Allgemeinwissen, sondern fördern auch das Gemeinschaftserlebnis.

Sehr gerne verbringen selbst schwerbehinderte Jungen und Mädchen eine Nacht in einem Zeltlager, singen und reden miteinander am großen Lagerfeuer, bereiten selbständig das Essen, lassen sich die Gestirne zeigen und vergessen, losgelöst von der sie täglich umgebenden Fürsorge, ihre Behinderung. Diese Erfahrungen bedeuten nicht nur Kenntnisvermittlung, sie steigern vielmehr das Selbstvertrauen und die Selbständigkeit.

4. Das Ferienlager unter biologischem Aspekt

Nicht zuletzt muß ein Jugendferienlager auch unter dem Gesichtspunkt der Erholung, Entspannung und Gesundung gesehen werden.

Herausgelöst vom Schul- und Berufsstreß muß der Organismus mit Umstellungs- und Anpassungsvorgängen fertigwerden, besonders dann, wenn der Ferienaufenthalt im Gebirge oder am Meer stattfindet. Auch das ungewohnte große Bewegungsangebot muß erst einmal verkraftet werden. Je nach Konstitution der Beteiligten dauern die Anpassungserscheinungen länger oder kürzer. Um echte Kompensationsprozesse auszulösen, sollten Ferienmaßnahmen mindestens 14 Tage dauern. Umstellungsschwierigkeiten können sich auch in bezug auf die Ernährung ergeben. Nicht selten treten Magen- und Darmkrankheiten, Erkältungskrankheiten, Sonnenbrände und natürlich manchmal großes Heimweh auf.

In diesem Zusammenhang erscheint es unerläßlich, daß bei Ferienmaßnahmen für körperbehinderte Jungen und Mädchen neben erfahrenen Pädagogen auch ein Arzt anwesend ist, der neben eventuellen Erkrankungen auch kleinere Verletzungen versorgen muß, die beim Wandern oder beim Spiel- und Sportbetrieb entstehen können. Neben der medizinischen Versorgung muß der Mediziner auch ein Auge auf das Hygieneverhalten der Gruppe richten. Anweisungen für den Aufenthalt an der Sonne, im Wasser, bei Wanderungen, in der Sauna, bei der Körperpflege und der Pflege der prothetischen Hilfsmittel sind aus eigenen Erfahrungen dringend notwendig.

Ferienlager mit körperbehinderten Jungen und Mädchen haben neben der Vermittlung von Freude, Spaß und Erholung auch das Ziel, diesen die beste Hilfe zu sein für eine Orientierung in der Gesellschaft. Im Rahmen von Ferienmaßnahmen kann das körperliche Wachstum und die persönliche Reifung des einzelnen gefördert werden.

Ferienlager stellen Übungsräume und Experimentierfelder dar, in denen junge behinderte Menschen Lebenshilfe dadurch bekommen, daß sie sich selbst finden und sich mit anderen auseinandersetzen können. Das ,,learning by doing" sollte deshalb bei der Organisation und Durchführung von Ferienaufenthalten für körperbehinderte Jungen und Mädchen ein Leitthema sein. Nachfolgende Abbildung zeigt zusammenfassend die wichtigsten Lernziele bei Kinder- und Jugendferienwochen.

Affektiver Bereich	Freude, Erlebnis	
Motorischer Bereich	Körperliche Erfahrung	z. B. Wasser, Schnee, Sauna
	Materialerfahrung	z. B. Groß- und Kleingeräte
	Fähigkeiten	z. B. Schwimmenlernen
	Fertigkeiten	z. B. Trampolinspringen, Bogenschießen
Kognitiver Bereich	Land	z. B. Wanderungen
	Bevölkerung, Tiere, Pflanzen	Z. B. Beobachtung, Fotografie
	Fertigkeiten	z. B. Basteln, Werken
Sozialer Bereich	Selbstsicherheit	z. B. Planung, Diskussion
	Selbständigkeit	z. B. Aufgabenausführung
	Verantwortungsbewußtsein	z. B. Aufgabenübernahme
	Interaktionsfähigkeit	z. B. Tag der offenen Tür
Gesundheitlicher Bereich	Erholung, Entspannung, Ausgleich	

Abb. 1   Lernziele bei Kinder- und Jugendferienwochen

JÜRGEN INNENMOSER

Schwimmen mit körperbehinderten Kindern und Jugendlichen

1. Die Bedeutung des Schwimmens für körperbehinderte Kinder und Jugendliche

Der Sport mit Körperbehinderten will neue Leistungs- und Kommunikationsbereiche erschließen, mit deren Hilfe diese Menschen noch besser in der Umwelt zurechtkommen. Ein besonderer Teil der Umwelt ist das *Wasser,* in dem sich auch Körperbehinderte gelegentlich aufhalten. Um Sport treiben zu können, braucht beileibe nicht jeder Körperbehinderte Schwimmen zu lernen. Manche von ihnen vermeiden es, solange sie können; die meisten körperbehinderten Kinder und Jugendlichen aber haben außerordentlich großen Spaß am Tummeln und Spielen im Wasser. Ihnen helfen die im Wasser erlernten und erlebten Fertigkeiten und Fähigkeiten auch im Alltag.

Aktiver Aufenthalt im Wasser und Schwimmen ist für Körperbehinderte die bei weitem *günstigste* sportliche oder sportähnliche Betätigung. Fast alle können Schwimmen lernen, zumindestens in der Form, die nachfolgend beschrieben wird.

Schon im Säuglings- oder Kleinkindalter sollte man mit Anfängerschwimmen beginnen. Denn der Aufenthalt im Wasser vermittelt:

1. *Bewegungserleichterungen,*
2. völlig andersartige *Wahrnehmungsinhalte* und
3. vielfältige *sensomotorische Anregungen.*

Mit ihrer Hilfe könnten Körperbehinderte wenigstens einige Bewegungsprobleme vermindern:

a) Im Vergleich mit Nicht-Behinderten sind bei vielen zahlreiche Bewegungsäußerungen gestört und erschweren so Alltagsbewegungen und Kontaktaufnahme zur Umwelt (z. B. Athetotiker und Spastiker)

b) Andere Körperbehinderte müssen Bewegungen erlernen, die an ihre noch verfügbaren neurophysiologischen oder morphologischen Funktionen angepaßt sind. Sie können sich nicht der Lernerleichterungen bedienen, wie sie durch ererbte Bewegungsmuster oder durch ein einfaches Imitationslernen natürlicherweise vorgegeben sind. In dieser Behinderungsgruppe sind fast alle Bewegungsäußerungen *modifiziert,* häufig aber nicht auch auf einem niedrigeren qualitativen Niveau.

Allgemein gilt, daß die motorischen Möglichkeiten des Körper-/Bewegungsbehinderten durch Gelegenheit und Anregung zum *kompensatorischen Lernen* verbessert werden. Da manche Körperbehinderte im Wasser nur sehr geringe Einschränkungen ihrer Bewegungsleistungen erfahren (z. B. cerebral Bewegungsgestörte), und viele andere zu hervorragenden sportlichen Leistungen beim Schwimmen geführt werden können (z. B. Dysmeliegeschädigte, Amputierte), kann man unter der Voraussetzung einer wohldosierten sportpädagogischen Leitung diese Sportart empfehlen.

2. Didaktische Situation des Schwimmens

Auch jahrelang betriebenes Schwimmen kann nur dann zu einer wirklichen erfolgreichen sportlichen Aktivität werden, wenn übergeordnete und spezielle didaktische Ziele klar dargestellt sind.

2.1 Übergeordnete Ziele

Das Leben des Menschen verläuft als ständiger Adaptationsprozeß an die Verhältnisse der Umwelt und des eigenen Körpers, an das eigene psychische Geschehen und das der Mitmenschen, sowie an die Bedingungen, wie sie durch soziale Umstände entstehen. Auch der Behinderte unterliegt dieser Grundtatsache.

In konsequenter Anwendung der theoretischen Ansätze allgemeiner Didaktik (vgl. K. SCHMITZ, 1977) für sportpädagogische Lernziele würden sich entsprechend dem oben dargestellten natürlichen Anpassungsprozeß folgende Aspekte ergeben:

Sport als pädagogisches Mittel soll ,,Erziehung", ,,Bildung", ,,Qualifikation", ,,Emanzipation" und in einem moderneren Ansatz auch ,,Ich-Identität und Erfahrung der sozialen Lebenswelt" (vgl. ebd. und auch GRÖSSING 1977[2]) erbringen.

Das Schwimmen als spezieller Inhalt vermittelt viele dieser Lernziele, obwohl sicherlich einige nur teilweise berücksichtigt werden können. Aus räumlichen Gründen soll darauf nicht näher eingegangen werden.

2.2 Spezielle Ziele

Um auf besondere Ziele des Schwimmens mit Körperbehinderten eingehen zu können, müssen wir als Beispiel zunächst zwei extreme behinderungsbedingte Lernsituationen beschreiben:

a) Ein früh therapeutisch versorgtes minimal cerebral bewegungsgestörtes Kind (MCD) kann durch sorgfältiges psychomotorisches Training im Schwimmen so leistungsstark werden, daß es, wenn es das selbst möchte, in eine Leistungssportgruppe eines Schwimmvereins von Nichtbehinderten integriert werden kann.

b) Ein schwerst cerebral geschädigtes Kind (mehrfachbehindert) wird trotz Therapie und langer sportpädagogischer Einzelbetreuung nur selten in ca. 10 Jahren so weit kommen, daß es unter Aufsicht in ruhigem Wasser in der Rückenlage allein schwimmen kann.

Die Didaktik des Schwimmens mit Körperbehinderten muß diesen weit gespannten Bogen unterschiedlichster Bedingungen berücksichtigen.

Schwimmen soll:

a) zur sicheren *selbständigen Fortbewegung* an der Wasseroberfläche und unter Wasser(-tauchen) führen;

b) die Beherrschung *mehrerer Schwimmtechniken* ermöglichen;

c) die Anwendung wenigstens eines *Schwimmstils* erbringen, der einen ökonomischen (wirkungsgünstigen) und langdauernden Aufenthalt im Wasser erlaubt (Trainings-/Leistungs- bzw. breitensportlicher Aspekt);

d) Fähigkeiten und Fertigkeiten zum freudvollen und Freude bringenden *Aufenthalt in freien Gewässern* wie z. B. Meer, Flüsse, Seen vermitteln. Dies soll als wesentlicher Beitrag zur Steigerung des *psycho-physischen Wohlbefindens (Gesundheit)* verstanden werden.

e) zur *Anwendung* der erlernten Verhaltensweisen in behinderungsangepaßten Wettkämpfen, Therapieformen, Spielen, Sportfesten und anderen Freizeitaktivitäten führen (vgl. INNENMOSER 1979, Abb. 7).

Einige Körperbehinderte werden, obwohl im Wasser selbständig, stets Hilfe und Betreuung brauchen, z. B. zum Einstieg und Verlassen eines Schwimmbades. Gerade für sie aber ist oft die Bewegung im Wasser die einzige, die sie noch selbständig leisten können (z. B. E-Rollstuhlfahrer, schwerst bewegungsgestörte Spastiker, Behinderte mit traumatischer Tetraplegie usw.).

Erfahrungsgemäß können 99 % der Körperbehinderten zum *selbständigen, hilfsmittelfreien Aufenthalt im Wasser* hingeführt werden, auch wenn dies viele Jahre oder Jahrzehnte dauert. In solchen Fällen bewirkt nämlich die Auftriebskraft des Wassers in Verbindung mit einer günstigen Körperstruktur und einem oft günstigen spezifischen Gewicht, daß keinerlei Kraft und nur minimale Bewegungskoordination nötig ist, um an der Wasseroberfläche „Schwimmen" zu können. Die pädagogischen Bemühungen beziehen sich dann nicht auf die Vermittlung vieler Fertigkeiten, sondern sollten hauptsächlich die psychischen Probleme dieser Behinderten berücksichtigen.

In einer etwas vergröberten Vereinfachung ergibt sich für Körperbehinderte ein weiteres, übergeordnetes Ziel:

Sie sollen durch Lernprozesse im Unterricht erleben, daß das Schwimmen eine Möglichkeit zu *lebenslanger sportlicher Betätigung* darstellt, die kaum einmal weitergehend schaden wird.

Dem Kind und Jugendlichen die Motivation zur lebenslangen schwimmsportlichen Aktivität vermittelt zu haben, scheint — besonders im Hinblick auf den Schwerstbehinderten und die schulische Situation — die wichtigste didaktische Zielvorstellung.

3. Anforderungen des Wassers

Das Wasser hat physikalische Eigenschaften, die sich von denen an Land deutlich unterscheiden. Fortbewegung und Aufenthalt im Wasser sind nur möglich, wenn man sich daran anpaßt. Im einzelnen müssen körperbehinderte Kinder und Jugendliche 6 grundlegende Lernprozesse erfolgreich bestehen:

1. Die im Wasser entstehende, entgegen der Schwerkraft wirkende *Auftriebskraft* verpflichtet zur koordinativen Kompensation des so entstandenen Gewichtsverlustes.

— Mit diesem Gewichtsverlust entsteht eine durchaus willkommene Entlastung der Muskelgruppen, die dem statischen bzw. ,,Motor-hold-system" zugeordnet werden. Es kommt zur Bewegungserleichterung, der Körper schwebt, er wird getragen und muß nicht selbständig ,,Haltungskraft" aufbauen.

Der Skelett- und Bandapparat wird entlastet; Bewegungen werden möglich, die an Land unter Schwerkraftwirkung nicht gelingen (vgl. *Abb. 1*).

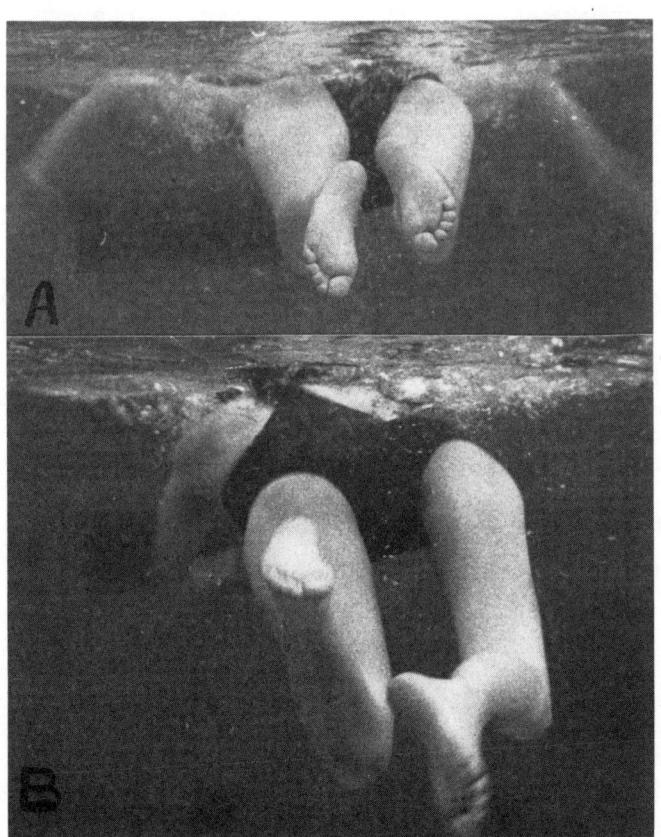

Abb. 1   Typische Stellung der Beine von schlaff Beingelähmten als Folge von Wasserwiderstand und Vortriebserzeugung mit verschiedenen Techniken:
a) Relativ gestreckte, annähernd symmetrische Haltung beim Brustschwimmen
b) Abwechselnde Beugung/Streckung und Drehbewegung der Beine beim Kraulschwimmen

— Die Auftriebswirkung bringt aber auch einen unsicheren Stand; es besteht eine Tendenz, die Senkrechte zu verlassen; Ausgleichsbewegungen müssen in andere Richtungen und mit anderem Kraftmaß ausgeführt werden. Mangelnde pädagogische Führung kann schon in dieser Lernphase ängstliches Verhalten hervorrufen und festigen, das mitunter zur ständigen Meidungshaltung führt.

— Die Tendenz, eine „waagerechte Körperlage" einzunehmen, ist durchaus wünschenswert. Dann liegt nämlich der Körper frei und stabil. Die Fortbewegung wird besonders widerstandsarm. Beginnt man mit dem Schwimmunterricht sehr früh, kann man sich die beim Säugling im Verlauf seiner motorischen Entwicklung stattfindenden Lernprozesse im Wasser unmittelbar nützlich machen.

Ältere Kinder hingegen müssen sich, nachdem sie mehr oder weniger mühsam krabbeln, sitzen, stehen und gehen gelernt haben, wieder „zurückanpassen".

Bei cerebral Bewegungsgestörten besteht hier die Gefahr, daß sogenannte „primitive Neugeborenen-Reflexe" erneut provoziert werden. Diese in vielen Fällen „pathologischen Reflexe" sollen aber gerade vermieden werden. Ein besonders früher Beginn und eine intensive Anwendung der Wassertherapie mit solchen bewegungsbehinderten Kindern könnte aber auch möglicherweise die Entwicklung von Reflexanomalien verhindern (vgl. z. B. KRAFFT o. J.).

2. Wasser hat eine erheblich höhere *Dichte* als das Umgebungsmedium Luft.

— Bewegungen werden langsamer durchgeführt bzw. für eine schnelle Bewegung wird ein mit dem Quadrat der Geschwindigkeit ansteigender Krafteinsatz nötig.

Allen Bewegungen wird Widerstand entgegengesetzt, d. h. auch Aushol- und Rückführ-Bewegungen werden gebremst. Ständig werden also minimale Kraftrainingsprozesse ablaufen (z. B. bei Poliogelähmten).

— Der an Land übliche Krafteinsatz bei Bewegungen gegen die Schwerkraft entfällt weitgehend und wird durch die andere oben genannte Kraftwirkung ersetzt.

— Die höhere Dichte erlaubt einen viel intensiveren Kontakt der Haut und der Tastsinnesorgane mit der Umgebung. Im Wasser fühlt man neben der Restschwerkraft und anderen Fremdkräften, auch unmittelbar das Bewegungsmedium. Im Bereich der Fühl- und Tastsphäre kommt es zu einer intensiveren Kommunikation mit der Umwelt, die sich letztlich auch psychisch stimulierend auswirken kann. An Land bewegungsgehemmte Kinder werden im Wasser oft aktiv und bewegungsfreudig.

3. Aus der erhöhten Dichte des Wassers ergibt sich eine erheblich höhere *Gewichtskraft (Druck)* auf den Körper, die sich unterschiedlich auswirken kann:

— Die Atmung wird teilweise erleichtert bzw. erschwert. Befindet sich der Kopf über Wasser, ist die Einatmung erschwert, die Ausatmung erleichtert. Befinden sich Mund und Nase unter Wasser bzw. wird getaucht, dann war die Einatmung schon erschwert, während nun auch die Ausatmung generell und je nach Mundstellung mehr oder weniger schwerer wird. Gerade letzteres erfordert ein intensives Anpassungslernen des Mundschlusses und der Schluckreflexe.

— Der Wasserdruck wirkt sich günstig auf den venösen Rückstrom des Blutes zum Herzen aus, wobei eine Relation zur Eintauchtiefe hergestellt werden kann (vgl. RIECKERT/HINNEBERG 1973).

— Die bei der Bewegung entstehenden Unterwasserwellen (Wirbel- und Wellenbildung) bewirken eine sanfte Massage von mangeldurchbluteter Haut (z. B. beim Querschnittsgelähmten), was man recht gut an der ständig wechselnden Wellenstruktur der Haut z. B. am Rumpf sehen kann.

4. Wasser hat eine erheblich höhere *Wärmeleitfähigkeit,* wodurch intensive physiologische Reize gesetzt werden (vgl. INNENMOSER 1980).

— Im üblichen Schwimmbadwasser kommt es zu einem recht großen Wärmeausstrom, der je nach Körperbehinderung mehr oder weniger schwer zu kompensieren ist. Deshalb sollte die Wassertemperatur beim Anfängerschwimmen bei 29—31 °C liegen.

— Im Thermalwasser entsteht ein intensiver Wärmeeinstrom, der bei z. B. chronischer Arthritis im Kindesalter therapeutisch wichtig ist. Gleichermaßen wichtig ist diese Art der Wärmerückgewinnung bei cerebral bewegungsgestörten Kindern dadurch, daß man diese Kinder sich nach der Schwimmtherapie längere Zeit warm duschen läßt (ca. 3—4 min), am besten zusammen mit dem Therapeuten.

— Die veränderten Warm- bzw. Kalt-Reize bedingen eine physiologische Umstellung im Bereich von Haut und Muskeldurchblutung, durch die allein schon gewisse Trainingsreize gesetzt werden (schwerstbehinderte Kinder!).

5. Der Aufenthalt im Wasser fordert zu andersartigen *Orientierungsleistungen* heraus, weshalb eine intensive Verbesserung der Wahrnehmung und des Körperempfindens zu erwarten ist. Gleichzeitig lassen sich Körperschema-Störungen verbessern und ausgleichen.

— Durch den Dichteunterschied zwischen Luft und Wasser kommt es an der Wasseroberfläche zu einer Änderung des Brechungswinkels der Lichtstrahlen. Dadurch wird die optische Orientierung ins Wasser erschwert, andererseits werden aber auch Lernanreize gesetzt.

— Beim Aufenthalt unter Wasser kann man alles nur unscharf sehen, die Orientierung ist besonders für den mittleren Fernbereich sehr unsicher. Trägt man eine Taucherbrille oder -maske, dann erscheinen alle Gegenstände näher. Spiele unter Wasser mit Orientierungsaufgaben verlangen die Kompensation dieser Täuschung. Durch das mit Brille mögliche klare Sehen, werden solche Übungsfolgen zu einer wichtigen Stufe bei ängstlichen Kindern und Jugendlichen.

— Wasser bewegt sich ständig, wenn darin geschwommen wird. Dadurch entsteht ein erheblicher Geräuschpegel, der bei gehörgeschädigten Körperbehinderten meistens die akustische Verständigung ausschließt. Beim Tauchen hingegen werden alle Unterwassergeräusche sehr gut gehört, während Laute, die außerhalb des Wassers geäußert werden, nicht verständlich sind. Hierin begründet sich die methodische Anweisung, den Schwimmer erst nach Erreichen des Beckenrandes zu korrigieren. Organisatorische Hilfen des Lehrers können nur dann gegeben werden, wenn die Ohren außerhalb des Wassers sind.

— Der Gewichtsverlust durch Auftrieb vermittelt andere lokale Tastinformationen mit geringerer Intensität als an Land. Hierauf muß sich das körperbehinderte Kind auch beim einfachen Gehen und Stehen einstellen — eine Leistung, die besonders traumatisch hirngeschädigten Jugendlichen erfahrungsgemäß sehr schwerfällt.

— Der veränderte Bewegungsgrundwiderstand und weitgehendste Wegfall der Schwerkraft bewirken andersartige kinästhetische Informationen, zu deren Verarbeitung besonders cerebral bewegungsgestörte Kinder intensiv angeleitet werden müssen.

6. Der Aufenthalt im Wasser erfordert eine weitgehende *koordinative Umstellung,* die den sensomotorischen Erfahrungshorizont körperbehinderter Kinder und Jugendlicher erweitern kann.

— Das Einnehmen einer waagerechten Körperlage stellt die Rückkehr in eine ,,phylogenetisch ältere Lage'' dar, in der die diesem Stadium entsprechende Reflexe (ATNR, STNR, TLR) bevorzugt ausgelöst werden können. Sollen sie vermieden werden (z. B. bei begleitender BOBATH-Therapie), dann muß der Therapeut oder Lehrer intensiv darauf achten, sie nicht auszulösen. Schon am selbständigen Einnehmen einer bevorzugten statischen Körperlage, aber auch bei der Anwendung bestimmter Schwimmtechniken (z. B. Brustschwimmen) kann man erkennen, daß die koordinativen ,,Schablonen'' dieser Reflexe in Bewegungen enthalten sind. Deshalb muß Cerebral-Bewegungsgestörten und auch Spina-bifida-Kindern vom Brustschwimmen abgeraten werden.

— An Land erlernte koordinative Muster müssen hinsichtlich der qualitativen Merkmale (z. B. Tempo, Umfang, Stärke usw., vgl. SCHNABEL 1976[2]) umgestellt werden. Schon allein hieraus erklärt sich die oft lange Dauer des Anfängerschwimmens mit Körperbehinderten.

4. Biomechanische und hydrodynamische Bedingungen

Die Körperlage des Menschen im Wasser ist weitgehend abhängig von 2 unterschiedlichen Kräften, der *Auftriebs- und der Gewichtskraft.* Während die Gewichtskraft als resultierende Kraft definitionsgemäß im Körperschwerpunkt angreift, wirkt der Auftrieb im Schwerpunkt der verdrängten Wassermasse.

4.1 Körperschwerpunkt

Der Körperschwerpunkt ist ein je nach Haltung und Position der Extremitäten zum Rumpf wechselnder Punkt, in dem die Resultierende aus den verschiedenen auf den Körper wirkenden Gravitationskräften angreift. In symmetrischer gestreckter Haltung liegt dieser Punkt etwa im Bereich des unteren Beckens.

Aus Messungen (vgl. REMY 1977) ist bekannt, daß sich bei Gliedmaßenmißgebildeten und Amputierten dieser Punkt nach verschiedenen Richtungen verschiebt.

Einseitige Behinderungen bringen außerdem eine Verschiebung zur nichtbehinderten Seite hin mit sich.

4.2 „Volumenmittelpunkt"

Dieser Punkt stellt den Schwerpunkt der vom menschlichen Körper verdrängten Wassermasse dar. Beide Punkte liegen auf den menschlichen Körper bezogen nicht am gleichen Ort, da die Dichte des menschlichen Körpers nicht homogen ist. Aus der Verschiebung des Körperschwerpunktes bei Körperbehinderten ergibt sich folglich auch eine Verschiebung des Volumenmittelpunktes. Messungen liegen dazu noch nicht vor.

4.3 Zustandekommen der stabilen statischen Körperlage

An einem vereinfachten Modell läßt sich zeigen, weshalb der menschliche Körper in einer mehr oder weniger geneigten Schrägstellung im Wasser stabil statisch liegenbleiben kann. Da der Körperschwerpunkt gegenüber dem Volumenmittelpunkt etwas fußwärts verschoben ist, wirken in den beiden Punkten die Kräfte nicht in der gleichen Richtung. Dadurch entsteht ein Drehmoment, das die Füße nach unten zum Erdmittelpunkt beschleunigt. Die bisher durchgeführte Untersuchung zeigte, daß der Kopf bei dieser passiven Bewegung in annähernd gleicher Position bleibt. Es findet eine Drehung um die Schulter-Kopf-Achse statt.

Erst wenn Auftriebs- und Gewichtskraft in der gleichen Richtung wirken, kommt es zu einem stabilen statischen Zustand. Körperschwerpunkt und Volumenmittelpunkt brauchen dazu ihre Orte nicht geändert haben (vgl. hierzu: KLAUCK 1977 und INNENMOSER 1980).

4.4 Statische Körperlage

In einer umfangreichen Dokumentation konnten wir die statischen Körperlagen verschiedener Körperbehinderter darstellen (vgl. INNENMOSER 1979 c). Hier soll auf insgesamt 6 verschiedene Körperbehinderungen eingegangen werden. (Dabei gehen wir davon aus, daß eine in der Hüfte gestreckte Körperhaltung eingenommen wird.)

Die statischen Körperlagen bei *Armdysmelie-Geschädigten* sind stets gekennzeichnet davon, daß sich schnell eine senkrechte Position im Wasser ergibt. Ohne die Hilfe ihres Auftrieb erzeugenden Beinschlages sind diese Behinderten nicht in der Lage, eine waagerechte Körperlage einzunehmen. Da die Arme verkürzt sind und sie somit die Lage des Körperschwerpunktes nur unwesentlich beeinflussen können, hilft auch das „Nach-oben-Nehmen" der Arme nicht wesentlich. Eine annähernd waagerechte Rumpfhaltung im Wasser kann nur eingenommen werden, wenn die Beine in der Hüfte sehr stark angebeugt werden.

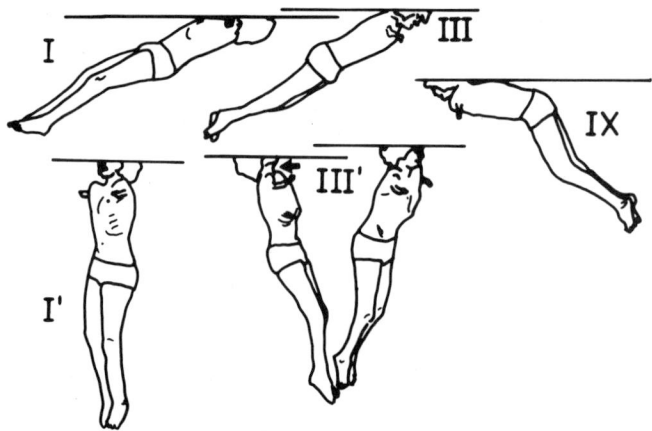

Abb. 2 Statische Körperlagen eines Jugendlichen mit beidseitiger Arm-Phokomelie (Erklärung der Zahlen s. Abb. 3; IX = stabile Körperlage nur in Bauchlage durch Beugung in der Hüfte)

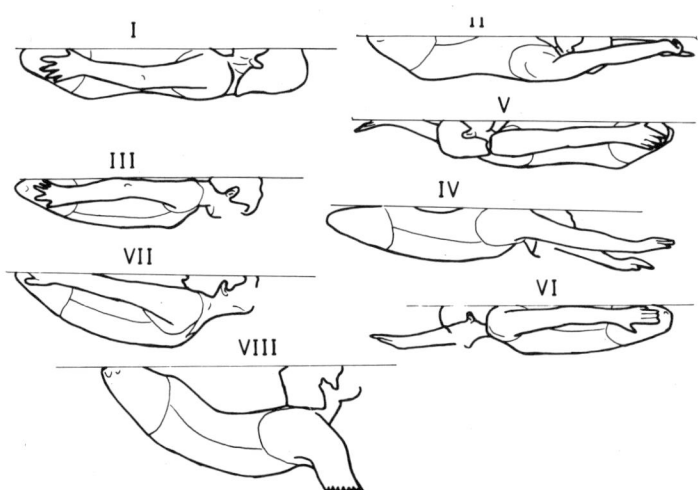

Abb. 3 Statische Körperlagen einer doppeloberschenkelamputierten Jugendlichen:
I = Rückenlage mit an den Seiten anliegenden Armen
II = Rückenlage mit über den Kopf gestreckten Armen
III = wie I nur Bauchlage, IV = wie II nur Bauchlage
V = Rückenlage mit einem Arm neben dem Körper und einem Arm über den Kopf gestreckt
VI = wie V in Bauchlage; VII = Bauchlage wie III, Versuch durch Anheben des Kopfes das Gesicht über die Wasseroberfläche zu heben (gelingt nicht!) VIII = wie VII, Arme kopfwärts gestreckt.

Behinderte mit einer beidseitigen *Oberschenkelamputation* haben eine sehr stabile waagerechte Körperlage. Bei ihnen bewirkt das Strecken der Arme über den Kopf ein Absinken des Rumpfes, so daß sie Mühe haben, den Kopf zur Atmung aus dem Wasser zu heben. Die Rückenlage ist bei ihnen die sicherste und einfachste Stellung, in der sie sämtliche Übungen des Anfängerschwimmens ausführen können. Allerdings werden sie dabei nicht vollständig wassersicher. Ähnlich günstig sieht die Situation bei *vierfach mißgebildeten Dysmelie-Geschädigten* aus. Der meistens kurze Rumpf und die extrem kurzen Extremitäten bewirken eine waagerechte Körperlage, wobei meistens die Rückenlage bevorzugt wird, da die Kraft und Bewegungsmöglichkeit der Arme in der Regel nicht ausreicht, um den Kopf in Bauchlage zur Atmung freizubekommen.

Sowohl bei Doppeloberschenkelamputierten wie auch bei der Vierfachdysmelie ergibt sich im Anfängerschwimmen das Problem, daß das Tauchen nur mit großer Schwierigkeit erlernt werden kann, da auch das Ausblasen der Luft aus der Lunge die günstigen Auftriebsverhältnisse nicht wesentlich beeinflußt. Trotzdem gehört das Tauchen mit zu den wichtigen Lernprozessen, die sie für einen wassersicheren Aufenthalt brauchen.

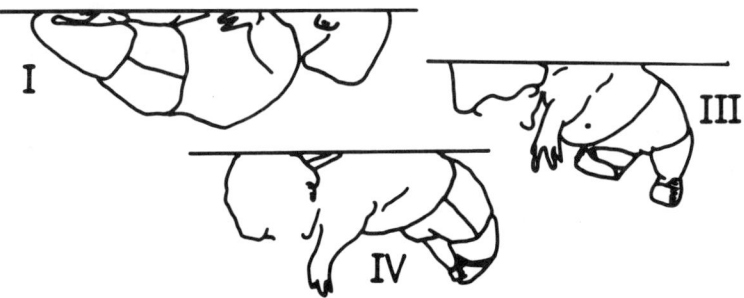

Abb. 4 Statische Körperlagen eines Jugendlichen mit Tetradysmelie; die Bauchlage kann nur kurzfristig eingehalten werden, da das Anheben des Kopfes zum Atmen unmöglich ist. (Erklärung s. Abb. 3)

Nicht ganz so eindeutig sind die statischen Körperlagen bei *Querschnittsgelähmten.* Hierbei muß unterschieden werden zwischen Querschnittsgelähmten, die eine komplette traumatische Beinlähmung haben und anderen, bei denen (z. B. durch eine Spina bifida) inkomplette Lähmungserscheinungen vorhanden sind. Bei letzteren kann es vorkommen, daß die Hüftbeuger noch intakt sind, während alle andere Muskulatur ausgefallen ist. Dadurch entsteht eine starke Beugehaltung im Hüftgelenk, so daß die wünschenswerte waagerechte Körperlage nicht möglich wird (vgl. STROHKENDL 1979).

Im allgemeinen wird die Rückenlage für die Streckung im Hüftgelenk als günstiger beurteilt, da in Bauchlage eine Beugung in der Hüfte und im Kniegelenk entsteht. Dadurch würde der durch die Rückenlage erzeugte Dehnungseffekt auf die Hüfte verhindert. Filmaufnahmen vom Schwimmen dieser Behinderten

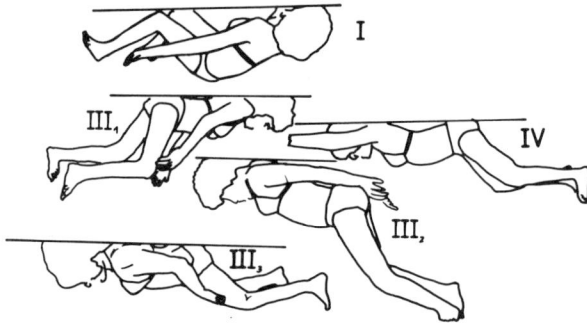

Abb. 5 Statische Körperlage einer querschnittsgelähmten Jugendlichen (Th9) (Erklärung s. Abb. 3)

zeigen jedoch, daß es auch in Bauchlage zu dynamischen Streck- und Beugebewegungen kommt, wodurch eine milde Dehnungswirkung entsteht.

An einem weiteren Beispiel einer Behinderten mit *Chondrodystrophie* und Teilversteifung im Hüft- und Kniegelenk kann aufgezeigt werden, daß sich auch hier in Rückenlage eine unkomplizierte statische Körperlage ergeben kann. Für die freie Atmung in Bauchlage wird zunächst die Fertigkeit des Tauchens vorausgesetzt.

Abb. 6 Statische Rückenlage eines Mädchens mit Chondrodystrophie und Bewegungseinschränkungen in den ,,großen Gelenken'' (Sicherheit durch die Lehrerin)

118

Auch schwer *tatraspastisch Gelähmte* sind in der Lage, eine recht gute waagerechte Körperlage sowohl in Rücken- als auch in Bauchlage einzunehmen. Minimale Muskelaktivitäten, wie sie z. B. durch die Anweisung: ,,Schau auf deine Füße" gegeben werden, genügen, damit diese Behinderten in einer annähernd waagerechten Körperlage verbleiben können. Bei allen Fällen, in denen die Arme mehr betroffen sind als die Beine, ergibt sich bei Körperbehinderten eine steilere, mehr der Senkrechten angenäherte Körperlage (vgl. auch DURLACH 1980).

4.5 Dynamische Körperlagen

Die Fortbewegung im Wasser erzeugt Reaktionskräfte, die als Widerstand des Wassers definiert werden. Bewegt sich eine gegen das Wasser schräg gehaltene Fläche vorwärts, lassen sich zwei Kraftvektoren feststellen. Uns interessiert die senkrechte Komponente, die man als dynamischen Auftrieb bezeichnet. Obwohl bei Unbehinderten die Bedeutung dieser Auftriebskomponente gering geschätzt wird, scheint sie, zumindest durch die Beobachtung bei Dysmelie-Geschädigten bestätigt, eine erhebliche Wirkung zu haben.

Dynamische Auftriebskräfte entstehen:

a) beim Gleiten durch die Schrägstellung des Körpers und die Abstoßkraft

b) beim Schwimmen durch die Kraftwirkung der Armtätigkeit und die Widerstandskraft des Wassers auf den Körper

c) durch den Beinschlag

Dysmelie-Geschädigte haben die Möglichkeit, durch den Abstoß beim Gleiten oder durch einen kräftigen Beinschlag ihre Körperhaltung in der Waagerechten zu stabilisieren. Erst bei sehr geringer Geschwindigkeit nach dem Abstoß zum Gleiten verringert sich diese Auftriebswirkung, so daß die Beine absinken.

Körperbehinderte mit *intakten Armfunktionen* sind in der Lage, durch die Tätigkeit der Arme sich einen erheblichen Vortrieb zu verschaffen, der sich — im günstigsten Falle bei schlaff Beingelähmten — vorteilhaft auf die Beine auswirkt, so daß diese ebenfalls in eine fast waagerechte Lage auftreiben können. Von besonderer Bedeutung ist die Auftriebserzeugung durch die Tätigkeit der Beine bei z. B. *cerebral Bewegungsgestörten.* Obwohl bei Kindern mit spastischer Diplegie die Kraulbeinbewegung nicht annähernd der des unbehinderten Bewegungsideals entspricht, kann mit ihrer Hilfe eine waagerechte Körperlage eingenommen werden. Allerdings sind dann die reinen Vortriebskomponenten dieses Beinschlages gering (vgl. INNENMOSER 1979).

Zu einem wesentlichen Maße sind statische und dynamische Körperlagen von der *Stellung des Kopfes* abhängig. Dies läßt sich sowohl bei Unbehinderten beweisen, wirkt sich aber besonders beim cerebral Bewegungsgestörten negativ bzw. positiv aus. Da durch Kopfbewegungen bestimmte ,,pathologische Reflexe" provoziert werden, ergibt sich häufig im Zusammenhang mit der Ausübung einer Schwimmtechnik und den dazu notwendigen Atmungsbewegungen ein völlig verändertes koordinatives Muster, das überlagert wird von diesen tonischen Reflexanomalien.

Abb. 7 Starke Beugung der Beine und Anheben der Arme durch Auslösen von „Reflexanomalien" bei einem Jugendlichen mit schwerer Tetraspastik

4.6 Vortrieb — Widerstand

Versucht man, in senkrechter Haltung zu schwimmen (wie dies z. B. durch das Tragen von „Schwimmflügeln" gefördert wird), merkt man sehr rasch einen erhöhten Widerstand. Die möglichst flache Körperlage ist folglich für ein ökonomisches Schwimmen dringend nötig. Viele Körperbehinderte sind in der Lage, den erhöhten Widerstand in Fortbewegungsrichtung durch das Einnehmen einer waagerechten Körperlage zu verringern. Dies fällt Behinderten mit funktionstüchtigen unteren Extremitäten und geschädigten Armen schwerer als Behinderten mit gelähmten und teilweise gelähmten Beinen und ist sehr leicht für Behinderte mit fehlenden unteren Extremitäten (vgl. INNENMOSER 1979c).

Es scheint so zu sein, daß die körperliche Beschaffenheit bei Menschen mit einem einseitig Ober- oder Unterschenkelverlust einen optimalen Kompromiß zwischen Verminderung des Widerstandes (flache Körperlage) und Verringerung der Vortriebsmöglichkeiten darstellt. Die Tätigkeit des noch voll funktionstüchtigen Beines wirkt dann primär stabilisierend und unterstützend im Sinne der Atmungsbewegungen. Bei komplett Beingelähmten und bei doppelt Oberschenkelamputierten besteht die Schwierigkeit, die seitlichen Abweichungen von der Fortbewegungsrichtung möglichst geringzuhalten. Dies ist nur möglich, wenn mit den Armen kompensatorische Bewegungen unter Wasser ausgeführt werden. Erfahrungsgemäß ist dies mit Gleichzugtechniken einfacher zu lernen, während die Wechselschlagtechniken, wie z. B. Brustkraul oder Rückenkraul einen erheblich verlängerten Lernprozeß bedingen.

Nur beim Brustschwimmen und beim Rückenschwimmen ist die Tätigkeit der Beine wichtiger als die Tätigkeit der Arme für die Erzeugung eines möglichst optimalen Vortriebs.

Aber gerade die Brustkraultechnik zeichnet sich dadurch aus, daß die freie Bewegungsmöglichkeit der Arme genutzt werden kann, um eine hinsichtlich Krafthöhe und Kraftweg optimale Vortriebswirkung zu erzeugen. Daraus ergibt sich, daß Körperbehinderte in der Brustkraultechnik, bzw. in der Bauchlage besonders gute Möglichkeiten haben, ihre ausgefallenen motorischen Funktionen zu kompensieren.

In Vereinfachung kann empfohlen werden:

Armbehinderte	— Brustschwimmen, Rückenschwimmen, Kraulschwimmen mit Flossen
Beinbehinderte	— Brustkraulschwimmen, Delphinschwimmen, Rückenkraulschwimmen, Brustschwimmen
Einseitig Beinbehinderte	— Brustkraul, Seitenschwimmen, Brustschwimmen je nach erhaltenen Fertigkeiten (vgl. *Tabelle in Kapitel 10*)

In allen Fällen, wo die motorischen Funktionen nicht ausreichen, um den Kopf aus der Bauchlage zur Atmung anzuheben, muß man ein Schwimmen in Rückenlage und evtl. die Rückenkraul- oder Rückengleichschlagtechnik als mögliche Technik empfehlen.

Die beiden zuletzt genannten Techniken stellen im übrigen eine wesentliche Entlastung der Rücken- und Nackenmuskulatur dar und sind aus therapeutischen Gründen durchaus wichtig.

5. Bewegungsphysiologische Grundlagen

Mit dem Einnehmen der waagrechten Schwimmlage im Wasser unterwirft man sich bewegungsphysiologisch gesehen phylogenetisch älteren, koordinativen Bedingungen. Frühkindliche Reflexe können leicht provoziert werden; die Gesamtmotorik muß sich in ihren Abstimmungsprozessen zwischen dem sogenannten „Motor-hold-system" und dem „Motor-move-system" gänzlich umstellen. Beide koordinativen Systeme haben sich in der motorischen Entwicklung primär an die Verhältnisse an Land angepaßt. Im Wasser jedoch bewirkt der Wegfall der Schwerkraft völlig andersartige Reaktionen, so daß in den höheren koordinativen Zentren *veränderte Programme* erstellt werden müssen (Kleinhirn, Basalganglien, Motorischer Contex, Assoziativer Cortex) (vgl. hierzu: SCHMIDT, R. F. 1977[4] und [3], HAASE u. a. 1979/1976). Da das Schwimmen eine zyklische Bewegungsaktivität ist, ergibt sich daraus die Forderung nach einer relativ hohen *Bewegungskonstanz.* Oft stellt man beim cerebral Bewegungsgestörten fest, daß z. B. die Beinbewegung begonnen wird und nach kurzer Zeit einen immer geringeren Umfang annimmt, im Tempo langsamer wird und schließlich vollständig abebbt, als ob eine Bremse angezogen worden wäre. Das motorische System scheint nicht in der Lage zu sein, die zyklische Bewegung durch sukzessiv erfolgende neue Anstöße der Bewegungsprogramme aufrechterhalten zu können. Wechselt man mit diesen Behinderten aus flachem Wasser, in dem Stehen noch möglich ist, in tiefes Wasser über, werden sie gezwungen, die zyklische Bewegungsaktivität aufrechtzuerhalten. Die Kunst des Lehrers verhindert dabei psychische Schäden.

Ökonomisches Schwimmen zeichnet sich dadurch aus, daß die Widerstandskomponente klein und die Vortriebskomponente groß bzw. mit möglichst geringen Schwankungen versehen ist. Nur durch alternierende Bewegungen, wie z. B. beim Kraulschwimmen, läßt sich dies garantieren. Da sich gleichzeitig aber bei alternierenden Bewegungen der Extremitäten eine Rotation um die Körperlängsachse ergibt, müssen die meisten Körperbehinderten schon früh einen kompensatorischen Armzug erlernen, der ihre behinderungsbedingten zusätzlichen Bewegungen ausgleicht. Kommen dazu noch die ,,Atmungsbewegungen'' des Kopfes, dann wird die gleichartig alternierende Bewegung der Extremitäten noch zusätzlich gestört (vgl. *Abb. 8*).

Abb. 8 Phase aus dem Kraulschwimmen eines Mädchens mit beinbetonter Tetraspastik. Trotz noch fehlender Bewegungsökonomie erbringt die Kraultechnik eine relativ gute Schwimmgeschwindigkeit und erlaubt ein entsprechendes Ausdauertraining.

Eine *hohe Schwimmgeschwindigkeit* entsteht dann, wenn die Kraftwirkung der Extremitäten ohne größere Verluste über einen möglichst langen Beschleunigungsweg auf die Vorwärtsbewegung des Rumpfes übertragen werden kann. Dies ist vielen Körperbehinderten schon aufgrund der Bewegungsstörungen im Schulter-, Ellbogen- oder Hüftgelenk nicht möglich. Aus bewegungsphysiologischen und biomechanischen Gründen kann gesagt werden, daß Körperbehinderte in der Regel keine so hohe Schwimmgeschwindigkeit entwickeln können wie Unbehinderte.

Geht man den üblichen *methodischen Weg,* daß nämlich zunächst die Beinbewegung, danach die Armbewegung, dann die Gesamtbewegung (+ Atmung) erarbeitet wird, müßte man eigentlich unter bewegungsphysiologischen Aspekten an der Richtigkeit zweifeln. Feinmotorische Leistungen der Beine sind nämlich weit weniger gut möglich als die der Arme. Lernmethodisch ist aber dazu zu sagen, daß die Armbewegungen der Schwimmtechniken oft so kompliziert sind, daß sie anfänglich nur schwer nachvollzogen werden können. Die Kraul-Beinbewegung z. B. läßt sich dagegen leicht — aufgrund ihrer Analogie zum Gehen — auf die waagerechte Lage im Wasser übertragen. Außerdem bewirkt eine kräftige, wenn auch nicht optimalisierte Beinbewegung (feinmotorische Leistungen sind zunächst nicht nötig) eine Stabilisierung der waagerechten Körperlage, wodurch erst ein sinnvoller Einsatz der Arme für die Fortbewegung möglich wird.

Besonders schwierig werden schwimmtechnische Lernvorgänge bei Körperbehinderten, die ihre Beine aufgrund der Behinderung überhaupt nicht einsetzen können. Sie besitzen zwar eine relativ gute Körperlage im Wasser, müssen aber sämtliche Vortriebskräfte und Stabilisierungsmomente nur mit den Armen erzeugen.

Alternierende Armbewegungen sind bei diesen Behinderten oft sehr schwer zu erlernen. Als methodische Vorstufe werden deshalb gleichartige Armbewegungen erarbeitet, wodurch sich rascher ein entsprechendes „Kraftgefühl" einstellt.

6. Psychische und soziale Aspekte

6.1 Angst vor neuen Bewegungs- und Anpassungssituationen

Körperbehinderte haben oft eine diffus vorhandene Angst vor der Bewegung in unbekannter Umgebung bzw. vor neuen Anpassungs- oder Bewegungssituationen. Dem Körperbehinderten kann durch das Schwimmenlernen bewußtgemacht werden, daß er in der Lage ist, mit Hilfe seiner unbeeinträchtigten geistigen Leistungsfähigkeit, sowie seiner erhaltenen motorischen Funktionen auch das neue Element Wasser zu beherrschen.

Mit der Überwindung dieser diffusen Angstgefühle schafft man gleichzeitig Vertrauen in die eigene Leistungsfähigkeit und damit Erfolgserlebnisse, wie sie für die Problematik der sozialen Situation des Körperbehinderten unbedingt notwendig sind. Denn gerade die gestörte Motorik behindert die Gesamtentwicklung des Körperbehinderten.

Da das Element Wasser vielen Körperbehinderten eine recht freie Bewegungsmöglichkeit erlaubt, können somit vermehrt motorische Erfolgserlebnisse geschaffen werden.

Von zentraler Bedeutung ist aber, daß besonders die ersten Kontakte mit dem Wasser sorgfältig und möglichst komplikationsfrei ablaufen. Eine Idealsituation, wie wir sie z. B. in der therapeutischen Arbeit zwischen einem Krankengymnasten und einem Behinderten finden, kann dies garantieren (vgl. HALLIWICK). In sportähnlichen Lernsituationen kann diese Eins-zu-Eins-Beziehung auch hergestellt werden durch den Einsatz von Eltern (Vater oder

Mutter) oder Kontaktperson. Und schließlich wäre denkbar, daß es unter bestimmten Voraussetzungen auch zu einem partnerschaftlichen Lernprozeß zwischen Unbehinderten und Behinderten kommt. Überall da, wo solche Voraussetzungen nicht geschaffen werden können, müssen wir uns damit abfinden, daß das Lernen wesentlich länger dauert als es eigentlich müßte.

Günstige Lernmöglichkeiten hat man, wenn körperbehinderte Kinder im Alter zwischen 2 und 4 Jahren zum Schwimmen bzw. zum Aufenthalt im Wasser herangeführt werden. Dann ist häufig eine recht große „Affinität" zum Wasser gegeben; Angstgefühle lassen sich recht schnell durch spielerische Übungsformen überwinden. In allen anderen Fällen, wenn mit dem Schwimmen erst spät und womöglich nach gewissen negativen Vorerlebnissen begonnen werden kann, muß dafür gesorgt werden, daß der Behinderte schnell erfährt, wie gut das Wasser ihn trägt (Auftriebsübungen). Auch muß er rasch sehen, daß er sich im Wasser trotz Behinderung so verhalten kann, daß er nicht in Lebensgefahr oder Atemnot gerät (Tauchen). Primär beeinflußt die Gestaltung und Durchführung des Unterrichts durch den Lehrer die Motivation des Körperbehinderten zum dauerhaften Schwimmen und Sich-Bewegen im Wasser. Es ist mit keiner Begründung entschuldbar, wenn durch einen „lässig" geführten Unterricht solche langfristigen Motivationen verlorengehen.

Denn schließlich sollte man sich im klaren darüber sein, daß die Vorbereitung des Körperbehinderten zum Schwimmen durchaus eine erhebliche Anstrengung mit sich bringt. Diese beginnt beim Umziehen, beim Abtrocknen und endet z. B. beim Anziehen mit noch teilweise nassem Körper. Die bei vielen Körperbehinderten gegebene große Abhängigkeit von Helfern „vermiest" ihnen häufig den Aufenthalt im Wasser.

6.2 Sozialisierende Aspekte

Das Lernen des Körperbehinderten im Wasser ist so vielfältig und „einmalig", daß er gezwungen ist, sich intensiv mit sich selbst zu beschäftigen. Das Schwimmen könnte so schnell zu einer „Individualsportart" werden! Tatsächlich sind viele Übungen in der Gruppenarbeit im Schwimmen, wenn man sie genauer betrachtet, verdeckte Formen einer Einzelbetreuung.

Aus psychologischen und lerntheoretischen Gründen sollten die immer noch vorhandenen Gruppeneffekte intensiv genutzt werden. Lernhemmungen werden durch das Beispiel des etwas schneller lernenden Gruppenpartners oftmals abgebaut, insbesondere wenn ein gewisser Ehrgeiz gegenüber diesem Partner besteht. Wir haben bereits vor einigen Jahren, ausgehend von unseren Erfahrungen in den Vorschulkindergruppen darauf hingewiesen, wie solche Einzelarbeit in eine gezielte Gruppenarbeit unter sozialisierenden Aspekten überführt werden kann (vgl. INNENMOSER 1978). Das dort beschriebene Modell hat sich, wenn auch in Abwandlungen bis heute durchgängig bewahrheitet.

Einige organisatorische Maßnahmen sind geeignet dazu, sozialisierende Effekte des Schwimmunterrichts zu fördern:

Jede Übungseinheit muß mit der gesamten Gruppe *gemeinsam* begonnen werden, wobei sich ein Versammeln im Sitz am Beckenrand besonders bewährt hat. Die Kinder sollten dabei mit dem Rücken zur Wasserfläche sitzen, so daß sie sich voll auf die Aussagen des Lehrers und die der anderen Gruppenmitglieder konzentrieren können.

Ebenso wird das Ende der Übungseinheit gemeinsam durchgeführt. Dabei wird die Gelegenheit wahrgenommen, auf den Verlauf der Stunde, aber auch auf die nachfolgenden Stunden einzugehen.

Der Lehrer muß beim Schwimmen mit Körperbehinderten häufig neben der allgemeinen Aufgabenstellung für die Gruppe auch einige besondere Aufgaben für einzelne Behinderte geben. Dies entsteht durch die nur selten schadenshomogenen Gruppen, da im Schwimmen viel häufiger die *„leistungshomogene"* *Gruppe* gebildet wird. Der Lehrer sollte also sowohl die allgemeinen, wie auch die differenzierten Hinweise an einzelne Gruppenmitglieder immer *vor der gesamten Gruppe geben.* Die Bewertung oder Korrektur eines einzelnen Gruppenmitglieds vor der gesamten Gruppe stellt eine wichtige sozialisierende Maßnahme dar. Denn nur so kann es zu kooperativem Verhalten im Schwimmen und zur Partnerarbeit kommen. Letztere aber ist nur dann sinnvoll, wenn die motorischen Fertigkeiten der einzelnen Partner aufeinander abgestimmt werden können.

Insbesondere im Hinblick auf die psychische Struktur des Behinderten muß sichergestellt sein, daß sich aus der Partnerarbeit zwischen Behinderten weder Unsicherheit noch akute Gefahren ergeben können.

Schließlich bleibt eine Tatsache wichtig: Die Fortbewegung im Wasser ist, selbst wenn das Wasser nicht schwimmtief ist, relativ langsam. Dadurch haben geringgradig- oder nichtbehinderte Kinder und Jugendliche weniger häufig die Möglichkeit, sich dem Kontakt und sei es nur dem visuellen Kontakt des behinderten Partners wie z. B. beim Spiel in der Halle zu entziehen.

Durch das Ausnutzen der verschiedensten Spiel- und Übungsformen im hüft-, schulter- und schwimmtiefen Wasser ergeben sich mannigfaltige sozialisierende Effekte. Zunächst bleibt trotzdem der Lehrer die wichtigste Bezugsperson im sozialisierenden Prozeß; er ist auch über den Schwimmunterricht hinaus dafür verantwortlich, die Sozialisation in der Freizeit weiter zu verbessern. Häufig wird gerade dieser Aspekt in der sporttherapeutischen Betreuung des körperbehinderten Kindes vernachlässigt bzw. vergessen.

7. Methodische Prinzipien

Allgemeine methodische Regeln haben auch bei Körperbehinderten grundsätzlich Gültigkeit. Sie werden hier nicht wiederholt. Darüber hinaus ist es notwendig, auf einige besondere Punkte einzugehen:

7.1.1

Körperbehinderte können nicht entsprechend dem Vorbild des „genormten" Bewegungsideals von Nichtbehinderten Bewegungen erlernen. Ihnen müssen deshalb viel Zeit und viele Gelegenheiten gegeben werden, damit sie einen *eigenen koordinativen Lösungsweg in Anpassung an ihre spezifischen Bewegungsprobleme* finden können. Der Lehrer kann auf diesem Weg durch exakte

Beobachtung helfend eingreifen, letztlich aber ist hier die Selbständigkeit des Behinderten besonders intensiv gefordert! Dies bedeutet nicht, daß der Behinderte nicht auch durch die Bewegungsdemonstration des Unbehinderten eine gewisse Bewegungsvorstellung bekommt.

7.1.2

Wenn die „Bewegungsaufgabe" im Schwimmen mit Körperbehinderten besonders im Vordergrund steht, dann gehört dazu die Forderung, durch die Maßnahmen des Lehrers beim Schwimmunterricht *Anschaulichkeit* herzustellen. Meistens werden beim Lernziel „Tauchen" besonders viele Fehler durch abstrakte und unanschauliche Aufgaben gemacht. Körperbehinderte sind durch entsprechendes Spielzeug sehr leicht dazu zu bringen, mit Kopf und Gesicht unter Wasser zu gehen. Sehr hilfreich kann die Benützung einer Schwimmbrille sein!

7.1.3

Neben der Anschaulichkeit ist es notwendig, bei Körperbehinderten das *spielerische Üben* in den Vordergrund zu stellen. Besonders im Teilziel Wassergewöhnung steht spielerisches Üben im Vordergrund. Der Lehrer als Spielpartner stellt eine wichtige Möglichkeit dar, um den Kontakt zwischen Schüler und Lehrer noch zu verbessern. Letztlich gelingen oder scheitern Lernprozesse dieser Phase daran, ob ein gewisses Sympathieverhältnis zwischen Körperbehindertem und Lehrer hergestellt werden kann.

7.1.4

Die Einzelförderung sollte nur selten zum Prinzip erhoben werden. Nur dann wenn gewährleistet ist, daß durch die Einzelförderung der betreffende Körperbehinderte seine motorische Leistung möglichst rasch verbessern kann und dadurch in eine Gruppe intregiert werden kann, scheint eine solche Maßnahme sinnvoll.

7.1.5

Schließlich muß darauf hingewiesen werden, daß aufgrund der oft extrem verlängerten Lernprozesse der Behinderte *rechtzeitig* zu seiner für ihn *geeignetsten Schwimmtechnik* hingeführt werden sollte. Dies beginnt bereits mit dem Üben der später bevorzugten Körperlage.

7.1.7

Die *Bewegungsaufgabe* ist die wichtigste methodische Maßnahme beim Schwimmenlernen mit Körperbehinderten. Die Aufgaben müssen selbstverständlich an die momentane motorischen Leistungsfähigkeit des Körperbehinderten angepaßt werden. Oft ist das im didaktischen Lernverfahren übliche Beschreiben einer Übungsform nicht machbar. In solchen Fällen kann man die Demonstration durch den Lehrer, in selteneren Fällen auch durch das behinderte Gruppenmitglied anwenden. Man muß sich aber dabei klar sein, daß dies für den Körperbehinderten schwierig ist, da er ja das gesehene ,,Bewegungsvorbild'' nicht kopieren kann, sondern abwandeln muß!

7.1.8.

Immer muß deshalb das Bewegungslernen des Körperbehinderten kommentiert und erläutert werden. Die verbale Führung in Form eines intensiven Unterrichtsgesprächs ist eine dringende Notwendigkeit im Sport mit Körperbehinderten. Darüber hinaus sind *Bewegungshilfen* wichtige zusätzliche Maßnahmen.

Über *methodische Hilfsmittel* kann oft die Anschaulichkeit des Schwimmunterrichts hergestellt werden. Trotzdem muß darauf hingewiesen werden, daß Bewegungshilfen und andere Hilfsmittel nur solange beibehalten werden sollen, wie es unbedingt notwendig ist. Dies deshalb, weil Körperbehinderte mit der Anpassung ihres Bewegungslernen an ihre Behinderung bereits ausreichend gefordert sind und nicht auch noch durch einen dann wieder rückgängig zu machenden Gewöhnungsprozeß zusätzlich belastet werden sollen.

Sofern Auftriebshilfen z. B. aus psychischen Gründen notwendig sind, müssen sie schnellstens abgebaut werden, da besonders sie auf einen lernmethodischen Irrweg hinführen.

7.1.9

Methodische Stufen im Lernprozeß können bei Körperbehinderten nicht bzw. nur selten übersprungen werden. Darüber hinaus muß gefordert werden, daß über das Mittel der *Variation* eines entsprechenden Lernschrittes ein *vielfältiges Lernen* hervorgerufen wird.

Andererseits — und dies scheint im Gegensatz zu dem eben erwähnten zu stehen — wirkt es sich ungünstig aus, wenn man bei manchen Körperbehinderten an einem spezifischen Lernziel festhält, das offensichtlich noch nicht geleistet werden kann. Dafür können z. B. psychische Gründe ursächlich sein. Wenn das motorische Lernvermögen des Behinderten es aber ermöglicht, die nächsten Schritte bereits zu lernen, so sollte man weitergehen. Es ist dann notwendig durch ständige Übungswiederholungen, Rückgriffe auf bereits Gelerntes und eine stetige Auffrischung der erarbeiteten Lernziele zu gewährleisten, um das übersprungene Lernziel nicht verlorengehen zu lassen. Es kann durchaus sinnvoll sein, bereits mit dem Erlernen des Kraulbeinschlags zu beginnen, obwohl die Phase der Wasserbewältigung, speziell des Tauchens noch keineswegs abgeschlossen ist. Oftmals entwickelt sich mit der Beherrschung der Kraultechnik in Grobform auch spontan der Wunsch, nun auch das Tauchen zu erlernen. Dies läßt sich dann nachholen. Es ist selbstverständlich, daß das Lernziel Tauchen für ein sicheres Schwimmen nicht übergangen werden kann.

7.1.10

Von zentraler Bedeutung für die Organisation des Unterrichts ist die Frage nach der *Position des Lehrers* zur Schwimmgruppe. Besonders in der Phase des spielerischen Übens, der Wassergewöhnung und der Wasserbewältigung mit kleineren Gruppen ist es sinnvoll, daß der Lehrer den Unterricht im Wasser stehend bzw. kniend begleitet. In der bei Schwerbehinderten üblichen Einzeltherapie ist dies sowieso eine dringende Notwendigkeit.

Je mehr Fertigkeiten Körperbehinderte erworben haben, je größer folglich auch die Gruppen sein können, desto mehr ergibt sich die Notwendigkeit, daß der Lehrer den Unterricht von außerhalb des Beckens führt und beaufsichtigt. Zunehmend seltener wird der Lehrer in dieser Lernphase selbst ins Wasser gehen, um bestimmte Übungen zu demonstrieren. Es ist schon allein aufgrund der Sorgfalts- und Aufsichtspflicht notwendig, daß der Lehrer bei einer zu großen Gruppe den Unterricht von außerhalb des Beckens führt.

8. Hilfsmittel

Manche schwimmethodischen Lehrverfahren mit Körperbehinderten betonen in einer besonderen Weise die Verwendung von Hilfsmitteln. Dies scheint auch real begründbar zu sein. Die Vergangenheit zeigte aber, daß oft wenig durchdachte Wege gegangen wurden, wobei Auftriebshilfen meistens die noch erhaltene Bewegungsfähigkeit des körperbehinderten Kindes mehr störten als unterstützten.

In unserem Bereich werden keinerlei Auftriebshilfen verwendet. Diesen recht radikalen Standpunkt konnten wir aufgrund unserer Situation bisher durchhalten. Bezüglich der Benutzung von Hilfsmittel wird unterschieden:

8.1 Auftriebshilfen

Hierunter verstehen wir z. B. Schwimmflügel oder das „Schwimmei" (vgl. hierzu auch WILKE, 1979). Sie sollten äußerst selten und nur mit sehr viel Sorgfalt eingesetzt werden. Werden sie verwendet, muß Sorge getragen werden, daß sie simultan mit den Lernfortschritten des Körperbehinderten auch entfernt werden.

8.2 Methodische Hilfsmittel

Dazu rechnen wir folgende Geräte: die Sprosse (die Sprossen) (vgl. LEWIN, 1975[4]), den schwimmfähigen Balken, das Schwimmbrett, Paddles, Gummireifen, Pull-buoys, Bälle, Tauchringe, Plastikreifen, Tauchsteine, Metall-Stange, Treppen, Einstiegleitern und Flossen. Je nachdem, welche motorischen Fähigkeiten beim Körperbehinderten vorliegen, werden diese methodischen Hilfsmittel ständig eingesetzt. Sie dienen sowohl der Herstellung der Anschaulichkeit, wie auch der Unterstützung von sonst behinderungsbedingt kaum möglichen Lernprozessen.

8.3 Andere Hilfsmittel

Das sind z. B. Nasenklammern, die bei Armbehinderten besonders wichtig sind (Tauchen). Außerdem sollten solche Flossen erwähnt werden, die an Amputationsstümpfen oder Restextremitäten befestigt werden (vgl. *Abb. 9*). Gummischuhe verhindern z. B. bei Spina-bifida-Kindern, daß sie sich Schürfwunden

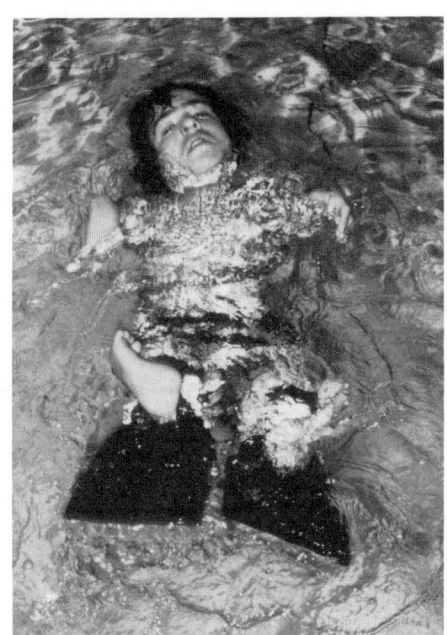

Abb. 9 Jugendlicher mit Tetradysmelie schwimmt in ,,Rückenkraultechnik" mit zwei an seine Restextremitäten angepaßten Flossen. Bedingt durch die eigentümlichen Bewegungsmöglichkeiten im Hüftgelenk kann er mit dem rechten Bein ,,Vortrieb" erzeugen (auf- und abschlagen) und mit dem linken Bein Kurven schwimmen und steuern.

am Beckenboden zuziehen. Das Schwimmbad sollte so gebaut sein, daß der Zugang zum Becken mit Hilfe eines Rollstuhls bzw. mit Gehstützen (Krücken) gefahrlos möglich ist.

9. Gliederung des Schwimmens

9.1 Anfängerschwimmen

Im Anfängerschwimmen unterscheiden wir den ,,Einstiegs-Bereich" der *Wassergewöhnung*, der eine bewegungs-aktive Lernsituation für den Körperbehinderten darstellt, bei dem er unbewußt (spielerisch) lernen kann, wie er sich dem Wasser anpassen sollte. In der darauffolgenden Phase beginnt die *Wasserbewältigung*, die nun besonders viel Aktivität vom Behinderten fordert, und bei der er bewußt lernt, wozu und was er im und mit dem Wasser tut. Beide Aspekte bezeichnen wir mit dem Wort *Wasservertrautwerden* und wollen damit zum Ausdruck bringen, daß das Vertrauen zu den eigenen Fähigkeiten im Wasser das Wesentliche dieser Phase darstellt.

Hierbei steht die Verbesserung der physischen Leistungsfähigkeit, die Anpassung an das Medium Wasser, die Vermittlung sozialer Interaktionen und auch die Verbesserung sporttechnischer Fertigkeiten im Vordergrund. Während die Wassergewöhnung aus spielerischen Übungen besteht, deren Inhalte sich in der Wasserbewältigung noch einmal unter etwas konzentrierteren Aspekten wiederholen, kann am Ende der Wasserbewältigung bereits mit einem einfachen Training von Bewegungstechniken (Schwimmen) begonnen werden. Von entscheidendem Einfluß auf die Art des Unterrichts sind — besonders im Anfängerschwimmen — die äußeren Voraussetzungen: eine nicht zu verringernde Wassertiefe von z. B. 1 m verlangt ständig viele Helfer. Kann man dagegen auf 60 cm bzw. weniger absenken und sind z. B. Stufen sowie ein langsam abfallender Beckenboden vorhanden, dann hat man ideale Gegebenheiten für beginnenden Gruppenunterricht (vgl. *Abb. 10*).

Abb. 10 Anfängerschwimmen mit körperbehinderten Vorschulkindern in „Idealsituation" (Bild: G. Klaphake).

9.1.1

Bei der Darstellung der Inhalte dieser Phase müssen wir drei unterschiedlich schwierige Ausgangssituationen beschreiben:
a) das steh- und gehfähige körperbehinderte Kind,
b) das nicht-stehfähige Kind, welches sich aber gut festhalten kann
c) das weder stehfähige noch selbständig greif- und haltefähige Kind
Es ergeben sich drei Aufgabenbereiche:
1. Das Erfühlen/Erleben von *Nässe, Kälte* und *Widerstand* (Dichte, Druck) des Wassers *am Körper*
2. Die Gewöhnung an Wasser *im Gesicht, am Kopf;* das Erproben des Mundschlusses und der Schluckreflexe; das Überspielen des Lidschlußreflexes, d. h. das Augen-Öffnen trotz Wasserspritzer und die Gewöhnung daran, daß der Kopf im bzw. unter Wasser ist
3. Die spielerische Vorbereitung der Wasserbewältigung (vgl. *Abb. 11*).

Zweck	Inhalte				
	übergeordnete Aufgaben	Motorische Aktivität		Psychosoziale Aspekte	
Erfühlen von Kälte, Nässe, Widerstand (Dichte — Druck am Körper)	Einsteigen ins Wasser ↓ Fortbewegen/ Bewegtwerden ↓ Spielen mit Gegenständen ↓ Spielen in Gruppen (mit dem Lehrer, Helfer, Kontaktperson) ↓ Gehen, Laufen, Hüpfen, Springen, Zappeln ↓ Spiele mit Blasenpusten / Untertauchen, Tauchen ↓ Treiben / Auftreiben	stehen ↓ hocken ↓ gehen (halten, hängen) ↓ hocken ↓ liegen ↓ aufstehen aus der Bauchlage ↓ aufstehen aus der Rückenlage	üben am Ort (Beckenrand, Treppe) ↓ üben in der Bewegung ↓ Gesicht auf das Wasser (Wasser abschütteln) ↓ Gesicht ins Wasser ↓ Blasenpusten ↓ Untertauchen ↓ Tauchen ↓ Zieltauchen ↓ Gleiten ↓ Zielgleiten Tauchgleiten	Intensiver Kontakt (Einzelarbeit) Loser Kontakt (Kleingruppe) Selbständigkeit (größere Gruppe)	Sozialer Kontakt mit Eltern, Lehrer, Bezugsperson ↓ mit Kindern (zufällig) ↓ anderem Kind ↓ anderen Kindern ↓ Behinderte und Nichtbehinderte ↓ Lehrer und vielen Kindern (Behinderte und Nichtbehinderte)
Gewöhnung an Wasser im Gesicht, Mundschluß, Augen öffnen, Kopf im und unter Wasser					
Spielerische Vorbereitung der Wasserbewältigung					

Abb. 11 Gliederungsschema des Lernteilziels „Wassergewöhnung" im Behinderten-schwimmen.

Diese senso-motorischen Lernprozesse ermöglichen wir dem körperbehinderten Kind durch verschiedene — an die Ausgangssituation angepaßte — *Inhalte* oder motorische Aktivitäten:

Zum *Aufgabenbereich 1* gehört das Einsteigen ins Wasser bzw. das „Hereingehoben werden" mit anschließendem Stehen, Drehen, Festhalten und Wenden; Eintauchen und Herausheben im engen Körperkontakt zwischen Lehrer (Eltern, Helfer) und Kindern der Gruppe c. Danach folgt selbständiges Fortbewegen mit Festhalten oder frei; Seitwärts-Hangeln am Beckenrand oder an der Stange bzw. „Bewegt-Werden" an Sprosse oder Balken. Bei Kindern der Gruppe c wird sich der Lehrer drehen, er wird gehen, hüpfen und die Möglichkeit zum Greifen, Schauen und Staunen geben. Wichtig ist in dieser Phase das beginnende Lösen des engen Körperkontaktes: das „Distanz-Schaffen" auf der Grundlage einfacher, aber sicherer motorischer Fertigkeiten (vgl. *Abb. 12*).

Aufgabenbereich 2 ist der schwerste, weshalb er inhaltlich durch das *Spiel* mit Gegenständen (Methodische Hilfsmittel), das Spiel in Gruppen oder mit dem Lehrer, Helfer und der Kontaktperson erschlossen wird. Entscheidend wichtig

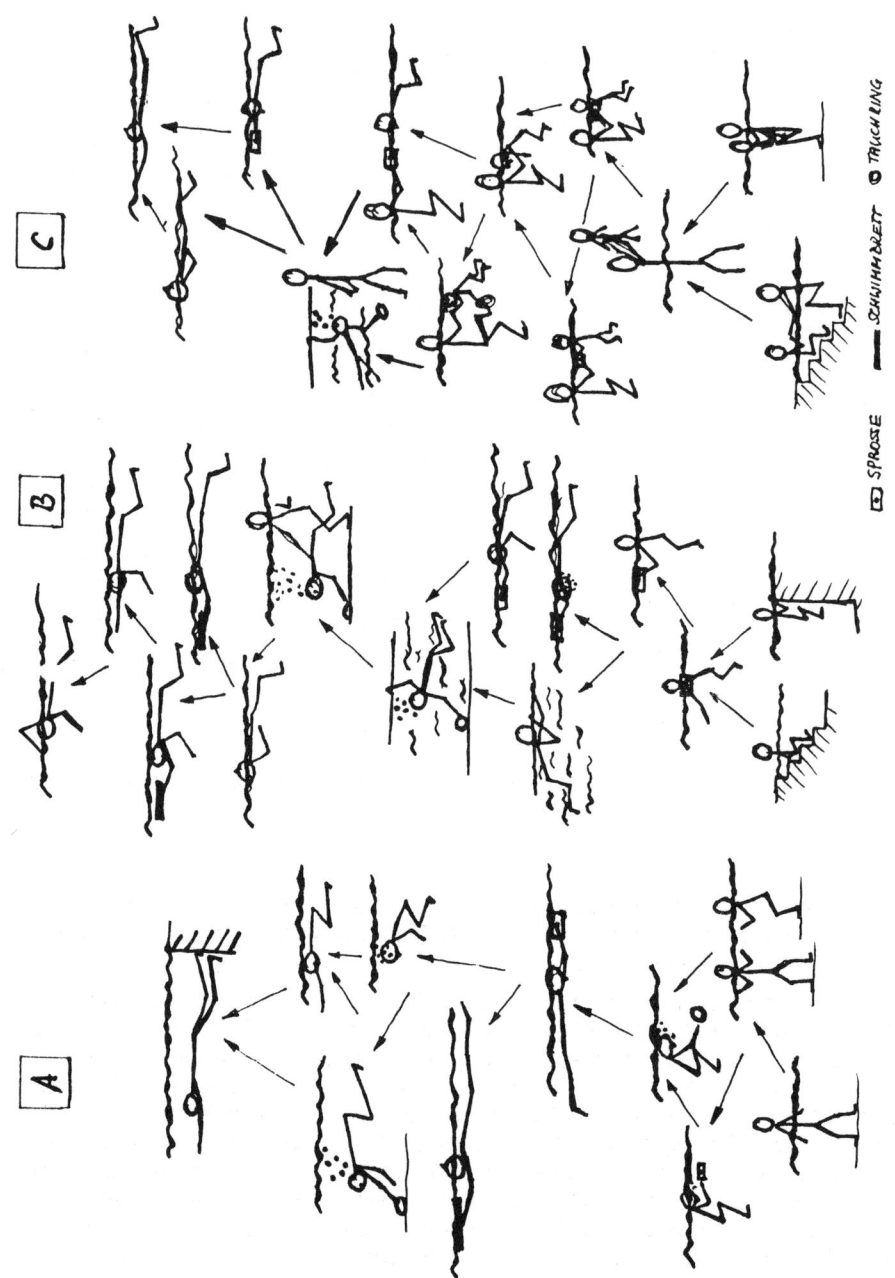

Abb. 12 Skizzenartige Darstellung der verschiedenen Lernabschnitte in Lernteilziel Wassergewöhnung beim Anfängerschwimmen mit Körperbehinderten (A, B, C, vgl. Text).

ist der *Ablenkungsgrad* der Spielform und der spielerische *Aufforderungscharakter* des Angebots. Jetzt werden Bewegungselemente wie „Zappeln", Strampeln (alternierende Bewegungen!), Laufen, Hüpfen, Springen und Herauswerfen / Auffangen wichtig. Zwischen Lehrer und körperbehindertem Kind muß sich eine absolute Vertrauensbasis aufbauen, was u. a. nur durch exakte Beobachtung der Leistungen des Kindes und daran angepaßte Aufgabe möglich ist. Überforderung wäre ein Ereignis, das Vertrauen zerstört.

Aufgabenbereich 3 wird begonnen mit einfachen Übungs- und Spielformen zum *Blasenpusten* und Schweben in Bauch- bzw. in Rückenlage. Bei der Bauchlage muß man beachten, daß sie erst sinnvoll ist, wenn das Kind das Gesicht ins Wasser taucht.

Viele Körperbehinderte sind nicht begeistert darüber, wenn man sie die Rückenlage erleben läßt; oft muß aus psychischen Gründen eine Sitzhaltung oder auch die Bauchlage weiter durchgeführt werden. Dabei sollte eine möglichst gestreckte Körperhaltung eingenommen werden. Methodische Hilfsmittel wie Brettchen, Sprosse, Gummischlauch und Balken sind jetzt, wie auch im Bereich 2 wichtig. *Anschaulichkeit* wird durch Tauchreifen, Ringe, Tauchgegenstände hergestellt, so daß Untertauchen, Tauchen und Treiben / Schweben erlernt werden. Gerade die Wassergewöhnung hat eine Schlüsselposition im Schwimmenlernen des Körperbehinderten. Dennoch würde eine nähere Ausdifferenzierung dieses Lernteilziels hier zu weit führen, da dafür eine große Zahl von konkreten Fallbeschreibungen nötig wird (vgl. INNENMOSER, 1979a und b). Außerdem würde der pädagogische Freiraum des Lehrers erheblich beengt werden, da die Wassergewöhnung von der Spontanität und dem Dialog zwischen Kind (Kindern) und Lehrer lebt.

9.1.2 Wasserbewältigung

Wir gehen davon aus, daß körperbehinderte Kinder in der Wassergewöhnung so viele Fertigkeiten erworben haben, daß es sich lohnt, ihnen die drei Phasen dieses Lernteilziels bewußtwerden zu lassen. Sie sollen nun verstehenlernen, warum ihre Bewegungen bzw. Haltungen sich im Wasser so auswirken; sie sollen merken, daß man Vorteile vom gemeinsamen Tauchen hat und weshalb z. B. einige körperbehinderte Kinder manche Lernteilziele gut können, andere dagegen nicht. Der Beginn der Wasserbewältigung hängt also vorwiegend vom kognitiven Verständnisniveau des Kindes ab.

Inhaltlich ergeben sich gleiche Lernteilziele, wie wir sie auch aus dem Anfängerschwimmen Nichtbehinderter kennen (vgl. WILKE 1979): Tauchen, Atmen, Gleiten, Schweben, Auftreiben, Springen. Die erste Phase ist lediglich dadurch definiert, daß sie jene Übungsformen enthält, die dem betreffenden Körperbehinderten motorisch besonders leichtfallen, damit er (sie) sich auf das Begreifen dessen was geschieht konzentrieren kann. Dies ist je nach Behinderung ein anderes Teilziel (vgl. INNENMOSER, 1979a).

In Phase 2 werden schwierige Lernteilziele erarbeitet; es können hier schon einfache Bewegungsformen der später zu erlernenden Schwimmtechnik geübt werden.

In Phase 3 kann man sich erlauben, auch die schwierigsten Übungen (z. B. Auftreiben bei Armbehinderten oder Tauchen bei Vierfach-Behinderten) zu üben. Durch Übungswiederholungen festigt sich die Sicherheit in allen vorher erlernten Lernteilzielen und durch Ausprobieren verschiedener Bewegungstechniken bereitet man den Übergang zur Technikschulung vor. Letzteres darf aber nur dann zum Hauptinhalt der Unterrichtsstunde gemacht werden, wenn die drei Lernteilziele des Tauchens: Ausatmen, Orientieren und Fortbewegung unter Wasser sicher erarbeitet sind.

Oft wird der Fehler gemacht, daß man sich von Eltern oder Lehrplan unter Druck setzen läßt und die körperbehinderten Kinder möglichst schnell zum Schwimmen bringen will. Die dabei vernachlässigte Wasservertrautheit gefährdet letztlich das wichtigste Ziel des Schwimmunterrichts: ,,Motivation zur lifetime-Sportart Schwimmen" zu schaffen. Grundlegende Verhaltensweisen des Lehrers (s. o.: Wassergewöhnung) müssen auch in der Wasserbewältigung erhalten bleiben. Man hüte sich davor, nun den Anschein zu erwecken, nur noch motorische Fertigkeiten zu vermitteln und überprüfen zu wollen.

Fast immer kann das Lernziel Wasserbewältigung dem körperbehinderten Kind als Unterricht in größeren oder kleineren Gruppen erschlossen werden. Der Lehrer wird nun immer seltener selbst mit ins Wasser gehen.

Aus Raumgründen unterbleibt hier eine noch weiter differenzierte Darstellung der verschiedenen Lernteilziele; es wird auf die in Kapitel 16 aufgeführte Literatur verwiesen.

10. Schwimmtechniken

Führt man den Anfängerschwimmunterricht wie hier vorgegeben durch, kommt man fast zwangsläufig zum Wechselschlagschwimmen in Bauch- oder Rückenlage. Entsprechend unserer nunmehr 10jährigen Praxiserfahrung würden wir das *Wechselschlagschwimmen in Bauchlage* für fast alle, nicht allzu schwer körperbehinderten Kinder und Jugendliche empfehlen. Die im Anfängerschwimmen entwickelte sichere Fähigkeit zum Tauchen und der recht einfache Beinschlag bzw. die erheblich größeren Bewegungsmöglichkeiten der Arme in Bauchlage sind nur einige der Gründe dafür.

10.1 Eignung von Schwimmtechniken

Tabelle 1 versucht eine vergleichende Darstellung zur Eignung von Schwimmtechniken für Körperbehinderte. Die fünfzehn aufgeführten Funktionsuntergruppen orientieren sich an

a) der Möglichkeit, mit Hilfe von Arm- bzw. Beinbewegung *Vortrieb* zu erzeugen;
b) der Notwendigkeit, beim Schwimmen regelmäßig und hilfsmittelungebunden *atmen* zu müssen (Kopfkontrolle);
c) den unterschiedlichen Anforderungen, welche die vier ,,klassischen" *Techniken* und die weiteren vier davon abweichenden ,,behinderungstypischen" Techniken mit sich bringen. Der Begriff ,,Schwimmtechnik" könnte auch durch ,,Behinderungsspezifische Fortbewegungstechniken" ersetzt werden. Entscheidend ist, daß sich manche Behinderte nur in einer dieser Techniken ohne Einbeschränkung bewegen können. Bewußt wurden für diese Tabelle die medizinische Schadensdefinitionen weitgehend verlassen, weil nur so eine echte Aussage gemacht werden kann.

10.2 Technikabwandlungen

Körperbehinderte können in der Regel die üblichen Schwimmtechniken nicht entsprechend der Norm von Nichtbehinderten schwimmen. Sie wandeln ein Grundmuster der Technik nach biomechanischen und bewegungsphysiologischen Bedingungen so ab, daß sich ein *ihrer Behinderung angepaßter Stil* entwickelt. Dennoch ist es nicht nötig, nur noch vom ,,Freistilschwimmen'' zu sprechen. Allerdings fällt es z. B. *einseitig Beinbehinderten* schwer, die auch international sehr exakt definierte Technik ,,Brustschwimmen'' korrekt auszuführen. Vor die Wahl gestellt, das Brustschwimmen für diese Behinderten ganz zu streichen, weil es eben nicht regelrecht ausgeführt werden kann, sollte man lieber zugestehen, daß die korrekte Tätigkeit der Arme in Verbindung mit einem einbeinigen Delphinschlag eine sehr harmonische und ökonomische Stilvariante ergibt.

Auf Modifikationen des Kraul- und Brustschwimmens ging ich bereits 1972 und 1975 ausgiebig ein. Deshalb soll hier nur das *Rückenkraulschwimmen* besprochen werden:

Diese Technik eignet sich besonders gut für Behinderte mit kräftiger Beinmuskulatur bzw. für einseitig Beinbehinderte mit sehr viel Kraft im erhaltenen Bein. Dem Vorteil der freien Atmung durch die Rückenlage steht die immer nur einseitig mögliche Kraftentwicklung eines Armes neben dem Rumpf gegenüber. Letzteres führt zu einer erheblichen ,,Abdrift-Komponente'' aus der Fortbewegungsrichtung. Diese kann nur durch 2 Maßnahmen annähernd ausgeglichen werden:
1. Eine verlängerte Gleitphase des nicht aktiven Armes in der Auslage über dem Kopf (besonders wichtig bei Querschnittgelähmten!),
2. ein kräftiger, kompensatorischer Beinschlag, der weniger zur Vortriebserzeugung als vielmehr zur Stabilisierung in Fortbewegungsrichtung eingesetzt wird.

Eine genauere Beschreibung des ,,Rückengleichschlags'', ,,Volkstümliches Rückenschwimmen'' und des ,,Seiteschwimmens'' findet sich bei LORENZEN, 1961 und 1970.

10.3 Therapeutische Eignung

Cerebral-Bewegungsgestörte und gelähmte Körperbehinderte stehen mehr als andere ständig in der Gefahr, daß ihre Bewegungsleistungen durch die Auswirkungen ihrer Behinderung schlechter werden (Kontrakturen, Zunahme der Spastik usw.). Bei ihnen muß deshalb besonders darauf geachtet werden, daß sie keine Dauerhaltungen einnehmen oder langdauernde Bewegungen ausführen, die diese Wirkungen verstärken.

Das Brustschwimmen (in etwas abgeschwächter Form auch die ,,Rückengleichschlagtechnik'') stellt eine solche Technik dar, die in vielen Fällen therapeutisch kontraindiziert ist:
1. Es kommt zur ständigen Provokation ,,pathologischer Reflexe'' (z. B. STNR).
2. Die gleichartige Bewegung verstärkt muskulär bedingte Skoliosen der Wirbelsäule und verbessert einseitige, hüftgelenksbedingte Bewegungsanomalien nicht.

Tab. 1 Eignung von Schwimmtechniken für Körperbehinderte

	Schwerbehinderte betroffen sind 4 bzw. 3 Extremitäten		guter Arm-funktion; Beinlähmung komplett	guter Arm-funktion; Beinlähmung gering	Beinbehinderte mit		
	schlechte Kopfkontrolle	gute Kopfkontrolle			guter Arm-funktion; einseitig Beinschaden	guter Arm-funktion; beidseitig Beinschaden (funktionslos)	schlechte Arm- und Beinfunkt. z. B. Spas Athetos
Kraul in Bauchlage	—	+/□ 1	++	++	++	++/+	+ 1
Brustschwimmen	—	□/— 1	□/+	+	+ 6	□	□ 3
Rückenkraul	□/— 1	□ 1	+	+/++	+	+/□	□ 4
Rücken-gleichschlag	□/+ 1	+/□ 1	+	+/++	+/□	+/□	+/□
Rückenschwimmen mit isolierter Arm- oder Beinbewegung	+ 1	++	5	5	5	5	+ 1/4
Schwimmen in Bauchlage mit isolier. Arm- oder Beinbewegung	—	□ 8	5	5	5	5	□ 1/4/8
Seiten-schwimmen	—	□ 1	— 2	+ 2	++	□ 2	+/□
Delphin-/Schmetter-lings-schwimmen	—	—	+	++	++/+	+	□/—

Zeichenerklärung:

— = ungeeignet / bei Anwendung gefährlich

□ = erlernbar, aber ungünstige Technik

+ = gute, geeignete Technik; deutliche Ausprägung eines behinderungstypischen Stils

++ = ohne Einschränkung geeignet; häufig Bewegungstechnik ähnlich bzw. gleich wie bei Unbehinderten

| Hemispastik beinbetont | guter Bein- und gering gestörter Armfunktion | Armbehinderte mit | | | Hemispastik armbetont | Behinderte mit einseitiger Funktionslosigkeit beider Extremitäten | Behinderte mit Wirbelsäulen- oder Hüftgelenkschäden |
		guter Bein-, verringerter Armfunktion	guter Bein-, *keine* Armfunktion	schlechter Bein-, verringerter Armfunktion			
+	+ +	+/□ 1	7	□	+/□ 1	□ 4/6	+ +
□ 3	+ +	+ +	+	□/— 2	— 2	— 7	□ 2
□/+	+ +	□ 1	7	□	+/□ 1	+ 6	+ +
□/—	+ +	□/+ 1	□	□	□	+/□ 1	□ 2
5	5	5	+ +	5	+	□ 5	5
5	5	5	+ 4/8	□ 4/8	+ 5/8	□ 5/8	5
+	+ 2	+/□ 2	□ 1	□/—	+	+ +	— 3
+/□	+ +/+	+	—	—	□/— 8	—	□ 2

Anmerkungen:

1 = je nach erhaltenen Restfunktionen der Arme und der Beine
2 = Technik erlernbar, Ausführung sollte aus therapeutischen Gründen möglichst unterbleiben
3 = Technik darf aus therapeutischen Gründen nicht durchgeführt werden
4 = je nach erhaltener Kopf-Atmungs-Kontrolle
5 = Schwimmtechnik kann in Form einer der Alternativen erlernt werden, wird aber nicht als eigenständige Technik bewertet
6 = nur mit Delphin- bzw. mit halbierter Kraulbeinbewegung sinnvoll (z. Zt. bei internationalen Wettkämpfen nicht gestattet)
7 = Technik ist behinderungsbedingt nicht möglich
8 = Ausführung nur mit Flossen oder anderen Vortriebshilfen sinnvoll

3. Bei längerem Schwimmen kommt es zu erheblichen Verspannungen im Rücken- und Nackenbereich.

Bedenkt man, wie schwer eine wirklich ökonomische Brustschwimmtechnik zu lernen ist, dann sprechen fast alle Argumente für die Wechselschlagtechniken. Ähnlich problematisch ist die Durchführung des an sich für einseitig Bein- und Armamputierte empfehlenswerten „Seiteschwimmers". Viele Behinderte neigen zu dieser Technik, weil sich bei ihnen behinderungsbedingt bereits eine Schiefhaltung in Schultergürtel/Wirbelsäule bzw. Beckengürtel entwickelt hat. Ständiges — z. B. auch trainingsmäßiges — Schwimmen würde diese Tendenz verstärken und wahrscheinlich weitere gesundheitliche Schäden nicht unterbinden helfen.

10.4 Methodische Hinführung

Die Erarbeitung von Schwimmtechniken folgt den methodischen *Prinzipien,* wie sie für Nichtbehinderte erarbeitet sind. Dennoch sind die einzelnen methodischen Schritte nicht die gleichen. Ständig nämlich muß der Lehrer durch intensive Beobachtung seines körperbehinderten Schwimmschülers abwägen, ob die gerade erlernte Bewegungsvariante behinderungstypisch und somit unumgänglich oder ein Irrweg ist, der zu gesundheitlicher Gefährdung oder unökonomischem Verhalten führt. Eine Optimierung des Techniklernprozesses mit Hilfe technisch aufwendiger Verfahren (vgl. KLAUCK/INNENMOSER,1976) wäre die einzige Garantie dafür, daß solche Probleme nicht entstehen. Einige Behinderte werden Extremitäten nicht einsetzen können, weil diese funktionslos sind. Mit komplett, schlaff Beingelähmten kann beim Kraul- oder Rückenkraulschwimmen selbstverständlich nicht mit der Beinbewegung begonnen werden. Oft muß die bereits oben angedeutete Zwischenstufe des Erlernens eines gleichsinnigen Armzuges gegangen werden, um Frustrationen durch Mißerfolge zu vermeiden.

Meistens aber werden die Bewegungseinschränkungen der Behinderten so deutlich erkennbar, daß auch weniger intensiv fachlich vorgebildete Lehrer die groben Veränderungen der methodischen Schritte erkennen.

Von besonderer Bedeutung sind auch hier wieder die methodischen Hilfsmittel, wobei „Paddles" und „Flossen"/„Flosse" hervorzuheben sind. Die durch die Flossen erheblich gesteigerten sensorischen Informationen vermitteln Körperbehinderten meistens wichtigere Lernanreize und -fortschritte als verbale Hinweise des Lehrers *(vgl. Abb. 13).*

Abb. 13 Jugendlicher mit spastischer Diplegie beim Üben des Kraulbeinschlags mit Flossen in Rückenlage. Mit den Armen wird ein Schwimmbrett über Kopf gehalten.

11. Trainingsformen

Sportliches Training findet nach moderner Anschauung heute nicht mehr allein im Hochleistungssport statt (vgl. dazu WEINECK 1980; GROSSER et al. 1981; THIESS et al. 1978). Besonders im Bereich des Behindertensports ist es längst üblich, auch die Prozesse des *sensomotorischen Lernens,* der *kompensatorischen Anpassung* an die Auswirkungen der Behinderung und der grundlegenden *Verbesserung psycho-physischer Funktionen* als *Training* zu bezeichnen. Besonders zwei Aspekte erscheinen wichtig: Training als Leistungssteigerung und zur Leistungserhaltung (vgl. GROSSER et al. 1981).

Somit beginnt im Schwimmen das Training bereits im Anfängerbereich, verläuft während der Technikschulung in ähnlichen Formen wie bei Nichtbehinderten (z. B. Intervalltraining) und kann sich auch zum Hochleistungstraining von Behinderten (vgl. dazu INNENMOSER 1981) oder zum spezifischen Leistungstraining (vgl. INNENMOSER 1978 und 1981), das der Leistungserhaltung dient, entwickeln.

An der Notwendigkeit eines derart weit definierten Trainingsbegriffs für Körperbehinderte wird niemand zweifeln. Motorische Verbesserungen als Zielvorstellung von Training gingen bereits in die didaktisch-pädagogischen Grundüberlegungen ein.

An dieser Stelle soll besonders auf kreislaufphysiologische Aspekte des Trainings durch Schwimmen eingegangen werden. Behinderungsbedingt stellt sich oft Bewegungsmangel als wichtigste Komplikation eines ausreichenden Gesundheitszustandes ein. Das Herz-Kreislauf-System der Körperbehinderten verbleibt dadurch auf einem Leistungsniveau, das an der untersten Toleranzgrenze liegt. Ja manchmal sorgen Eltern durch „Überhütungs-Verhalten" und uniformierte Ärzte dafür, daß solche Kinder vom Behindertensport an Schulen befreit werden.

Leider fehlt es noch an umfassenden Querschnitts-Untersuchungen z. B. des Herzfrequenzverhaltens von Körperbehinderten bei definierten gleichartigen sportlichen Belastungen. Gehen wir aber davon aus, daß die natürlichen belastungsbedingten Adaptationsprozesse der gesamten inneren Organe bei Körperbehinderten ähnlich verlaufen und in spezifischer Weise modifiziert sein können, dann können allgemeine Prinzipien des Trainings und spezielle Erfahrungen der Praxis Anwendung finden.

11.1 Leistungskontrollen

Wichtigstes Kriterium zur Beurteilung der Belastung einer schwimmsportlichen Übung ist das Verhalten der Herzfrequenz. Jeder Lehrer muß sich um diese Werte kümmern, da der Aufenthalt im Wasser, wie wir von Untersuchungen bei Herzinfarktgeschädigten wissen, erhebliche Umstellungen der Kreislaufregulation bewirkt.

Folgende Messungen sollten vorgenommen werden (es genügt meistens der durch Palpation/Tasten ermittelte Pulswert):

Ruhepuls (RP):
Vom Behinderten selbst gemessen: morgens im Bett liegend nach ruhiger Nacht

Ausgangspuls (AP):
Gemessen über 15 Sek., nach dem Umkleiden im Sitz am Beckenrand
Belastungspuls (BP):
Gemessen über 10 Sek. unmittelbar nach Ende des Schwimmens im Stand am Beckenrand (im Wasser)
Erholungspuls (EP):
Gemessen über 15 bis 20 Sek., nach 0,5 min, 1 min, 2 min und 5 min
Im Vergleich mit der geschwommenen Strecke und der benötigten Zeit lassen sich recht praxisnahe Aussagen über die Wirksamkeit des Übens, vor allem aber über die gesundheitsfördernde Belastungsgrenze machen. Hierbei genügt zunächst die Orientierung an den Normwerten Nichtbehinderter.

11.2 Belastungsdauer

Langjährige Teilnehmer am Schwimmtraining im Behindertensport bewältigen Strecken, die nicht ganz denen Unbehinderter Leistungssportler entsprechen, aber doch bei ca. 3000 bis 4000 m pro 1,5 Std. liegen können. Einzelne Körperbehinderte beweisen, daß sie zu gleichen Trainingsleistungen fähig sind wie Nichtbehinderte.

Im Anfängerbereich muß beachtet werden, daß schon der aktive Aufenthalt über die Dauer von ca. 35 bis 45 min eine erhebliche konditionelle Belastung darstellt. Neben einer hohen Belastung durch Kältereize wirkt sich besonders das behinderungsbedingte niedrige Leistungs- und damit Belastungstoleranzniveau negativ auf die Fähigkeiten aus, den Schwimmunterricht konzentriert und erfolgreich absolvieren zu können. Einfache Anzeichen einer beginnenden Überbelastung müssen vom Lehrer erkannt und sofort durch Ruhepausen abgefangen werden (in denen dann die kognitiven Elemente des Unterrichts gepflegt werden können).

Besonders im Techniktraining kann z. B. bei der Benützung von Flossen schnell eine lokale Übermüdung vorgeschädigter Muskulatur (z. B. bei Muskeldystrophikern oder bei starken Lähmungen) einsetzen. In solchen Fällen sollte man lieber vorsichtiger als zu forsch sein.

12. Schwimmunterricht in Schulen

Die durch die Schule z. Zt. vorgegebene Unterrichtssituation bringt besondere didaktische und methodische Probleme mit sich:
Diese zeigen sich in der Unterrichtsorganisation, den Unterrichtsinhalten und den Unterrichtszielen.

12.1 Unterrichtsziele

Bei geringgradig funktionell Behinderten kann ein annähernd normaler Unterricht mit den üblichen didaktischen Zielen durchgeführt werden. Sie sollen „Wasser-vertraut" werden, möglichst viele Techniken lernen, einfache Trainingsformen kennenlernen; ihre Leistungsüberprüfung (Zeugnis) unterliegt ähnlichen Bedingungen wie bei Nichtbehinderten. In Abstimmung mit den Therapeuten der Schule kann im Schwimmen die Therapie fortgesetzt werden; findet keine krankengymnastische Therapie statt, so kann z. B. die Prophylaxe eines Sekundärschadens (z. B. Skoliose) durch gezielte Festlegung der Inhalte geleistet werden.

Bei *Schwerbehinderten* reduzieren sich die Bemühungen auf einen möglichst erfolgreichen Abschluß des Anfängerschwimmens und das Erlernen wenigstens einer Technik. Daneben kann mit der in der Schule vorhandenen Zeit nur der Spaß am Schwimmen erhalten werden, ein Inhalt, der nur schwer in Einklang mit Leistungsnoten zu bringen wäre.

Schwerstbehinderte können in den Jahren ihrer Schulzeit meistens zu nichts mehr gebracht werden, als zum Angstabbau, zum selbständigen Fortbewegen im Wasser und zur Gewöhnung an ein möglichst unkompliziertes, von Helfern unterstütztes Hinein- und Herausheben vom Wasser. Vermittelt man ihnen darüber hinaus noch die Freude am Aufenthalt im Wasser, dann hat man das Lernziel erreicht (vgl. hierzu auch BERNDT 1980).

12.2 Unterrichtsinhalte

Orientiert man sich an den Lernzielen für die drei oben skizzierten Behinderungsgruppen, dann stellt man rasch fest, daß es nur wenige gleichartige Inhalte gibt. Dies gilt besonders deshalb, weil die Zusammensetzung der Behinderung der Schüler in Jahrgangsklassen, die in Freizeitsportgruppen gegebene Möglichkeit der funktions- und leistungshomogenen Gruppen verbietet. Von einem sozialisierenden Effekt dieses Unterrichts kann also meistens nicht gesprochen werden. Der ,,Leichtbehinderte" wird nämlich unterfordert und neigt dadurch zu auffälligen Verhaltensreaktionen. Der ,,Schwerbehinderte" bewegt sich ständig an seiner Leistungsgrenze und der ,,Schwerstbehinderte" wird meistens überfordert oder er kann aus inhaltlich-organisatorischen Gründen nicht teilnehmen. Somit hat man aufgrund der Unterrichtsinhalte im Schwimmen mit Jahrgangsklassen lediglich gesundheitliche Aspekte zu erwarten. Diese aber können bei Zusammenarbeit aller Mitarbeiter (Lehrer, Sozialpädagogen, Helfer) durchaus gepflegt werden.

12.3 Unterrichtsorganisation

Beläßt man die Organisationsform der Jahrgangsklasse mit einem Sportlehrer auch im Schwimmunterricht, dann zwingt man damit den Schwer- und Schwerstbehinderten dazu, auf Schwimmen zu verzichten. Es ist unmöglich für einen Lehrer z. B. mit 6 bis 7 ,,Leichtbehinderten", 2 bis 3 ,,Schwerbehinderten" und 1 bis 2 ,,Schwerstbehinderten" gleichzeitig zu arbeiten. Einfache Lösungsmöglichkeiten ergeben sich dadurch, daß beim Schwimmen grundsätzlich zwei Lehrer und entsprechende Helfer eingeteilt sind. Die besten Erfolge könnte man erzielen, wenn man funktionsähnlich behinderte Schüler zu gleichen Gruppen, vergleichbar dem Neigungsgruppensystem der Gymnasien — mit Teilnehmerzahlen von 9 bis 15 — zusammenfaßt, die von je einem Lehrer unterrichtet werden. Innerhalb gewisser Altersbereiche (z. B. über 3 bis 4 Jahre) wäre dies durchaus möglich. Die durch die hohen Gruppenstärken frei werdenden Lehrer können vermehrt bei ,,Schwer- und Schwerstbehinderten" in

Klein- und Kleinstgruppenarbeit eingesetzt werden. Nur so ließe sich die aufgewandte Zeit, die ja durch das oft mühsame An- und Auskleiden sowieso verkürzt ist, einigermaßen effektiv ausnutzen. Unterläßt man dies, reduziert man den Schwimmunterricht an Körperbehindertenschulen zur Beschäftigungstherapie.

12.4 Körperbehinderte Schüler in Normalschulen

Der Sportunterricht stellt für den körperbehinderten Schüler in diesen Schulen meistens das Fach dar, an dem er sich am wenigsten beteiligen kann. Seinem Wollen stehen oft uninformierte Lehrer, organisatorische Probleme, zu hohe Klassenfrequenzen und damit zu wenig Differenzierungsmöglichkeiten sowie völlig unzureichende curriculare Anforderungen gegenüber. Auf eine Bewertung seiner Leistungen muß meistens verzichtet werden.

Die Sportart Schwimmen kann den meisten Körperbehinderten dennoch die Chance geben, am gemeinsamen Sport mit der Klasse teilzunehmen. Damit unterwerfen sie sich den Bedingungen des normalen Curriculums und den vorgegebenen Richtlinien. Körperbehinderte, die das Glück haben, in solchen Schulen auch noch gerne und mit Erfolg am Schwimmunterricht teilnehmen zu können, sollten von allen anderen Sportarten auf eigenen Wunsch befreit werden können.

13. Schwimmfeste

Dem körperbehinderten Kind und Jugendlichen soll das Schwimmen nicht nur die Gewöhnung an eine regelmäßige Übungszeit bringen, sondern auch außerhalb dieser Gelegenheit die Teilnahme an Sportfesten ermöglichen. Am Beispiel des ,,Breitensport-Schwimmfestes‘‘, wie es in NRW landesweit durchgeführt wird und eines Mehrkampf-Wettbewerbes (2 Schwimmdisziplinen / 4 Disziplinen Hallensport) kann aufgezeigt werden, welche Inhalte und Organisationsformen möglich sind:

13.1 Breitensport-Schwimmfest (Dreikampf bei 5 Wahlmöglichkeiten)

1. 300 / 100 m Schwimmen in Normzeit (je nach Altersklasse und Schadensklasse) Pflichtwahldisziplin.
2. 100 / 50 m Schwimmen in Normzeit (Kurzstrecke): Wahl.
3. 100 / 50 m ,,Vielseitigkeitsschwimmen‘‘ (3 Lagen, bzw. Techniken): Wahl.
4. 100 / 50 m Ball transportieren im Schwimmen und Zielwurf: Wahl.
5. 15 / 10 m Zielstreckentauchen durch 3 bzw. 2 Reifen: Wahl.

Ausschreibung vgl. Anhang.

13.2 Mehrkampf (6-Kampf, gemischt)

1. Gruppe *Schwimmer:*
a) 50 m bzw. 100 m Freistil.

b) 15 m Zielstreckentauchen oder
   10 m Streckentauchen auf Zeit oder
   50 m Schwimmen mit Lagenwechsel nach 12,5 m.
c) Hindernisparcours.
d) Wahl aus 4 Wurfdisziplinen.
e) Wahl aus 3 Zielwurf-Aufgaben.
f) Wahl aus 5 Sprung- / Geschicklichkeitsübungen.

2. Gruppe *Nichtschwimmer*

a) 25 m gehen/hüpfen und Balltransport in brusttiefem Wasser *oder*
   25 m Beinschlag mit Sprosse oder Brett in Bauch- oder Rückenlage *oder*
   2 x 12,5 m Entlangziehen mit den Armen an einem im Wasser gespannten Tau.
b) beliebig viele Tauchringe aus brusttiefem Wasser in 3 Durchgängen heraufholen oder
   5 Bälle aus brusttiefem Wasser in einen 4 m entfernten Korb werfen.
c) bis f) wie bei Schwimmer.

Ausschreibung vgl. Anhang.

Sportfeste dieser Art sind beliebig veränderbar, wichtig ist, daß sie von Behinderten nicht als „läppisch" im Vergleich zu seinen tatsächlichen Leistungen empfunden werden.

13.3 Wettkämpfe

Körperbehinderten Kindern und Jugendlichen, die Freude am schwimmsportlichen Training haben, müssen Ziele gesetzt werden. Dies kann geschehen durch Kurzstrecken-Meisterschaften, Langstrecken-Meisterschaften und Mehrkampf-Meisterschaften (Schwimmen / Tauchen / Springen).

Entscheidend sind die Streckenlängen, die der altersgemäßen Leistung angepaßt sein müssen und die Bewertung der erzielten Ergebnisse im Vergleich mit ähnlich funktionell Behinderten.

Beispiel: Schadensklassen

Funktionsklasse I

I = Behinderung der Funktion beider Beine, auch mit geringgradiger Funktionseinschränkung der Arme. Leitfunktion: Die Bewegungseinschränkung muß hinsichtlich Vortriebserzeugung und Stabilität in Körperlängsachse mindestens dem entsprechen, was sich bei Fehlen beider Unterschenkel ergeben würde: z. B. Ober- und Unterschenkelamputation, Doppelunterschenkelamputation, Doppeloberschenkelamputation, Doppelknieversteifung, doppelseitige komplette Beinlähmung, spastische Diplegie, spastische Tetraplegie mit hoher Bewegungseinschränkung der Beine.

Funktionsklasse II

II = Behinderung der Funktion beider Arme, einschließlich hochgradiger einseitiger Bewegungsstörung von Arm und Bein.
Leitfunktion: Die Bewegungseinschränkung muß hinsichtlich Vortriebserzeugung und Stabilität in Körperlängsachse mindestens dem entsprechen, was sich bei Fehlen beider Unterarme ergeben würde z. B.: Ohnhänder (Doppelun-

terarmamputation), Ohnarmer (Doppeloberarmamputation), Unterschenkel-
und Unterarmamputation, Oberschenkel- und Unterarmamputation, doppelseitige Armdysmelie mit Armresten, die kürzer als „normale" Unterarme sind
(Elektromelie axial), spastische Hemiplegie mit hochgradiger Bewegungseinschränkung von Arm und Bein, spastische Tetraplegie mit überwiegender
Funktionseinschränkung der Arme.

Funktionsklasse III

III = Behinderung der Beinfunktion: einseitig, geringgradig beidseitig.

Leitfunktion: Die Bewegungseinschränkung muß hinsichtlich Vortriebserzeugung und Stabilität in Körperlängsachse mindestens dem entsprechen, was
sich bei Fehlen eines Unterschenkels ergeben würde, z. B.:

Oberschenkelamputation, Unterschenkelamputation, Fußamputation (Pirogoff,
u. ä.), Doppelvorfußamputation, schlaffe einseitige Beinlähmung komplett, einseitige Hüftgelenksversteifung, hochgradige spastische Bewegungsstörung
eines Beines, deutliche Bewegungseinschränkung beider Kniegelenke, deutliche Bewegungseinschränkung eines Hüftgelenkes (Versteifung)

Funktionsklasse IV a

IV a = Behinderung der Funktion eines Armes, einschließlich geringgradiger
Bewegungseinschränkung beider Arme.

Leitfunktion: Die Bewegungseinschränkung muß hinsichtlich Vortriebserzeugung und Stabilität in Körperlängsachse dem entsprechen, was sich bei Fehlen
eines Unterarmes ergeben würde, z. B.:

Oberarmamputation, Unterarmamputation, schlaffe komplette oder inkomplette
Lähmung eines Armes, Versteifung in Schulter- und/oder Ellbogengelenk,
deutliche Bewegungseinschränkung von Schulter- und/oder Ellbogengelenk,
beidseitige Armdysmelie mit Armresten länger als „normale" Unterarme, hochgradige spastische Bewegungsstörung eines Armes (spastische Heimplegie
armbetont)

Funktionsklasse IV b

IV b = Behinderung der Bewegungsfunktion durch leichte Hirnschäden, Lähmungen u. ä., soweit sie nicht in anderen Funktionsklassen namentlich genannt werden.
Leitfunktion: z. B. leichte Hemispastik (handbetont) oder Peronaeuslähmung
einseitig, z. B.:
minimale Spastik, minimale Ataxie, minimale Athetose, leichte Polio-Lähmung.

Funktionsklasse IV c

IV c = Behinderung der Bewegungsfunktion durch Wirbelsäulenschäden,
Hüftluxation, Beinverkürzung, Gehörlosigkeit u. a., soweit sie nicht in anderen
Funktionsklassen namentlich genannt sind, z. B.:
Wirbelsäulenschäden, Zustand nach Hüftluxation oder ähnlichen Hüftschä-
den, Beinverkürzung, Gehörlosigkeit.

Funktionsklasse V

V = Sehgeschädigte: Blinde und Sehbehinderte.

Funktionsklasse VI a

VI a = Behinderung der Bewegungsfunktion durch Querschnittslähmung/Tetraplegie und vergleichbare Poliolähmung der Arme und Beine.

Leitfunktion: Lähmung der Beine mit erheblicher Beteiligung der Armfunktion.

Funktionsklasse VI b

VI b = Behinderung der Bewegungsfunktion durch Querschnitts- oder Poliolähmung.

Leitfunktion: Die Bewegungseinschränkung muß hinsichtlich Vortriebserzeugung und Stabilität in Körperlängsachse dem entsprechen, was sich bei kompletter Lähmung beider Beine einschließlich Gesäßmuskulatur ergeben würde.

Funktionsklasse VI c

VI c = Behinderung der Bewegungsfunktion durch Querschnitts- oder Poliolähmung.

Leitfunktion: die Bewegungseinschränkung muß hinsichtlich Vortriebserzeugung und Stabilität in Körperlängsachse dem entsprechen, was sich bei Lähmung der Unterschenkel- und Oberschenkelmuskulatur beider Beine ergeben würde (Stehfähigkeit ist mit Hilfsgeräten möglich).

Anmerkung: Gelähmte mit gut erhaltener Beinfunktion (d. h. ohne Schienenapparate und mit nur geringer Funktionseinschränkung im Bereich der Füße) starten in Funktionsklasse IV oder Funktionsklasse III.

13.4 Leistungsabzeichen

Körperbehinderte Kinder und Jugendliche sollten Leistungsabzeichen (z. B. ,,Seepferdchen", ,,Frühschwimmer", ,,Deutsches Jugendschwimmabzeichen-Bronze", u. a.) dann erwerben, wenn sich das Ablegen der Prüfung aus der üblichen sportlichen Betreuung ergibt. Eine besondere Konzentration auf die Vorbereitung solcher Leistungsprüfungen erscheint nicht ratsam, da ein Versagen meistens Frustrationserlebnisse hervorruft, die schon deshalb unnötig sind, weil meistens nur der Zeitpunkt der Prüfung zu früh lag. Die Schwimmabzeichen der DLRG und die Anforderungen des Deutschen Sportabzeichens für Schüler unter Behindertenbedingungen sind auf die Leistungen Körperbehinderter abgestimmt (vgl. einschlägige Literatur).

14. Gefahrenbewältigung

14.1 Rettungsschwimmen

Ein guter Schwimmunterricht vermittelt dies von selbst: auch körperbehinderte Kinder und Jugendliche sollten mit den Prinzipien der *Selbstrettung* vertraut sein. Die Rettung anderer Personen aus Wassernot kann — obwohl von einigen Behinderten durchaus zu leisten — im allgemeinen dem Körperbehinderten nicht zugemutet werden, da nicht auszuschließen ist, daß er sich selbst in Gefahr bringt.

Um die o. g. Prinzipien etwas zu vertiefen, kann eine zeitweilige Orientierung der Ziele des Schwimmunterrichts an den Aufgaben des DLRG-Unterrichts durchaus hilfreich sein.

14.2 Schwimmen in der Freizeit

Auch körperbehinderte Kinder und Jugendliche müssen mit der Bewältigung von Gefahren, wie sie in unbekannten Gewässern (Meer, Seen, Flüsse, usw.) drohen, vertrautgemacht werden. Dies geht häufig über das hinaus, was im üblichen Schwimmunterricht notwendig ist. Besonders aber der Gedanke an gemeinsame Freizeitmaßnahmen von Behinderten und Nichtbehinderten verweist auf die Dringlichkeit solcher Hinweise. Diese Kinder sollten stabile Meinungen zu ihren eigenen Fähigkeiten und den Möglichkeiten haben, die sich für sie ergeben, damit ,,Gruppenzwänge" nicht zu zusätzlichen Schäden führen. Insbesondere das Wissen über notwendige Hilfsmittel (Rollstuhl, Gehstützen, usw.) und Hilfe von Nichtbehinderten darf nicht im ,,Überschwang" von Freude und Begeisterung verlorengehen.

Ein Baden und Schwimmen in freien Gewässern sollte mit viel Sorgfalt geplant werden.

15. Sorgfalts- und Aufsichtspflicht

Der Lehrer hat sich auch beim Schwimmen mit Körperbehinderten an die allgemeinen Regeln der Sorgfalts- und Aufsichtspflicht zu halten, wie sie durch die Erlasse der Kultusministerien vorgegeben sind.

Besonderes Augenmerk sollte auf folgende Aspekte gerichtet werden:

15.1

Gehbehinderte Kinder und Jugendliche müssen auf dem Weg von der Umkleide zum Schwimmbecken vor Stolper- und Verletzungsgefahr behütet werden. Es ist grundsätzlich nur das Gehen, wenn nötig mit Gehstützen erlaubt. Die Schwimmeister sollten gebeten werden, größere Wasserpfützen auf diesem Weg — besonders auch in der Nähe der Dusche — möglichst häufig zu beseitigen. Treppen und Stufen müssen — wenn überhaupt vorhanden — mit rutschfestem Belag versehen sein und müssen trockengehalten werden. Eine Reinigung des Bodens mit Waschmitteln hat während der Benutzungszeit durch Körperbehinderte zu unterbleiben. In die Wegstrecke einschwingende Türen müssen abgesichert werden, damit Kinder nicht durch plötzlich schwungvoll aufgehende Türen verletzt werden. Der Einstieg ins Schwimmbecken sollte gefahrlos (weder besonders rutschig, noch besonders scharfkantig, z. B. bei rauhem Waschbeton) sein. Eine am Rand liegende Schaumstoffmatte oder ausgelegte Schwimmbrettchen verhindern Schrammen und Dekubitalgeschwüre.

15.2

Körperbehinderte mit verminderter Kontrolle über die Blasen- und Mastdarmentleerung müssen nicht vom Schwimmunterricht ausgeschlossen werden. Wird vor dem Betreten des Beckens die Toilette aufgesucht und nach ca. 10 bis 15 min eine erneute Blasenentleerung versucht, dann können bei den heute üblichen Umwälzanlagen keine hygienischen Bedenken erhoben werden*. Die im Handel angebotenen Spezial-Schwimmhosen aus Neopren mit aufblasbaren Rändern behindern so sehr, daß eine Benützung nur in dringendsten Fällen empfohlen wird.

Wichtig ist es, alle Kinder dazu aufzufordern, sich vor dem Schwimmen gründlich zu waschen; Kinder, die in Einzeltherapie betreut werden, sollten mit dem Lehrer wenigstens einige Minuten duschen.

Bei einigen Kindern kann intensives Wasserschlucken, bedingt durch mangelnden Mundschluß nach einiger Zeit Brechreiz hervorrufen. Es sollte versucht werden, die häufig kleinen Mengen Erbrochenes in der Überlaufrinne zu sammeln. Dort gehören auch Ausscheidungen der Nase und des Rachens hin.

15.3

In der Einzeltherapie und in der Kleingruppenarbeit ist der Lehrer zentrale Bezugsperson, auch für Erfolgs- und Mißerfolgserlebnisse. Er kann so Mißerfolge und z. B. Angstreaktionen verhindern.

Manche Kinder können erstaunlich lange tauchen bzw. mit dem Gesicht im Wasser bleiben, was schon einige Mütter veranlaßt hat, neben dem Schwimmlehrer ins Wasser zu springen und ihr ,,ertrinkendes'' Kind zu retten. Es ist deshalb sinnvoll, klare *Verständigungssignale* (z. B. Kopfschütteln, Ende des Blasenpustens usw.) mit dem Kind auszumachen. Diese werden zuschauenden Eltern mitgeteilt.

Besonders vorsichtig sollte man bei der Partnerarbeit in großen Gruppen sein, da sich manche Kinder als Helfer erheblich überschätzen. Unabsichtlich kann es zu gegenseitigen Gefährdungen kommen: diese Situationen müssen durch sorgfältige Abwägung der Gefahren in der Unterrichtsplanung vermieden werden.

15.4

Je nach behinderungsbedingtem Fertigkeitsniveau im Schwimmen dürfen Gruppen nicht größer als *5 bis 8 Kinder/Jugendliche pro Lehrkraft sein*. Ein inhomogener Leistungsstand in der Gruppe verlangt mehr Lehrer bzw. Helfer.

In diesem Punkt sollte man lieber zusätzliche Teilnehmer für seine Schwimmgruppe abweisen, als ein erhöhtes Risiko eingehen. Denn schließlich haben weder Behinderte noch Lehrkraft etwas davon, wenn sich durch mangelnde Aufsicht ein Unfall oder auch nur ein Lernhemmnis entwickelt. Bei günstigen Voraussetzungen (geringe Wassertiefe usw.) können für einen ,,Badebetrieb'' auch Eltern als Helfer und Betreuer ihrer eigenen Kinder eingesetzt werden.

---

* vgl. hierzu auch SCHÜLE 1977.

GUDRUN DOLL-TEPPER/PETER TEICHERT

Rudern

1. Einleitung

Die Möglichkeiten des Ruderns mit körperbehinderten Kindern und Jugendlichen sind bisher in viel zu geringem Maße genutzt worden. Auf die Ursachen soll hier nicht eingegangen werden, aber es wäre wünschenswert, daß sich in Zukunft Ruderclubs, Schülerruderverbände und andere stärker diesem Personenkreis öffneten.

Vorhandene Unsicherheiten hinsichtlich der Leistungsfähigkeit und Belastbarkeit Behinderter bei sportlichen Aktivitäten könnten durch entsprechende sportmedizinische Untersuchungen ausgeräumt werden. Darüber hinaus ist die Aufklärungsarbeit über die Bedeutung des Sports für Behinderte zu intensivieren und die Ausbildung von Fachkräften für diesen Bereich zu ermöglichen.

Die folgenden Ausführungen sollen theoretische Begründungen und praktische Hinweise für das Rudern mit körperbehinderten — speziell cerebralparetischen — Kindern geben und vor allem Mut machen, sich auf ein bisher für Behinderte wenig entwickeltes Gebiet des Sports zu wagen.

2. Physische und psychische Voraussetzungen für das Rudern

Wenn sich auch eine Vielzahl von körperbehinderten Kindern für das Rudern eignet, so sind doch zunächst eine Reihe von Bedingungen zu beachten. Die Kinder müssen über eine ausreichende Rumpf- und Kopfkontrolle verfügen, die ihnen das Sitzen ermöglicht. Ferner müssen sie in der Lage sein, die Innenhebel der Skulls oder den Innenhebel des Riemens zu umfassen, sie oder ihn festzuhalten und führen zu können.

Beweglichkeit in den Hüft- und Kniegelenken ist notwendig für die Rollarbeit mit dem Rollsitz. Es dürfen keine Kontrakturen vorliegen, die eine Ausführung der Ruderbewegung verhindern. Da es wichtig ist, unphysiologische Bewegungsmuster zu verhindern, müssen die Kinder — besonders günstiges Alter für Anfänger: 10 bis 12 Jahre — und Jugendlichen in Abhängigkeit vom Material eine bestimmte Körpergröße haben, d. h., daß im Endzug (siehe Technik des Ruderns) die Innenhebel nicht über Brusthöhe gezogen werden sollen.

Eine weitere Voraussetzung ist eine positive Einstellung der Kinder zum Element Wasser, um mögliche Verkrampfungen aufgrund von Ängsten auszuschließen.

Da das Rudern überwiegend als Mannschaftssport betrieben wird, wäre es wünschenswert, daß die Kinder eine Bereitschaft zum gemeinsamen Handeln zeigen.

Von großer Bedeutung ist es auch, daß die Teilnahme am Rudern auf eigenen Wunsch — also ohne Druck von außen — und mit positiver Grundeinstellung erfolgt.

Kinder, die zu Krampfanfällen neigen, müssen vor dem Rudern optimal medikamentös eingestellt werden.

Grundsätzlich sollte vor dem Beginn des Ruderns jedes Kind sportärztlich untersucht werden.

3. Zur Technik des Ruderns

Die Technik des Ruderns wird unterteilt in die Technik des Skullens und des Riemenruderns.

Es wird auf die detaillierten Bewegungsbeschreibungen in der Fachliteratur verwiesen (HERBERGER 1977; HELD/KREISS 1973 u. a.). Die gesamte Ruderbewegung besteht fast ausschließlich aus Streck- und Beugebewegungen. In der ersten Phase erfolgt eine Streckung der Beine und des Oberkörpers und eine Beugung der Arme. Beim Vorrollen in der zweiten Phase erfolgt eine Beugung im Fuß-, Knie- und Hüftgelenk und eine Streckung im Ellenbogengelenk sowie ein Vorbeugen des Oberkörpers. Außerdem werden die Schultern vor- und zurückbewegt und die Oberarme gehoben und gesenkt.

Der Ruderrhythmus ist wie die Struktur der Ruderbewegung in zwei Phasen gegliedert. Die erste Phase zeichnet sich durch eine starke neuromuskuläre Spannung aus, während in der zweiten Phase eine relative Entspannung des neuromuskulären Systems vorliegt. Diese Entspannungsphase dient der Konzentration auf den nächsten Schlag und dem Ausbalancieren des Bootes. Beim Rudern liegt eine Einheit von Objekt- und Subjektrhythmus vor. Dies ist an den Wasser-, Dollen- und Rollsitzgeräuschen zu erkennen.

4. Zur Methodik des Ruderns

4.1 Ruderlehrmethoden

In der Rudermethodik unterscheidet man im wesentlichen zwei verschiedene methodische Wege.

Die *orthodoxe* Lehrmethode basiert auf einer inzwischen überholten Annahme, daß die Koordination willentlicher Bewegungen von der Großhirnrinde gesteuert wird. Aus diesem Grund wurde die Ruderbewegung in 6 ,,Hauptbewegungen'' gegliedert, die dann isoliert geübt wurden.

Dies geschah entweder auf dem Ruderbock, im Ruderkasten oder in Mannschaftsbooten mit stabiler Wasserlage.

Die moderne Anfängerausbildung auf der Basis der *kybernetischen* Lehrmethode stützt sich auf das Prinzip der sensorischen Korrekturen. Hier geht man davon aus, daß willentlich nur der Sollwert einer Bewegung festgelegt wird, die differenzierte Impulsgebung wird von subkortikalen Zentren des ZNS ausgeführt und korrigiert sich selbst. Zur Optimierung der Bewegung führen bei dieser Methode sowohl das Probieren von Lösungswegen und der Vergleich mit vorangegangenen Versuchen als auch das vom Lehrer durch eigenes Vormachen, durch Bilder oder Filme gegebene Bewegungsvorbild. Für diese Methode stellt das Skiff eine ideale Lehr- und Lernmaschine dar, weil Rudern ein Balancesport ist und jeder technische Fehler durch den Verlust der Gleichgewichtslage des Bootes angezeigt wird. Bei richtiger Wiederholung der Bewegung bleibt das Gleichgewicht erhalten, der Lernende entwickelt das richtige Bewegungsgefühl. Es wird auf die detaillierten Darstellungen dieser Lehrmethode im Rahmen der Anfängerausbildung im Rudern verwiesen (SCHRÖDER 1978; HELD/KREISS 1973).

4.2 Methodisches Vorgehen bei körperbehinderten Kindern (Cerebralparetiker)

Ein normal ausgereiftes und entwickeltes Regelungs- und Gleichgewichtssystem ist Voraussetzung für das Lernen auf kybernetischer Grundlage. Bei vielen körperbehinderten Kindern ist dieses System jedoch gestört. Eine Reihe von Gründen spricht gegen die Anwendung der modernen Ruderanfängermethode bei bewegungsgestörten Kindern:

1. Bei einem großen Teil der Kinder ist der Gleichgewichtssinn entweder primär durch einen Schaden am Labyrinthsystem bzw. den verarbeitenden Gehirnzentren oder sekundär durch willkürlich einschließende Fehlinnervationen, assoziierte Reaktionen, Tonusschwankungen oder Kokontraktionen gestört.

2. Von außen hervorgerufene Störungen des Gleichgewichts führen zu Tonuserhöhungen, überschießenden Reaktionen und/oder pathologischen Reflexen.

3. Mangelnde Bewegungserfahrung läßt einen Sollwert-Istwert-Vergleich, wie er für diese Methode erforderlich ist, nicht zu.

4. Angst vor einem Mißlingen des Versuchs und dem Sturz ins Wasser erhöht den Muskeltonus und damit die Reflexbereitschaft.

Bei jeder krankengymnastischen Behandlung ist es das Ziel, eine Entspannung, eine Tonusnormalisierung zu erreichen, um dann neue Bewegungsmuster bahnen zu können.

Das sollte auch beim Rudern geschehen. Es müssen äußere Bedingungen geschaffen werden, die es dem behinderten Kind ermöglichen, ruhig und entspannt üben zu können. Gerade das aber ist im Skiff nicht möglich.

Die ersten Bewegungserfahrungen im Rudern sollten deshalb im Ruderkasten gemacht werden. Hier bieten sich folgende Vorteile:

1. Durch den festen Einbau des Ruderkastens werden Kippbewegungen des Gerätes ausgeschlossen.

2. Der Ruderkasten befindet sich in einem geschlossenen Raum, der

a) eine optimale Lufttemperatur besitzt, die sich nicht nachteilig auf den Muskeltonus auswirkt,

b) vor neugierigen Blicken fremder Personen schützt, die zu einer psychischen Anspannung des Kindes führen könnten und

c) keine Konzentrationsstörungen durch vielfältige Ablenkungen zuläßt.

3. Es besteht die Möglichkeit des direkten Eingreifens in den Bewegungsablauf durch den Lehrer.

4. Die Krankengymnastin kann während des Ruderns manuell den Muskeltonus überprüfen.

5. Seitlich und frontal zum Übenden können Spiegel aufgestellt werden, die eine zusätzliche optische Beobachtung der eigenen Bewegung ermöglichen.

Wenn mit der Ausbildung im Ruderkasten begonnen wird, so wird damit keine Anlehnung an die orthodoxe Lehrweise beabsichtigt; vielmehr soll vermieden werden, mit einzelnen Extremitäten isoliert Bewegungsphasen zu üben, da die Gefahr besteht, daß assoziierte Bewegungen in den nicht übenden Extremitäten das Bewegungsempfinden und -verhalten stören.

Folgendes ist beim methodischen Vorgehen besonders zu berücksichtigen:

1. Bei jedem körperbehinderten Kind ist die motorische Störung individuell verschieden.

2. In vielen Fällen liegt eine Mehrfachbehinderung vor.

3. Häufig ist eine sehr geringe Bewegungserfahrung vorhanden. Dies erschwert und verlangsamt den Lernprozeß wesentlich.

4. Auf die psychische Situation der Kinder muß in verstärktem Maße eingegangen werden.

Mehr noch als bei einem normal entwickelten Kind müssen die Lernschritte dem bewegungsgestörten Kind individuell angepaßt werden. Um assoziierte Bewegungen und Kokontraktionen zu vermeiden, sollte man nach der Ganzheitsmethode vorgehen. Dennoch ist hier besonders zu beachten, daß nach dem methodischen Prinzip „vom Leichten zum Schweren" verfahren wird. Deshalb sollte man die Ausbildung im Ruderkasten beginnen und, abhängig vom Stand der erreichten Bewegungsfertigkeit, das Rudergerät wechseln, um die Anforderungen an die Technik und den Gleichgewichtssinn zu steigern. Dies wird erreicht, wenn man vom Ruderkasten in den A-Einer mit Steuermann, daran anschließend in den ungesteuerten geklinkerten Einer (Wherry), das Trimmy und eventuell in das Skiff umsteigt.

Eine andere Möglichkeit bietet die Steigerung der Bootsgröße (Einer, Zweier, Vierer usw.). Hier besteht die Steigerung der Schwierigkeit in der notwendigen Anpassung an die Mitruderer.

Wenn möglich, sollte aber immer der Weg über den Einer gewählt werden.

Aufgrund der geringen Bewegungserfahrung vieler körperbehinderter Kinder muß vordringlich das richtige Bewegungs- und Rhythmusgefühl vermittelt werden. In der Bewegungsbeschreibung und während der Demonstration muß anschaulich dargestellt werden, welche Zug- und Druckbelastungen in den einzelnen Phasen empfunden werden sollten.

Rhythmisches Sprechen während der Bewegung, zunächst vom Lehrer, dann vom Schüler selbst, wie z. B. ein langgezogenes „Schub-Zug", und der Hinweis auf tiefes, hörbares Atmen beim Vorrollen trägt dazu bei, den Einsatz und die Kraft der Extremitäten und des Rumpfes zu koordinieren und zu rhythmisieren und gleichzeitig das korrekte Atmen zu üben. Liegt eine einseitige Behinderung vor, die so stark ist, daß das Kind mit dem Arm und der Hand das Skull nicht führen kann, so kann auch mit dem Riemenrudern begonnen werden. Hierbei wird die stärker behinderte Seite vom Riemen und der anderen Körperseite geführt. Es ist darauf zu achten, daß beide Seiten aktiv an der Ruderbewegung beteiligt sind.

Beim Riemenrudern ist wichtig, daß die Seite wenigstens von Übungseinheit zu Übungseinheit gewechselt wird, damit es zu keiner einseitigen Ausbildung der Muskulatur und des Skeletts kommt.

Der Nachteil beim Riemenrudern liegt darin, daß die Bewegung nicht so symmetrisch wie die Skullbewegung ist und sich damit ungünstig auf die Kopf- und Rumpfkontrolle auswirken kann. Das Riemenrudern sollte nur gewählt werden, wenn das Skullen nicht möglich ist.

4.3 Bauliche Veränderungen am Rudergerät

Bauliche Veränderungen am Ruderboot oder Ruderkasten sollten nur vorgenommen werden, wenn es unbedingt erforderlich ist.

4.3.1 Anpassung des Rudergerätes an die Behinderung

Um eine Spitzfußstellung zu verhindern, muß der Fuß mit seiner gesamten Sohle am Stemmbrett fixiert sein. Dies kann durch einen zusätzlichen Lederriemen geschehen, der die Ferse am Stemmbrett festhält. Eine andere Möglichkeit bietet eine schuhähnliche Halterung, die bis über den Spann reicht.

Zwischen Schuh und Stemmbrett können bei unterschiedlicher Länge der unteren Extremitäten sohlenförmige Stücke aus beliebigem, stabilem Material gelegt werden, die den Unterschied ausgleichen. Es können aber auch orthopädische Schuhe getragen werden.

Kinder mit gestörter Feinmotorik haben Schwierigkeiten mit der Stemmbretteinstellung, weil ihnen die Schraubbewegung schwerfällt. Die herkömmliche Stemmbrettbefestigung besteht aus zwei Flügelschrauben, die das Stemmbrett an zwei Metallstreifen mit mehreren Bohrungen an den Gondelleisten befestigen. Auf der Kiellinie wird das Stemmbrett durch einen Stift in einem weiteren Metallstreifen gehalten. Diese Stemmbretthalterung wird durch eine neue, stufenlos verstellbare ersetzt. Hierbei läuft das Stemmbrett auf der Kiellinie in einer Schiene. Auf den Gondelleisten sind ebenfalls Schienen befestigt, in denen die Flügelschrauben laufen, die das Stemmbrett halten. Dieses ist stufenlos verstellbar.

Die Flügelschrauben müssen nicht mehr aus- und eingeschraubt, sondern nur noch gelöst und nach dem Verschieben des Stemmbrettes wieder angezogen werden. Schnallen und Schnürsenkel am Stemmbrett sollten durch Klettenverschlüsse ersetzt werden.

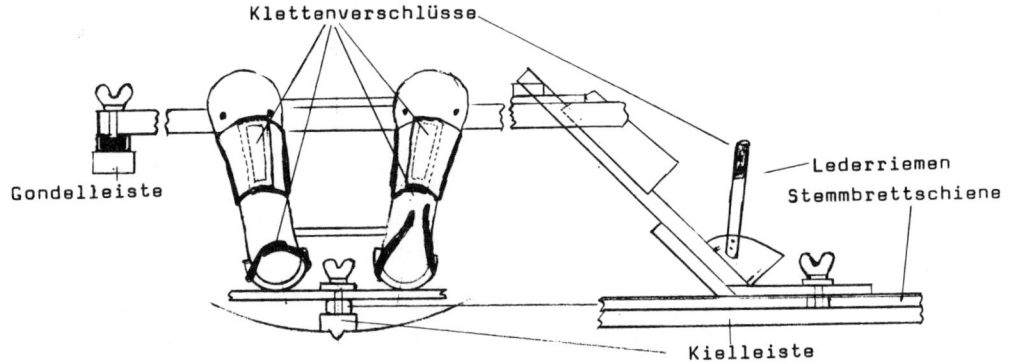

Abb. 1   Veränderung der Fußbefestigung am Stemmbrett

4.3.2 Veränderungen am Rudergerät zur Unterstützung des Lernvorganges

Um die Hände an den Enden der Innenhebel seitlich zu fixieren, werden Gummiringe eine Handbreit vom Hebelende entfernt befestigt.

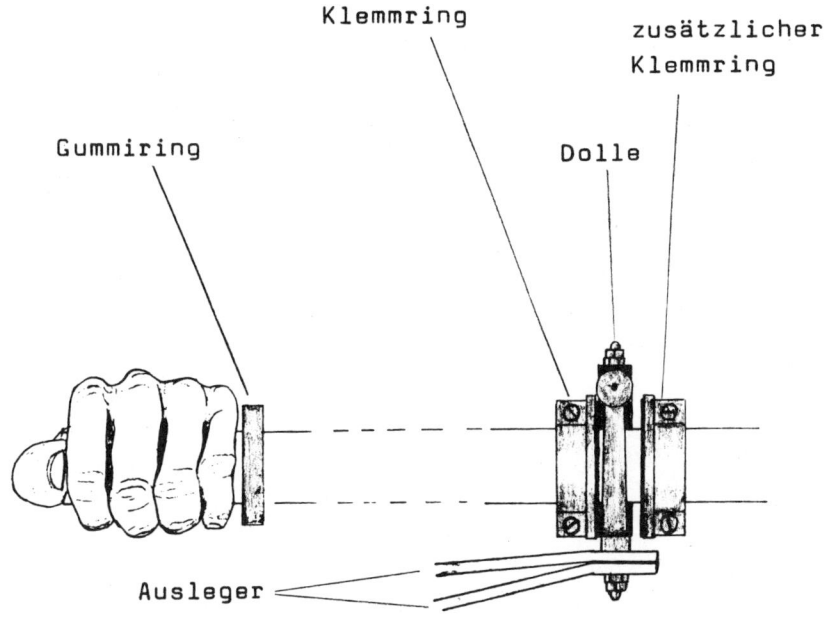

Abb. 2   Veränderungen am Skull

Sollten beim Abhebeln die Innenhebel zur Körpermitte hingezogen werden, d. h. der Klemmring von der Dolle entfernt werden, so kann ein weiterer Klemmring auf der anderen Seite der Dolle am Skull befestigt werden.

4.4 Sicherheitsmaßnahmen beim Rudern auf dem Wasser

Aus Gründen der Sicherheit sollte jeder Ruderer, der auf dem Wasser rudern will, schwimmen können.

Da der Anteil an Nichtschwimmern unter den behinderten Kindern sehr groß ist, müssen sichere Boote verwendet werden oder besondere Sicherheitsmaßnahmen ergriffen werden, die auch dieser Gruppe das Rudern auf dem Wasser ermöglichen.

Die Sicherheit eines Bootes wird vom Baumaterial und von der Bauweise bestimmt.

So sind z. B. die A- und B-Boote durch ihre breiten, geklinkerten Bootskörper nahezu unsinkbar, und ohne Einwirken von äußerer Gewalt sind sie auch nicht zu kentern.

Noch sicherer sind Boote mit wasserdichten Luftkästen, die selbst bei vollgeschlagenem Mannschaftsraum noch manövrierfähig bleiben. Eine ähnliche Wirkung kann durch den Einbau von Styropor in den Bootsraum unter den Rollschienen erzielt werden.

Mit zunehmend schmalerer Bauweise, wie das z. B. bei den Rennbooten der Fall ist, nimmt auch die Gefahr des Kenterns beim Verlust des Gleichgewichts zu.

Körperbehinderte Kinder, die nicht schwimmen können, sollten — unabhängig vom verwendeten Bootstyp — immer eine aufblasbare Automatik-Schwimmweste tragen, die sie beim Sturz ins Wasser vor dem möglichen Ertrinken bewahrt. Diese Westen können unter einem weiten Ruderhemd getragen werden, so daß sie nicht für jedermann sichtbar sind. Dies ist aus psychologichen Gründen sehr wichtig für die Kinder, da eine offen getragene Schwimmweste ein weiterer Hinweis auf ein vorhandenes Handicap sein kann, unter dem die Kinder ohnehin schon genug zu leiden haben.

Wichtig ist, daß die Automatik der Schwimmweste erst bei einem bestimmten Wasserdruck reagiert und nicht nur auf Feuchtigkeit.

Die Betreuer sollten mindestens im Besitz des Grundscheines der DLRG sein.

5. Zur Wirksamkeit des Ruderns

5.1 Wirkungen des Rudertrainings auf den Organismus

Rudern sollte von körperbehinderten Kindern und Jugendlichen als reine Ausdauersportart betrieben werden und sich damit positiv auf das cardiopulmonale System, die Skelettmuskulatur, das Skelettsystem, das vegetative Nervensystem und die endokrinen Drüsen auswirken (vgl. MELLEROWICZ/MELLER 1975). Als spezielle Wirkungen des Ruderns bei Cerebralparetikern können angenommen werden (vgl. dazu die Untersuchungen über die biologischen Wirkungen des Radfahrens und anderer Sportarten in BAUSENWEIN/REEH/STADLER 1977):

— Eine mögliche Verbesserung der gestörten reziproken Innervation aufgrund einer geführten Bewegung gegen einen Widerstand,

— eine verbesserte Koordination und Ökonomisierung des Muskeleinsatzes,

— eine positive Beeinflussung der Sprache durch verbesserte Atmung

— eine Verbesserung der Greiffunktion der Hände,

— eine mögliche Verbesserung des Sitzens und

— eine Verbesserung der Beweglichkeit der Gelenke.

5.2 Vorteile der Ruderbewegung für die einzelnen Erscheinungsbilder der Cerebralparese

5.2.1 Hemiplegien

Die Haltung und die Bewegungen des Hemiplegikers sind asymmetrisch. Eine Körperseite wirkt oft kürzer, die Wirbelsäule zeigt eine Seitneigung, Schulter und Becken stehen schief.

Sein Körperschema ist meist schlecht entwickelt. Für ihn ist es wichtig, daß bei seinen Bewegungen beide Körperhälften zur gleichen Zeit symmetrisch eingesetzt werden. Anhand der Bewegungsbeschreibung des Skullens und des Riemenruderns kann man ersehen, daß das in der Antriebsphase beim Skullen und annähernd auch beim Riemenrudern erreicht wird.

Da meist die Hand der vermeintlich nicht behinderten Körperseite eine führende Rolle innehat und es bei deren Aktivität zu assoziierten Reaktionen der behinderten Seite kommt, wird bei krankengymnastischen Übungen mit den Kindern geübt, die Bewegung mit der behinderten Seite einzuleiten.

In der Rudermethodik ist nun darauf zu achten, daß beim Wegführen der Hände vom Körper nach dem Abheheln die behinderte Hand bis auf Dollenhöhe vorgeführt wird. Hier ist zu überlegen, ob das sogenannte ,,Leiern'', damit ist gemeint, daß die Stellung der Hände zueinander in der Antriebsphase und der Erholungsphase wechselt, beim Hemiplegiker in Kauf genommen wird, damit in beiden Phasen die behinderte Hand die Führung übernehmen kann. So können assoziierte Bewegungen verhindert werden, und das Erlernen der Ruderbewegung wird erleichtert.

Ein weiterer Vorteil ist die Fixierung der Füße am Stemmbrett. Zusätzlich sollten auch die Fersen am Stemmbrett fixiert werden, um eine Spitzfußstellung unmöglich zu machen.

5.2.2 Diplegien/Tetraplegien

Der Diplegiker sitzt im Langsitz mit gebeugter Hüfte, Kyphose, Innenrotation und Adduktion der Beine, Spitzfußhaltung und Henkelstellung der Arme.

Für ihn ist also der Langsitz, in den er am Ende der Antriebsphase kommt, besonders problematisch, weil er seinem typischen Haltungsmuster entspricht. Hier kann die Fixierung der Füße am Stemmbrett in der physiologischen Stellung bei stärkeren Behinderungen eventuell nicht ausreichend sein. Besser wäre eine Abspreizung der Oberschenkel weiter proximal, wie das in der krankengymnastischen Behandlung mit dem Adduktionskeil geschieht. Erst wenn an diesen Schlüsselpunkten eine Reflexhemmung erreicht wird, kann der Diplegiker seine Wirbelsäule strecken und seine Schultern entspannen, so daß er diese aktiv herunterziehen kann. Während der praktischen Arbeit mit cerebralparetischen Kindern konnte von erfahrenen Krankengymnastinnen beobachtet werden, daß das von allen erwartete typisch spastische Haltungsmuster des Langsitzes im Endzug und beim Abhebeln nicht auftrat. Günstig für die Hände ist die Abspreizung des Daumens, die Dorsalflexion und die Unmöglichkeit, die Hände zu pronieren. Es ist anzunehmen, daß durch die Kippbewegungen des Bootes in geringem Ausmaß auch die für den Spastiker wichtigen Rotationsbewegungen provoziert werden.

Bei den Tetraplegikern sind Arme und Beine betroffen. Für sie ist das Rudern nur möglich, wenn sie die unter Punkt 2 erwähnten Voraussetzungen erfüllen.

5.2.3 Athetosen/Ataxien

Die Fixierung der Hände in der Mitte durch das Festhalten der Skulls oder des Riemens unterbindet die unkontrollierten Bewegungen der Athetotiker, speziell den sehr häufig auftretenden asymmetrisch-tonischen Halsreflex (ATNR) und erleichtert die Kopfkontrolle.

Durch die symmetrischen Bewegungen wird der Rumpf stabilisiert.

Die Arbeit gegen den gleichmäßigen Widerstand erhöht und festigt den schwankenden Muskeltonus während des Ruderns. Er wird zu ruhigen, gleichmäßigen Bewegungen gezwungen. Beim Kastenrudern konnte am gleichmäßigen Durchzug der Ruderblätter durch das Wasser beobachtet werden, daß über die gesamte Schlaglänge ein annähernd gleichmäßiger Druck an den Blättern gewesen sein muß. Daraus ist zu schließen, daß die gegen einen Widerstand geführte Bewegung den ansonsten instabilen Muskeltonus nicht nur erhöht, sondern auch stabilisiert.

Bei Ataktikern, deren Behinderung durch zum Teil massive Störungen der Bewegungskoordination gekennzeichnet ist, wird der Tremor durch das Festhalten der Skulls oder des Riemens verhindert. Außerdem kommt es zu einer für den Ataktiker vorteilhaften Erhöhung des Muskeltonus in der Streck-Zug-Phase. Darüber hinaus tritt eine Verbesserung des Gleichgewichtsgefühls ein.

5.3 Einflüsse des Ruderns auf den psychischen Zustand und das Sozialverhalten

Wie bereits dargestellt, liegt die Bedeutung des Ruderns zu einem darin, daß es sich hierbei um eine Life-time-Sportart mit hohem Gesundheitswert handelt, bei der die sportliche Betätigung (Ganzkörperbewegung) im Freien und unter Berücksichtigung der geeigneten individuellen Dosierung erfolgt.

Für das behinderte Kind lassen sich darüber hinaus spezielle bewegungstherapeutische Wirkungen feststellen. Dabei darf aber nicht übersehen werden, daß diese Sportart, die überwiegend als Mannschaftssport betrieben wird, in besonderer Weise Erfahrungen mit der eigenen körperlichen Leistungsfähigkeit im sozialen Miteinander vermittelt.

Vor allem für die häufig von verschiedenartigen Defiziten gekennzeichnete Persönlichkeitsentwicklungen des bewegungsbehinderten Kindes ist es wichtig, daß es in verschiedenen Lebensbereichen — so auch im Sport — seine Möglichkeiten und Grenzen erlebt und einzuschätzen lernt.

Neben dem Erwerb der Rudertechnik geht es einerseits in starkem Maße um das Erlebnis „ich kann rudern", das eine positive Einschätzung des eigenen Könnens zur Folge haben kann, verbunden mit einer Stärkung des in vielen Fällen geschwächten Selbstwertgefühls; andererseits muß aber auch der Verarbeitung von Frustrationen während des Ruderns besondere Beachtung zukommen.

Für das behinderte Kind ist zunächst der Aufbau eines individuellen Leistungszieles wichtig. Vorschnelle Vergleiche mit nichtbehinderten Kindern sollten daher vermieden werden. Aus dem anfänglichen Nebeneinander entwickelt sich ein Miteinander — zum Beispiel bei gemeinsamen Ruder-Wanderfahrten.

Ebenso wie in vielen anderen Bereichen des täglichen Lebens haben bisherige Erfahrungen beim Rudern mit behinderten Kindern gezeigt, daß alle Beteiligten mithelfen müssen, gegenseitige Vorurteile und Unsicherheiten im Umgang miteinander zu überwinden.

6. Rahmenbedingungen und Hinweise zur Organisation des Ruderns für körperbehinderte Kinder

Aufgrund der in vielen Fällen bestehenden Isolierung behinderter Kinder ist es unseres Erachtens nicht empfehlenswert, einen Ruderverein für Behinderte einzurichten. Man sollte sich um die Integration der Behinderten in einen bestehenden Ruderverein bzw. in einen Schülerruderverband bemühen. Dabei müssen allerdings hinsichtlich der Lage und Ausstattung eine Reihe von Bedingungen erfüllt sein.

Das Gelände sollte für Gehbehinderte leicht erreichbar sein, d. h. dicht am öffentlichen Verkehrsnetz gelegen, mit dem Auto erreichbar und befahrbar sowie möglichst eben sein (für Rollstuhlfahrer).

Das Bootshaus sollte behindertengerecht eingerichtet sein (eventuelle Veränderungen der sanitären Anlagen etc. vgl. VAN DER SCHOOT 1980).

Die Boote müssen leicht zugänglich gelagert sein, wobei es am günstigsten wäre, wenn eine Lagerung zu ebener Erde erfolgte, bei höherer Lagerung sollten Flaschenzüge vorhanden sein.

Unbedingt erforderlich ist ein Wagen zum Transport der Boote vom Bootshaus zum Steg. Dieser Weg darf nicht über Stufen führen oder sehr starkes Gefälle haben.

Der Steg (Schwimmsteg) sollte eine stabile Wasserlage haben, damit die Boote auch unter Mithilfe der behinderten Kinder zu Wasser gebracht werden können. Um das Einsteigen in das Boot und das Aussteigen aus dem Boot zu erleichtern, kann auf einen stabilen Steg ein verstellbares Gestell installiert werden, an dem sich die Kinder beim Ein- und Aussteigen festhalten können.

Die Differenz zwischen Steg und Wasseroberfläche muß geringer sein als der Abstand von Wasseroberfläche zur tiefsten Stelle der Ausleger.

Die Steganlage sollte wind- und wellengeschützt liegen, um unnötige Schwierigkeiten beim Ein- und Aussteigen sowie beim An- und Ablegen zu vermeiden.

Zusätzliche Probleme entstehen bei Bootsanlagen an strömenden Gewässern.

Das Bootsmaterial sollte strapazierfähig und leicht sein. Die Auswahl des geeigneten Bootsmaterials erfolgt unter Berücksichtigung des jeweiligen Behinderungsgrades.

Die Organisation des Ruderbetriebes richtet sich nach der Anzahl der behinderten und nichtbehinderten Teilnehmer (zahlenmäßiges Verhältnis wichtig!), dem jeweiligen Behinderungsgrad, dem motorischen Fertigkeitsniveau, weiterhin nach dem zur Verfügung stehenden Bootsmaterial und nach der Anzahl der Betreuer und deren Qualifikation.

Um eine gute Ruderausbildung zu gewährleisten, in der pathologische Bewegungsmuster vermieden werden und eine allseitige Förderung der behinderten Kinder erfolgt, ist es notwendig, daß Ruderlehrer und Krankengymnastinnen sowie ein Facharzt zusammenarbeiten.

ROBERT STRAUB

Kanusport für Schwerst-Gehbehinderte

1. Vorbemerkung

Von allen Körperbehinderten steht den Schwerst-Gehbehinderten die geringste Auswahlmöglichkeit auf dem Gebiet der Sportaktivitäten zur Verfügung. Dies wird vor allem beim Angebot von Freizeitsportarten bedrückend deutlich. Ihr Lebens- und damit Erlebnisraum findet häufig dort seine Grenzen, wo das Schild: ,,Gesperrt für Kraftfahrzeuge aller Art" ihre Bewegungsfreiheit kategorisch einschränkt. Wald-, Feld- und Wanderwege sind im allgemeinen nicht so angelegt, daß sie auch für Rollstuhlfahrer oder solche Behinderte geeignet wären, die sich nur mit Hilfe von zwei Prothesen bzw. Stützapparaten vorwärtsbewegen können. Diese Beschränkung der Bewegungsmöglichkeiten mit all ihren physischen, psychischen und geistigen Folgen muß sich, speziell bei Kindern und Jugendlichen, in hohem Maße negativ auswirken.

Dem Bemühen, für diese Gruppe der körperbehinderten Jugendlichen Gelegenheiten zu eröffnen, sich auch außerhalb von vorgefertigten Sportstätten im Sinne des Freizeitsports zu betätigen, kommt daher ganz besondere Bedeutung zu.

Ist es das Anliegen der Pädagogik, selbstdenkende und selbsthandelnde Menschen zu bilden, dann darf sie den Raum, in dem Informationen angeboten und verarbeitet werden sollen, nicht willkürlich beschränken. Die Aktionsfelder Wohnung, Schulgebäude, Sporthallen etc. sind bald erkundet und bieten nur wenig und selten neue, motivierende Anregungen, mit denen sich das behinderte Kind auseinandersetzen könnte. Wechselnde Situationen in immer neuer Umgebung müssen daher in der motorischen Entwicklung des jungen Menschen immer wieder angeboten und ausgenützt werden. Soll Sport zur lebensbegleitenden Gewohnheit auch körperbehinderter Jugendlicher werden, dann müssen neben anderen auch solche Sportarten angeboten werden, deren Ausübung unabhängig von schulischen Einrichtungen möglich ist.

Eine von vielen Möglichkeiten, Jugendlichen solche Aktionsfelder anzubieten, ihnen Gelegenheiten zu kreativem Handeln zu geben, stellt der Kanusport in seinen verschiedenen Anwendungsmöglichkeiten dar.

Nach dem Erlernen der Grundkenntnisse ist das behinderte Kind weitgehend selbständig in seinen Entschlüssen und in seinem Handeln. Ihm steht es frei, zu entscheiden, ob es seinen Sport auf überschaubaren oder weiten, stehenden Gewässern oder auf ruhig fließenden Gebirgsbächen ausüben will. Seine Selbstsicherheit oder Selbstbestätigung muß es nicht im Gegeneinander zu Freunden erkämpfen. In der Auseinandersetzung mit der Natur oder in der Anpassung an sie, stellt es seine Fähigkeiten unter Beweis, ohne agonale Instinkte wachrufen zu müssen. Es hat darüber hinaus die Möglichkeit, Pflanzen- und Tierwelt sowie deren Lebensbereiche kennenzulernen, wozu es ohne das Hilfsmittel Kanu in dieser Art wohl kaum jemals in der Lage wäre.

2. Der Personenkreis

Wenn entsprechende Abweichungen von der Norm in der Ausbildung und bei den Geräten berücksichtigt werden, können nahezu alle Körperbehinderten Kanusport betreiben. Ausgenommen davon sind nur jene, deren Arme durch Amputation, Lähmung, Versteifung oder starke Verkürzungen nicht funktionstüchtig sind. Auch Blinde und Querschnitt- bzw. Poliogelähmte mit einsatzfähigen Armen können — vornehmlich in Zweierbooten — mit Begleitung, stehende und ruhig fließende Gewässer über den größten Teil des Jahres hinweg befahren. Wenn die Begleitperson körperlich nicht behindert ist, stellt das Ein- und Aussetzen des Bootes sowie das Ein- und Aussteigen des behinderten Jugendlichen kein besonderes Problem dar.

3. Die Ausrüstung

Die Ausrüstung für Behinderte unterscheidet sich zunächst nicht von der allgemein üblichen. Erst die längere praktische Erfahrung im Umgang mit Boot, Paddel und der zweckmäßigen Kleidung gibt Anregungen für Abweichungen von der Norm, die jedoch individuell völlig verschieden sein können. Sie nachträglich vorzunehmen bereitet keine besonderen Schwierigkeiten.

Das Boot. Für Blinde und Querschnittgelähmte sind Zweierboote anzuraten. Stehen Bootsliegeplätze zu Hause beim Verein oder bei Vermietern zur Verfügung, dann sollten Kunststoffboote gewählt werden, da sie stabiler, unempfindlicher und pflegeleichter sind als Faltboote. Diese bewähren sich immer dort, wo keine Liegeplätze zur Verfügung stehen. Sie sind mit einiger Übung leicht auf- und abzubauen und benötigen wenig Stauraum im Auto, auf dem Dachständer oder auf sonstigen Lagerplätzen. Bei den Kunststoffzweier-Booten kennt man zwei Ausführungsarten. Einmal das mit durchgehender großer Sitzluke. Dieses Boot eignet sich besonders für Behinderte mit Beinlähmungen und Beinversteifungen. Darüber hinaus ist es ein ausgesprochenes Wanderboot.

Eine andere Ausführung hat zwei voneinander getrennte Sitzluken. Dieses Boot eignet sich sehr gut zum Wasserwandern, darüber hinaus können damit aber auch Wildwasser der unteren Schwierigkeitsgrade noch gefahren werden.

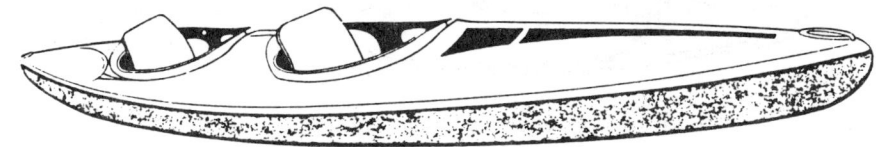

Das Mehrzweckboot, das als Einer sowohl auf stehenden und ruhig fließenden Gewässern, als auch für Wildwasserfahrten eingesetzt werden kann, ist der Kunststoffeiner.

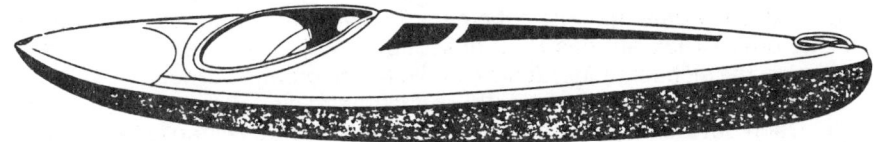

Dieses Boot wird in sehr vielen Ausführungen angeboten, die wiederum vom Wanderboot bis hin zu dem für extrem schwere Wildwasser geeigneten reichen. Schon beim Kauf eines Bootes sollten daher einigermaßen klare Vorstellungen darüber bestehen, in welcher Richtung die Sportausübung später erfolgen wird.

Das Paddel. Wer Kajakfahren sportlich betreiben will, sollte von Anfang an das durchgehende, einteilige Paddel wählen. Ob gekehlt oder ungekehlt, ob aus Holz oder Metall, darüber gibt es sehr viele unterschiedliche Meinungen, die sich unter anderem auch nach dem späteren Verwendungszweck richten. Die Länge — nämlich Reichhöhe — sollte aber in jedem Fall genau stimmen. Im Laufe des Lernvorgangs muß sich — zumindest der Einerfahrer — mit der Eskimorolle (Kenterrolle) beschäftigen. Dafür hat das etwas stabilere Paddel den leichten Ausführungen gegenüber deutliche Vorteile.

Die Spritzdecke gehört zu jedem Boot, ob Einer oder Zweier, ob mit durchgehender oder getrennter Sitzluke. Sie soll nicht nur bei Fahrten im Regen den Kajakfahrer vor Nässe und Kälte schützen, sie muß auch dort, wo Wellen das Boot überspülen oder bei Kenterungen verhindern, daß Wasser in das Boot eindringt. Sie muß mit Hilfe von Griffschlaufen leicht vom Boot abzuziehen sein und wird, damit sie bei Kenterungen nicht verlorengeht, mit Trägern am Körper befestigt.

Der Auftriebskörper. Jedes Boot muß durch Auftriebskörper unsinkbar gemacht werden können. Hierzu eignen sich vor allem sogenannte Spitzenbeutel. Der Kentersack hat u. a. den großen Vorteil, daß nur soviel Wasser in das Boot eindringen kann, daß es ohne Schwierigkeiten ausgeleert werden kann. Diese Kentersäcke gibt es allerdings nur für Einerkajaks und für Zweier mit getrennten Sitzluken.

(*Zeichnung:* H. GRÜNDL, ,,*Kanusport*")

Soll die handelsübliche Ausrüstung der Behinderung angepaßt werden, dann kann es sich dabei nur um Änderungen oder Zusätze handeln, die den Sitz, bzw. die Fußstützen betreffen. So, wie der Reiter sein Pferd durch Schenkeldruck dirigiert, so steuert der Kajakfahrer sein Boot im Wildwasser weitgehend durch Druck der Knie und Oberschenkel gegen die Bootswand. Einseitig Beinamputierte können den fehlenden Druck auf der Seite der Amputation dadurch ersetzen, daß sie Bein und Sitz mit einem Gurt verbinden, der es ihnen ermöglicht Zug oder Druck auf das Boot auszuüben. Bei einseitiger Oberschenkel-Amputation hat sich folgende, zusätzlich zu installierende Vorrichtung bewährt: Auf der Amputationsseite wird eine Kunststoffplatte eingebaut, die den Stumpf wie ein Dach gut zur Hälfte überdeckt. So ist es ohne Schwierigkeiten möglich, auch den Stumpf zur Bootssteuerung und zur Sicherung des guten Sitzes einzusetzen.

Bei Doppelbeinamputierten werden beide Beinstümpfe mit dem Sitz verbunden. Zusätzlich werden an beiden Seiten senkrechte Flächen aus Holz, besser aus Kunststoff, angebracht. Sie ermöglichen es, auch mit kurzen Oberschenkelstümpfen seitlichen Beindruck auf das Boot auszuüben. In schwierigen Situationen, vor allem bei Kenterungen, verhindert dieser Druck gegen den Bootskörper das Herausrutschen bzw. das Lösen vom Sitz.

Bei einseitigen oder beidseitigen Beinlähmungen werden, je nach Stärke und Umfang der Behinderung, vergleichbare Hilfen eingebaut. Alle diese Hilfen müssen allerdings so angebracht sein, daß sie dem Paddler zwar zu solidem Sitz im Boot verhelfen, ihn aber nicht daran hindern, bei Bedarf das Boot ohne Schwierigkeit zu verlassen. Diese und ähnliche Hilfen können die Verwendung des Kentersackes unter Umständen unmöglich machen. In solchen Fällen ist es daher ratsam, in Wildwasserboote eine sogenannte Verschottung einzubauen. Sie kann im Handel bei einigen Firmen samt Gebrauchsanweisung gekauft werden und es macht keine Schwierigkeiten sie anzubringen. Mit ihrer Hilfe wird das Boot unmittelbar hinter dem Sitz und vor den Beinen abgedichtet. Dadurch entstehen zwei sehr große Luftkammern, die es absolut unsinkbar machen. Darüber hinaus können diese Luftkammern zusätzlich als Stauräume verwendet werden.

Die Wildwasserausrüstung. Zusätzlich zur Ausrüstung, die der Kajakfahrer in jedem Fall benötigt, muß er sich für Fahrten auf schneller fließenden und durch natürliche und künstliche Hindernisse erschwerten Gewässern mit zusätzlicher Ausrüstung versehen.

Dazu gehören zunächst Anzug, bzw. Hose und Jacke aus Neopren. Sie schützen ihn vor Nässe und Kälte und geben ihm im Wasser so viel Auftrieb, daß er ohne sein Zutun schwebt, also nicht untergehen kann. Trotzdem muß er im Wildwasser, ab Schwierigkeitsstufe 3, zusätzlich eine Schwimmweste anlegen.

Diese sollte allerdings auch bei allen anderen Fahrten zumindest bereitliegen. Zur Wildwasserausrüstung gehört außerdem ein Paddelhelm, der den Kopf vor Verletzungen durch Äste oder Steine schützen soll.

Sogenannte Fangleinen am Boot sind wertvolle Hilfen, um ein herrenlos im Wasser treibendes Boot am eigenen Boot zu befestigen, ohne selbst aussteigen zu müssen. Rettungsgurte, Rettungsbälle oder -ringe, Rettungsleine und Wurfleine sind wertvolle Hilfen bei der Fremdrettung.

Als Schuhwerk verwendet der Paddler am besten eine Art Basketballschuh, der über die Knöchel reicht. Gut bewährt hat sich auch der Neoprenschuh, wie ihn Windsurfer tragen. Beide schützen gegen Verletzungen an Stränden und im Wildwasser.

Wenn die Neoprenjacke zu warm wird, schützt ein leichter, wasserdichter Paddelanorak vor Regen, schäumenden und spritzenden Wellen. Amputierte ändern die handelsübliche Paddelbekleidung so ab, wie sie das bei anderen Kleidungsstücken auch tun. Alle Neoprensachen lassen sich bequemer an- und ausziehen, wenn darunter leichtes Unterzeug aus Wolle getragen wird. Reißverschlüsse an Hosenbeinen und Jackenärmeln bieten besonders dem Behinderten zusätzliche Erleichterungen.

4. Lernvorbereitungen

Allgemeine körperliche Vorbereitung

Paddeln im Bereich des Behindertensports ist vor allem für Gehbehinderte gedacht. Die allgemeinen körperlichen Voraussetzungen müssen daher ohne Lauftraining geschaffen werden. Hierfür eignen sich besonders Trampolinspringen und Übungen mit elastischen Zugseilen aller Art. Das Kräftigen der geraden und schrägen Bauchmuskeln sowie der Rückenstrecker gehört ebenso in das Übungsprogramm, wie das Beweglichmachen der Hüfte. Zusätzlich müssen die Adduktoren und Abduktoren der Oberschenkel aktiviert werden. Die Beweglichkeit der Wirbelsäule ist eine weitere Voraussetzung für das Erlernen spezieller, typischer Bewegungen im Boot. Armbeuger und Armstrecker müssen daher gleichermaßen trainiert werden. Beim sogenannten ,,Ziehen" um Richtungsänderungen bzw. seitliches Versetzen des Bootes zu erreichen, wird vor allem der große Brustmuskel betätigt. Auch er muß ausgiebig gekräftigt werden.

Spezielle körperliche Vorbereitungen

Die entscheidenden speziellen Voraussetzungen für den Kajaksport werden im Wasser geschaffen. Schwimmen, nach Möglichkeit in allen Lagen — dem Rückenschwimmen kommt im Wildwasser besondere Bedeutung zu — und Sprünge aller Art vermitteln gute Lernvoraussetzungen. Beim Schwimmen stehen zwei Aufgaben im Vordergrund. Entscheidender als die exakte Technik ist zunächst das Erfühlen des Wasserwiderstandes, das auch beim Paddeln eine wesentliche Lernvoraussetzung darstellt. Zusätzlich muß darauf geachtet werden, daß das Ausatmen in jeder Situation kräftig und restlos erfolgt.

Tief- und Streckentauchen — natürlich mit offenen Augen — bietet eine weitere unentbehrliche Lernhilfe. Dazu kommen Rollen vorwärts, rückwärts und seitwärts und alle Arten der Wenden, bis gute Wasservertrautheit in allen Körperlagen und allen Wassertiefen erreicht ist.

Die meisten Schwer-Gehbehinderten haben nicht nur Schwierigkeiten beim Gehen. Für sie sind auch Sitze aller Art nicht von vornherein problemlos. Dem eigentlichen Techniktraining muß deshalb bei diesem Personenkreis eine Gewöhnung an die spezielle Situation im Kajak vorangehen. Das geschieht zunächst an Land, wobei die Besonderheiten, wie der Gurt im Rücken, die Fußstütze bzw. deren Ersatz durch spezielle Änderungen, erfühlt und erprobt werden. Rumpfbewegungen nach links und rechts, Rumpfdrehen und Rumpfdrehbeugen vermitteln erste Erfahrungen über die Beweglichkeit des Bootes um seine Längsachse.

Diese ersten Kurzversuche an Land werden möglichst bald im Wasser fortgeführt. Die Wassertiefe wird so gewählt, daß die Übenden das gekippte Boot aufrichten können, indem sie sich mit den Händen vom Grund abdrücken. Solche und ähnliche Übungen zur Bootgewöhnung bringen zusätzlich erste Erfahrungswerte über Stabilität und Instabilität des Bootes im Wasser. Jetzt kann mit den ersten Versuchen zum Erlernen der Kajaktechnik begonnen werden.

Das Ein- und Aussteigen

Der Zeitpunkt für das Erlernen des Ein- und Aussteigens am Ufer hängt weitgehend von der Art und der Schwere der Behinderung und den Möglichkeiten ab, die an der Übungsstätte gegeben sind. Die geringsten Probleme haben dabei Doppeloberschenkel- und auch Doppelunterschenkelamputierte. Bei Beinlähmungen empfiehlt sich das Ein- und Aussteigen an Land, unmittelbar am Wasser durchzuführen. Einseitig Amputierte oder Prothesenträger bewerkstelligen es ohne fremde Hilfe mit der sogenannten Paddelbrücke.

Übungsanordnung: Lehrschwimmbecken in einem Frei- oder Hallenbad mit einer Treppe deren Breite mindestens der Bootslänge entspricht. Der Übende

sitzt auf einer der letzten Stufen über dem Wasserspiegel. Das Boot liegt links längsseits. Ein Paddelblatt wird flach auf die letzte Stufe über dem Wasserspiegel so aufgelegt, daß der Paddelschaft unmittelbar hinter der Sitzluke auf dem Boot liegt.

Übungsausführung: Die linke Hand umgreift den Paddelschaft mit dem Daumen, die vier Finger fassen in die Sitzluke. Die rechte Hand drückt möglichst nahe an der Auflagestelle gegen den Paddelschaft. Bei gleichmäßigem Druck beider Hände auf das Paddel wird das Gesäß abgehoben, werden die Beine gestreckt in das Boot geführt bis der Sitz im Boot erreicht ist.

Dann wird das Paddel rasch vor den Körper gebracht. Das Aussteigen läuft in der umgekehrten Reihenfolge ab. Die Umstellung von der Treppe auf ein Fluß- oder Seeufer, auf einen Bootssteg oder einen Stein, bereitet keine Schwierigkeiten.

Die nächsten Übungen erfolgen im hüfttiefen Wasser eines Hallenbades bei einer Wassertemperatur von mind. 25 °C. Nasenklammer oder Taucherbrille schützen Nase und Augen vor der Reizwirkung gechlorten Wassers.

Zu jeder Übungsgruppe gehört ein Übender im Boot, ein Helfer, der entweder nicht oder nur so behindert sein soll, daß er den Übenden mitsamt dem Boot aus der Kentersituation wieder aufrichten kann.

5. Vom Paddeln bis zum Kentern

1. Lernschritt
Übungen des Rumpfbeugens vorwärts, rückwärts (Hinterkopf auf dem Boot), seitwärts, Rumpfdrehen.

Übungsabsicht
Feststellen der Bewegungsmöglichkeiten und -einschränkungen beim Sitz im Boot und der Reaktionen des Bootes bei den verschiedenen Körperbewegungen.

2. Lernschritt
Mit Paddelbewegungen der Hände das Boot über kurze Strecken vorwärts und rückwärts bewegen.

Erfühlen der Wirkung der Antriebskräfte auf das Boot.

3. Lernschritt
Sitz im Boot, Spritzdecke geschlossen. Mit dem Paddel Wasser fassen und vorwärts paddeln. Die Hand, die das Paddel nach vorne führt, beginnt die Druckbewegung in Augenhöhe.

Herausfinden des zweckmäßigen Krafteinsatzes bei Zug und Druck bei der Ausführung des Grundschlages.

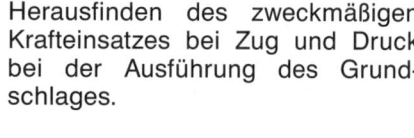

Zeichnung: H. Gründl „Kanusport"

4. Lernschritt
Grundschlag rückwärts. Blatteinsatz hinter der Hüfte, Hand des *Zugarmes* in Augenhöhe.

Bemessen des Krafteinsatzes beim Rückwärtspaddeln und Versuch, das Boot ohne seitliches Abweichen zu bewegen.

166

5. Lernschritt

Durch Seitneigen wird das Boot auf-gekantet und das Paddelblatt flach auf das Wasser gelegt. Mit gefühl-vollem Abdrücken von diesem Blatt, Boot und Körper wieder aufrichten, das Knie auf der Abdruckseite durch Druck gegen das Bootsdeck das Aufrichten unterstützt.

Abwägen des Seitneigens und Boot-aufkantens sowie des notwendigen Druckes auf das Blatt und gegen das Deck.

6. Lernschritt

Fortführen der Übung 5 bis der Ell-bogen des auslegenden Armes, dann die Schulter und schließlich der halbe Rumpf endlich Rumpf und Kopf eintauchen. Der Helfer steht auf der Gegenseite bereit und hilft notfalls das Boot aufzurichten.

Der Übende stellt fest, daß der Auf-trieb als Hilfe beim Aufrichten um so wirkungsvoller ist, je mehr Wasser durch tiefes Eintauchen verdrängt wird. Dabei erkennt er, daß das Sy-stem Boot—Übender eine Einheit bilden muß, wenn die Bewegung rund, fließend und ökonomisch ab-laufen soll.

Diese Übung ist der Schlüssel zur kraftsparenden Kenterrolle. Das Handicap der fehlenden Unterstützung durch die Beine wird dann weitgehend aufgewo-gen, wenn sich der Oberkörper aus der Position rechtwinklig zur Bootslängs-achse dem Boot so anschmiegt, daß er von den Beinen bis zum Kopf parallel zu ihr liegt.

Bis hierher erfolgte das Lernen weitgehend über kinästhetische Informationen. An dieser Stelle sollte kognitives Lernen beginnen. Der Schüler soll erkennen, daß sich das Boot dann am besten um seine Längsachse dreht, wenn sich alle Teile des Systems Boot-Mensch möglichst nahe der Bootslängsachse befinden. Hat er das — zusammen mit der unterstützenden Wirkung des Auftriebs — erfaßt und erfühlt, dann sind die größten Schwierigkeiten beim Erlernen der Kenterrolle schon gemeistert.

6. Die Kenterrolle

Nach diesen Vorbereitungen erfolgen die ersten Übungen zum Erlernen der Kenterrolle. Die bisherige Übungsanordnung bleibt bestehen. Nasenklammer und Taucherbrille sind auch hierzu nahezu unentbehrliche Hilfen.

1. Lernschritt

Ausgangsposition: Der Übende sitzt bei geschlossener Spritzdecke ohne Paddel im Boot, der Helfer steht auf der Eintauchseite.

Aufgabe: Der Übende soll durch Rumpfbewegung und Kniedruck (Beindruck und -zug) mit dem Boot eine ganze Drehung um die Längsachse ausführen.

Ausführung: Der Oberkörper liegt flach auf der Bootsmitte, die gestreckten Arme umfassen das Boot links und rechts an den Kanten.

Erkennen und Erfühlen der Bedeutung und Erfühlen der bootsachsennahen Körperhaltung
— der Bewegungsübertragung von Rumpf und Armen auf die Bootsdrehung,
— der Auftriebskraft des Wassers zur Unterstützung der Bootsdrehung,
— der Hilfe durch die Knie- bzw. Beinarbeit
— daß den Komponenten Auftrieb, Bewegungsübertragung und Rumpf-, Beinarbeit beim Bootaufrichten größere Bedeutung zukommt als dem Einsatz des Paddels.

Durch geringe Rumpfbewegung wird das Boot nach rechts zum Kentern gebracht, die Körperhaltung bleibt unverändert. Nach der Drehung um 180 Grad werden der Reihe nach folgende Bewegungen ausgeführt: Kopf in den Nacken — nach links drehendes Rückführen des Rumpfes — Arme folgen der Bewegung. Die Rumpfbewegung läuft solange weiter, bis der Rücken flach auf der Bootsmitte liegt, Hinterkopf auf dem Boot — die Arme überholen die Rumpfbewegung auf halbem Weg, so daß sie nach Beendigung der Gesamtbewegung in Hochhalte in Verlängerung des Körpers liegen.

Der Helfer unterstützt die Drehbewegung nur soviel, wie das zum Aufrichten nötig ist.

Diese Übung wird solange wiederholt bis der Helfer nur mehr geringfügig eingreifen muß. Mit zunehmender Fertigkeit wird, wenn der Oberkörper die Wasseroberfäche erreicht, mit den Beinen (Stümpfen) eine dem Radfahren ähnliche Bewegung ausgeführt. Das linke Knie drückt stoßartig gegen das Bootsdeck, der rechte Fuß tritt kräftig gegen die Fußstütze (der Stumpf gegen den Sitz). Diese Bewegungen unterstützten die Drehung sehr wirkungsvoll in dem kritischen Moment, in dem der Körper aus dem Wasser auftaucht. In dieser Bewegungsfolge sind alle, für die Drehbewegung des Systems Boot-Mensch erforderlichen Teilbewegungen in der richtigen Zeitfolge enthalten. Erst ihr reibungsloses Ineinanderfließen gewährleistet den Erfolg.

Wirkungsbereiche der Komponenten Auftrieb, Bewegungsübertragung, Rumpfbewegung und Knie-Fußarbeit

1. Phase	Ausgangsstellung — Beginn der Kopf-Rumpf-Bewegung
2. Phase	Kopf-Rumpf-Armbewegung bis an die Wasseroberfläche
3. Phase	Weiterführen der Rumpf-Armbewegung und des Kniedrucks bis zur Beendigung des Bootsaufrichtens

|||||||| = Auftrieb ≡≡≡ = Bewegungsübertragung ▓▓▓ = Arm-, Rumpf-Beinarbeit

Wenn diese richtig ausgeführte Bewegung automatisiert und die Einheit Boot—Übender erreicht ist, wird zum nächsten Lernschritt das Paddel hinzugenommen.

2. Lernschritt

Ausgangsposition wie beim ersten Lernschritt. Das Paddel liegt auf dem Bootsdeck, das vordere Paddelblatt liegt flach auf, die rechte Hand umfaßt den Schaft neben der Hüfte, unmittelbar vor dem hinteren Blatt, die linke Hand erfaßt den Schaft etwa in der Mitte.

Während und nach der Kenterbewegung sorgt der Helfer dafür, daß das Blatt bis zum Erreichen der um 180 Grad veränderten Position dem Bootskörper flach aufliegt. Dabei ist darauf zu achten, daß das Blatt in der Bewegungsrichtung ein wenig aufgekantet wird, damit es beim Rückwärtsführen nicht nach unten verschneidet. Nun wird, analog zur Ausführung nach dem ersten Lernschritt, der Rumpf nach hinten geführt, wobei die Bewegungsfolge Kopf-Rumpf-Arme entscheidend ist für das Gelingen der Bootsdrehung um 180 Grad.

Erfühlen und Dosieren der Arbeit mit dem Paddel im richtigen Zeitpunkt.

Erlernen der gefühlsvollen Mitnahme des Paddels ohne Druck bis auf Höhe der Schulterlinie.
Im Negativen: Feststellen, daß zu früher Druck mit dem Paddel auf das Wasser die Gesamtbewegung stört.

Keinesfalls darf das Aufrichten durch Druck auf das Paddel eingeleitet werden. Das Paddel *folgt* der Gesamtbewegung nach. Ist es seitlich in Höhe der Schulterlinie angelangt, folgt ein kurzer aber gefühlvoller Druck auf das Blatt. Dieser Druck fällt zusammen mit dem Stoß des linken Knies gegen das Deck und dem des rechten Fußes gegen die Fußstütze.

Spätestens zu diesem Zeitpunkt muß dem Schüler klargemacht werden, daß nicht der Druck auf das Paddel den entscheidenden Teil des Bootaufrichtens darstellt. Die Ökonomie der Bewegung wird erreicht durch das gute, zeitgerechte und reibungslose Zusammenwirken von Auftrieb, Bewegungsübertragung Paddel-Knie- und Fußdruck zu einer ununterbrochenen fließenden Bewegung. Mit dem Erlernen der Kenterrolle ist der entscheidende Schritt auf dem Weg zum perfekten Kanuten getan. Alle folgenden Übungen auf ruhigen oder fließenden Gewässern können nun problemlos bis an die Grenzen des Kenterns ohne Angst erfolgen. Mißlingen sie, dann hilft die Kenterrolle die ursprüngliche Ausgangsstellung ohne Schwierigkeit wieder einzunehmen und ohne Unterbrechung weiterzuüben. Bei behinderten Kindern ist dieser Umstand deshalb so entscheidend wichtig, weil das Aussteigen, das Boot An-Land-bringen und

Ausleeren sowie das erneute Einsteigen für sie wesentlich umständlicher, kraft-, zeit- und energieraubender abläuft als bei Nichtbehinderten.

7. Richtungsänderungen

Die einfachste Art eine Richtungsänderung herbeizuführen, ist das Paddeln auf einer Seite. Nach einigen Schlägen wandert die Bootsspitze nach der Gegenseite aus. Dieses Auswandern wird verstärkt bzw. beschleunigt, wenn das Boot gleichzeitig auf der Seite der Paddelschläge aufgekantet wird. Soll auf beiden Seiten weitergepaddelt werden, dann wendet man den sogenannten Rundschlag an. Auf der Gegenseite der geplanten Richtungsänderung wird das Paddelblatt weit vorne eingesetzt und in großem Bogen um das Boot bis nahe an das Heck herumgeführt. Der Oberkörper folgt dieser Bewegung, so daß am Ende des Rundschlages die Schulterlinie nahezu parallel zur Bootlängsachse verläuft.

Diese beiden Arten der Richtungsänderung bewirken ein Abweichen der Bootsspitze nach der gewünschten Seite. Dadurch erhält das Boot eine Fahrtrichtung, die in einem kleineren oder größeren Winkel zur bisherigen Fahrt verläuft.

Soll das Boot parallel zur Fahrtrichtung seitlich versetzt werden, dann verwendet man den sog. Ziehschlag.

Zunächst ohne Fahrt wird das Paddelblatt parallel zur Bootsachse auf Körperhöhe mit gestrecktem Zugarm (unterer Arm) steil eingesetzt. Der obere Arm liegt vor der Stirn. Durch gefühlvolles Heranziehen des Blattes an das Boot wird es gegen die Zugrichtung seitlich versetzt. Dieser Vorgang läßt sich wiederholen, indem man das ans Boot herangeführte Blatt um 90 Grad dreht im Wasser wieder nach außen führt und nach erneuter Drehung um 90 Grad wieder ans Boot heranzieht.

(Entnommen: H. GRÜNDL, ,,Kanufibel")

Mit diesen bisher erworbenen Fertigkeiten lassen sich stehende und fließende Gewässer gefahrlos im Zweier, im Wanderboot und im Kajakeiner ohne Schwierigkeiten befahren. Für das Befahren fließender Gewässer von der Schwierigkeitsstufe 3 an sind Spezialkenntnisse nötig. Das gleiche gilt für die wettkampfmäßige Durchführung von Regatten und Meisterschaften aller Art.

Nach kurzer Gewöhnung bereitet auch das Fahren mit dem Wandercanadier keine nennenswerten Schwierigkeiten. Hier liegen die Vorteile vor allem in der großen Ladefläche des Bootes und der relativ hohen Stabilität gegen Kenterungen.

Die Grundvorstellung, daß der Paddler zwei funktionstüchtige Arme haben muß, kann weiterführende Überlegungen dennoch nicht völlig ausschließen. Auch Behindertensportler mit nur einem einsatzfähigen Arm können den Wunsch haben, auf ruhigen Gewässern, ohne Motorlärm und unter Einsatz der eigenen Kraft, Erholung und Ablenkung zu suchen.

Dort, wo Arm- und Beinamputation zusammentreffen, bestehen beim Gehen, vor allem im schwierigeren Gelände, ähnliche Schwierigkeiten wie beim Schwerst-Gehbehinderten. Längere Wanderungen auf Wegen und Pfaden die in die möglichst unberührte Natur hinausführen, sind für diesen Personenkreis äußerst beschwerlich, wenn nicht unmöglich.

Überlegungen, wie solchermaßen Behinderten ein Angebot gemacht werden könnte, das Wasserwandern zu nützen, führten dazu, auf dem Boot eine Vorrichtung anzubringen, die einarmiges Paddeln auch über längere Strecken ermöglicht.

Dieses Hilfsgerät für Armamputierte, die keine Prothese tragen können, wird auf der Seite des funktionstüchtigen Armes auf dem Bootsdeck verstellbar angebracht und den Maßen des Behinderten angepaßt. Zusammen mit einer etwas veränderten Steuervorrichtung, die vom Fuß bedient wird, lassen sich — bedingt durch den ständigen Wechsel zwischen Spannung und Entspannung der betätigten Muskelgruppen — lange Strecken auf Seen und Flüssen mühelos bewältigen.

Die Ausrüstung des Bootes unterscheidet sich, mit Ausnahme des Hilfsgerätes, nicht von anderen Booten.

Der Lehrweg bleibt im wesentlichen (ohne die Kenterrolle) unverändert.
Wildwasserfahrten mit der Ausrüstung für Armamputierte sind nicht zu empfehlen, weil u. a. das Eskimotieren mit dem Zusatzgerät noch nicht möglich ist. Doch auch daran wird bereits gearbeitet.

Sowohl die allgemeine körperliche Vorbereitung auf den Kanusport, als auch seine Durchführung selbst, haben erkennbare rehabilitative Wirkungen zur Folge. Die Aktivierung der oberen Gliedmaßen und des Rumpfes bei gleichzeitiger Entlastung der behinderten Körperpartien, tragen zweifelsohne zur allgemeinen Verbesserung des physischen wie des psychischen Gesamtzustandes bei. Nebenher geht, bedingt durch die zyklische Dauerleistung an frischer Luft, eine positive Beeinflussung des cardio-pulmonalen Systems, verbunden mit all den anderen Vorteilen der Bewegung an und im Wasser, in Sonne, Wind und Wetter.

Der Erwerb spezieller Grundkenntnisse in Theorie und Praxis hat nicht zu übersehende positive Rückwirkungen auf Persönlichkeitswerte wie Selbstsicherheit, Selbstvertrauen und Selbstbewußtsein. Bestätigt durch solche Persönlichkeitswerte stellt der erste Schritt zur Integration in eine Gemeinschaft von Wassersportlern kein allzugroßes Problem mehr dar. Das Mit- oder Nebeneinander im Boot, das gemeinsame Befahren von leichteren oder schwierigeren Gewässern bedarf immer der Absprache und Vorbereitung. Bei diesen Interaktionen ist der Behinderte ein Teil der Gruppe, wie jeder andere auch. Hier ist er einmal nicht der Hilfsbedürftige. Ausgestattet mit Wissen, Fertigkeiten und Fähigkeiten kann er durchaus innerhalb eines Teams leitende Funktionen in Theorie und Praxis übernehmen. Er ist zu einem anerkannten, wertvollen Teil einer Jugendgruppe geworden, deren Freizeitunternehmungen er nicht nur geduldet mitmacht, sondern weitgehend aktiv mitbestimmt.

Der Kanusport ist eine typische Freizeitsportart. Vom frühen Frühjahr bis zum späten Herbst kann er, unabhängig von Schule und Verein, allein, mit der Familie oder in kleinen bzw. größeren Gruppen ausgeführt werden. Er macht unabhängig von Institutionen, von überlaufenen Stränden und Bootsverleihen, er kann sowohl auf Gewässern der nächsten Umgebung, als auch im entferntesten Ausland Freude und Erholung vermitteln. Er ist, ganz besonders für Schwerst-Gehbehinderte, die ideale Freizeitsportart über den größten Teil des Jahres hinweg. Die besondere Situation der Schwer-Gehbehinderten ruft geradezu nach einer Sportdisziplin wie sie der Kanusport darstellt.

JÜRGEN INNENMOSER

Sportspiele für körperbehinderte Kinder und Jugendliche

1. Bedeutung des Sportspiels für körperbehinderte Kinder und Jugendliche

Das Spiel gehört zu den Verhaltensweisen, die in der Zeit der kindlichen Entwicklung besonders wichtig sind, beim Menschen typischerweise aber auch im Erwachsenenalter noch ausgeübt werden. ,,Spielen-wollen'' und ,,Spielen-können'' kann man als natürlicherweise gegebene menschliche Fähigkeit betrachten, wodurch wesentliche Erziehungs- und Bildungsgüter aufgenommen werden (vgl. HASSENSTEIN 1980, 1978; FLITNER 1980[6]; PIAGET 1969; HUIZINGA 1962; BUYTENDIJK 1934; SCHEUERL 1969[7] u. v. a.).

Diese Fähigkeit müßte folglich auch dem Körperbehinderten nützlich sein, wäre sie als Tätigkeitsform nicht an viele sensomotorische Fertigkeiten gebunden (vgl. FLITNER 1980[6], 119 f.) und somit nur teilweise verfügbar. Wenn das Spiel *Erprobungsfeld* von Kreativität, Phantasie, Spontaneität, sensomotorischem Können, kognitivem Handeln und Lernen, emotionalem Reagieren und sozialem Wissen ist, dann muß man ob seines beinahe universalen Charakters die möglichst frühe und intensive Teilnahme des Körperbehinderten fordern.

Aber das Spiel dient nicht nur der Anwendung von Fähigkeiten und Fertigkeiten, es ist auch Quelle für stets neue *Lernprozesse.*

Unterbindet man — ob gewollt oder ungewollt — die Teilhabe des körperbehinderten Kindes am Spiel, dann schädigt man es zusätzlich.

Kindliches Spielen findet zunächst im engen Familienkreis, dann im Kindergarten und in der Grundschule statt. Behindertensport, der zu seinen Inhalten auch das psychomotorische Training rechnet (vgl. INNENMOSER 1980), kann vor allem die *motorische Komponente* des Spiels besonders gut entwickeln helfen. Die im Sport geschaffenen Anregungen ermöglichen eine verbesserte *Gesamtentwicklung* des Kindes. Hierzu dienen einfachste Wahrnehmungsspiele, sensomotorische Grunderfahrungen und -fertigkeiten und schließlich das sportpädagogische Mittel der ,,Kleinen Spiele''.

Da körperbehinderte Kinder bisher keineswegs ausgiebig genug spielen (vgl. z. B. PEKNY 1970; DEIMEL 1978, KAMMANN 1979), wird man sich in Zukunft noch intensivere Gedanken um die didaktische und methodische Durchstrukturierung eines so weiten Aktivitätsfeldes machen müssen.

2. Didaktische Aspekte der Spiele

Auch das Sportspiel vermittelt viele ,,Teilfähigkeiten" (FLITNER 1980, 120), die durch Spiellernen entstehen können. Es läßt sich somit in die oben skizzierten pädagogischen Bemühungen einschließen, wobei es ,,eine Sonderform des Person-Umwelt-Modells Sport" (HAGEDORN/SCHMIDT 1979, 14) darstellt.

Fünf Stufen beschreiben die Entwicklung des einzelnen zum Spielen, die auf persönliche (,,Individuation") und soziale (Sozialisation) Aspekte ausgerichtet ist (vgl. ebd.). Diese sind:

1. Die Erprobung von Körperfunktionen (Funktionsspiele),

2. das Erproben von sozialen Rollen (Rollenspiel),

3. das Spielen in spontanen Kleingruppen (Gruppenspiele),

4. das Erfinden und Erproben von Regelspielen (Kleine Spiele) sowie

5. das Spielen in der Mannschaft (Mannschaftsspiele) oder in Paar-Gruppen (Partnerspiele). (ebd.)

Für Körperbehinderte muß besonders der *sozialisierende Effekt,* die Möglichkeit im gemeinsamen Spiel oder im Spiel gegeneinander bestimmte mitmenschliche Erfahrungen zu sammeln hervorgehoben werden. Wie in anderen Teilbereichen des Behindertensports kommt auch hier der *pädagogischen Qualifikation* des Lehrers eine große Bedeutung zu. Und zwar nicht in dem Sinne, daß bevorzugt z. B. ,,lehrerzentrierter Unterricht" durchgeführt wird, sondern deshalb, weil die vom guten Lehrer auf das körperbehinderte Kind genau abgestimmten Bewegungsangebote und seine Fähigkeit, Lernfortschritte zu erkennen und verstärkend zu kommentieren, zunächst Garant dafür sind, daß Sport überhaupt weiterführt. Denn Selbständigkeit im Erkennen von Leistungsmöglichkeiten und -grenzen müssen vom Körperbehinderten erst erlernt werden.

Die spieltypische Steigerung der Motivation mit der Bereitschaft zu erhöhten motorischen Anstrengungen wirkt sich auf die Entwicklung konditioneller Eigenschaften und motorischer Fertigkeiten positiv aus. Der Körperbehinderte wird ebenso gefangen von der Spannung des ungewissen Spielausgangs, vom Wettkampf und von der ständigen Überraschungsbereitschaft, die sich trotz z. B. durch Schadensklassen annähernd hergestellter Chancengleichheit (vgl. auch Kapitel 8) in der unvorhersehbaren Situation des Spiels ergibt (vgl. HAGEDORN/SCHMIDT 1979, 14).

Zu den ,,Großen Spielen" oder Sportspielen gehören *Mannschaftsspiele* mit einer klaren Aufgabenteilung in Angriff und Verteidigung, *Partnerschaftsspiele* (wobei Angriff und Verteidigung zusammengehören) und *Volleyball-ähnliche Spiele,* in denen sich zwei Mannschaften in getrennten Spielfeldhälften gegenüberstehen (vgl. ebd.). Die meisten Spiele mit Körperbehinderten gehören dem ,,Volleyball-Typ" an.

Während wir für das *Sportspiel* des Körperbehinderten in der *Schule* die Ziele ,,Sozialisation", ,,Motivationssteigerung zur Bewegungsaktivität" und ,,Gesundheit" hervorheben müssen, gehen wir für den Freizeitsport darüber hinaus. Letzterer wird freiwillig betrieben, er soll zur „life-time-Sportart" oder zum Leistungs- bzw. Wettkampfsport führen. Deshalb haben andere Spiele, bei denen körperliche Fähigkeiten, motorische Fertigkeiten, psychische Belastungsfähigkeit, Konzentration und „Rollenübernahme" intensiver geschult werden, hier ihre größere Berechtigung (z. B. Volleyball, Basketball u. ä.).

3. Funktionelle Anforderungen der Sportspiele

Sozialisation und „Spielerleben" können nicht stattfinden, wenn mangelnde motorische Funktionen das aktive Spielen verbieten. Sportspiele sind Ballspiele, sie verlangen jeweils *spieltypische Voraussetzungen:* physisch-psychische, technische und taktische (vgl. z. B. KONZAG/KONZAG 1975[2]).

3.1

Viele physischen Voraussetzungen zur Teilnahme des körperbehinderten Kindes am Sportspiel brauchen nicht mit dem Spiel bzw. dem „Spiel-Lernen" entwickelt werden. Sie werden durch Frühtherapie und Vorschulsport gründlich vorbereitet. Allerdings können behinderungsbedingt die verschiedensten grundlegenden motorischen Leistungen nicht möglich sein.

Tabelle 1 vermittelt einen etwas vereinfachten Überblick, welche bei Sportspielen nötigen motorischen Fertigkeiten von Körperbehinderten noch bzw. nicht mehr geleistet werden können. Eine Unterteilung in 17 verschiedene Funktionsgruppen wurde deshalb vorgenommen, weil damit eine hinreichend genaue Aufschlüsselung der Zusammenhänge möglich ist (vgl. im Gegensatz: Curriculumentwurf NRW). Sie geht natürlich weit über das System der z. B. im DBS üblichen Schadensklassen hinaus. Außerdem wurden Behinderungen in die Diskussion einbezogen, bei denen z. B. das Rollstuhlfahren nicht obligatorisch, bei manchen Spielen aber durchaus sinnvoll ist (Behinderte mit Armdysmelie, Spastiker, Glasknochen, Hämophilie usw.).

3.2

Körperbehinderte besitzen im allgemeinen die Fähigkeit, normale *intellektuelle Leistungen* zu erbringen, so daß sie sich auch komplizierte Spielideen und Regeln erarbeiten können. Dies ist eine gute Voraussetzung, um beim Behinderten selbst Verständnis für funktionsstörungs-bedingte Minderleistungen zu wecken. Nur so kann ein Schadensklassen-Spielsystem akzeptiert werden (vgl. Kapitel 8).

Aus der Entwicklung der Spiele im Deutschen Behinderten-Sportverband stammt z. B. der Grundgedanke, daß bei der Zusammensetzung der Mannschaft nicht die funktionell leichter Behinderten die Mehrzahl bilden sollen, sondern die schwerer Geschädigten.

Die geistige Mitarbeit für die Erarbeitung vortaktischer und taktischer Lernziele kann also weitgehend erwartet werden. Es ist daran zu denken, daß motivierend erlebte Spiele gerade körperbehinderten Kindern auch Anreize zur kognitiven Entwicklung geben. Nicht zuletzt beweisen die hervorragenden

Leistungen der behinderten Spitzensportler, zu welch hohem Spielniveau manche Behinderten-Sportspiele kommen können.

3.3

Während der Körperbehinderte primär zum Spielen bzw. für ein bestimmtes Sportspiel motiviert ist und nur dieses ausüben möchte, muß der Lehrer im

Tab. 1 Möglichkeiten der Funktionsminderung bei spielnahen Fertigkeiten

Art der Funktions-minderung, erhaltene Funktionen	Schwerbehinderte (E-Rollstuhlfahrer)		Rollstuhlfahrer Handantrieb		Rollstuhlf. (Fußantrieb) Rollstuhl nicht obligat.	
	rel. gute Armfunkt.	schlechte Armfunkt.	gute Armfunkt.	schlechte Armfunkt.	schlechtere Armfunkt.	keine Armfunkt.
Stehen	—	—	○ 2	○ 2	+/○ 4	—
sicheres Stehen	—	—	—	—	+/○ 4	—
Gehen	—	—	—	—	+/○ 4	—
schnelles Gehen	—	—	—	—	+/○ 4	—
Laufen	—	—	—	—	+/— 4	—
Hüpfen	—	—	—	—	+/— 4	—
Springen	—	—	—	—	+/— 4	—
Abstoppen/Bremsen	—	—	+ 3	○	○	○ 3
Seitwärts Gehen	—	—	—	—	+	—
Drehen	—	—	+ 3	○	+/○ 4	○ 3
Wenden	—	—	+ 3	○	+/○ 4	○ 3
Tragen	○	○	+	+	○	—
Heben	○	—	+	○	○/— 2	—
Greifen	○	—	+	○	○/— 2	—
Fangen	○/—	—	+	○	○/— 2	—
Werfen	○/—	—	+	○/—	○	—
Halten	○	○	+	+	○	— .
Schwingen	—	—	+	○	○	—
Schlagen	—	—	+	○	○	○/—
Rumpfbeugen	○	—	○ 2	○ 2	+	○
Seitwärts Beugen	○	○	○/+ 2	○/+ 2	+	—
Strecken	—/○ 2	—	○	○	+/○ 2	—
Verwringen	○	—/○	○ 2	○ 2	+/○ 2	○
Transportieren	○	○	+	○	+	○ 3
Dribbeln	○	—	+	○	○	—
Zuspiel	○/—	—	+	○/— 2	○	○ 1
Ballannahme	○/—	—	+	○	○	○ 1
Angriffsschlag	—	—	+	○	—	—
Torschuß/-wurf	○ 1	—	+	—	○ 1	○ 1
Ausweichen	+	+	+	○	○	○ 3
Finten	—	—	+	—	—	—
Aufgabe	—	—	+	○	—	—
Blocken	—	—	+	—	—	—
Prellen	—	—	+	○	○ 2	—

Anmerkungen: 1 = je nach Spiel möglich
2 = je nach erhaltener Funktion
3 = nur mit dem Rollstuhl
4 = bei Armgymnastik → Beinfunktion erhalten;
bei Spastik → Beinfunktion eingeschränkt

Spiel immer wieder auch an die Vermittlung der „motorischen Grundeigenschaften" denken. Allgemeine Ausdauer, Stehvermögen, Kraft, Schnelligkeit und Beweglichkeit sind wichtige Ziele eines zeitlich vorangestellten *und* begleitenden Grundlagentrainings. Gerade für „Spieler" sind diese Lernziele nicht immer akzeptabel. Aber es bereitet auch keine Schwierigkeiten, solche Inhalte in Spielformen verkleidet schmackhaft zu machen.

| Steh- und gehfähige Körperbeh. | | | | Körberbeh. mit Fähigk. zu laufen | | | | nur Wirbel-säulen-schaden | eins. Beinbeh. o. Hilfs-mittel n. steh- u. gehf. | |
gute Arm-funktion	schlech. Arm-funktion	nur eins. Arm-funktion	keine Arm-funktion	gute Arm-funktion	schlech. Arm-funktion	nur eins. Arm-funktion	keine Arm-funktion		gute Arm-funktion	schlecht. Armfunktion
+	+	+	+	+	+	+	+	+	+	+
+	+	+	+	+	+	+	+	+	○	○
+	+	+	+	+	+	+	+	+	○	○
+	+	+	+	+	+	+	+	+	—	—
○	○	○/—	○/—	+	+	+	+	+	—	—
○	○	○	○/—	+	+	+	+	+	○	○
○/—	○/—	○/—	○/—	+/○	+/○	+/○	+/○	+/○	—	—
○	○	○	○	+	+	+	+	+	○	○
○	○	○	○/—	+	+	+	+	+	—/○	—/○
○	○	○	○	+	+	+	+	+	+	○
○	○	○/—	○	+	+	+	+	+	○	○
+	+	○	○/—	+	+	○	○/—	+	+	+
+	+	○	—	+	+	○	—	+	+	+
+	+	○	—	+	○	○	—	+	+	+
+	○	○/—	—	+	○	○/—	—	+	+	○
+	○	○/+	—	+	○	○/+	—	+	+	○
+	+	○	○/—	+	+	○	○/—	+	+	+
+	○	○	—	+	○	○	—	+	+	○
+	○	+	—	+	+	+	—	+	+	+
+	+/○	+	+	+	+	+	+	○ 2	+	+
+	+	+	+	+	+	+	+	○ 2	○	○
+	+/○	+	+	+	+	+	+	○ 2	+	+
+	+/○	+	+	+	+	+	+	○ 2	+	+
+	+	○	○ 1	+	+	○/+	○ 1	+	○/+	○
+	○	○/+	○ 1	+	○	○/+	○ 1	+	○	○/—
+	○	○/+ 1	○ 1	+	+/○	○/+ 1	○ 1	+	+	○
+	○	○/—	○ 1	+	○	○	○ 1	+	+	○
+	○	+ 1	+ 1	+	○	○	+ 1	+	+	○/—
0 1	○	+	+ 1	+	+ 1	+	+ 1	+	+	○
○/+	○	○	○/—	+	+/○	○/+	○	○/+	○/—	○/—
○	○/—	○	—	+	○	○/+	○	○/+	○/—	—
+	○	+	—	+	○	+	—	+	+	○
○	—	○	—	+	○	○/+	—	+	—/○	—
+	○	+	—	+	+/○	+	—	+	+	○

egende: + = Fertigkeit kann gut ausgeführt werden
○ = Fertigkeit kann eingeschränkt ausgeführt werden
— = Fertigkeit kann nicht ausgeführt werden

3.4

Bereits früher konnten wir darauf hinweisen, daß es für das Erlernen eines Spiels entscheidend ist, mit welchen behinderungseigentümlichen Bewegungstechniken körperbehinderte Kinder ein spieltypisches *Ball-, Raum-, Partner-* und *Gegnerverhalten* erlernen (vgl. HAGEDORN/BISANZ/DUELL u. INNENMOSER 1972). Das damals vorgelegte Konzept eignet sich auch heute noch für die Einführung verschiedener Mannschaftsspiele, ja es wäre bei entsprechender Abwandlung auch geeignet, um zu Partner- und Volleyball-ähnlichen Spielen hinzuführen (vgl. Kapitel 5).

4. Methodische Prinzipien

1. Spiele müssen „spielnah" erarbeitet werden; die Spielform ist der Übungsform vorzuziehen! (vgl. HAGEDORN u. a. 1972, 1979)

2. Können spieltypische motorische Fertigkeiten in der allgemeinen sportlichen Ausbildung nicht vorbereitet und auch durch Spielformen am Anfang nicht gezielt genug erarbeitet werden, wird das technische Üben trotzdem nur so lange durchgeführt, wie es unbedingt nötig ist.

3. Zu jedem angebotenen Spiel sollten mit allen Teilnehmern alle spieltypischen motorischen Fertigkeiten erarbeitet werden; eine Spieler-*Spezialisierung* sollte möglichst erst spät beginnen.
   Diese Regel wurde viele Jahre lang bei den Spielen im DBS nicht beachtet. Spiele wie z. B. Sitzball oder Prellball erzogen geradezu zum Spezialisten mit allen — meistens negativen — Begleiterscheinungen. Es muß aber betont werden, daß manche Körperbehinderte ja gerade erst durch die Übernahme einer speziellen Aufgabe — die man auch in den Regeln fixieren könnte — echte Partner im Spiel werden können. Wenngleich durch die Zusammensetzung einer Mannschaft aus Behinderten verschiedener Schadensklassen bereits viel erreicht worden ist, so muß der o. g. Gedanke erst noch in entsprechende Regeln eingebaut werden.

4. Jede Spielstunde muß nach trainingswissenschaftlichen Prinzipien (vgl. z. B. WEINECK 1980; HARRE 1979[8]; GROSSER et al. 1981) vorbereitet werden; „Aufwärmung", spieltypische Vorbereitung, Zweckgymnastik und Entspannungsformen (z. B. autogenes Training) am Ende dürfen nie fehlen!

5. Komplexe Spielsituationen sollten im sinnvollen Wechsel mit Übungs- und Trainingssituationen angeboten werden (vgl. HAGEDORN/SCHMIDT 1979, 18). Sie müssen lang-, kurz- und mittelfristig in den Unterricht eingeplant werden. Die Spielsituation hat Vorrang.

6. Unterrichtsgestaltung und -kontrolle dürfen das Erlebnis des Sportspiels, die Freude am Spiel und am Lernfortschritt nicht zerstören. Bereits die erste Stunde sollte ein Spiel noch vereinfachten Regeln vermitteln.

7. Der körperbehinderte Spieler darf koordinativ, konditionell und emotional nur entsprechend seiner augenblicklichen Leistungsfähigkeit gefordert werden. Bewegungsaufgaben müssen — schon von Anfang an — an sein

Leistungs- und Behinderungsniveau angepaßt sein. Intensive Beobachtungen des Lehrers (geeignet ist hierzu der Video-Recorder) sind nötig, damit dem Behinderten immer die gerade aktuell richtigen Bewegungshilfen oder Handlungskorrekturen gegeben werden.

8. Nur über eine möglichst häufige Wiederholung der spieltypischen *Zielhandlungen* bleibt die Motivation erhalten. Jede Neueinführung eines Spiels sollte mit der Zielhandlung (Korbwurf, Spiel übers Netz, Torschuß usw.) beginnen.

9. Individuelle Bewegungskorrekturen werden vor der gesamten Gruppe gegeben; das individuelle Lernen einzelner Spieler („innere Differenzierung") darf nicht die Überhand vor dem kollektiven Lernen bekommen.

10. Anfänger neigen dazu — leichter funktionell Behinderte eher als andere — daß sie den Ball nicht abspielen, sondern den Weg zum Ziel alleine zurücklegen (dribbeln).

In allen „Lauf"- und „Rollstuhlspielen" darf sich der ballhaltende Spieler nicht mehr fortbewegen (den Rollstuhl schieben), sondern sich allenfalls am Ort drehen und muß von dieser Position aus den Ball an einen freigelaufenen (-gefahrenen) Spieler abspielen.

Abgesehen von der Möglichkeit, dadurch den funktionell schwerer Behinderten besser ins Spiel einbeziehen zu können (dieser kann sich z. B. den Ball „abholen"), erreicht man damit, daß die Spieler den „freien Raum" erkennen und die „Laufwege" sehen lernen.

11. Bei „Volleyball-ähnlichen" Spielen (Prellball, Fußballtennis, Flugball, Sitzball, Sitzvolleyball, Faustball, Indiaca usw.) sollte viel Wert gelegt werden auf das „technomotorische Training" in der Zweier- bzw. Dreier-Gruppe. Wenn, wie beim Volleyball das Spiel über drei Anspielpositionen wichtig ist, oder — wie im Prellball oder Fußballtennis — innerhalb der drei Ballkontakte pro Spielzug jeder Spieler nur ein Mal den Ball spielen darf, dann müssen Trainingsformen in Dreier-Aufstellung intensiv geübt werden. Dabei muß ein Wechsel innerhalb der Dreiergruppen möglichst häufig stattfinden. Bevorzugte Spielpartnerschaften dürfen sich erst nach längerer Trainingszeit ergeben. Dies dient nicht nur der Verbesserung der Technik und des Spielverständnisses, sondern auch der „Sozialisation" innerhalb der Mannschaft.

Der Vollständigkeit halber:
Allgemeine methodische Prinzipien behalten ihre Gültigkeit auch beim Spiel mit Körperbehinderten.

5. Einführung von Sportspielen

An der Diskussion, ob Sportspiele besser über Kleine Spiele, technische Übungsformen oder andere Konzepte dem Spieler nahegebracht werden sollen (vgl. z. B. ALBERTI/ROTHENBERG 1975[2]; THOMAS 1975; DIETRICH/LANDAU (Hrsg.) 1976[2], 1977 u. a.), nahm die sportpädagogische Lehre im Behindertensport nicht teil. Man war damals mit anderen Problemen beschäftigt. So kann man heute von Erfahrungen lernen und sie in konkreten Empfehlungen ausdrücken:

5.1

Zu allen typischen Mannschaftsspielen sollte man über den Weg des ,,Mannschaftsspiel Kastenball'' (vgl. HAGEDORN/BISANZ/DUELL 1972) und die ,,Mini-Sportspiele'' hinführen. Parteiballspiele werden mit ,,Kleinen Spielen'' und Parteiballspiele in Gruppen (z. B. Volleyball, Prellball, Fußballtennis, Faustball usw.) durch ein modifiziertes ,,Mannschaftsspiel'' vorbereitet. In diesen Vorstufen lernen Körperbehinderte bereits ausreichend — und häufig unter geringerem Erfolgszwang — die nötigen technischen und taktischen Fertigkeiten kennen.

5.2

Jedem Sportspiel lassen sich typische Kleine Spiele bzw. ein ,,Mannschaftsspiel'' zuordnen. Aus thematischen Gründen müssen nähere Ausführungen hier unterbleiben (vgl. LÜSCHER 1976).

6. Sportspiele für körperbehinderte Kinder und Jugendliche

Eine kurze Beschreibung der wichtigsten Regeln und der Spielgedanken kann die in Kapitel 9 folgende Tabelle etwas verständlicher machen.

Eine Empfehlung bzw. Vorschrift, wie die Mannschaften in den jeweiligen Spielen von ihren Funktionsgruppen her zusammengestellt sein sollen, wird hier mit Ausnahme der bereits festgelegten Regeln der Spiele im DBS nicht gegeben.

Selbstverständlich ist es nötig, dafür zu sorgen, daß Behinderte, die sich aufgrund ihres Schadens besonders gut für ein bestimmtes Spiel eignen, dort auch vermehrt eingesetzt werden.

Andere sind nur durch die Regelung, daß eine Mannschaft auch Spieler ihres Behinderungsgrades enthalten muß, einsetzbar. Denn für sie gibt es eigentlich kein einziges Spiel, wozu sie sich besonders gut eignen. Über die Vorschrift, daß solche Spieler zur Mannschaft gehören müssen, gibt man ihnen die Chance, überhaupt mitzuspielen (vgl. auch STROHKENDL 1979, 206—211).

Und schließlich kann es nicht richtig sein, wenn im Behindertensport funktionell geringfügig behinderte Spieler in einer Mannschaft anderen, schwerer Behinderten ,,den Platz wegnehmen''. Gerade sie nämlich können ja auch ohne größere Nachteile mit Nichtbehinderten spielen!

Besonders im Schulsport (Unterricht in Jahrgangsklassen), bei dem natürlich im Gegensatz zum Freizeitsport in der Auswahl der Behinderten keine Rücksicht genommen werden kann auf die o. g. angedeuteten Regeln, gibt es folgende Schwierigkeiten:

Spiele, die nur geringe Anforderungen an die motorischen Fertigkeiten stellen, werden vom geringfügig funktionell Behinderten besonders gut beherrscht. Der stärker funktionell Behinderte hat größere Schwierigkeiten, er spielt schon hierbei an der Grenze seiner Leistungsfähigkeit.

Spiele dagegen, die hohe Anforderungen an die motorischen Fertigkeiten stellen, sind nach Training und Üben für den leichter Behinderten immer noch spielbar und nun auch besonders reizvoll, während der schwerer Behinderte meistens schon nicht mehr teilnehmen kann.

Schnell geraten also Behinderten-Sportspiele zur Domäne für die geringer funktionell Behinderten. Nur wenn diese sich zurückhalten, d. h. nicht sehr engagiert spielen, haben die anderen körperbehinderten Schüler eine Chance. Daß dies *nicht* Sozialisation durch Spielerziehung im eigentlichen Sinne sein kann, ist offensichtlich. Ähnlich schwierig entwickelt sich die Situation auch für körperbehinderte Schüler, wenn sie eine Normalschule besuchen.

Man muß sich vorerst mit diesem Problem abfinden, denn auch die Spezialisierung auf bestimmten Spielerpositionen ist nur eine halbe Lösung.

Somit ist wieder das Können des Sportpädagogen besonders wichtig (z. B. indem er im Unterrichtsgespräch auf dieses Problem eingeht), damit auch in den Sportspielen die didaktischen Vorstellungen mit der nötigen Sorgfalt gewahrt bleiben.

6.1 Spiele im Stehen/Gehen/Laufen

Fast alle Spiele im Sport mit Nichtbehinderten gehören in diese Gruppe. Manche dieser Spiele sind auch für Körperbehinderte geeignet.

Handball und *Fußball* können nur empfohlen werden, wenn der ,,Kampf am Mann'' verboten ist (körperloses Spiel!) und wenn das Sperren, Festhalten und ,,Foulspiel'' am Strafraum nicht gestattet wird. Dennoch sind Verletzungen des Torwarts während der Ballabwehr nicht auszuschließen, weshalb beide Spiele für die Mehrzahl der Körperbehinderten *nicht empfohlen* werden. Das *Basketballspiel* ist besonders gut für steh-/geh- und lauffähige cerebral Bewegungsgestörte (Spastiker) geeignet. Auch das *Volleyball-Spiel* stellt ein reizvolles Spiel für Körperbehinderte dar, obwohl es technisch anspruchsvoll ist und lange Lernzeiten erfordert. *Tischtennis, Badminton, Tennis* und *Squash* sind Spiele, die, außer Tischtennis, zwar noch selten gespielt werden, aber doch gute Möglichkeiten bieten.

Als typische, im Behindertensport mit einem ausgefeilten Regelwerk versehene Spiele kann man *Prellball, Fußballtennis, Flugball, Faustball* und *Bosseln* nennen. Körperbehinderte Erwachsene spielen in den Runden des DTB gegen Prellball- und Faustball-Mannschaften von Nichtbehinderten.

Das *Fußballtennis*-Spiel ist eine eigenständige Entwicklung Behinderter (vgl. hier ANDRÄS 1979). Es läßt sich charakterisieren als Mischung aus Fußball, Prellball und Faustball. Da der Ball nicht mit Hand und Oberarm gespielt werden darf, ist es das bevorzugte Spiel der Armbehinderten. Das *Flugball*-Spiel entwickelte sich aus dem kleinen Spiel ,,Ball über die Schnur'' und wird bevorzugt von erwachsenen körperbehinderten Frauen gespielt. Auch das *Bosseln* ist eine eigenständige Entwicklung und vergleichbar mit dem Eisstockschie-

 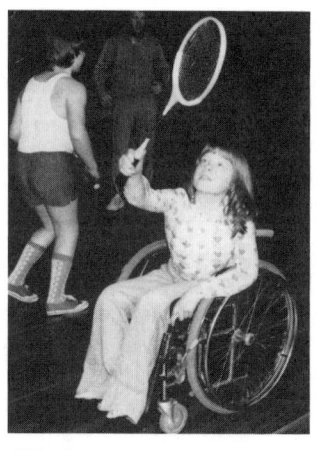 

Abb. 1   Abb. 2   Abb. 3

Abb. 1   Junge mit beidseitiger Arm-Dysmelie (Ektromelie des kurzen Typs) beim Badminton-Spiel

Abb. 2   Übungsform zur Vorbereitung eines von Rollstuhlfahrern und gehfähigen körperbehinderten Jugendlichen durchgeführten Badminton-Spiels (Querschnittgelähmtes Mädchen)

Abb. 3   Szene aus dem Flugballspiel mit cerebral bewegungsgestörten und mehrfachbehinderten Kindern

Abb. 4   Basketball im Rollstuhl mit Kindern (Szene aus einem Spiel)

Abb. 4

Abb. 5   Abb. 6

Abb. 5   Hallenhockey mit Plastikschlägern in einer gemischten Gruppe von behinderten und nicht-behinderten Kindern (im Vordergrund ein Junge mit einer spastischen Tetraplegie und einer Hemiplegie)

Abb. 6   Arm-Dysmeliegeschädigte beim Zählen der Pulsfrequenz

ßen. Es wird in der Halle gespielt und erfreut sich unter älteren Körperbehinderten zunehmend größerer Beliebtheit (vgl. zu Behindertensportspielen auch KOSEL 1981).

6.2 Spiele im Sitzen

Körperbehinderte mit Beinprothesen sind meistens froh, wenn sie ihr Hilfsmittel ablegen können. Zur Schonung des erhaltenen Beines ist es nötig, im Sitzen zu spielen. Das *Sitzball*-Spiel wurde von diesen Behinderten entwickelt und hat eine lange Tradition. Es ist schnell und bietet spannende Angriffs- und Abwehrsituationen. Da die beiden Mannschaften in ihren eigenen Hälften verbleiben, ist die Unfallgefahr gering.

Aus dem nordeuropäischen Raum kam das *Sitzvolleyball*-Spiel, das bereits einmal bei Olympischen Spielen für Behinderte gespielt wurde. Es ist technisch sehr anspruchsvoll und es kommt erst nach intensiver Vorbereitung zu einem einigermaßen guten Spielfluß (vgl. hierzu auch KOSEL 1981).

6.3 Rollstuhl-Spiele

An vielen Spielen kann man auch als Rollstuhlfahrer teilnehmen. Besonders hochentwickelt ist das Spiel: *Rollstuhl-Basketball,* das sich optimal einfügt in didaktische Vorstellungen zum Sport mit Gelähmten. Es steht technisch und taktisch auf dem höchsten Niveau aller Sportspiele für Körperbehinderte.

Auch das *Tischtennis-Spiel im Rollstuhl* ist sehr beliebt, während das *Bowls*-Spiel und das *Billard*-Spiel nur in England mehr verbreitet sind (vgl. hierzu auch KOSEL 1981).

Oft wird der Rollstuhl als organisatorisches Mittel eingesetzt, um eine annähernd homogene Spielsituation zu erhalten. Wenn nämlich auch leichter Behinderte im Rollstuhl spielen, kann der erfahrene Rollstuhlfahrer immer noch seine bessere Rollstuhltechnik zum Vorteil nutzen. Rasch kommt man aber doch in die oben skizzierte Gefahr der *Ungleichheit der Spielfähigkeit.* Dann sollte man therapeutisch-didaktische Gesichtspunkte voranstellen: Die erhaltene Bewegungsfunktion darf nicht durch ständiges Sporttreiben im Rollstuhl — der ja kein obligatorisches Hilfsmittel ist — zusätzlich eingeschränkt werden. Besonders wichtig ist diese Forderung dann, wenn Körperbehinderte keine weitere Bewegungstherapie erhalten bzw. an keinem weiteren Sportprogramm teilnehmen.

6.4 ,,Sonderspiele''

Auf einige Spiele soll intensiver eingegangen werden, weil sie erfahrungsgemäß gut den didaktischen Vorstellungen entsprechen:

6.4.1 ,,Fängerball''

Am Spiel nehmen gehfähige Spieler teil; es kann aber auch mit gemischten Mannschaften aus Rollstuhlfahrern und anderen gespielt werden. Die Spielfeldgröße ist variabel (Volleyball- oder Basketball-Feld). Die Spielerzahl liegt bei 5—10 pro Mannschaft. Je ein Spieler jeder Mannschaft ist der Fänger und stellt (setzt) sich auf einen vor der Mitte der gegnerischen Grundlinie aufgestellten Kleinkasten. Er hält einen Korb oder Eimer, in den der Spielball (Basket- oder Volleyball) gut hineinpaßt. Die übrigen Feldspieler haben die Aufgabe, sich den nach einem Hochball eroberten Ball so zuzuspielen, daß sie ihn in die Nähe des Fängers bringen. Mit dem Ball dürfen höchstens drei Schritte ausgeführt werden, ,,körperloses Spiel" ist Vorschrift. Den von der eigenen Mannschaft geworfenen Ball muß der Fänger mit seinem Korb (Eimer) auffangen, wobei ihn die verteidigende Mannschaft stören kann.

Die Aufgabenteilung in der Mannschaft erlaubt die Teilnahme von Schwerbehinderten und ermöglicht die Kompensation z. B. von behinderungsbedingt schlechten Wurfleistungen (vgl. Ausschreibung Spielfest BSNW).

6.4.2 Vier-Felder-Ball (,,Rugby") (vgl. auch ZIÖRJEN 1980)

Zwei Mannschaften von je sechs bis zehn Behinderten (Rollstuhlfahrer *oder* Gehfähige) versuchen einen Schaumstoffball von der Mittellinie zu einem Abwurfraum zu bringen und ihn einem im Malfeld stehenden Spieler der eigenen Mannschaft zuzuwerfen. Dieser muß den Ball direkt fangen und im Malfeld ablegen. Spielen gehfähige Spieler, dann kann der ballführende Spieler durch eine leichte Berührung am Rumpf abgeschlagen werden und muß dann den Ball sofort abspielen. Dieses darf aber nur noch rückwärts oder seitwärts geschehen, während mit dem Ball in der Hand nur vorwärts gelaufen werden darf. Bei Rollstuhlfahrern darf der ballführende Spieler ,,gesperrt" und am Rollstuhl festgehalten werden (Kippen und Anheben ist nicht gestattet). Auch er muß dann sofort abspielen. Das Spiel bietet wieder den Vorteil der Spezialisierung, der leichten Kontrolle des Balles und der Teilnahmemöglichkeit von Schwerstbehinderten (E-Rollstuhlfahrern). Bei annähernder Gleichheit der Mannschaften (Auswahl durch den Lehrer) ist es ein sehr lebhaftes Spiel mit häufigen Ballwechseln. Es muß — besonders für leicht behinderte Schüler — so abgewandelt werden, daß auch diese entsprechend höher gefordert werden.

6.4.3 Hallenhockey-Spiel

Auch dieses Spiel kann von Gehfähigen *oder* Rollstuhlfahrern gespielt werden und eignet sich wegen der *Aufgabenteilung* (Torwart, Verteidiger, Angreifer) gut für differenzierte Maßnahmen. Tor- und Spielfeldgröße werden den örtlichen Verhältnissen angepaßt. Es kann mit Plastik- oder ,,echten" Hockeyschlägern und einem Hallenhockeyball gespielt werden. Besonders Elektro-Rollstuhlfahrer können sich an diesem Spiel gut beteiligen. Sie dürfen als ballführende Spieler jeweils nicht angegriffen werden.

7. Hinweise zum Training

7.1

Die Attraktivität des Spielgeräts und eine bei vielen Körperbehinderten zu sehende ,,Lust zum Spielen" führen oft dazu, daß diese Kinder und Jugendlichen ohne psycho-physische Vorbereitung (Aufwärmen) sofort spielen wollen. Da dieses Verhalten sowohl gesundheitliche Gefahren wie auch — auf die Dauer gesehen — Unlust hervorruft, muß es unbedingt vermieden werden.

Eine *typische Spielstunde* sollte deshalb mit einfachen Geh- bzw. Laufübungen (Fahrübungen) beginnen, bei der jeder sich individuell belastet. Zur Steigerung der zunächst selbstgewählten Belastung fordert der Lehrer z. B. zu höherem Bewegungstempo auf oder es werden einfache Spiele aus dem Bereich der „Kleinen Spiele" (Neck-Zeck-Fangspiele) eingesetzt. Danach müssen gymnastische Übungen der Beweglichmachung, Lockerung und Dehnung angeboten werden. Diese können spieltypisch orientiert sein, sollten aber den Gedanken an eine möglichst vielfältige gymnastische Ausbildung des Körperbehinderten (vgl. KOSEL 1979) nicht vernachlässigen.

Einzelne Stunden können auch z. B. durch Circuit-Training inhaltlich weitgehend auf die „Grundausbildung" ausgerichtet sein.

Anschließend folgen technomotorische Trainingsformen, die entweder in Übungsform oder als „Kleine Spiele" angeboten werden. Der Lehrer sollte hier neben den der ganzen Gruppe gestellten Bewegungsaufgaben auch jedem einzelnen Spieler spezielle Hinweise zu technischen Abwandlungen und zu bestehenden bzw. sich andeutenden Fehlern geben.

Sinnvoll ist es, gelegentlich *andere Spielgeräte* (z. B. anstatt des Volleyballs einen gut springenden Mini-Basketball oder Schaumstoffball bzw. Zeitlupenball) einzusetzen. Spielen unter *erschwerten Bedingungen* (z. B. im Sitzen) oder in *vortaktischen Trainingsformen* (schmales Feld, breites Feld, Unterzahl im Feld) und mit *speziellen Aufgaben* (z. B. nur Abwehr der Aufgabe, nur Zuspiel mit Kopfball im Fußballtennis) ergänzt die Trainingsaspekte dieser Stundenphase.

Längere Zeit sollte für regelgerechtes Spiel verwendet werden, denn schließlich kommt der körperbehinderte Sportler deshalb zur Übungsstunde.

Dem Prinzip des dosierten „Overload" (Trainingsbelastung ist höher als Wettkampfbelastung) können z. B. überlange Spiele mit verkürzten Pausen dienen (konzentrative Überbelastung). Solche Trainingsabschnitte sollten aber nur selten geplant werden (Überforderung), im Schulsport sind sie meistens kein geeignetes Mittel.

Keine Stunde darf ohne psychomotorische Entspannungsübungen enden; teilweise kann diese Endphase eine gezielte psychische Entspannung durch einen vom Lehrer dargebotenen Spielkommentar, teilweise auch eine motorische Entspannung durch völlig andersartige, leichte sportliche oder sportähnliche Betätigung sein (z. B. anschließendes Schwimmen, Sauna).

Auf eine der Belastung angepaßte Ernährung durch leichte, eiweißreiche Kost und genügend Flüssigkeitszufuhr ist zu achten.

7.2

Zur Kontrolle der *Belastungsdosierung* benützt man
a) die Ermittlung der Herzschlagfrequenz
b) subjektive Ermüdungs-/Überforderungszeichen (vgl. HARRE 1979[8]) und
c) Aussagen der Behinderten selbst.

zu a): Viele Körperbehinderte werden im Sportspiel eher die Leistungsfähigkeit ihres aktiven und passiven Bewegungsapparates überfordern als ihr Herz-Kreislauf-System. Die Spielsituation bringt aber oft aus psychischen Gründen (emotionale „Zwänge") Gefahren mit sich. Deshalb muß im Training vermehrt darauf geachtet werden, daß der Lehrer verläßliche Zahlen über die aktuelle — spielbezogene — Leistung des Herzfrequenzverhaltens bekommt.

Dieses ist — unter der *Voraussetzung,* daß keine Vorschädigung des Systems vom Arzt diagnostiziert wurde — ein hinreichend aussagekräftiges und auch praxisnahes Kontrollsystem. Es sollte auch hier darauf hingewiesen werden, daß Körperbehinderte an Sportspielen nur dann teilnehmen dürfen, wenn sie vorher ärztlich untersucht sind. Allerdings sollte der Arzt wissen, welche Belastungen in dieser Form des Behindertensports entstehen können.

Folgende Werte sind mit möglichst monatlicher Wiederholung zu ermitteln und in eine Karteikarte einzutragen:

RP (Ruhepuls):
Gemessen vom Behinderten selbst; morgens im Bett liegend nach ruhiger Nacht, Meßzeit: 1 min

AP (Ausgangspuls):
Gemessen nach dem Umkleiden beim Betreten der Halle, Zeit: 20 sec

BP (Belastungspulswert):
Gemessen nach jedem der vier großen Abschnitte (Aufwärmen, Gymnastik, Techniktraining, Spiel), Zeit: 10 sec (Vorgabe durch den Lehrer)

EP_I (Erholungspulswert):
Gemessen nach ca. 30 sec bis 1 min nach der jeweiligen Belastung, Zeit: 20 sec

EP_{II} (Erholungspulswert):
Gemessen nach der psychomotorischen Entspannung vor Verlassen der Halle, Zeit: 30 sec

Eine in der Halle aufgestellte große Uhr mit Sekundenzeiger hilft dabei, daß jeder Behinderte seine Werte selbst ermitteln kann. Lediglich Behinderten mit schlecht tastbarem Puls und cerebral Bewegungsgestörten mit „Intentionstremor" fällt dies schwer und muß durch Lehrer oder Helfer ermöglicht werden.

Die erhaltenen Herzfrequenzen können — da ausgiebige wissenschaftliche Ergebnisse über Messungen bei körperbehinderten Kindern und Jugendlichen noch nicht vorliegen — mit den Normwerten Nichtbehinderter verglichen werden.

Liegen die Werte an der unteren Grenze der Streuung des Normwertes, dann ist die Intensität im Spiel tolerierbar hoch.

zu c): Man sollte gegenüber den Aussagen der Behinderten („das ist zu schwer für mich"), nicht zu skeptisch eingestellt sein. Viele körperbehinderte Kinder und Jugendliche wissen nicht genau, wie hoch sie sich belasten können. Es gibt sicher genau so viele Kinder, die sich — spielbedingt — überfordern, wie solche, die sich als Folge z. B. eines behinderungsbedingten erniedrigten Aktivierungsniveaus (vgl. hierzu auch VAN DER SCHOOT 1976) unterfordern würden. Hier das richtige Maß zu finden, ist außerordentlich schwer. Verallgemeinernden Angaben für alle Körperbehinderten sollte man mißtrauen.

Glaubt man den Kindern und Jugendlichen, die sich nicht so sehr belasten wollen, hat man die Sicherheit, keine gesundheitlichen Schäden durch die Teilnahme am Sportspiel hervorgerufen zu haben. Besonderes Augenmerk sollte man aber auf Kinder richten, die ständig zu viel tun bzw. vorgeben, überhaupt nichts machen zu können. Auskünfte von Eltern, Ärzten und anderen Fachleuten helfen oft weiter.

8. Bestehende Schadensklassen und Spielregeln

8.1 „Schadensklassen"

Die im DBS üblichen Schadensklassen (vgl. HAEP 1976 und 1977; KOSEL 1981) sind weitgehend orientiert an den funktionellen Möglichkeiten der Körperbehinderten:

Klasse A:

Dies sind Behinderungsformen, bei denen lt. Zusatzdefinition „die Funktionsbehinderung des Beines (der Beine) . . . mindestens dem einseitigen Unterschenkelverlust oder dem beidseitigen Vorfußverlust entsprechen" muß (genaue Angaben in KOSEL 1981, 235).

Klasse B:

Behinderungsformen, bei denen der Funktionsverlust mindestens „dem Verlust einer Hand entsprechen" muß.

Klasse C:

Ist nicht einheitlich definiert, es handelt sich um „leichtere" Arm- bzw. Beinbehinderungen einschließlich geringgradiger Sehbehinderung.

Klasse D:

Wird nicht näher differenziert und umfaßt damit alle „Schäden", die nicht zu den Klassen C, B und A gehören. Der Nachweis einer mind. 25%igen MdE muß geführt werden, ein Kriterium, das für den Sport mit Kindern und Jugendlichen kaum brauchbar ist.

Klasse F:

Gelähmte (Paraplegiker); diese Klasse wird national und international verwendet für das Basketball- und Tischtennis-Spiel. Je nach Lähmungshöhe werden die Behinderten in Klassen eingeteilt. Eine Basketballmannschaft muß aus fünf Spielern zusammengesetzt sein, deren Schadenspunkte-Summe nicht mehr als 11 sein darf. Höher gelähmte Spieler erhalten weniger Punkte als tiefergelähmte und damit funktionell leistungsfähigere Spieler.

Die Schadensklassen dienen zur Klassifikation der Körperbehinderten und die im DBS stattfindenden Spiele dürfen nur nach einem bestimmten Schlüssel von Behinderten verschiedener Schadensklassen gespielt werden (vgl. Aufstellung bei KOSEL 1981, 235 ff.)! Damit folgt man den oben gekennzeichneten didaktischen Vorstellungen.

Wie aber STROHKENDL (1979, 209 f.) darstellte, kann es keine Lösung sein, daß bestimmte Schädigungsgrade vertreten sein müssen. Er bezieht sich dabei auf Aussagen von RIEDER (1972), der betont, daß es besser ist, wenn man spielerisch gleichrangige (also gleich leistungsfähige) Gruppen von Mannschaften bildet, anstatt gleichwertig zusammengesetzte Mannschaften. Denn wenn man verlangt, daß in jedem Fall der behinderungsbedingt funktionell schwächere Spieler eingesetzt wird, besteht die Gefahr, daß gerade er (zumindest gilt dies uneingeschränkt beim Basketball-Spiel der Rollstuhlfahrer) „nur unzureichend am Spiel beteiligt wird" (STROHKENDL 1979, 210).

In vielen Fällen gilt also: Da nicht sicher ermittelt ist, ob allein die Schädigung für die verminderte Fähigkeit, an einem Spiel teilzunehmen verantwortlich ist, sondern Trainingsmangel oder mangelnde „Begabung" bzw. mangelnde „intellektuelle Einsicht", stellen bereits vorhandene Systeme der „Schadensklassen" und der Mannschaftszusammensetzung nur „Notlösungen" dar. Allerdings solche, mit denen sich ein Sportspiel mit leichter funktionell Behinderten durchaus gestalten läßt.

Beziehen wir hingegen die zukünftige schulische Situation (s. o. und Abschnitt „Schwimmen") und die Verschiebung der Anteile der Körperbehinderungen mit in die Betrachtungen ein, dann reichen die vorhandenen Systeme nicht weit. Lösungsmöglichkeiten deuteten sich oben an (Spezialisierung usw.), gleichzeitig wird es aber zur Einengung der Zahl wettbewerbsähnlich spielbarer Sportspiele kommen. Immer wieder wird man gerade im Wettkampf die Grenzen einer *leistungsgerechten* Bewertung des Körperbehinderten erkennen müssen . . .!

8.2 Spielregeln

Spielregeln gehören zu den „Sportspielen" definitionsgemäß dazu. Aber gerade sie sollten laufenden Änderungen im Sinne von Anpassung und Verbesserung unterworfen werden. Dem Lehrer können sie als wichtige Planungshilfen dienen. KOSEL (1981, 238—295) hat die im DBS und im internationalen Gelähmtensport gültigen Spielregeln jüngst veröffentlicht. Auf sie kann hier verwiesen werden. Die wichtigsten Regeln der anderen vorgeschlagenen Spiele sollten offiziellen Regelheften der Verbände bzw. den Angaben in diesem Text entnommen werden. Sie müssen ohnehin den Bedingungen der vorliegenden Sportgruppe angepaßt werden.

8.3 Wettbewerbe und Spielrunden

Behinderten-Sportspiele werden im Erwachsenensport der Körperbehinderten sehr intensiv betrieben. Auf unterschiedlichsten Spielniveaus gibt es „Rundenspiele" auf Bezirks-, Landes- und Bundesebene sowie Turniere.

Leider ist es bisher nur vereinzelt gelungen, auch körperbehinderte Jugendliche in solche Wettbewerbe einzubeziehen. Bei körperbehinderten Kindern ist zum gegenwärtigen Stand der sportpädagogischen Betreuung daran nicht einmal zu denken.

Eigenständige (d. h. annähernd altershomogen zusammengesetzte) Rundenspiele bzw. Turniere scheitern an der meistens *dezentralisierten Förderung* körperbehinderter Jugendlicher im Sport der *Vereine*.

Sonderschulen für Körperbehinderte könnten hier wegweisende *Aufbauarbeit* leisten, wenn schulorganisatorische (Zeitplan, Hallenbelegung), curriculare und personelle (nur behinderungsspezifisch im Fach Sport ausgebildete Sportlehrer) Voraussetzungen erfüllt wären.

Auch das Jahr der Behinderten 1981 hat wohl in dieser Beziehung keine Fortschritte gebracht, solange Körperbehinderte sich weder laut genug artikulieren, noch keine ,,Lobby" in der Politik haben!

9. Eignung von Spielen

Aus Raumgründen soll versucht werden, in *Tabelle 2* einen Gesamtüberblick zur Eignung der üblichen Sportspiele bei vorgegebenen funktionellen Einschränkungen bzw. Möglichkeiten zu geben.

Aus dieser Tabelle ließen sich theoretisch Mannschaftszusammensetzungen konstruieren, die den von STROHKENDL oder HAEP geäußerten Gedanken entsprächen. Aber nur in Verbindung mit dem Wissen über die Zahl der tatsächlich aktiven körperbehinderten Spieler wäre dieses sinnvoll.

Dabei wäre die Gefahr, der je nach Gruppe nun doch nicht gegebenen ,,schadensgerechten Zusammensetzung" der Mannschaft groß! Bewußt soll also darauf verzichtet werden.

In der Auseinandersetzung des Lehrers/Übungsleiters mit den konkret in seiner Gruppe/Klasse vorkommenden Behinderten und den Angaben der Tabelle 2 ergibt sich vermutlich eine ausreichende Information über die Eignung eines bestimmten Spiels.

Tab. 2 Eignung der Sportspiele bei verschiedenen Funktionsminderungen

Erhaltene motor. Funktionen/ Funktionsminderung	E-Rollstuhlfahrer		Rollstuhlfahrer Handantrieb		Rollstuhlfahrer Fußantrieb	
	gute Armfunktion	schlechtere Armfunktion	gute Armfunktion	schlechtere Armfunktion	schlechtere Armfunktion	keine Armfunktion
Fußball*	—	—	—	—	o	o
Handball*	—	—	+	o	—/o	—
Basketball	/	/	/	/	/	/
Basketball im Rollstuhl	o	o/—	++	+/o	—/o	—/o
Volleyball	—	—	o	o/—	—	—
Sitzvolley	—	—	o/— 1	— 2	— 4	—
Sitzball	—	—	o/— 1	— 2	— 4	—
Tischtennis	/	/	/	/	/	/
TT im Rollstuhl	o	—	++	+/o 3	—/o 3/4	—
Prellball	o	—	+/o	o	o	—
Fußballtennis	—	—	—	—	—	o
Tennis	—	—	o	o/—	—	—
Badminton	o	—	o	o/—	o/—	—
Squash	—	—	o	—	—	—
Wasserball	—	—	o/—	—	—	—
„Vier-Felder-Ball"	o	o/—	o/+	o	o	o
Hockey/Hallenhockey	+	+/o	+	o/+	o/—	o/—
Flugball	—	—	o	o	o	—
Brennball/Schlagball	o	o	+	o	o	o/—
Faustball	o/—	—	o	—	—	—
Fängerball	+	o/—	+	+	o	o/— 10

Legende:

++ = Behinderte können ohne Einschränkung mitspielen
+ = Behinderte sind zur Teilnahme am Spiel geeignet
o = Spiel ist nur mit Regeländerungen bzw. Sonderregeln geeignet
— = ungeeignetes Spiel
/ = Bewertung entfällt, da entsprechendes „Rollstuhl-Spiel" vorhanden

Steh- und gehfähige Körperbeh.				Lauffähige Körperbehinderte				nur Wirbelsäulenschaden	eins. Beinamp. u. Poliogelähmte nicht ohne Hilfsmittel steh-/gehfähig	
gute Armfunktion	schlechte Armfunktion	eins. Armfunktion	keine Armfunktion	gute Armfunktion	schlechte Armfunktion	eins. Armfunktion	keine Armfunktion		gute Armfunktion	eingeschr. Armfunktion
+	+/o	+/o	+/o	+ +	+	+	o/+	+ +	o/— 5	o/— 5
+	—	o	—	+ +	+/o	o	—	+ +	o/— 5	—
+	+/o	o	—	+ +	+	o/+	—	+ +	o 5	o 5
+5/6	o 5	—	—	+5/6	+ 5/6/8	—	—	+5/6	+ 6	o/+ 6
+	o	+/o	—	+ +	+	+/o	—	+ +	+	o
+ + 5	+/o 2/5	o2/5	—	+ 5	o 5	+/o 5	—	+ 5	+ +	+
+ + 5	+/o 2/5	+/o 2/5	—	+ 5	+/o 5	+/o 5	—	+ 5	+ +	+/++
+	o 3	+	—	+ +	+	+ + 3	—	+ +	+	+/o
+ 8	o/— 3/5	o/— 3	—	+ 8	o 8	o/— 8	—	+ 6	+ 8	+/o 8
+	o	+	—	+ +	+	+ +	—	+ +	o/+	o
+/o	o	o	+	+ +	+	+ +	+	+ +	o/—	o/—
+/o	—	+/o	—	+ +	0	+	—	+ 5	+	o
+	o/+	o	—	+ +	+	+	—	+ +	+	+/o
+	o/+	o	—	+ +	o	+	—	+ +	+	+/o
+ +	o	o/—	—	+ +	o	+	—	+ +	+ +	+
+	+	o	o/—	+ +	+	+	o	+ +	+	o/+
+ + 7/9	+/o	+/o 7	—	+ +	+ 7	+ 7	—	+ + 7	+ 7/9	+/o 7/9
+ +	+	o	—	+ +	+ +	+	o	+ +	+	+/o
+	+/o	o	—	+ +	+	+	o	+ +	+/o	o
o/+	o	o/+	—	+ +	o/+	o/+	—	+ +	+	o/+
+ +	+	+/o	o/—	+ +	+	+	o 10	+ +	+ +	+

Anmerkungen:

1 = Gefahr von Druckgeschwüren/Hautschäden
2 = Sitzposition ungünstig für Körperhaltung (Wirbelsäule)
3 = durch Schnellkraft-Belastung unerwünschte Zunahme der Spastik
4 = motorische Funktionen der Arme nicht ausreichend
5 = Teilnahme möglich, aus mototherapeutischen Gründen aber nur vorsichtig anzuwendende Spiele
6 = Teilnahme aus pädagogisch-sozialen Gründen (Unterricht) manchmal sinnvoll, nach gültigen Regeln nicht möglich
7 = Spiel ist nur geeignet, wenn keine gemischte Mannschaft aus Rollstuhlfahrern und ,,Lauffähigen'' spielt
8 = Teilnahme im Rollstuhl möglich, aber unnötig
9 = vgl. Anmerkung 7, auch gut geeignetes Spiel, wenn Behinderte im Rollstuhl spielen
10 = bei Zuweisung einer behinderungsgerechten speziellen Funktion geeignet
* = beide Spiele mit dem üblichen Regelwerk nicht empfehlenswert (siehe Text)

HORST RUSCH

Gymnastik mit körperbehinderten Kindern und Jugendlichen

1. Definition

Unter Gymnastik versteht man eine in physiologischer Absicht betriebene Leibesübung. Durch sie soll durch vielseitige Verbesserung der Entspannungsfähigkeit, Dehnung und Kräftigung der Muskulatur der gesamte Körper in seiner Leistungsfähigkeit verbessert bzw. erhalten werden. In den angelsächsischen und skandinavischen Ländern hat sich die Bedeutung der Gymnastik als ,,Gesamtheit aller pädagogisch wertvollen Übungen" durchgesetzt. Unter diesen Gesichtspunkten versuchen verschiedene Fachgebiete präventiv und rehabilitativ auf den Körperbehinderten einzuwirken. So wird in der Krankengymnastik unter ärztlicher Aufsicht der Behinderte meist einzeln und passiv behandelt. Auch die Heilgymnastik setzt beim Körperbehinderten unter ähnlichen Gesichtspunkten an. Unter Physiotherapie versteht man therapeutische Bewegungsübungen in Verbindung mit Massagen und Bädern. Mit Hilfe der Ausgleichsgymnastik soll der Arbeits- und Alltagsbelastung sowie Sekundärschäden entgegengewirkt werden. Während sich die genannten Disziplinen mehr um die Beseitigung von Teildefekten sorgen, versucht die Gymnastik mit Körperbehinderten im Schulsport, im außerschulischen Bereich, im Rahmen der Heil- und Motopädagogik alle verbliebenen Bewegungsfunktionen auf breitester Übungsbasis zu fördern. Gemeinsamkeit dieser Fachbereiche ist, daß sie über die Gesunderhaltung hinaus auf den Aufbau der Persönlichkeit abzielen und durch die freiwillige und aktive Teilnahme an gut strukturierten Übungsveranstaltungen die Handlungsfähigkeit unter sportpädagogischer Anleitung verbessern wollen.

2. Zielsetzungen

Die Zielsetzungen der Gymnastik mit Körperbehinderten können verschieden und unterschiedlich gewichtet sein. Sie hängen u. a. ab, vom Alter der Behinderten, von Art und Schwere der Behinderung und davon, ob die Zielgruppe Breiten- oder Leistungssport betreibt. Folgende Lernziele können formuliert (für Körperbehinderte zum Sportunterricht an Sonderschulen) werden.

2.1 Sensomotorischer Bereich

Aufgrund der Körperbehinderung und der durch sie hervorgerufenen Funktionsbeeinträchtigung ist vor allem die Körper- und Materialerfahrung eingeschränkt. Im Vor- und Grundschulbereich geht es deshalb darum, dem behinderten Kind Übungsanregungen im Wahrnehmungs- und Bewegungsbereich zu bieten (KIPHARD 1980, 73).

Mit zunehmendem Alter gilt es, die körperliche Leistungsfähigkeit und die organische Funktionstüchtigkeit durch eine vielseitige körperliche Grundausbildung zu fördern, Restfunktionen der von der Behinderung betroffenen Organe zu erhalten und zu verbessern. Übungen mit geringem Schwierigkeitsgrad sollen körperliche Eigenschaften wie Kraft, Beweglichkeit, Lockerheit, die allgemeine Bewegungsfähigkeit und vor allem das Koordinationsvermögen entwickeln (Grundgymnastik). Zur Vermeidung von Sekundärschäden können gezielte Übungen aus dem Bereich Sportförderunterricht eingesetzt werden.

Im schulischen und außerschulischen Sport mit Körperbehinderten wird den Schülern auch ein differenziertes Wettkampfprogramm angeboten. Schulsportwettkämpfe und Landesbehindertensportfeste werden von den Betroffenen gerne aufgenommen (s. Abschnitt Sportwettkämpfe für Behinderte).

Für diese Veranstaltungen wird regelmäßig trainiert. Dieses Training zielt auf eine planmäßige und gezielte Verbesserung der körperlichen Leistungsfähigkeit hin. Durch allgemeine und spezielle Übungen sollen Kraft, Schnelligkeit, Ausdauer und die koordinativen Fähigkeiten für bestimmte Fertigkeiten entwickelt werden (Konditionsgymnastik).

2.2 Kognitiver Bereich

Sportunterricht mit Körperbehinderten zielt jedoch nicht allein auf die Verbesserung der motorischen Eigenschaften und die Entwicklung motorischer Fertigkeiten ab. Gerade durch die Gymnastik können den Schülern grundsätzliche Kenntnisse über die Wirkungen sportlicher Betätigung vermittelt werden.

Im Sportunterricht erfahrene Übungen können zu Hause sinnvoll nachvollzogen, erweitert oder in ähnlicher Form durchgeführt werden. Dies gilt besonders für Entspannungs- und Ausgleichsübungen.

2.3 Affektiver Bereich

Höchstes Ziel des Sportunterrichts mit Körperbehinderten ist es, Freude an der Bewegung zu vermitteln. Freude und Bewegungslust sollen bewußt erlebt werden. In der Gymnastik besteht die Möglichkeit, durch entwicklungsgemäß gestellte Aufgaben Affekte, Gefühle und Stimmungen auszudrücken. Bewegungen zu gestalten und zu interpretieren. Elemente der rhythmischen Gymnastik und der tänzerischen Gymnastik sollen aus diesem Grund im Sportunterricht ihren festen Platz haben. Umfangreiche Bewegungserfahrungen und erreichte Fertigkeiten vermitteln Selbstbewußtsein und Selbstsicherheit und bilden somit eine gute Voraussetzung zu einer echten Kommunikation.

2.4 Sozial-kommunikativer Bereich

Die Entwicklung der Kommunikationsfähigkeit bildet ein übergeordnetes Ziel des Sportunterrichts mit körperbehinderten Kindern und Jugendlichen. In der

Gymnastik bieten sich viele Möglichkeiten in Partner- und Gruppensituationen kommunikatives Handeln zu entwickeln. Durch entwicklungsgemäße Bewegungsaufgaben können gemeinsame Planungen und Handlungsstrategien geradezu herausgefordert werden. Die Auseinandersetzung mit den verschiedenen Problemlösungen vertieft gleichzeitig die Bewegungserfahrung und regt zur Entwicklung von Eigeninitiativen an.

3. Lerninhalte

3.1 Wahrnehmungs- und Bewegungsschulung

Die Auseinandersetzung mit der dinglichen Umwelt und personalen Umweltgegebenheiten fördert die Persönlichkeitsentwicklung behinderter Kinder (KIPHARD, 1979). Wichtigste Aufgabe für Sportlehrer und Übungsleiter ist es daher, Situationen zu schaffen, die Bewegungshandlungen von den Kindern geradezu herausfordern. In Anlehnung an KIPHARD werden nachstehend einige Übungsschwerpunkte dargestellt.

3.1.1 Optische Sinneserfahrung

Optische Farbenunterscheidung

Verschiedenfarbige Sandsäckchen oder Teppichfliesen werden im Raum verteilt.

— Die Kinder bewegen sich in der Turnhalle und suchen die von der Lehrkraft genannten Farben auf.

— Die Kinder versuchen mit Gymnastikbällen auf die vom Lehrer genannten Farben zu zielen.

— Die Kinder versuchen Teppichfliesen nach einem Muster, das der Lehrer vorstellt, in der entsprechenden Farbreihenfolge auszulegen.

Optische Formenunterscheidung

Vom Lehrer wird die Frage gestellt, welche Formen in der Turnhalle auszumachen sind (Kreis, Bogen, Gerade, Ecken). Anschließend wird die Aufgabe gestellt, verschiedene Formen mit Kleingeräten auszulegen.

Optische Mengenunterscheidung

— Der Lehrer stellt die Aufgabe, Bälle in der von ihm mit den Fingern gezeigten Zahl zu sammeln.

— Es werden Zeichenblätter mit Punkten von eins bis sechs (Würfel) im Raum verteilt. Nach Aufforderung durch den Lehrer werden die genannten Zahlen angelaufen.

— Jede Gruppe erhält einen möglichst großen Schaumstoffwürfel. Entsprechend der gewürfelten Punkte darf sich die Gruppe um Fußlängen vorwärtsbewegen.

3.1.2 Akustische Sinneserfahrung

— Mit geschlossenen Augen sollen die Kinder eine Geräuschquelle mit den Armen verfolgen.

— Je zwei Kinder bekommen eine Geräuschquelle (Rassel, Sandbüchse, Schelle). Abwechselnd folgt der eine und dann der andere Partner dem Geräusch.

— Die Kinder stehen auf einer Linie. Einzeln fordert die Lehrkraft nun die Kinder auf, sich der von ihm erzeugten Geräuschquelle mit geschlossenen Augen zu nähern. Bei jedem Kind verändert er jedoch seine Position.

— Lehrer oder Schüler erzeugen mit Händen, Füßen oder mit Geräten Geräusche, die von den Mitgliedern der Gruppe erraten werden sollen.

— Die Kinder bekommen die Aufgabe, ein Sandsäckchen über den Kopf nach hinten zu werfen und es anschließend mit geschlossenen Augen wieder zu suchen (auf Sicherheitsabstand achten!).

— Die Kinder stehen in einem Reifen. Mit geschlossenen Augen sollen sie nun diesen verlassen und wieder zu ihm zurückfinden.

3.1.3 Taktile Sinneserfahrung

— Der Lehrer versteckt unter einer Decke verschiedene Gegenstände, die von den Kindern durch Betasten erkannt werden sollen. Die Gegenstände können auch in einem Zaubersack versteckt werden.

— Partnerweise schreiben die Kinder Figuren auf den Rücken, die jeweils erkannt werden sollen.

— Ein Partner legt ein Gymnastikseil in bestimmten Formen aus, die vom Partner mit geschlossenen Augen erkannt werden und nachgebildet werden sollen.

— Das Ertasten kann auch mit den bloßen Füßen erfolgen.

3.1.4 Motorische Entwicklungsförderung

Hier geht es vor allem um die Schulung der Gleichgewichtsfähigkeit, Anpassungsfähigkeit, Geschicklichkeit und Gewandtheit, um die Reaktionsfähigkeit und Körperzusammenschlußfähigkeit (RUSCH 1979). Durch die Gestaltung einer motivierenden Lernlandschaft und durch interessante Aufgabenstellungen, können diese Fähigkeiten intensiv geschult werden. Einige Beispiele mögen dies verdeutlichen.

Gleichgewichtsschulung

— Die Kinder werden aufgefordert auf einem Bein stehend ihr Gleichgewicht zu kontrollieren. Nach und nach kann die Aufgabe erschwert werden durch Üben auf der Langbank, auf dem Sportkreisel und auf dem großen Trampolin (Sicherung!).

Anpassungsschulung

— Die Anpassung kann an einen Partner, ein Sportgerät, an den Raum oder an Musik erfolgen. Ein sehr geeignetes Spielgerät zur Schulung der Anpassung ist der Luftballon. Die Kinder bekommen die Aufgabe, den Luftballon auf verschiedenen Körperteilen zu balancieren (Kopf, Hand, Schulter, Fuß, Rücken, Bauch).

— Als weitere Aufgabe soll der Ballon mit den Händen oder den Füßen vorwärtsgetrieben werden.
— Im Sitz soll versucht werden, den Ballon abwechselnd mit den Händen und Füßen nach oben zu schlagen, ohne daß er auf den Boden fällt.

Reaktionsschulung
— Zur Reaktionsschulung eignen sich besonders Bälle mit Eigenleben, also Gymnastikbälle, Volleybälle oder auch Basketbälle.
— Folgende Aufgaben können gestellt werden.
— Ball fallenlassen und nach der Bodenberührung wieder auffangen.
— Ball hochwerfen und wieder fangen.
— Den Ball an die Wand werfen und wieder fangen.
— Den Ball an die Wand werfen und nach einer Drehung wieder fangen.
— Den Ball durch die Beine an die Wand werfen und wieder fangen.
— Durch die Einbeziehung eines Partners kann die Aufgabenstellung erweitert und interessanter gestaltet werden.

Schulung des Körperzusammenschlusses
— Versuche im Hochzehenstand einige Zeit zu stehen.
— Versuche aus dem Langsitz heraus die Beine gestreckt zu haben und im Schwebesitz zu halten.
— Versuche dich wie ein Baumstamm nach links bzw. rechts auf dem Boden zu drehen.

Förderung von Geschicklichkeit und Gewandtheit
— Die Handgeschicklichkeit kann mit vielen Kleingeräten trainiert werden.
— Auf einem Tuch Klötzchen aufbauen und dann das Tuch am Boden ziehen.
— Teppichfliesen auslegen und über die Fliesen gehen, ohne den Boden zu berühren.
— Holzlegeteile, Seilchen oder Sandsäckchen zu verschiedenen Formen auslegen.
— Mit Hockeyschlägern einen Ball um Hindernisse herumführen.
— Eine Hindernisbahn mit unterschiedlichen Geräten aufbauen und im Krabbeln oder Gehen überwinden.
— Sich durch einen senkrechtgehaltenen Reifen winden.

3.2 Kooperationsförderung

Der Sportunterricht bietet viele Möglichkeiten durch die Auseinandersetzung mit einem Partner in Kooperations- aber auch in Konkurrenzsituationen vielfältige Erfahrungen für zwischenmenschliche Beziehungen zu sammeln. Einige Beispiele mögen das unterstreichen.

— Die Gruppenmitglieder bekommen die Aufgabe, während einer Minute so viele Hände wie nur möglich zu schütteln.

— Ein Partner macht Bewegungen vor, die der andere nachahmt (Partnerwechsel).

— Während sich die Kinder frei im Raum bewegen, ruft der Lehrer eine Zahl auf und die Teilnehmer finden sich in Gruppen zusammen.

— Ein Partner führt einen anderen in einen Reifen, den dieser nicht berühren darf (soll) (Partnerwechsel).

— Zwei Partner versuchen einen Ball ohne Gebrauch der Hände zu transportieren.

— Haltet den Korb voll: Der Lehrer verteilt aus einem Korb Tennisbälle im Raum, die von den Kindern wieder in den Korb gebracht werden sollen.

— Haltet die Seiten frei: Die Turnhalle wird in zwei Hälften geteilt und beide mit einer gleichen Anzahl von Spielern versehen. Möglichst viele Gymnastikbälle sollen nun jeweils in die andere Hallenhälfte gerollt werden.

3.3 Vermeidung und Ausgleich von Sekundärschäden

Mit Sekundärschäden bezeichnet man die Folgen einer Behinderung, die sich im Bereich der Haltung, der Organleistungsfähigkeit und der Koordinationsfähigkeit einstellen können. Es ist also eine der wichtigsten Aufgaben der Gymnastik, durch gezielte Übungsformen diesen Schwächen vorzubeugen bzw. diese auszugleichen. Armamputierte neigen zu einer seitlichen Haltungsabweichung, bedingt durch die gestörten Gleichgewichtsverhältnisse am Schultergürtel. Übungen zur Beweglichmachung der Wirbelsäule (z. B. Rumpfkreisen) und Übungen zur Dehnung der verkürzten Muskulatur der einen Körperseite sowie die Kräftigung der überdehnten Muskulatur auf der anderen Körperseite müssen deshalb in das Übungsprogramm eingebaut werden.

Einseitig Beinbehinderte neigen stark zu einer Hohlkreuzstellung. Hier gilt vor allem Übungen zum Ausgleich des Hohlrückens (z. B. Rumpfbeugen vorwärts) anzubieten.

Zum Ausgleich von Sitzkontrakturen bei Rollstuhlfahrern sollte Gymnastik auch auf der Bodenmatte betrieben werden.

Bei Kindern mit infantiler Zerebralparese geht es vor allem darum, den Haltungsaufbau durch Kräftigung der Rücken-, Bauch- und Gesäßmuskulatur zu fördern. Rhythmische Gymnastik zum Ausgleich von Verspannungen und Spasmen sollte bei diesen Kindern vorrangig eingesetzt werden.

Die mit der jeweiligen Behinderung einhergehende Unterbelastung des Herz-Kreislaufsystems erfordert eine intensive Auseinandersetzung mit den verbleibenden Möglichkeiten. Wie im Beispiel gezeigt, eignet sich das Zirkeltraining für alle Behinderungsarten für ein Herz-Kreislauftraining. Zusätzlich können Armbehinderte Geh- und Lauformen auswählen. Beinbehinderte können durch Schwimmen und durch Übungen auf dem Trampolin ihren Kreislauf belasten. Rollstuhlfahrer trainieren ihren Kreislauf durch Sprint- und Ausdauerfahrten. Schwergehbehinderte Kinder mit Zerebralparesen mit Hilfe eines Dreirades.

Übungsbeispiele für Ausgleichsübungen

Bei der Auswahl der Übungen wurde darauf geachtet, daß diese einfach, ohne Gerätaufwand und im Hause durchführbar sind (RUSCH, WEINECK 1988). Je nach Behinderung sind diese Vorschläge abzuändern.

3.3.1 Beweglichmachen der Wirbelsäule

— Aus dem Stand sich strecken und dann ganz klein machen (Riese, Zwerg)
— Im Knieliegestütz abwechselnd die Wirbelsäule krümmen und wieder durchhängen lassen (Katzenbuckel, Pferderücken)
— Im Knieliegestütz mit den Händen weit nach links und nach rechts stützen
— Körperwelle im Stand, Kniestand, Knieliegestütz, Liegestütz
— Rumpfbeuge vorwärts und Arme weit durch die gegrätschten Beine durchschieben

3.3.2 Kräftigung der Bauchmuskulatur

— Im Sitz Beine abwechselnd (oder gleichzeitig) gebeugt anheben, mit und ohne Aufstützen der Hände hinter dem Gesäß
— Im Sitz Beine gebeugt (gestreckt) über einen Ball heben, mit und ohne Aufstützen der Hände hinter dem Gesäß
— Aus der Rückenlage Beine gebeugt anheben und bis zur Senkrechten strecken
— Aus der Rückenlage, Beine angestellt, mit der rechten Hand zum linken Knie ziehen und umgekehrt
— Aus der Rückenlage, Beine angestellt, Rumpfeinrollen (crunches)

3.3.3 Kräftigung der Rückenmuskulatur

— Aus der Bauchlage abwechselnd rechten und linken Arm abheben
— Aus der Bauchlage gleichzeitig die Arme vom Boden abheben
— Rumpf aus der Bauchlage über einen Ball (Handtuch) heben
— Aus der Bauchlage Arme und Beine vom Boden abheben und mehrmals auf und ab bewegen (Kraulen)
— Rückenlage, Ellbogen auf den Boden gestützt und kräftig nach unten drücken.

3.3.4 Kräftigung der Schultergürtel- und Armmuskulatur

— Hände im Sitz oder Stand vor der Brust kräftig zusammendrücken (mehrmals jeweils 6 Sekunden)
— Aus der Bauchlage, Hände neben der Brust, Arme durchstrecken (Liegestütz)
— Auf allen vieren vorwärts-, rückwärts- und seitwärtskrabbeln
— Aus dem Knieliegestütz Knie durchstrecken zum Winkelliegestütz
— Aufschwingen in den Zappelhandstand

3.3.5 Kräftigung der Fuß- und Beinmuskulatur

— Im Stand Wechsel zwischen Hochzehstand und Fersenstand
— Aus dem Stand Knie beugen und wieder strecken
— Hüpfen am Ort, seitlich hin und her, vor und zurück
— Mit den Zehen Tücher (Seilchen oder Murmeln) aufheben
— Mit den Zehen Zeitungen zusammenraffen

4. Unterrichtsorganisation

Im Bereich der Gymnastik für Körperbehinderte stehen Lehrer und Übungsleiter vor der oft unlösbar erscheinenden Aufgabe, im Unterricht ein behindertengerechtes, im geistigen Anforderungsbereich ein angemessenes und ein sich an der Belastungsfähigkeit orientierendes und motivierendes Übungsangebot anzubieten. Es würde weit über den Rahmen dieses Beitrages hinausgehen, erschöpfend über den Einsatz gymnastischer Übungen bei den sehr unterschiedlichen Erscheinungsformen von Körperschäden zu berichten.

Das Zirkeltraining eignet sich ganz besonders zur Schulung der motorischen Grundeigenschaften Kraft, Ausdauer und Koordinationsfähigkeit.

Der Vorteil des Zirkeltrainings mit Körperbehinderten liegt in der Beteiligungsmöglichkeit der unterschiedlichsten Schadensbilder. Durch Feststellung der an jeder Übungsstation durchgeführten Übungswiederholungen, kann der individuelle Leistungszuwachs festgestellt und damit Erfolgserlebnisse vermittelt werden.

Die Teilnahme behinderter Schüler an einem Zirkeltraining Nichtbehinderter, bzw. nichtbehinderter Schüler ist ohne Schwierigkeiten möglich. Diese Trainingsform stellt somit eine echte Hilfe zur Integration Behinderter und Nichtbehinderter in Sportgemeinschaften dar.

Ein weiterer Vorteil des Zirkeltrainings mit Behinderten liegt in der individuellen und behinderungsspezifischen Belastung an den einzelnen Stationen.

Ein Beispiel eines Zirkeltrainings mit schwerstbehinderten Schülern, das anläßlich eines Besuchs des schwedischen Königspaares 1979 am Sportzentrum der Technischen Universität München durchgeführt wurde, mag die vielfältige Einsatzmöglichkeit dieser Trainingsform verdeutlichen. Als Stationshelfer fungierten Studenten. (Beim Üben in der Turnhalle können die Helfer durch Verwendung von Sprossen- und Turnhallenwand ersetzt werden. Bei der Durchführung von einfachen Stand- und Sitzsprüngen auf dem Trampolin genügen zwei Helfer, wenn das Trampolin an den Breitseiten durch Weichmatten abgesichert ist.) Die Übungszeit pro Station betrug 20 Sekunden, die Pausenzeit 30 Sekunden. Während der Arbeitszeit wurde anspornende Musik, in den Erholungszeiten entspannende Musik eingespielt. Es sei noch erwähnt, daß mit homogenen Schadensbildern (Rollstuhlfahrer) der organisatorische Aufwand für ein Zirkeltraining wesentlich geringer ist und daß neben der Schulung motorischer Grundeigenschaften auch technische Fertigkeiten, z. B. für das

Basketballspiel der Rollstuhlfahrer, geübt werden können (BARBU/SUNKEL, 1978). Durch die Verwendung von Stationstafeln, die die Reihenfolge der zu absolvierenden Übungen markieren und den Einsatz von Übungskarten, auf denen die Übungsdurchführung aufgezeichnet und kurz beschrieben ist, wird der Übungsablauf übersichtlicher. Eine automatische Zeitangabe für die Arbeits- und Pausenzeit macht die Lehrkraft frei für Korrekturaufgaben.

Für das zu beschreibende Zirkeltraining wurden folgende Stationen ausgewählt

Station	Gerät	Übungsziel
I	Luftballon	Geschicklichkeit, Anpassung
II	5-Stangen-Slalom	Herz- und Kreislaufbelastung
III	Softball	Muskelkräftigung (Rücken)
IV	Deuserband	Muskelkräftigung (Arme bzw. Beine)
V	Kasten	Geschicklichkeit, Muskelkräftigung
VI	Matte	Geschicklickkeit, Muskelkräftigung
VII	Physioball	Geschicklichkeit, Muskelkräftigung
VIII	Trampolin	Koordination, Herz- und Kreislaufbelastung

Übungsdurchführung an den Stationen

Behinderung	I	II	III	IV
Rollstuhlfahrer (Polio)	Ballon mit den Armen hochschlagen	Slalomfahren	Ball rückwärts über den Kopf werfen	Band nach vorne ziehen
Armschaden beidseitig (Dysmelie)	Ballon mit den Beinen hochschlagen	Slalomlauf	Rumpf über den Ball heben	Band mit den Füßen anziehen
Armschaden einseitig (Unfall)	Ballon mit Armen und Beinen hochschlagen	Slalomlauf	Ball aus Bauchlage an die Wand werfen	Band mit Arm anziehen
Arm- und Beinschaden eins. (Geburt)	Ballon mit Arm und Bein hochschlagen	Slalomfahren mit Schedebrett	Ball aus Bauchlage an die Wand werfen	Band mit Armen anziehen
Beinschaden beids. (Polio)	Ballon mit den Armen hochschlagen	Slalomfahren mit Schedebrett	Ball aus Bauchlage an die Wand werfen	Band mit Armen anziehen

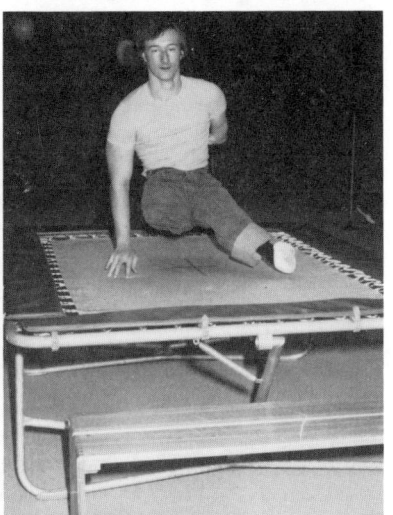

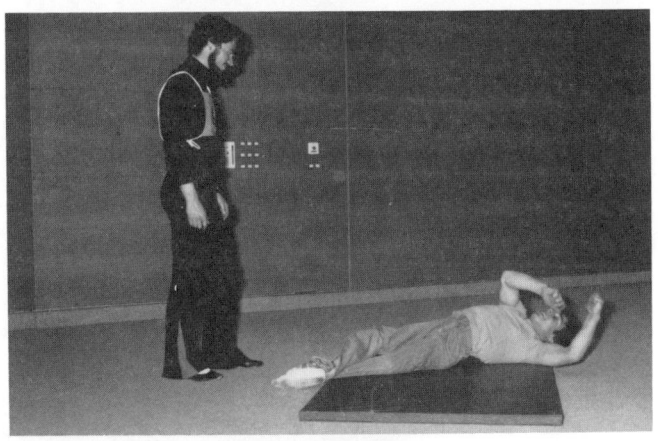

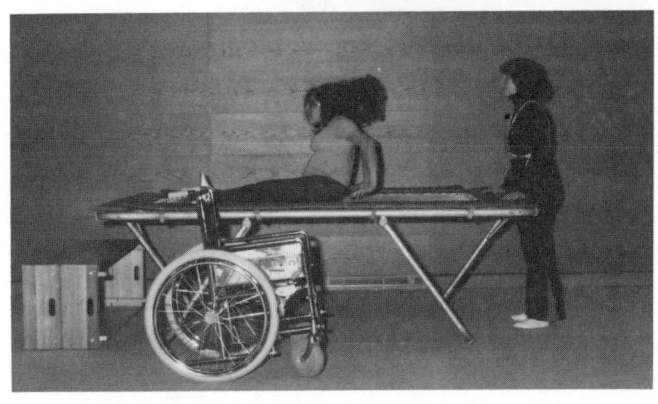

Behinderung	V	VI	VII	VIII
Rollstuhlfahrer (Polio)	Kasten umfahren	auf Matte auf- und abfahren	Ballprellen	Sitzsprünge
Armschaden beidseitig (Dysmelie)	auf Kasten auf- springen (Wechsel- sprünge)	Rollen um die Längsachse	Ball mit den Füßen gegen die Wand prellen	Standsprünge
Armschaden einseitig (Unfall)	auf Kasten auf- springen (Wen- desprünge)	Rolle vorwärts	Ballprellen mit einem Arm	Standsprünge
Arm- und Bein- schaden eins. (Geburt)	Kasten überwinden	Rolle vorwärts	Ballprellen mit einem Arm	Standsprünge
Beinschaden beids. (Polio)	Kasten überwinden	Rolle um die Längsachse	Ballprellen mit beiden Armen	Sitzsprünge

5. Geräte und Medien

Für den Sportunterricht mit körperbehinderten Kindern und Jugendlichen werden vor allem motivierende Geräte und Materialien benötigt. Sie sollten möglichst attraktive Farben und Formen und möglichst geringes Eigengewicht haben und leicht zerlegbar und vielfältig kombinierbar sein. Der Einsatz von Musik und Rhythmusinstrumenten erhöht die Freude an der Bewegung. Mit Hilfe von Arbeitskarten kann die Unterrichtsorganisation verbessert und die Selbständigkeit der Übungsteilnehmer gefördert werden (RUSCH 1982).

Geeignete Geräte für Einzelübungen

— Bälle, Stab, Reifen, Seil, Bohnensäckchen, Sportkreisel, Kissen, Handtuch, Deuserband, Einerpedalo, Doppelpedalo, Rollbrett, Holzlegeteile, Luftballon
— Schwungtuch, Tau, Indiaka, Frisbee, Hockeyschläger, Speedplay, Airtramp, Physioball, Softball, Badeball, Riesenball

Geeignete Medien

— Zur akustischen Unterstützung gymnastischer Übungen eignen sich Schallplatten und Kassetten aber auch Melodie- und Rhythmusinstrumente wie Schellen und Klanghölzer, Kokosschalen und Kugelrasseln, Hand- und Schellentrommeln, Bongos und Pauken.
— Der Einsatz von Videogeräten ist sicherlich für die Teilnehmer sehr interessant. Ermöglicht er nicht nur die Selbstbeobachtung, sondern auch eine gemeinsame Besprechung des Unterrichts.

6. Literatur

BARBU, A./SUNKEL: Basketball für Rollstuhlfahrer. Lübeck 1979.
KIPHARD, J. E.: Motopädagogik. Dortmund 1979[3].
RUSCH, H.: Arbeitskasten für den Sportförderunterricht. Schorndorf 1982[3].
RUSCH, H./WEINECK, J.: Sportförderunterricht. Schorndorf 1988[3].

GUDRUN DOLL-TEPPER

Trampolinspringen

1. Allgemeine Vorbemerkungen und Hinweise

Aus einer Vielzahl von Veröffentlichungen der letzten 20 Jahre geht hervor, daß sowohl in Therapieprogrammen als auch in Freizeitsportangeboten für behinderte Kinder das Trampolin bevorzugt verwendet wird.

Dabei wird generell auf die folgenden Vorzüge dieses Gerätes hingewiesen:

— Vielfältige Erfolgserlebnisse und anhaltender Aufforderungscharakter

— Umfassende Körper- und Bewegungsschulung (speziell: Entwicklung des Körperschemas, Stärkung der Muskelkraft, Verbesserung der Geschicklichkeit und des Gleichgewichtsgefühls) auf der Basis des individuellen Leistungsvermögens

— Übungsreichtum und Möglichkeiten zur Förderung der Kreativität

— Eignung für verschiedene Altersstufen und für unterschiedliche Behinderungsarten und -grade.

Im klinisch-therapeutischen und im freizeitorientierten Bereich liegen bereits Erfahrungen mit dem Einsatz des Trampolins vor bei entwicklungsrückständigen bzw. auffälligen Kindern (CRATTY 1975[3]; KIPHARD 1975[2]; DOLL-TEPPER 1978; DOLL-TEPPER 1981), bei Dysmelie-Kindern (EULENBURG 1967), bei geistigbehinderten Kindern (BAUER/HEMMER/VAN DER SCHOOT/KRAUSE 1973) und bei infantil cerebral- und unfallgeschädigten Kindern (KIPHARD 1975[2]; TEPPER/SOEFFKY/RAUTERBERG 1974; ZUHRT 1975; JÄGER 1977; BÖTTCHER 1978; BURGSTAHLER 1978; BLOSS/HARTMANN/SCHEFFEL/SCHULZE/WOLL 1978; DOLL-TEPPER 1980).

Für Kinder, Jugendliche und Erwachsene mit Wirbelsäulen-, Bandscheiben-, Fuß- und Kniegelenkschäden ist dieses Gerät jedoch nicht geeignet. Ebenso ist größte Vorsicht geboten bei verschiedenen Herz-Kreislauf-Erkrankungen (vgl. KIPHARD 1975[2]), bei Bluthochdruck und Schwindelgefühlen sowie nach grippalen Infekten (vgl. KIPHARD/HUPPERTZ 1977[4]). Im Einzelfall ist nach fachärztlichem Rat zu verfahren.

Es muß besonders vor einer unsachgemäßen Verwendung dieses Gerätes gewarnt werden, denn nicht zuletzt aufgrund mangelnder Beachtung der Sicherheitsmaßnahmen zur Unfallverhütung ist dieses Übungsgerät in Verruf geraten und von gesetzlichen Verboten bedroht (vgl. BESENFELDER 1981). So wurde beispielsweise im Jahre 1979 für den Schulsport in Schleswig-Holstein ein generelles Verbot des Trampolins erlassen, um dessen Aufhebung sich der Aktionskreis Psychomotorik besonders bemühte. Die folgenden Regeln sollten vor bzw. bei der Durchführung des Trampolinunterrichts unbedingt beachtet werden:

1. Eine ärztliche Untersuchung ist besonders bei bewegungsgestörten/körperbehinderten Kindern unbedingt erforderlich. In Zweifelsfällen ist auch im Verlauf des Übungsprogrammes ärztlicher Rat einzuholen.
2. Das Trampolin muß sicherheitstechnisch ordnungsgemäß ausgerüstet sein (Abdeckung u. a.).
3. Die Kinder müssen bewegungsmäßig entsprechend vorbereitet auf das Trampolin steigen.
4. Es darf nur bei genügender Hilfestellung gesprungen werden.
5. Das Besteigen sollte über Kästen, schräggestellte Bänke, Leitern u. ä. erfolgen, nach dem Springen NIEMALS VOM TRAMPOLIN HERUNTERSPRINGEN!
6. Der individuelle Könnensstand und das jeweilige Leistungsvermögen sind Grundlage des didaktisch-methodischen Vorgehens (siehe Hinweise unter 3.).
7. Zunächst sollte nur ein Kind auf dem Trampolin springen, erst bei Fortgeschrittenen kann bei sorgfältiger Beobachtung auch zu zweit gesprungen werden.
8. Die jeweilige Übungszeit ist anfangs auf 30 Sek., später auf 1 Min. zu begrenzen (vgl. CRATTY 1975[3]; KIPHARD 1975[2]).

Hinsichtlich der Gruppengröße und -zusammensetzung wird übereinstimmend festgestellt, daß es günstig ist, 4—6 Kinder zu einer Gruppe zusammenzufassen, wobei es durchaus möglich ist, Kinder mit unterschiedlichen Behinderungen und Störungen in einer Gruppe üben zu lassen. Günstig ist es allerdings, wenn das Alter bzw. das Leistungsvermögen der Kinder nicht allzu stark differiert.

Das Trampolin ist für alle Altersstufen geeignet, jedoch muß bedacht werden, daß die Größe des Gerätes in einem angemessenen Verhältnis zur Größe und zum Gewicht des Kindes stehen sollte. Sehr kleine und leichte Kinder können z. B. das große Trampolin noch nicht beim Springen niederdrücken.

Bei der Benutzung des Gerätes durch Jugendliche und Erwachsene ist darauf zu achten, daß die Höhe des Raumes ausreicht, um alle Sprungvariationen zu ermöglichen.

Als besonders hilfreich hat sich erwiesen, das Trampolin durch Markierungen (z. B. durch buntes Klebeband) einzuteilen:

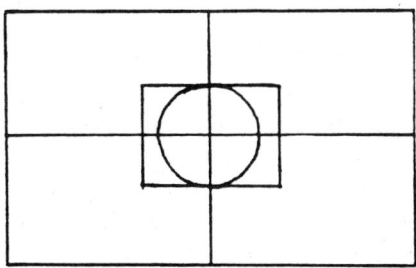

So sollte das Gerät in Viertel aufgeteilt sein, wobei ein Kreis oder Viereck die Mitte markiert (vgl. CRATTY 1975[3]).

2. Verwendungsmöglichkeiten und Bedeutung des Trampolins

2.1 Bewegungsdiagnostik beim Trampolinspringen

Der von KIPHARD (1978[2]) entwickelte Trampolin-Körper-Koordinationstest, der zu den motoskopischen Verfahren zu rechnen ist, dient der Ermittlung von Koordinationsproblemen, die auf eine gestörte Motorik hinweisen.

Dieses Verfahren und damit die diagnostische Bedeutung des Trampolins soll im folgenden nur kurz dargestellt werden. Es wird auf die entsprechende Literatur (KIPHARD 1978[2]; KIPHARD 1977[3]) und die filmischen Beiträge (KIPHARD 1977; DOLL-TEPPER/PILGER/SCHMIDT-GOTZ 1978) zu diesem Thema verwiesen.

Der Trampolin-Körperkoordinationstest ist an einer großen Zahl von Grund- und Sonderschülern erprobt worden und hat sich als außerordentlich hilfreich für eine Grobauslese motorisch gestörter Kinder erwiesen. Es wurde festgestellt, daß die Bewegungen eines Kindes — es sollte jedoch mindestens vier Jahre alt sein — im Hinblick auf die dynamische Koordination bei seinen ersten Versuchen auf dem Trampolin besonders aufschlußreich sind, und so geht der Test von der Erstbegegnung mit diesem Gerät aus. Auf die Darstellung des Untersuchungsaufbaus sowie die Testdurchführung und -auswertung wird hier verzichtet.

Fest steht, daß das Trampolin nicht nur grobe Störungen in der Motorik sichtbar macht, sondern daß auch feinere Steuerungs- und Anpassungsschwierigkeiten fast wie durch eine Lupe vergrößert beobachtet werden können (vgl. KIPHARD 1977[3]).

Dieser Vergrößerungseffekt entsteht dadurch, daß bei gestörter Koordinationsfähigkeit motorische Anpassungsschwierigkeiten durch die Fremdkinetik des Federtuches verstärkt ausgelöst werden.

Als Fehlfunktionen im motorischen Verhalten sind zu werten:
— Seitendifferenzen
— statokinetische Dyskoordinationen
— auffallender Bewegungsreichtum/auffallende Bewegungsarmut (Hyper- bzw. Hypokinesien)
— gesteigerte oder herabgesetzte Bewegungsgeschwindigkeit
— auffallende Bewegungsdynamik
— auffallende Bewegungsmetrik (vgl. KIPHARD 1978[2]).

Zusammenfassend läßt sich feststellen, daß der Trampolin-Körperkoordinationstest eine Klassifikation der verschiedenen Bewegungsmerkmale ermöglicht und einen Beitrag liefert zur Diagnose ,,Bewegungsstörung — Bewegungsbehinderung'', die jedoch durch weitere medizinisch-psychologische Untersuchungen ergänzt werden muß. Schließlich können auf der Basis der durch den Test ermittelten motorischen Schwierigkeiten entsprechende Trampolin-Programme bzw. Behandlungspläne zusammengestellt werden.

3.2 Die Bedeutung des Trampolinspringens für Bewegungsschulung und -therapie

Bei Kindern mit angeborenen oder erworbenen Körperbehinderungen besteht ebenso wie bei nichtbehinderten Kindern eine enge Verbindung zwischen der motorischen Entwicklung und der Entwicklung der Gesamtpersönlichkeit. Auf diesen Zusammenhang wird von einer Reihe von Autoren hingewiesen (PIAGET 1969; HURLOCK 1974 u. a.). Wenn innerhalb eines engen Geflechts von sozialen, psychisch-emotionalen und motorischen Entwicklungsprozessen Defizite vorhanden sind, so besteht die Gefahr, daß aufgrund mangelnder Erfahrungen in einem Teilbereich der gesamte Entwicklungsverlauf von Störungen gekennzeichnet sein kann (vgl. DORDEL 1980).

Um die durch die Behinderung sich möglicherweise entwickelnden Defizite einzudämmen, sind frühzeitig einsetzende umfangreiche Fördermaßnahmen nötig, die auch eine spezielle motorische Förderung umfassen, wobei große Bedeutung dem Sportunterricht in der Schule, Bewegungs- und Sportangeboten in der Freizeit und speziellen bewegungstherapeutischen Maßnahmen zukommt.

Das Trampolin kann in den genannten schulischen und außerschulischen Bereichen zur Verbesserung der motorischen Fähigkeiten und Fertigkeiten eingesetzt werden, aber auch einen wichtigen Beitrag zur Entwicklung psychisch-intellektueller Fähigkeiten sowie emotionaler und sozialen Verhaltensweisen leisten. Als Ziele solcher Fördermaßnahmen, die im Zusammenhang mit dem Gesamterziehungsplan gesehen werden müssen, werden speziell mit Hilfe des Trampolinspringens angestrebt:

— im physischen Bereich:
eine Verbesserung der Herz-Kreislauffunktionen, eine Schulung der Muskelkraft (speziell Sprungkraft),
eine Verbesserung des Koordinations- und des Gleichgewichtsgefühls

— im intellektuellen und psychisch-emotionalen Bereich:
aufgrund des starken Aufforderungscharakters des Gerätes schnelle und anhaltende Erfolgserlebnisse, die zu weiterer Aktivität motivieren und das Selbstbewußtsein stärken können, eine mögliche Verbesserung der Fähigkeit zur Selbsteinschätzung,
die Entwicklung und Schulung der Merkfähigkeit (speziell in bezug auf Reihenfolgen, z. B. mit Hilfe verschiedener Lernspiele),
der Konzentration und des kreativen Denkens und schließlich

— im sozialen Bereich:
basierend auf der inneren Befriedigung über Erfolgserlebnisse die Entwicklung einer größeren Bereitschaft und Fähigkeit zu Kontakten und zum gemeinsamen Handeln mit anderen,
sich beim Trampolinspringen in eine Gruppe einzuordnen, das heißt z. B. eine bestimmte Reihenfolge beim Springen zu akzeptieren und die Frustration des Wartenmüssens zu ertragen.

Dieser nur kurze Abriß soll einen Einblick in die Wirkungsweise und Bedeutung des Trampolinspringens im Rahmen von Fördermaßnahmen geben und als Grundlage für das methodisch-didaktische Vorgehen dienen.

3. Anregungen für den Unterricht im Trampolinspringen

3.1 Aktivitäten vor und nach dem Trampolinspringen

Es können grundsätzlich zwei Formen der körperlichen Vorbereitung auf das Trampolinspringen unterschieden werden:

a) Übungen zur Erwärmung bzw. zur Kräftigung der Muskulatur des Rumpfes, der Arme und Beine, um einen ,,Schock" auf dem Trampolin zu vermeiden und

b) Übungen auf dem Boden zur Vorbereitung spezieller Bewegungsfertigkeiten, die dann auf dem Trampolin geübt werden sollen (z. B. Vorbereitung auf die richtige Landeposition bei Sitz-, Bank- und Kniesprüngen).

Zum Abschluß einer Übungsstunde auf dem Trampolin sollten die Kinder die Möglichkeit haben, sich zu entspannen. Dies ist sowohl auf dem Trampolin als auch auf Matten am Boden möglich. Als Beispiele für Übungs- und Spielformen zur Beruhigung und besseren Selbstkontrolle seien genannt:

— Wer kann sich so leise bewegen, daß niemand es hört?

— Beweg dich so langsam wie möglich!

— Gib Gegenstände lautlos weiter!

(vgl. KIPHARD 1966[3]; CRATTY 1975[3]).

3.2 Informationsvermittlung

Beim Trampolinspringen kann die Informationsvermittlung auf verschiedenen Wegen erfolgen, und zwar über verbale, visuelle und taktile Informationen.

Besonders bei sehr ängstlichen und schwerer behinderten Kindern ist es zu empfehlen, daß der Lehrer bzw. Übungsleiter gemeinsam mit dem Kind auf dem Trampolin springt und, wenn nötig, die Bewegungen des Kindes taktil unterstützt. Eine vor allem rhythmische Hilfe kann auch durch ein Niederdrücken des Tuches durch den Lehrer gegeben werden.

In den meisten Fällen werden Vormachen und Erklären von Bewegungsabläufen aber dem Kind einen Eindruck von der zu realisierenden Bewegungsstruktur vermitteln, wenn diese Informationen kurz, präzise und dem jeweiligen intellektuellen und motorischen Leistungsvermögen entsprechend gegeben werden.

Da es nicht das Ziel des Unterrichts ist, ausschließlich vorgegebene Bewegungsfertigkeiten nachzuahmen und zu wiederholen, müssen eigene Bewegungsvorstellungen der Kinder, die ihren Ausdruck in veränderten bzw. selbsterdachten Bewegungsstrukturen finden, vom Lehrer anerkannt und entsprechend unterstützt werden, um das Kind zum Erfinden weiterer eigener Variationen und Spiele zu motivieren.

3.3 Hinweise zur Anfängerschulung

Unter Berücksichtigung der bereits genannten Sicherheits- und Vorbereitungsmaßnahmen und des individuellen Könnensstandes kann das Kind — nach entsprechender Bewegungsvorbereitung — erste Versuche auf dem Trampolin machen.

Speziell bei sehr ängstlichen bzw. körperlich schwerer behinderten Kindern ist es angebracht, sie zunächst über das Trampolin krabbeln zu lassen, damit sie auf diese Weise Ausmaß und Federwirkung des Gerätes kennenlernen.

Der weitere Ablauf kann folgendermaßen aussehen:

— Stehen und wippen in der Tuchmitte
— Fußsprünge in der Mitte, Füße schulterbreit aufgesetzt, Arme schwingen locker mit, zunächst auf Zuruf, dann zu einem selbstgewählten Zeitpunkt stoppen
— Fußsprung mit stärkerem Armeinsatz, so schnell wie möglich stoppen
— Fußsprünge mit $1/4$ und $1/2$ Schrauben
— Fußsprünge vorwärts, rückwärts und seitwärts (bei diesen Aufgaben sind die Markierungen sehr hilfreich)
— Hocksprünge
— Bücksprünge
— Grätsch- und Grätschwinkelsprünge sowie
— Sitzsprünge (mit und ohne Hilfe möglich) und verschiedene Kombinationen aus den vorher genannten Sprungformen.

Es folgen im weiteren Verlauf

— Sprünge in den unterschiedlichsten Landepositionen und
— neue Sprungkombinationen und eigene Erfindungen von Sprüngen.

3.4 Die verschiedenen Landepositionen

Es werden neben den Fußsprüngen mit verschiedenen Variationen folgende Landepositionen unterschieden:

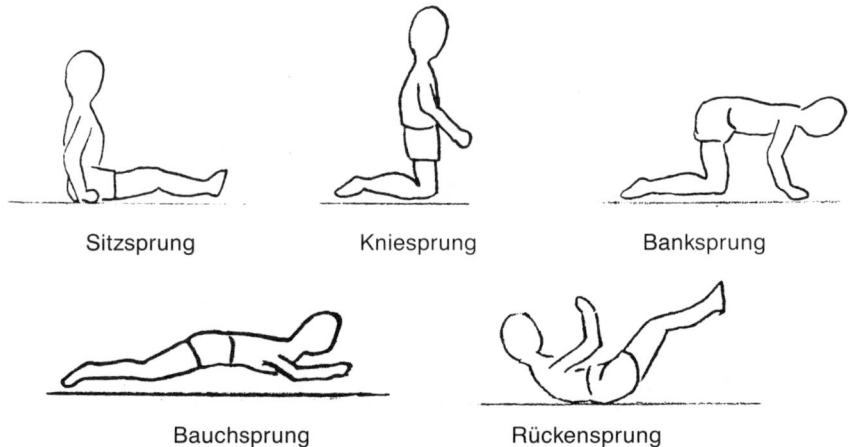

| Sitzsprung | Kniesprung | Banksprung |

| Bauchsprung | Rückensprung |

Abb. 1   Verschiedene Landepositionen

Diese Sprünge lassen sich beliebig zu verschiedenen Kombinationen zusammenfügen, so Stand-Sitzsprung, Stand-Kniesprung, Standsprung — halbe Schraube in den Sitz-Kniesprung etc. Es hat sich in der Praxis gezeigt, daß beim Trampolinspringen mit körperbehinderten/bewegungsgestörten Kindern besonders die Fußsprünge in allen Variationen sowie Sitz-Knie- und Banksprünge geeignet sind. Nur bei wenigen Kindern wurden auch Bauch- und Rückensprünge sowie Salti in das Programm aufgenommen.

Auf das methodische Vorgehen bei der Vermittlung der einzelnen Sprungvariationen soll hier nicht eingegangen werden. Es wird auf die entsprechende Fachliteratur verwiesen (BRAECKLEIN 1976[3]; SCHULZ 1976[2]; HÜNERBEIN 1979/1980).

Für die praktische Arbeit ist es wichtig, häufig zu beobachtende Fehler zu kennen. Es soll deshalb an dieser Stelle darauf hingewiesen werden, daß eine Reihe von Sprüngen nur bei entsprechender Vorbereitung und mit größer Vorsicht in das Übungsprogramm eines bewegungsgestörten Kindes aufgenommen werden sollte, da eine besondere Körperspannung und -kontrolle nötig ist, um die Verletzungsgefahr zu reduzieren:

1. Der Kniesprung macht eine besondere Muskelspannung im Rumpf nötig.

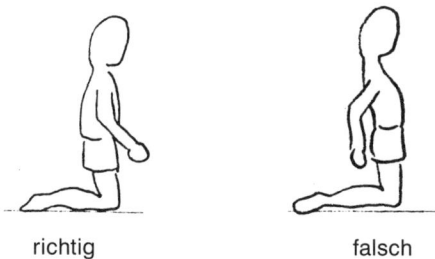

richtig   falsch

Abb. 2: Landung beim Kniesprung

2. Beim Sitzsprung ist ein gleichzeitiges Aufsetzen der Arme und Beine erforderlich sowie eine gute Kopfkontrolle. Auch hier liegen mögliche Gefahren für das ungeübte und bewegungsgestörte Kind.

richtig   falsch   falsch

Abb. 3 Landung beim Sitzsprung

Korrekturmöglichkeiten: Verbale/visuelle Information: Üben der richtigen Sitzhaltung am Boden und auf dem Trampolin (eventuell mit Hilfe des Lehrers).
3. Die Bauchlandung erfordert eine fast waagerechte Körperlage in der Luft und eine sehr gute Kopfkontrolle. Da die Gefahr einer Wirbelsäulenstauchung sehr groß ist, eignet sich dieser Sprung häufig nur für wenige Teilnehmer, wobei außerdem ein entsprechendes methodisches Vorgehen über die „Bank" nötig ist.

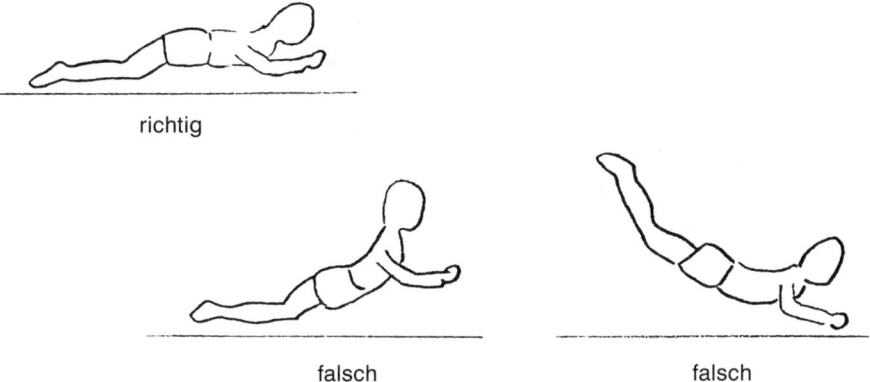

richtig

falsch   falsch

Abb. 4   Landung in der Bauchlage

3.5 Bewegungskombinationen und Lernspiele auf dem Trampolin

Neben der Schulung der koordinativen Fähigkeiten und Fertigkeiten eignet sich das Trampolin in besonderer Weise zur Förderung der Wahrnehmungs- und Merkfähigkeit sowie der Konzentration. Es sollen hierfür einige Beispiele gegeben werden:
1. Dem Kind wird eine dem individuellen Könnensstand angepaßte Reihenfolge von Sprüngen verbal/oder visuell vorgegeben, die es wiederholt springen soll.
2. Das Kind nennt selber eine bestimmte Reihenfolge von Sprüngen und realisiert sie. In einem zweiten Durchgang werden die Sprünge in umgekehrter Reihenfolge miteinander verbunden.
3. Die Kinder erfinden Codewörter bzw. -zahlen für bestimmte Sprünge und setzen dann die Codes in Bewegung um.
   1 = Standsprung
   2 = Sitzsprung etc.
4. Die Kinder denken sich eigene Bewegungsfertigkeiten aus und verbinden sie mit bereits bekannten Sprüngen, z. B. gleichzeitiges Aufsetzen eines Knies und eines Fußes, auch im Wechsel möglich, gekreuztes Aufsetzen der Füße etc.
5. Ein Kind beginnt mit einem bestimmten Sprung, das nächste kombiniert diesen Sprung mit einem weiteren etc., so daß schließlich alle Kinder der Gruppe an dem Spiel beteiligt sind.

6. Weitere Aufgaben und Spiele können unter Zuhilfenahme von verschiedenen Materialien, wie Bällen (Abb. 5), Springseilen (Abb. 6 und 7) etc. entwickelt werden.

Abb. 5   Trampolinspringen in Verbindung mit Ballspielen

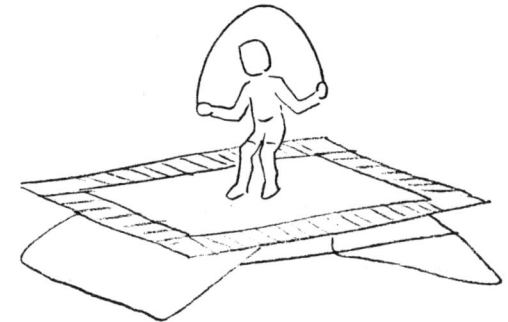

Abb. 6   Seilspringen auf dem Trampolin (einzeln)

Abb. 7   Seilspringen auf dem Trampolin (mit Partnern)

7. Partnersprünge:
— abwechselndes Springen zu zweit im Stand, im Sitz, mit Schrauben etc.,
— gegenseitiges Berühren der unterschiedlich gehaltenen Hände beim Springen,
— gemeinsames Springen, bei dem ein Partner im Stand springt und dabei die Füße des anderen hält, der im Schwebesitz/Rückenlage Körperspannung halten und über eine gute Kopfkontrolle verfügen muß (Abb. 8).

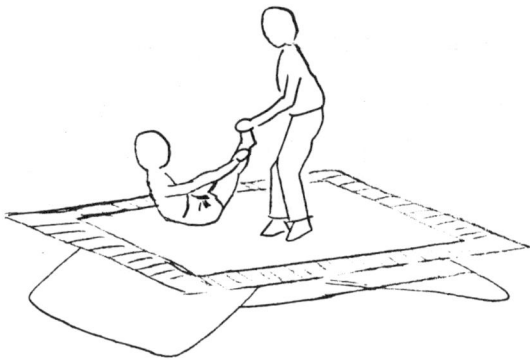

Abb. 8   Partnersprung

8. Schließlich kann das Trampolin auch als ein Bestandteil eines Hindernisparcours verwendet werden.

3.6 Dauer und Aufbau von Übungsstunden und -programmen

Die Übungszeit pro Gruppe sollte jeweils 45 Min. betragen. Bei ca. fünf Teilnehmern erhält dann jeder einzelne genügend Zeit zum Üben, aber auch entsprechende Erholungspausen.

Die Vorbereitung auf das Trampolinspringen kann am Anfang einer Übungsstunde gemeinsam erfolgen, dann werden die Reihenfolge beim Springen und erste Wiederholungsaufgaben bekanntgegeben. Im weiteren Verlauf einer Stunde sollten die Kinder Erklärungen und Anweisungen zum Erlernen neuer Bewegungsfertigkeiten und -kombinationen erhalten, aber auch ausreichend Gelegenheit bekommen, eigene Vorstellungen von Bewegungen zu realisieren (s. 3.5).

Gemeinsame Spiele der gesamten Gruppe sollten nicht vernachlässigt werden, um den Kontakt untereinander zu verbessern. Darüber hinaus ist die Erfahrung gemacht worden, daß sich in diese Übungsstunden sehr gut auch Freunde und Geschwister der behinderten Kinder integrieren lassen. Die individuelle Aufgabenstellung ermöglicht es ohne Schwierigkeiten, allen beteiligten Kindern adäquate Bewegungsreize zu bieten.

Der Aufbau eines Übungsprogrammes hängt ab von der Häufigkeit (Anzahl der Übungsstunden pro Woche), der vorgesehenen Dauer des Unterrichts (in Wochen/Monaten/Jahren) und von der Art und dem Grad der Behinderung des

Kindes. Bei körperbehinderten Kindern sollten die Therapieprogramme langfristig entwickelt werden, um dann — wenn möglich — in ein Freizeitangebot einzumünden, das die Bewegungsmöglichkeiten weiter fördert. In diesem Zusammenhang scheint ein Hinweis auf weitere Geräte wichtig, bei denen ebenfalls eine Federwirkung besondere Anforderungen an das Koordinationsvermögen stellt.

4. Hinweise auf Geräte mit ähnlicher Wirkungsweise

4.1 Trimm-poline bzw. Kleinst-Trampoline

Diese Geräte, gemeint sind hier nicht Absprung-Trampoline, sondern ebene Sprunggeräte mit einem Durchmesser von 80 bis 135 cm, eignen sich aufgrund ihres starken Aufforderungscharakters für verschiedene Sport- und Spielaktivitäten.

Abb. 9 Trimm-poline

Das Trimm-polin kann einzeln oder in Kombination, wie z. B. mit weiteren Trimm-polinen oder mit anderen Geräten (z. B. Kästen, Matten) verwendet werden (vgl. LEGER 1977). Durch die geringe Höhe des Gerätes vom Boden ist eine Hilfestellung, z. B. bei sehr ängstlichen bzw. stark motorisch gestörten Kindern besonders gut möglich. Außerdem ist hervorzuheben, daß die Trimm-poline sich für sehr kleine und leichtere Kinder eignen, die hier erste Erfahrungen mit der Federwirkung eines Gerätes machen können. Zudem ermöglicht es dieses Gerät, bestimmte Bewegungsfertigkeiten in geringerer Sprunghöhe zu realisieren, die dann anschließend auch auf dem großen Trampolin probiert werden sollten.

4.2 Air-Tramp

In den letzten Jahren hat diese besondere Art eines Trampolins großes Aufsehen erregt. Hierbei handelt es sich um ein riesiges Luftkissen, auf dem sich mehrere Kinder gleichzeitig bewegen können. Das Gerät stellt erhöhte Anforderungen an Raumorientierung und Gleichgewichtsgefühl, da jeder einzelne durch die Bewegungen der anderen ununterbrochen Anpassungsleistungen zu vollbringen hat. Selbst liegende oder sitzende Kinder werden durch die anderen mitbewegt.

Außerdem erfordert das Gerät ständige Konzentration und gegenseitige Rücksichtnahme.

Wegen des hohen Anschaffungspreises ist das Air-Tramp bisher nur in wenigen Institutionen vorhanden. Hinweise auf die diagnostischen und therapeutischen Möglichkeiten enthalten die Beiträge von STEUER (1975), BURMEISTER (1981) und die Videofilme von BOUACHBA/GÖBEL/PANTEN (1985) und MERTENS (1985).

Abb. 10   Air-Tramp

5. Hinweise auf Aus- und Fortbildungsmöglichkeiten im Bereich „Trampolinspringen mit Behinderten" für Lehrer/Übungsleiter

Generell ist bei allen genannten Geräten die entsprechende didaktisch-methodische Ausbildung des Lehrers/Übungsleiters sowie die Beachtung der Sicherheitsvorschriften von größter Bedeutung.

Leider finden zur Zeit nur vereinzelt Lehrgänge im Bereich „Trampolinspringen mit Behinderten" statt, die überwiegend vom Aktionskreis Psychomotorik e. V., vom Deutschen Sportlehrerverband und im Rahmen der Lehrerfortbildung veranstaltet werden. Ankündigungen zu derartigen Veranstaltungen können u. a. den Zeitschriften „Motorik", „Praxis der Psychomotorik" und „sportunterricht" entnommen werden. Außerdem gibt es in einer Reihe von Sportinstituten an den Hochschulen und Universitäten der Bundesrepublik Deutschland entsprechende praktisch-methodische Ausbildungen, die jedoch nur zum Teil obligatorischer Bestandteil des Sportstudiums sind und häufig nicht den Behindertenbereich umfassen. Im Hinblick auf die vielfältigen Einsatzmöglichkeiten und die Bedeutung für Diagnostik, Therapie und Freizeitaktivität sollten Aus- und Fortbildungsangebote für Studenten, Lehrer und Übungsleiter intensiviert werden.

6. Literatur

BAUER, A., HEMMER, B., VAN DER SCHOOT, P., KRAUSE, W.: Trampolinturnen mit geistig behinderten Kindern. Ergebnisse einer Untersuchung, in: Kölner Beiträge zur Sportwissenschaft. Schorndorf 1973, 7—19.

BESENFELDER, U.: Zum Problem der Unfälle im Trampolinturnen. In: Motorik 4 (1981), 2, 55—61.

BESENFELDER, U.: Literaturliste: Trampolinspringen. In: Praxis der Psychomotorik 3 (1978), 3, 111—117.

BLAKE, T.: Trampolining for all ages. Wakefield 1978[2].

BLOSS, H., HARTMANN, B., SCHEFFEL, H., SCHULZE, B., WOLL, M.: Sport mit körperbehinderten Kindern und Jugendlichen. Bad Homburg 1978.

BÖTTCHER, H.: Trampolinspringen als Therapie im Jugendwerk Gailingen. In: Motorik 1 (1978), 1, 13—15.

BRAECKLEIN, H.: Grundschule des Trampolinspringens. Frankfurt 1976[3].

BURGSTAHLER, E.: Trampolinturnen — eine Möglichkeit heilpädagogischer Leibeserziehung. In: Praxis der Psychomotorik 3 (1978), 3, 100—104.

BURMEISTER, A.: Das Air-Tramp in der Bewegungserziehung und -therapie. In: Motorik 4 (1981), 3, 120—121.

CRATTY, B. J.: Trampoline Activities for Atypical Children. Palo Alto 1975[3].

DOLL-TEPPER, G.: Bedeutung des Trampolinspringens in der Therapie körperlich behinderter Kinder, in: NOWACKI, P./BÖHMER, D. (Hrsg.): Sportmedizin. Stuttgart-New York 1980, 453—455.

DOLL-TEPPER, G.: Movement diagnostics and psychomotor therapy of children suffering from minimal cerebral dysfunction, in: DE POTTER, J. C. (Ed.) Psychomotricité — Psychomotor Learning. Brüssel 1978, 91—98.

DOLL-TEPPER, G.: Möglichkeiten der Diagnose und Therapie motorischer Störungen bei Kindern mit minimaler cerebraler Dysfunktion, in: DORDEL, H.-J. (Hrsg.): Die Förderung behinderter Kinder durch Sportunterricht. Dortmund 1981, 34—46.

DORDEL, H.-J.: Die motorische Förderung körperbehinderter Kinder als zentrale Aufgabe der Behindertenpädagogik. In: Die Rehabilitation 19 (1980), 2, 94—97.

EULENBURG, U. GRAF ZU: Turnen mit Dysmelie-Kindern. Armgeschädigte auf dem großen Trampolin. In: Frohe Gemeinschaft (1967), 5, 58.

HÜNERBEIN, G.: Trampolinspringen I und II. In: Betrifft Sport 5/79 und 11/80 Aachen.

HURLOCK, E. B.: Die Entwicklung des Kindes. Weinheim 1974.

JÄGER, M.: Trampolinspringen mit CP-Kindern. In: Bundesverband für spastisch Gelähmte und andere Körperbehinderungen e. V. (Hrsg.), Aspekte des Sports mit Cerebralparetikern. Düsseldorf 1977, 71—83.

KIPHARD, E. J.: Bewegung heilt. Gütersloh 1966[3].

KIPHARD, E. J.: Leibesübung als Therapie. Gütersloh 1975[2]

KIPHARD, E. J.: Bewegungs- und Koordinationsschwächen im Grundschulalter. Schorndorf 1977[3].

KIPHARD, E. J.: Bewegungsdiagnostik bei Kindern. Gütersloh 1978[2].

KIPHARD, E. J.: Motopädagogik. Dortmund 1979.

KIPHARD, E. J., HUPPERTZ, H.: Erziehung durch Bewegung. Bonn-Bad Godesberg, 4. überarb. u. erg. Aufl. 1977.

LEGER, A.: Übungsmöglichkeiten mit dem Kleinst-Trampolin. In: Psychomotorik 2 (1977), 2, 61—64.

LUTHER, E.: Das Trampolin als abwechslungsreiches Gerät. In: Praxis der Psychomotorik 5 (1980), 3, 87—90.

PIAGET, J.: Das Erwachen der Intelligenz beim Kinde. Stuttgart 1969.

SCHULZ, D.: Methodik des Trampolinspringens. Schorndorf 1976[2].

STEUER, R.: Fördern durch Bewegung. Freiburg 1975.

TEPPER, G., SOEFFKY, E., RAUTERBERG, E.: Trampolinspringen mit Kindern, die an einer spastischen Hemiplegie leiden. In: Zeitschrift für Heilpädagogik 25 (1974), 2, 116—126.

ZUHRT, R.: Kinder einer Körperbehindertenschule springen Trampolin. In: Krankengymnastik 27 (1975), 11, 406—407.

7. Filme

BOUACHBA, F., GÖBEL, H., PANTEN, D.: Psychomotorik — Einführung in die Motodiagnostik, Videofilm. München 1985.

BÖTTCHER, H./ERICHSEN, H.: Trampolinspringen mit hirngeschädigten Jugendlichen, 8-mm-Film. Jugendwerk Gailingen 1977.

DOLL-TEPPER, G., PILGER, H., SCHMIDT-GOTZ, E.: Kinder mit einer minimalen cerebralen Dysfunktion — Möglichkeiten der Diagnose und Therapie unter besonderer Berücksichtigung der Motorik, 16-mm-Film. Hochschulfilmreferat FU Berlin 1978.

KIPHARD, E. J.: Diagnostik pathologischer Bewegungsmuster, 16-mm-Film. Institut für den Wissenschaftlichen Film Göttingen 1977.

MERTENS, K.: Trampolin und Air-Tramp in der Therapie. Videofilm, Dortmund 1985.

TEPPER, G.: Kinder mit cerebralen Bewegungsstörungen lernen Trampolinspringen. Hochschulfilmreferat FU Berlin 1971.

Evi Waldherr

Erfahrungsbericht einer Wintersportwoche mit Schülern unterschiedlicher Behinderungen

1. Einleitung

Wintersport!
— *Erlebnis eines Sports*
— *Erlebnis des Winters und der Natur*
— *Erlebnis der Gruppe*
— *Erlebnis des eigenen Ichs*

Diese Erfahrungen sind für nichtbehinderte Schüler, zumindest in Bayern, schon zur Selbstverständlichkeit geworden. Der curriculare Lehrplan für den Sport sieht Skilauf alpin und nordisch, Eislauf und Rodeln vor. An den Schulen für Körperbehinderte wird dagegen dieser Sportbereich noch sehr vernachlässigt. Dabei ist Wintersport für Körperbehinderte absolut nichts Neues. In den Behinderten-Sportverbänden wird schon seit Jahren mit den verschiedensten Wintersportgeräten gearbeitet.

Aus dieser Erkenntnis heraus entwickelte sich die Idee zur Durchführung einer Wintersportwoche im Rahmen des Schulsports. Der Schulsport mit seinen beiden Aufgabenfeldern, Erziehung zum Sport und Erziehung durch Sport, erschien als der geeignete Rahmen, eine Modellmaßnahme durchzuführen. Die im Lehrplan enthaltenen Lernziele, Lerninhalte, Unterrichtsverfahren und Lernzielkontrollen können mit geringfügigen Veränderungen in den Bereich Wintersport mit Körperbehinderten übertragen werden. Diese vier Elemente des Unterrichts sind in einer Art Regelkreis aufeinander zugeordnet (s. Rusch, ,,Pädagogisch-didaktische Aspekte des Sportunterrichts mit Körperbehinderten Kindern und Jugendlichen'', in diesem Band, Seite 67).

Übertragen wir dieses Modell auf den Wintersport mit Körperbehinderten, so versteht man unter anthropologischen Voraussetzungen:
— *die Einstellung,*
— *die Motivation,*
— *den Entwicklungsstand und*
— *die individuellen Behinderungen der am Unterricht teilnehmenden Schüler.*

In unserem Fall handelt es sich um Schüler der 8. Jahrgangsstufe der Haupt- und Realschule der Stiftung Pfennigparade München. Während aus der Hauptschule die gesamte Klasse an der Wintersportwoche teilnahm, konnten sich die Schüler der Realschule freiwillig beteiligen. Daraus resultierten natürlich unterschiedliche Motivations- und Erwartungshaltungen. Die Einstellung der Schüler war durchwegs positiv, sie kann am besten mit neugierig-erwartungsvoll bezeichnet werden. Die Schüler wurden im Sportunterricht durch Film- und Fotomaterial mit den Geräten bekanntgemacht. Bis auf zwei Ausnahmen hatte sich keiner der Jugendlichen vorher im Wintersport betätigt.

An dieser Stelle sollen nun die Schüler vorgestellt werden:

Andreas	15 Jahre	Spina bifida (Rollstuhlfahrer)
Eugen	15 Jahre	Muskeldystrophie (Rollstuhl)
Alexander F.	15 Jahre	Spina bifida
Thomas	15 Jahre	leichte cerebrale Bewegungsstörung
Alexander G.	15 Jahre	cerebrale Bewegungsstörung
Robert	14 Jahre	Spina bifida (Rollstuhl)
Michael	15 Jahre	spastische Tetraplegie (Elektro-Rollstuhl)
Anita	17 Jahre	spastische Tetraplegie links verstärkt (Rollstuhlfahrer)
Ludwig	18 Jahre	spastische Diparese
Christian L.	15 Jahre	spastische Tetraplegie rechts verstärkt (Rollstuhlfahrer)
Sabine	15 Jahre	fehlende Schilddrüse
Christiane	16 Jahre	Muskelhypotonie
Christian S.	17 Jahre	spastische Tetraplegie, rechte Seitendominanz
Sigrid	17 Jahre	spastische Tetraplegie (Rollstuhlfahrer)

2. Voraussetzungen

Unter soziokulturellen Voraussetzungen sind die Rahmenbedingungen für diese Wintersportwoche zu verstehen. Rahmenbedingungen sind u. a.:

— *Einstellung der Schulleitung zum Sport*
— *Einstellung der Eltern zu dieser Maßnahme und zum Sport allgemein*
— *Bereitstellung von qualifizierten Lehrkräften*

— Zusammenarbeit von Sportlehrern, Klassenlehrern, Pflegekräften, sportlichen Helfern und Schularzt
— Zusammensetzung der Schüler
— Bereitstellung der behindertenspezifischen Geräte
— Bereitstellung einer behindertengerechten Unterkunft
— Geeignetes Übungsgelände vor Ort
— Günstige Terminwahl
— Bereitstellung von Transportmitteln
— Bereitstellung der notwendigen finanziellen Mittel

Einstellung der Schulleitung zum Sport

Die durchwegs positive Einstellung und die Unterstützung der Schulleitungen der Haupt- und Realschule erleichterten diesen Start ins „Neuland" Wintersport sehr.

Einstellung der Eltern zu dieser Maßnahme und zum Sport allgemein

Die Eltern befürworten Sport im Allgemeinen, sind jedoch der Meinung, der wöchentlich zweistündig stattfindende Schulsport sei ausreichend, zumal für den Großteil der Schüler zusätzlich Therapiestunden in Form von Krankengymnastik anfallen. Einige standen unserer Maßnahme anfangs sehr skeptisch gegenüber, konnten aber durch das vorhandene Filmmaterial davon überzeugt werden, daß sich zumindest der Versuch lohne. Von allen Eltern wurde die notwendige Einverständniserklärung gegeben.

Bereitstellung von qualifizierten Lehrkräften

Die an der Schule beschäftigten Sportlehrer verfügten nur bedingt über eine spezielle Ausbildung im Bereich Wintersport für Körperbehinderte. Daher war die Zusammenarbeit mit dem Behinderten- und Versehrten-Sportverband Bayern unerläßlich. Als zusätzliche Unterstützung der Lehrer und um einen reibungslosen Ablauf des Sportprogramms zu gewährleisten, wurden Sportstudenten der Fachrichtung „Rehabilitation" der Technischen Universität München verpflichtet. Diese konnten damit gleichzeitig ihr Praktikum absolvieren.

Zusammenarbeit von Sportlehrern, Klassenlehrern, Pflegekräften, sportlichen Helfern und Schularzt

Eine gute Zusammenarbeit zwischen allen Beteiligten war Voraussetzung für einen möglichst störungsfreien Ablauf der Woche. Neben sportlich qualifizierten Helfern verfügten wir glücklicherweise über genügend Pflegekräfte, die ebenfalls im Sportbereich eingesetzt werden konnten. Das zahlenmäßige Verhältnis Schüler : Lehrer betrug 14 : 12. Damit waren optimale Voraussetzungen geschaffen.

Zusammensetzung der Schüler, Bereitstellung der behinderten-spezifischen Geräte

Um den unterschiedlichen Behinderungen der einzelnen Schüler gerecht zu werden, mußte das gesamte Spektrum des Wintersports für Körperbehinderte berücksichtigt werden. Es beinhaltete die Langlaufausrüstung für die Läufer, die Skibobs für die Krückenläufer, sowie die Ski- und Langlaufschlitten für die Rollstuhlfahrer.

Nachdem nur ein Schüler einen eigenen Skibob besaß und auch die Schule über solche Geräte nicht verfügt, konnte dieses Problem nur durch die Zusammenarbeit mit dem Behinderten- und Versehrten-Sportverband gelöst werden.

Bereitstellung einer behindertengerechten Unterkunft und geeignetes Übungsgelände vor Ort

Auf der Suche nach einer geeigneten Unterkunft mit entsprechendem, nahegelegenem Übungsgelände trafen wir im Sport- und Jugendferiendorf des Bay. Landes-Sportverbandes in Inzell fast ideale Voraussetzungen an. Das ca. 300 Personen fassende Feriendorf wurde ebenerdig angelegt. Somit sind fast alle Einrichtungen für Rollstuhlfahrer erreichbar. Zur Anlage gehören neben Sport- und Tennisplätzen, Turn- und Tischtennishalle, Schwimmbad und Unterrichtsräumen auch ein eigenes Skigelände mit Lift. Der Übungshang entsprach unseren Anforderungen und die Loipen für die Langläufer begannen direkt vor der Haustür.

Günstige Terminwahl

Um den eingeschränkten Bewegungsmöglichkeiten der Schüler Rechnung zu tragen, wurde der Termin ins Frühjahr gelegt, da in dieser Jahreszeit bereits mit höheren Temperaturen gerechnet werden konnte.

Bereitstellung von Transportmitteln

Der Transport erfolgte mit zwei Spezialbussen, von denen einer während der ganzen Woche vor Ort zur Verfügung stand.

Bereitstellung der notwendigen finanziellen Mittel

Neben einer Eigenbeteiligung der Schüler konnte auf Spendenmittel der Schule zurückgegriffen werden. Der Löwenanteil der Kosten wurde jedoch von der Bay. Akademie für Erwachsenenbildung im Sport getragen.

3. Ziele

Nun zur zweiten Ebene der Entscheidungsebene des Didaktikmodells:

Die Lernziele dieser Woche entsprechen den Zielsetzungen des Wintersports mit Nichtbehinderten und sind dem Lehrplan Sport des Bayerischen Staatsministeriums für Unterricht und Kultus entnommen.

— *Beherrschung der für den Wintersport erforderlichen Grundfertigkeiten*
— *Fähigkeit, sicher, gewandt und ausdauernd Ski zu laufen, bzw. Skibob oder Skischlitten zu fahren*

- *Fähigkeit erhöhter Konzentration, schneller Reaktion und guter Anpassung an wechselnde Umweltbedingungen (Gelände, Schnee, Wetter)*
- *Erhöhte physische Leistungsfähigkeit durch intensive Bewegung in der winterlichen Landschaft*
- *Freude und Interesse am Wintersport, auch im Hinblick auf den außer- und nachschulischen Freizeitbereich*
- *Fähigkeit, erhöhtes Selbstvertrauen durch Überwindung von Hemmungen zu gewinnen*
- *Wissen um die gesundheitliche Bedeutung des Skilanglaufens*
- *Fähigkeit, das eigene skiläuferische Können richtig einzuschätzen*
- *Bereitschaft sich im Training und Wettkampf anzustrengen und voll einzusetzen*
- *Bereitschaft und Fähigkeit zur Hilfeleistung in Notfällen*
- *Überblick über Bewegungsabläufe aus dem Bereich des Wintersports*
- *Kenntnis der winterlichen Gefahren und deren Bewältigung*
- *Kenntnis der Pistenregeln und der Verhaltensweisen bei der Benützung von Liften und Bergbahnen*
- *Kenntnisse in Unfallverhütung*
- *Kenntnisse über die Ausrüstung und deren Pflege*

Die wichtigste Zielsetzung war neben all diesen Punkten, den Schülern den Winter, mit all seinen Erscheinungsformen, einmal von seiner positiven Seite näherzubringen. Sie sollten Schnee und Eis nicht mehr nur als Einschränkung ihrer Bewegungsmöglichkeiten, als Hindernis für ihren Rollstuhl, oder als Gefahr beim Gehen mit den Krücken betrachten, sondern erkennen, daß man sich mit Freude in diesem Element bewegen kann. Sie sollten erleben, sich zusammen mit Nichtbehinderten auf der Skipiste oder auf der Loipe zu bewegen.

4. Inhalte

Die Lerninhalte in Theorie und Praxis hatten für alle Wintersportgeräte im wesentlichen die gleiche Zielsetzung:
- *Vertrautmachen mit dem Gerät*
- *Aneignen von Bewegungserfahrungen*
- *Erlernen der Grundformen*
- *Üben und Festigen des Erlernten*
- *Einführung in die theoretischen Grundkenntnisse*

Vorstellung der speziellen Geräte und deren Benutzer:

4.1 Skischlitten

Das Sitzgestell ist auf Spezialskiern montiert, die mit Hilfe von Hebeln auf die Innenkante gestellt werden können. Durch das Aufkanten eines Skis erfolgt die

Richtungsänderung. Eine nähere Beschreibung erfolgt bei der Unterrichts-methodik. Der Skischlitten wurde von folgenden Schülern benutzt: Andreas, Eugen, Robert, Michael, Anita, Christian L., Christian S. und Sigrid.

4.2 Skibob

Der Skibob ist kein behindertenspezifisches Gerät. Er ist geeignet für Personen mit geringen Bewegungseinschränkungen der unteren Extremitäten, wobei die volle Funktionsfähigkeit der Arme Voraussetzung ist! Der Skibob wurde von Alexander F. und Ludwig benutzt.

4.3 Skilanglauf

Für Christiane, Sabine, Alexander G. und Thomas mußte an den Langlauf-skiern nichts geändert werden.

4.4 Langlaufschlitten

Der Langlaufschlitten besteht aus einer Sitzschale an deren Unterseite Spezial-LL-Ski angebracht werden. Die Fortbewegung erfolgt mit LL-Stöcken. Das Modell unseres LL-Schlittens konnte mittels einiger Handgriffe und eines Spezial-Alpin-Skis zum Monoski umgebaut werden. Der LL-Schlitten konnte von allen Schülern getestet werden, der Umgang mit dem Monoski erwies sich für die Schüler als zu schwer.

Zusätzlich zu diesen Geräten wurden Schlitten, Autoreifen und Plastikbobs mitgenommen, um auch den spielerischen Aspekt des Wintersports einzubringen.

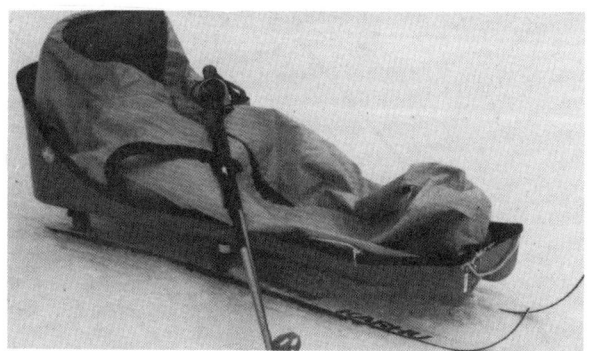

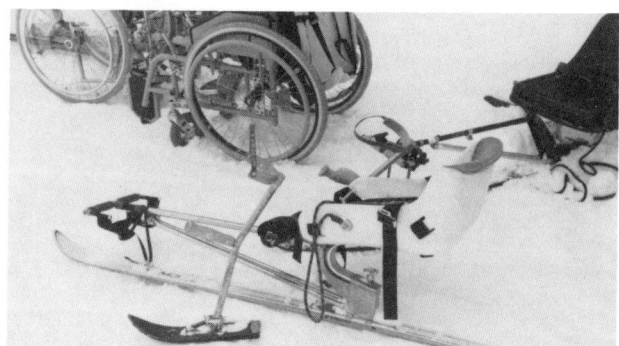

5. Organisation

Den geringsten Material- und Zeitaufwand benötigte die Langlaufgruppe, die sich unabhängig von den anderen Schülern mit einem Skilehrer ins Gelände bzw. auf die Loipe begeben konnte.

Ähnlich war es bei den beiden Skibobfahrern, die allerdings mit sehr unterschiedlichen Voraussetzungen antraten. So hatte Alexander seinen eigenen Skibob und brachte auch entsprechende Kenntnisse und Fertigkeiten mit. Ludwig dagegen war Anfänger und hatte zudem mit behinderungsbedingten Schwierigkeiten zu kämpfen.

Die Skischlittengruppe verursachte den größten personellen und materiellen Aufwand. Da von vornherein feststand, daß nur ein Teil der Schüler in der Lage sein würde, den Schlitten selbständig zu fahren, mußten während der ganzen Zeit genügend Hilfskräfte zur Verfügung stehen. Aus diesem Grund konnten nicht acht Skischlitten gleichzeitig eingesetzt werden. Die Gruppe war deshalb am ersten Tag gemeinsam im Skigelände, um sich die Grundkenntnisse anzueignen, im weiteren Verlauf der Woche wurde sie geteilt und konnte im $^1/_2$tägigen Wechsel Skischlitten fahren und kleinere Ausflüge unternehmen.

6. Lehrverfahren — Methoden

6.1 Skilanglauf

Christiane, Sabine, Thomas und Alexander wurden von ihrem Skilehrer zu Beginn mit der Ausrüstung vertrautgemacht. Wie funktioniert der Ski (Schuppenski), die Bindung und wie handhabt man die Stöcke. Dann erfolgten die ersten Schritte auf den Skiern in einem ebenen, ungespurten Gelände. Ganz deutlich konnte man bei allen vier Teilnehmern erhebliche Gleichgewichtsprobleme feststellen, die im normalen Tagesablauf nicht so sehr zum Tragen kommen. Mit entsprechenden Übungs- und Spielformen, z. B. Umtreten am Ort um Skispitzen und -enden, oder ,,Zwerg—Riese", Wechsel zwischen Schritten in tiefer Hocke und Schritten mit gestrecktem Körper und Armen konnten diese Schwierigkeiten verringert werden. Als nächste Form sollte das Gleiten erlernt werden. Auch hier verhalfen wieder Spiele zu einem freudvollen Lernen. Das nächste Ziel war, die bisher geübten Schrittformen mit dem Gleiten zu verbinden. Mit verschiedenen Gymnastikübungen und kleinen Wettkampfformen wurde die rhythmische Zusammenarbeit zwischen Bein- und Armbewegungen geschult. Dann war der große Augenblick für die Teilnehmer gekommen, als sie vom ungespurten Gelände in die gespurte Loipe wechseln konnten. Wieder wurde mit

einfachen Formen, z. B. Gehen mit breiter und enger Skiführung, Spurenwechsel und Bogentreten die Sicherheit auf und mit den Skiern geschult. Im Laufe der Woche konnten auf diese Weise einige Kilometer zurückgelegt werden. Die Grundform des Langlaufens war erlernt und durch ständiges Üben wurde sie immer mehr verbessert. Als krönender Abschluß wurden am letzten Skikursnachmittag 4,5 km am Stück zurückgelegt, eine Strecke, die für die einzelnen Teilnehmer eine Riesenleistung darstellte und vorher von keinem für möglich gehalten wurde.

6.2 Skibob

Alexander, der fast schon wie ein Profi mit seinem Skibob umging, konnte in Begleitung eines Helfers oder Lehrers frei im Gelände fahren. Für Ludwig bestanden durch seine Gleichgewichtsstörungen erhebliche Probleme. So konnte er z. B. die kurzen Skier für die Füße nicht benutzen. Auch das Liftfahren stellt für ihn eine unüberwindbare Schwierigkeit dar, deshalb schob er unermüdlich ein ums andere Mal seinen Skibob den Berg hinauf. Er wollte auf einem relativ flachen Stück des Hanges ausprobieren, welche Möglichkeiten für ihn bestanden, den Skibob zu lenken.

Nach vielen anstrengenden Versuchen gab er sich dann doch geschlagen und stieg vom Skibob auf den Skischlitten um, bzw. beschäftigte sich mit wachsender Begeisterung mit einem kleinen Plastikbob. Auch für Christian S. war ursprünglich der Skibob vorgesehen, doch hier mußten wir gleich zu Anfang erkennen, daß dies nicht machbar war.

6.3 Skischlitten

Wie in der Kurzbeschreibung bereits erwähnt, besteht der Skischlitten aus einem Sitzgestell, das, je nach Art der Lähmung oder Länge der Beine den individuellen Gegebenheiten angepaßt werden kann. Dieses Gestell ist auf Spezialskiern befestigt, die mit Hilfe von Hebeln, von denen jeweils einer an jedem Ski angebracht ist, auf die Innenkante gestellt werden können. So erfolgt durch das Aufkanten des rechten Skis eine Richtungsänderung nach links. In unmittelbarer Nähe der Steuerhebel liegen die beiden Bremshebel, mit denen das Gerät verhältnismäßig schnell zum Halten gebracht werden kann. Der Ski-

schlitten eignet sich nicht zum Befahren von steilen, schmalen oder vereisten Hängen. Unser relativ flacher Übungshang von ungefähr 300 m Länge erwies sich dahingehend als ideal. Bevor es richtig losging, mußten die Helfer selbst einige Probefahrten durchführen. Danach wurden die ersten vier Schüler in die Schlitten gesetzt und mit der Funktion der Hebel vertrautgemacht. Zunächst wurde auf Kommando im stehenden Schlitten geübt, anschließend wurden sie von den Helfern ein Stück den Berg hinaufgeschoben, um in langsamer Fahrt das bereits Erlernte anzuwenden. Jedem Schlitten war ein ,,Bremser" zugeteilt. Dieser hatte einmal die Aufgabe, dem Schüler durch Kommandos die Bedienung der Hebel anzusagen und zum zweiten, mittels einer hinten am Schlitten befestigten Leine, die Geschwindigkeit des Gefährts zu kontrollieren. Der Bremser hatte zu diesem Zweck die Schnur fest in beiden Händen und fuhr in ca. 2—3 m Abstand im ,,Pflug" hinterher. Nachdem die ersten Fahrten sich als voller Erfolg erwiesen, konnten wir das Abenteuer einer Liftfahrt wagen. Der Liftbügel wird an einer speziellen Vorrichtung des Schlittens eingehängt. Nach problemloser Beförderung erfolgt das Aushängen des Bügels am Liftende entweder durch den Fahrer selbst oder durch einen Betreuer. Nach einigen Durch-

gängen gab es einen Gruppenwechsel, damit auch die anderen vier Schüler am ersten Vormittag in den Genuß des Skischlittenfahrens kommen konnten. Bereits bei den Vorübungen im Stand war deutlich zu erkennen, daß Christian L., Anita und Michael aufgrund ihrer Behinderungen nicht in der Lage sein würden, den Schlitten selbständig und alleine zu fahren. Bei Christian und Anita müßten die Steuerhebel so umgebaut werden, daß sie eine Seite normal mit der Hand und die andere Seite mit dem Fuß bedienen können. In der kurzen Zeit, die uns zur Verfügung stand, war dies allerdings nicht möglich. Die beiden mußten sich damit begnügen, ihre Fahrten immer zusammen mit einem Bremser zu absolvieren.

Eugen, Andreas, Sigrid, Christian S. und Robert waren nach einigen „Fahrstunden" soweit selbständig, daß der Bremser nur noch zur Sicherung mit durchhängender Leine hinterherfahren mußte. Die letzten Tage durften sie dann völlig alleine fahren.

Mit Michael hatten wir wegen der Schwere seiner Behinderung mit größeren Problemen zu kämpfen. Zunächst mußten wir ihn in mehreren Gesprächen davon überzeugen, überhaupt einen Versuch zu wagen und sich in so ein „Höllengefährt" zu setzen. Die ersten Fahrversuche sollten Michael das Erlebnis des Gleitens vermitteln, zu diesem Zweck wurde er von Helfern den Berg hinaufgeschoben und im Schrittempo in Geradeaus-Fahrt hinuntergebremst. Da er die Steuerhebel nicht selbst bedienen konnte, mußte später ein Skifahrer in gebückter Haltung hinter ihm fahren und diese Tätigkeit ausführen. Um absolute Sicherheit zu gewährleisten, wurde der Schlitten zusätzlich von einem zweiten Helfer gebremst. Nach einigen Fahrten fand Michael großen Gefallen an der Sache und wollte gerne einmal den ganzen Hang hinunterfahren. Da es zu anstrengend war, ihn den gesamten Berg hochzuschieben, wurden Überlegungen angestellt, wie man mit ihm Liftfahren könnte. Die Schwierigkeit lag darin, daß er durch seine Behinderung nur mit angezogenen Beinen im Skischlitten sitzen konnte und der Liftbügel dadurch nicht an der dafür vorgesehenen Einrichtung eingehängt werden konnte. Die Lösung war ganz einfach, vorne am Schlitten wurde eine Reepschnur befestigt, die ein Skifahrer neben sich am Schleppliftbügel einhängen konnte. Unter dem Beifall der Mitschüler trat Michael zu der ersten Liftfahrt seines Lebens an. Weil die obere Hälfte des Hanges eine zu große Steigung aufwies, konnten wir den Lift nur auf der halben Strecke nutzen. Speziell für Michael wurde der Lift daher an dieser Ausstiegsstelle angehalten. Um jegliches Risiko zu vermeiden, hatten sich hier alle verfügbaren Helfer eingefunden. Mit seinen beiden Betreuern am Schlitten und unter „Begleitschutz" aller anderen Skifahrer wurde Michael zum ersten Mal den gesamten Hang hinunterchauffiert. Sein strahlendes Gesicht ließ erkennen, daß es ihm Riesenspaß bereitete.

6.4 Langlaufschlitten

Allen Schülern war freigestellt, den Langlaufschlitten auszuprobieren. Durch eigene Versuche konnten wir feststellen, daß ein erheblicher Kraftaufwand not-

wendig ist, um auf ebener Strecke vorwärtszukommen, Geländeunebenheiten können nur von gut Trainierten bewältigt werden. Wie erwartet, kamen Paraplegiker, wie Alexander F. und Andreas auf Anhieb mit dem Gerät zurecht, sie brachten die Kraft und Beweglichkeit mit, den Schlitten vorwärtszuschieben und um die Kurve zu steuern. Bei einseitig verstärkten Behinderungen, wie sie bei Christian L., Christian S., Ludwig oder Anita auftreten, bereitete es große Schwierigkeiten den LL-Schlitten geradeaus fortzubewegen. Ein zusätzliches Handicap waren die Stöcke, die wir nur in einer Länge zur Verfügung hatten. Üblicherweise sind sie der Körpergröße bzw. der Armlänge des Betreffenden angepaßt.

7. Auswertung

7.1 Dritte Ebene des Modells: Auswirkungen

Im Laufe der Woche, konnten bei allen Teilnehmern gute Fortschritte erzielt werden und den letzten Skikurs-Nachmittag verbrachte die gesamte Gruppe im Skigelände. Nun hatten auch die Langläufer die Möglichkeit, zu sehen und auszuprobieren, was die Rollstuhlfahrer die ganze Zeit über betrieben hatten. Mit viel Begeisterung wurden alle Geräte in Beschlag genommen und die Rollis hatten Gelegenheit, ihr Können zu demonstrieren und weiterzugeben. Auch der Autoschlauch wurde unermüdlich immer wieder den Berg hinaufgetragen oder von einem Helfer mit dem Lift hochtransportiert. Der Holzschlitten und der Plastikbob waren ebenfalls in ständigem Einsatz. Mit großem Bedauern wurde das Ende des Liftbetriebs aufgenommen und nur der Hinweis, daß ja noch Sportmöglichkeiten in der Turn- und Tischtennishalle bestehen, konnte die Stimmung wieder aufbessern.

Von den meisten Teilnehmern wurde das Freizeitprogramm im Sport- und Jugendferiendorf mit viel Interesse angenommen.

So konnten wir in der Turnhalle einige Male Rollstuhl-Basketball spielen und durch die mitgebrachten Sport-Rollstühle war es auch für Nichtbehinderte aus den eigenen Reihen, bzw. Teilnehmern aus anderen Gruppen möglich, sich im sportlichen Wettkampf zu messen. In der Tischtennishalle, die den ganzen Tag über zur freien Verfügung stand, wurden viele Kontakte zu Jugendlichen anderer Schulen geknüpft. Ebenso natürlich an den Disco- und Quizabenden, die vom Feriendorf für alle Teilnehmer angeboten wurden.

Unser Programm führte uns auch nach Ruhpolding ins Wellenbad, zu einem Tagesausflug nach Berchtesgaden und an den Königssee zur Bob- und Rodelbahn.

Am letzten Abend fand sich die gesamte Gruppe, einschließlich Helfer und Studenten, zu einem Abschlußgespräch zusammen. Jeder sollte die Möglichkeit haben, seine Eindrücke und Erfahrungen der vergangenen Woche zu schildern. Den Aussagen der Schüler war zu entnehmen, daß diese Maßnahme allen großen Spaß bereitet hatte, daß sie viele positive Eindrücke vom Wintersport mit nach Hause nehmen konnten und, daß sie meist gute Erfahrungen im Umgang mit Nichtbehinderten gemacht hatten. Bemängelt wurde, daß diese Woche eigentlich viel zu schnell verging. Im einzelnen wurden die Ergebnisse mit den verschiedenen Sportgeräten angesprochen und die Freude über die erreichten Leistungen zum Ausdruck gebracht. Deutlich wurde auch, daß sich sowohl der einzelne Schüler, als auch die Klassengemeinschaft durch und mit Sport erheblich verändern kann, zu diesem Resultat kam die begleitende

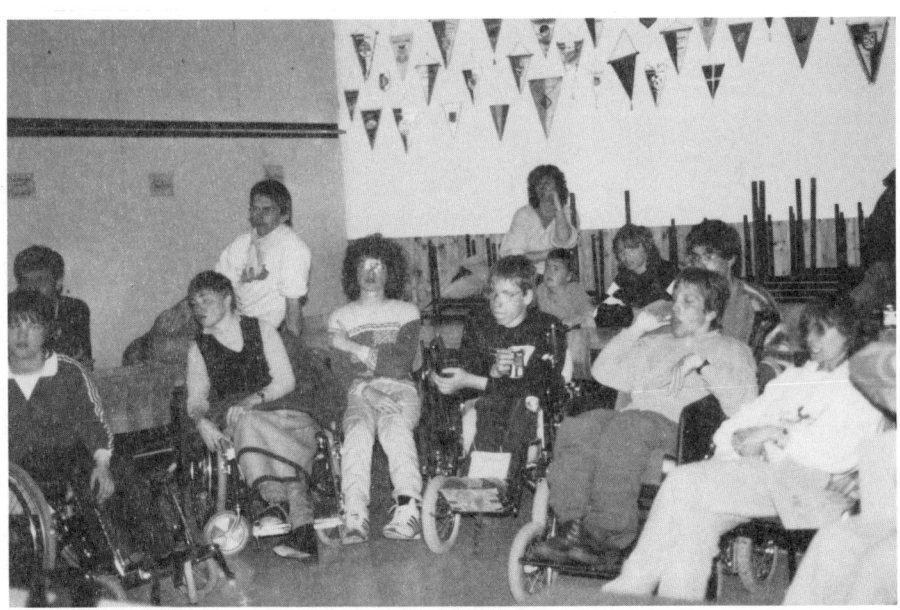

Klassenlehrkraft. Die gesamte Gruppe war sich einig, daß ein großer Teil des Erfolges in einer harmonischen Zusammenarbeit untereinander und in einer vielseitigen Programmgestaltung zu suchen ist.

Für die beteiligten Sportstudenten gab es in dieser Woche viele Möglichkeiten, wertvolle Erfahrungen für das Studium und im Umgang mit Behinderten zu sammeln.

Natürlich wurde auch Kritik geübt, doch im Vergleich zu den vielen positiven Äußerungen nimmt sie sich gering aus. Hauptpunkt war das Verhalten einiger Lehrer von anderen Schulen, die, im Gegensatz zu ihren Schülern, oft große Probleme hatten, unbefangen auf Behinderte zuzugehen. Ein weiterer Punkt galt der Einrichtung selbst. Die vorhandenen Blockhäuser könnten mit relativ geringen Mitteln noch behindertenfreundlicher gestaltet werden. Zwischenzeitlich wurden zwei rollstuhlgerechte Blockhäuser errichtet.

Im ganzen gesehen, war dieser Modellversuch ein großer Erfolg, der nachhaltige Wirkung auf einzelne Schüler und ihre Eltern ausübte. So haben sich einige entschlossen, Wintersport auch privat zu betreiben und sich die entsprechende Ausrüstung angeschafft.

Bei der Vorführung des Videofilms, der anläßlich dieser Woche angefertigt wurde, konnten sich Vertreter des Kultusministeriums und der Schule sowie die Eltern der Teilnehmer davon überzeugen, daß eine Fortführung des ,,Modells Wintersport" angebracht ist. Sie gaben ihre Zustimmung für eine weitere Maßnahme.

ROBER STRAUB

Wintersport mit Schwerstgehbehinderten

1. Vorbemerkungen

Zunächst ist der Begriff „Schwerst-Gehbehinderte", wie er in dieser Arbeit aufgefaßt wird, zu klären. Im Zusammenhang mit dem Thema Wintersport, sind darunter alle jene Personen zu verstehen, die sich entweder nur im Rollstuhl oder mit zwei Oberschenkelprothesen vorwärts bewegen können. Dazu kommen noch einige Schadensbilder wie Ober- und zusätzlich Unterschenkelamputierte und all jene, die aufgrund ihrer Behinderung weder Ski noch Skibob fahren können. Ihnen stehen, je nach Schadensbild, vier Wintersportgeräte zur Verfügung:

A. Der Skischlitten
B. Der Monoski
C. Der Langlaufschlitten
D. Der Eisschlitten

2. Der Skischlitten

Dieses Gerät kann von sehenden Behinderten benützt werden, deren beide Arme funktionstüchtig sind. Einschränkungen sind bei spastisch Gelähmten vorzunehmen, weil bei ihnen manchmal die Gewähr des sicheren Handhabens

der Hebel nicht unter allen Umständen gegeben ist. Das Gerät wird mit Hilfe von Hebeln, von denen jeweils einer an jedem Ski angebracht ist, in der Weise gesteuert, daß zum Beispiel bei einem Rechtsbogen der linke Ski durch Hebelzug oder -druck auf die Innenkante gestellt wird. Querschnittgelähmte benützen im allgemeinen lieber die Ausführung mit Hebeldruck, alle anderen arbeiten mit Hebelzug.

In unmittelbarer Nähe der Hebel zum Aufkanten der Ski liegen die beiden Bremshebel, mit deren Hilfe das Gerät verhältnismäßig schnell zum Halten gebracht werden kann.

Der Sitz und die Lehne werden je nach Art der Lähmung, Länge der Beine bzw. Prothesen den individuellen Gegebenheiten angepaßt.

Für zusätzlich an einem Arm Behinderte (Amputation, Lähmung etc.) kann die Betätigung eines Hebels bei entsprechender Anordnung auch vom funktionstüchtigen Bein übernommen werden.

Die technische Entwicklung des Skischlittens ist noch nicht abgeschlossen. Das Steuern des Gerätes könnte, bei entsprechender Technik, besser von *einem* Hebel aus bewerkstelligt werden. Darüber hinaus wäre es möglich Bremsen anzubringen, die immer dann automatisch eingreifen, wenn der Behinderte, aus welchen Gründen auch immer, untätig wird.

Der Skischlitten eignet sich zum Befahren nicht allzu steiler und nicht zu schmaler Hänge und ist dort dem Skibob nahezu ebenbürtig. Er ist steilen, vereisten Buckelpisten nicht gewachsen und aufgrund seiner Wirkungsweise für Schrägfahrten an steilen Hängen mit harter Schneeunterlage nicht verwendbar.

Da die Beweglichkeit der Wirbelsäule bei Rollstuhlfahrern sehr unterschiedlich beeinträchtigt ist, spielt die Wahl des richtigen Geräts eine entscheidende Rolle. So müssen die Hebel aus dem Strecksitz gut zu erreichen und zu bedienen sein. Der Rumpf muß durch höhere oder niedrigere Lehnen ausreichende Stütze, aber auch genügend Beweglichkeit erhalten. Erproben des Gerätes auf ebener Unterlage führt zu erster Gewöhnung an seine Besonderheiten.

Als Zubehör werden kurze Skistöcke verwendet, mit deren Hilfe kürzere Flachstrecken ohne Fremdhilfe überwunden werden können.

Der Lehrweg

1. Lernschritt: In völlig ebenem Gelände erfolgen die für das Steuern des Skischlittens entscheidenden Bewegungen. Auf Zuruf betätigt der Schüler wechselweise die beiden Steuerhebel. Nach einigen Versuchen wird diese Tätigkeit als Reaktionsübung ausgeführt, indem man, ohne festgelegte Reihenfolge die Hebel auf Zuruf bedienen läßt.

Übungsabsicht:
Erlernen der für das Steuern erforderlichen Bewegungen bis zu ihrer Automatisierung.

2. Lernschritt: Aus gleicher Situation heraus wird das Bedienen der Bremshebel erlernt. Auch hier erfolgt der Wechsel der Tätigkeiten steuern—bremsen auf Zuruf, zuerst in bestimmter Reihenfolge, dann unregelmäßig und schließlich in schnellem Wechsel als Reaktionsschulung.

Automatisieren der für das Steuern und Bremsen wichtigen Bewegungen.

Nach diesen Vorbereitungen erfolgen die ersten Fahrversuche auf flachem Hang.

Übungsanordnung: Am hinteren Ende des Schlittens wird eine reißfeste etwa vier Meter lange Leine (Reepschnur) befestigt. Das andere Ende hat ein Helfer auf Skiern in der Hand, der so das Fahrverhalten des Schlittenfahrers unter absoluter Kontrolle hat.

3. Lernschritt: Auf Zuruf des Helfers „rechts" (links) betätigt der Schüler die Hebel für die Steuerung und erreicht damit die beabsichtigten Richtungsänderungen.

Erfahren der Wirkung der Steuertätigkeiten bei langsamer Fahrt und absoluter Sicherung durch den Helfer.

An der Liftstation muß der Skischlittenfahrer den Doppelbügel am Schlitten einhängen, an der Bergstation angekommen, muß er ihn wieder aushängen.

Um diese Tätigkeiten zu erlernen sind einige Vorübungen nötig. Dazu wird ein Ersatzbügel benötigt, wie er an jedem Schlepplift in mehreren Exemplaren zur Verfügung steht.

4. Lernschritt: Der Helfer reicht dem Schüler den Doppelbügel so zu, wie das an der Talstation geschieht. Der Bügel wird erfaßt und am Skischlitten eingehängt. Anschließend muß er, gegen den Zug des Helfers ausgehängt werden.

Gewöhnen an die Situation des Ein- und Aushängens beim Fahren mit dem Schlepplift.

5. Lernschritt: Liftfahren und Abfahren, wobei der Helfer alle Richtungsänderungen durch Zuruf steuert und den Übenden durch geschickte Anweisungen an entsprechende Geländehilfen heranführt.

Abgesichert durch den Helfer, erfährt der Schüler die Wirkungsweise der Steuer- und Bremshebel und erprobt die Hilfen die das Gelände bietet.

6. Lernschritt: Fahrten ohne Zurufe, aber weiterhin mit Absicherung durch den Helfer.

Fahrten nach eigener Vorstellung, auf der selbstgewählten Strecke unter Anwendung der erlernten Techniken.

7. Lernschritt: Freies Fahren auf bekanntem, flachem, übersichtlichem Hang ohne Sicherung durch den Helfer. Dabei sollen auf vorgegebener Strecke möglichst viele Bogen gefahren werden.

Erleben des freien Fahrens nach eigenen Vorstellungen, unabhängig von Fremdhilfen.

8. Lernschritt: Fahren in schwierigem, unbekanntem Gelände mit Sicherung und Anweisungen durch den Helfer (wie unter 3). Häufiger Wechsel zwischen Bogenfahren und raschem intensivem Bremsen.

9. Lernschritt: Freies Fahren mit allmählicher Steigerung der Schwierigkeiten hinsichtlich Strecke und Tempo.

Erproben der Fertigkeit und der Reaktion in schwierigem Gelände. Feststellen des erforderlichen Krafteinsatzes bei Richtungsänderungen am steilen Hang in beherrschter Fahrt.

Anwenden des Gelernten bei freier Fahrt in schwierigem Gelände unter Rücksichtnahme auf andere Wintersportler.

Das Fahren durch Tore erfordert sicheres Beherrschen und Ausnützen der Möglichkeiten des Gerätes, schafft besonders bei Kindern und Jugendlichen die notwendige Motivation zum Weiterüben in der Vorbereitung auf Wettbewerbe.

10. Lernschritt: Die Tore werden so angeordnet, daß Richtungsänderungen mit kleinstmöglichem Radius notwendig werden. Diese Aufgabe kann dadurch gelöst werden, daß gleichzeitig mit dem Aufkanten des Ski auf der Gegenseite die Bremse vorsichtig und gefühlvoll betätigt wird.

Feststellen wie der Skischlitten auf die Tätigkeiten mit Ski- und Bremse reagiert. Entwickeln des Gefühls für das erforderliche Tempo beim gleichzeitigen Einsatz von Steuerung und Bremse, die hier als Steuerungshilfe eingesetzt wird.

Der Torlauf als Wettbewerb steht am Abschluß des Lernvorgangs. Er soll als hochmotivierendes Ziel bei Kindern und Jugendlichen sobald wie möglich in das Ausbildungsprogramm einbezogen werden.

3. Der Monoski

Der Personenkreis: Der Monoski in beiden Ausführungen ist für schwerst-
Gehbehinderte gedacht, deren Beine teilweise funktionstüchtig, aber zum Diri-
gieren der Ski oder des Skibobs unfähig sind. Das Grundmodell wird hergestellt für Doppel-Oberschenkelamputierte, die ohne Prothesen fahren. Das
modifizierte Modell kann sowohl von diesen Doppelamputierten mit Prothesen,
als auch von Behinderten mit inkompletter Beinlähmung benützt werden. Zu
beiden Geräten gehören die entsprechenden Krückenski.

Das Gerät:

1. Ohne Fußstütze. Es besteht aus einem handelsüblichen Kompaktski auf
dem eine 20 bis 25 cm hohe Stütze montiert ist, auf welcher der eigentliche
Schalensitz ruht. Zum Erhalt des Gleichgewichts in langsamer Fahrt oder im
Stand werden die kurzen Krückenski verwendet.

Bei dem weiterentwickelten Modell ruhen die Prothesen bzw. die Beine auf einer Strebe, die von der Skimitte nach vorne führt und an ihrem vorderen Ende
mit einer Auflage für die Füße versehen ist. Auch zu dieser Ausführung gehören
die kurzen Krückenski.

Beide Modelle sind mit einem Zugseil ausgestattet, das an der Lift-Talstation am
Bügel eingehängt, und an der Bergstation mit Hilfe eines Patentöffners vom Bügel gelöst wird.

Die Sitzschale muß nach den persönlichen Maßen (Stumpflänge, Hüftbreite)
angefertigt werden. Bei offenem Sitz und Stützvorrichtung für die Beine bzw.
Prothesen, ist die Beinlänge für das Einstellen der Fußrasten maßgebend. Die

Länge der Krückenski ist in jedem Fall so zu bemessen, daß bei wenig abgewinkelten Armen die Schultern nicht hochgeschoben werden.

Der Monoski ist mit wenigen Ausnahmen nur dort zu verwenden, wo er mit dem Schlepplift befördert werden kann. Mit Ausnahme von sehr tiefem Lockerschnee ist er auf allen Abfahrten, die keine längeren ebenen Passagen aufweisen, ein volltaugliches Wintersportgerät.

Der Lehrweg

1. Lernschritt: Die Gewöhnung an das Gerät und die Krückenski erfolgt auf leicht geneigtem Hang ohne größere Unebenheiten.

Erproben der Stützhilfen und Versuch mit ihrer Hilfe bei langsamer Fahrt das Gleichgewicht zu halten.

2. Lernschritt: Bei mäßigem Tempo nach der Talseite umfallen. In Rückenlage den Ski so über den Körper schwingen, daß er im rechten Winkel zur Fallinie aufkommt. Der Körperschwung wird mit Unterstützung durch den bergseitigen Krückenski zum Wiederaufrichten ausgenützt.

Diese Übung steigert die Sicherheit, der Schüler erkennt, daß Stürze mit dem Monoski völlig ungefährlich sind. Diese Übung ist allerdings nur mit dem Modell ohne Fußstützen möglich.

Das Fahren mit dem Schlepplift erfordert gutes Gleichgewichtsempfinden und sicheren Einsatz der Krückenski. Es kann so gut wie gar nicht simuliert oder sonstwie exakt vorbereitet werden. Die ersten Lernschritte dienen der Steigerung der Sicherheit im Umgang mit dem Monoski. Ist sie erreicht, können die ersten Liftfahrten erfolgen.

3. Lernschritt: Beim Überfahren einer Geländekante wird durch leichten Hüftschub talwärts der erste Schwung zum Hang ausgelöst. Aneinanderreihen mehrerer Schwünge zum Hang.

Erfühlen der Wirkung des Hüftschwungs, Erproben der Krückenskihilfe zum Erhalten des Gleichgewichts.

4. Lernschritt: Fahren in einer wenig geneigten „Wanne" mit Richtungsänderungen nach Anfahren der Seitenwand durch mäßiges Talwärtsneigen mit Stütz auf den bogeninneren Krückenski.

Kennenlernen der Geländehilfe des Gegenhanges. Steigerung des Gleichgewichtsempfindens und der Sicherheit in der Verwendung der Krückenski.

Da sich der Monoski in steilerem Gelände mit geringem Kraftaufwand leichter bewegen läßt als auf flachen Hängen, bedeutet dieser Wechsel keine zusätzliche Schwierigkeit.

5. Lernschritt: Befahren wechselnden Geländes mit den erlernten Techniken.

Steigerung der allgemeinen Fahrsicherheit, Anpassen an die Gegebenheiten des Geländes. Motivieren zu weiterem Üben abseits vom Übungshang.

6. Lernschritt: Kurzschwingen. Die tiefe Schwerpunktlage und der verhältnismäßig kurze Ski fördern das Kurzschwingen ganz wesentlich.

Dem eigentlichen Schwung über die Fallinie geht ein kurzer Schwung zum Hang voraus, der zum Aufkanten führt. Daraus wird durch Strecken in der Hüfte der Ski entlastet und durch Hüftdrehen über die Fallinie in die neue Richtung gebracht.

7. Lernschritt: Fahren in ungespurtem Schnee. Hier sind dem Monoski von der Tiefe des lockeren Schnees her Grenzen gesetzt.

Erhöhen der allgemeinen Fahrsicherheit und -geschicklichkeit. Anregen zum Fahren in immer schwierigerem Gelände. Vorbereiten des Fahrens durch Tore und auf der Buckelpiste.

Freimachen von gewalzten und gepflegten Pisten. Hinführen zum Fahren nach eigenen Vorstellungen.

8. Lernschritt: Befahren von Buckelpisten. Nach dem Erlernen des Kurzschwingens und dem Sammeln von Erfahrungen im Gelände, bereitet das Befahren von Buckelpisten keine besonderen Schwierigkeiten. Der in den Mulden zwischen den Buckeln meist vorhandene Lockerschnee erleichtert das Befahren auch dieser Strecken ganz erheblich. Der behutsame Einsatz der Krückenski ist hier ausschlaggebend.

Vermitteln der Fertigkeit in schwierigem Gelände sicher abzufahren. Hinführen zu freiem Fahren auf allen Pisten und im Gelände.

Mit dem Fahren in ungespurtem Schnee und auf Buckelpisten ist die Grundausbildung des Monoskifahrers abgeschlossen. Beide Techniken ermöglichen es ihm, unabhängig von Begleitpersonen und Helfern, nach eigener, selbständiger Entscheidung, nahezu alle Abfahrten zu benützen, und das in einer Weise, in der er sich mit Nichtbehinderten messen kann.

Es ist naheliegend, daß besonders Kinder und Jugendliche, nachdem sie eine gewisse Fertigkeit erlangt haben, ihr neu erworbenes Können im Leistungsvergleich erproben möchten. Das muß nicht immer nur mit Behinderten der gleichen Schadensklasse geschehen. Krückenskifahrer, Einstockfahrer aber auch Skibobfahrer kommen als mögliche Konkurrenten, vor allem beim Slalom in Frage. Hier bewährt sich der kurze Ski und die tiefe Schwerpunktlage der Monoskifahrer. Im Riesenslalom wirken sich diese Vorteile nicht in gleichem Maße aus. Das im allgemeinen geringere Gewicht kann nur durch extrem genaues Fahren und durch optimal gewachste Ski und Krückenski, die möglichst wenig aufgesetzt werden, einen gewissen Ausgleich erfahren.

Skischlitten- und Monoskifahrer sind, bedingt durch ihre Behinderung und der damit verbundenen relativ geringen Beweglichkeit, Kälteeinwirkungen stärker ausgesetzt als die übrigen Wintersportler. Die bestmögliche Kleidung ist für sie daher erste Voraussetzung zur Ausübung ihres Wintersports.

Liftanzüge, deren Hosen über die Hüfte reichen und sogenannte Moonboots, sehr warme Handschuhe, Wollmütze und warme, wollene Unterwäsche, sind unerläßliche Requisiten des schwerst-gehbehinderten Wintersportlers.

Das Bewußtsein, auch im Winter frei von allen Reglementierungen, selbst über die Art der Sportausübung bestimmen zu können, weckt und hebt Selbstvertrauen und Selbstsicherheit. Die rehabilitative Wirkung dieser beiden Persönlichkeitswerte ist unbestritten. Auf Übungshängen, an Liften, beim Befahren von Pisten, erlebt der Behinderte Situationen, in denen er häufig Nichtbehinderten gleichwertig, wenn nicht sogar überlegen ist. Dies schafft gute Voraussetzungen für Kontaktaufnahme, Gespräche und gemeinsame Unternehmungen. Die in Urlaubstagen gelösere Lebenseinstellung erleichtert Integrationsvorgänge, die über die kurzen Urlaubswochen hinauswirken.

Dem körperlich behinderten Jugendlichen, der sein Wintersportgerät perfekt beherrscht, stehen nahezu alle Möglichkeiten offen, im Kreise seiner Gefährten, aber auch außerhalb dieses Kreises, mit der Familie, mit Freunden oder mit der Klasse Wintersportfreizeit zu nützen und zu erleben. Das Wissen, Sportaktivitäten zur Verfügung zu haben, die ihn abseits von künstlichen, vorprogrammierten Handlungsfeldern die eigenständige Auseinandersetzungen mit den von der Umwelt gegebenen Aktionsbereichen ermöglichen, steigern die freudige Urlaubserwartung zu einem sonst kaum zu erlebenden Hochgefühl, Wintersport für Schwerst-Gehbehinderte ist ein in seiner motivierenden Wirkung kaum zu übertreffendes motorisches Umweltangebot.

4. Literatur

CRATTY, BRYANT, J.: Motorisches Lernen und Bewegungsverhalten. Frankfurt 1975.

EGGERT, D., KIPHARD, E. J.: Die Bedeutung der Motorik für die Entwicklung normaler und behinderter Kinder. Schorndorf 1976.

FOMIN, N. A., FILMIN, W. F.: Altersspezifische Grundlagen der körperlichen Erziehung. Schorndorf 1975.

FRÖHLICH, A., TUCKERMANN, U.: Schwerst-Behinderte. Rheinstetten 1977.

GILL, K.: Möglichkeiten des Sports bei der Rehabilitation Körperbehinderter. Rheinstetten 1975.

GRÖSSING, S.: Einführung in die Sportdidaktik. Frankfurt 1988[5].

GRÖSSING, S.: Spektrum der Sportdidaktik. Bad Homburg v. d. H. 1979.

KIPHARD, E. J., HUPPERTZ, H.: Erziehung durch Bewegung. Bonn-Bad Godesberg 1968.

KIPHARD, E. J.: ,,Der bewegungsbeeinträchtigte Mensch." In: ,,Die menschliche Bewegung." Schorndorf 1975.

SCHMITZ, J. N.: Bewegungslernen im Sportunterricht. Schorndorf 1977.

SEYBOLD, A.: Die Leibeserziehung als Unterrichtsfach und Erziehungsaufgabe. Donauwörth 1951.

SEYBOLD, A.: Pädagogische Prinzipien in der Leibeserziehung. Schorndorf 1969.

STOCKSMEIER, U.: Therapie Kompass. Köln-Lövenich 1978.

Horst Rusch

Wettkämpfe im Bereich des Behindertensports

1. Vorbemerkungen

„Wettkampfsport ist eine mit dem Ziel des Leistungsvergleichs durchgeführte Form des Sporttreibens. Das Kriterium des Leistungsvergleichs erfordert eine Normierung von Sportstätten und Sportgeräten und das Vorhandensein von quantitativen Vergleichsverfahren. Wettkampfsport ist Leistungssport, da der Leistungsvergleich eine unter dem Einsatz des Leistungswillens bzw. des Wetteifers zustande gekommene Leistung inpliziert (Röthig 1983[5]). Wie sinnvoll es ist, Sportwettkämpfe für Behinderte durchzuführen, wird häufig und konträr diskutiert. Von der einen Seite werden Leistung und Wettkampf abgelehnt, weil sie Konkurrenz erzeugen, von der anderen Seite in den Himmel gehoben, weil sie als wichtigste Eigenschaft einer Leistungsgesellschaft angesehen werden. So lehnt Bloss (1978) das Leistungs- und Konkurrenzprinzip im Behindertensport ab und hebt als Zielsetzungen vornehmlich medizinische, gesundheitliche, psychomotorische und sozial-integrative Aspekte heraus. Obwohl die Gefahr besteht, daß Leistungsstreben um jeden Preis im Behindertensport zu negativen Auswüchsen (Überbelastung, Doping) wie auch im Sport mit Nichtbehinderten führen kann, sollen wichtige Argumente für einen Leistungssport behinderter Sportler unter Berücksichtigung gesundheitlicher Aspekte und der Entscheidungsfreiheit der behinderten Sportler nach Spranger (1987) genannt werden:

1. Wenn Leistungssport allgemein in unserem Volk anerkannt und gefördert wird, dann haben die Behindertensportler ebenso das Recht, Leistungs- und Wettkampfsport auszuüben. Die Leitidee — Sport für alle — bedeutet die Verpflichtung, die Vielfalt unseres Volkes zum Maßstab für die entsprechende Vielfalt auch im Sport zu machen. Andernfalls werden die Grundsätze der Gleichberechtigung und der gesellschaftlichen Integration mißachtet.

2. Der Leistungssport bietet dem behinderten Sportler die Chance, sich trotz eines körperlichen Schadens im sportlichen Wettkampf zu messen. Der Leistungsvergleich mit gleichbehinderten Sportlern gibt ihm die Möglichkeit zu einem Wettkampf unter gleichen Bedingungen. Der Sportler tritt zum Wettbewerb mit der Chance an, erfolgreich zu sein. Erfolge im Leistungssport beflügeln Hoffnungen und Optimismus und lassen Zweifel und Skepsis eher vergessen. Andererseits kann das im Wettkampf angelegte Erlebnis von Mißerfolgen helfen, Enttäuschungen zu ertragen. Der behinderte Leistungssportler kann von diesen psychischen Lernvorgängen nur profitieren.

3. Die schadensgerechte Bewertung einer sportlichen Leistung im Wettkampf führt bei behinderten Leistungssportlern zu einer kritischen und wirklichkeitsnahen Einstellung zu den persönlichen Leistungen. Dies wird ihm auch

im Alltag, in der Schule, im Berufsleben abverlangt. Er kann Überkompensation vermeiden und seine Leistung richtig einschätzen lernen.

4. Der Leistungssport Behinderter bringt — wie auch beim Nichtbehindertensport — Persönlichkeiten hervor, die mit ihren herausragenden Leistungen, ihrer Einstellung zum Sport und zum Leben wichtige Vorbildfunktionen für andere erfüllen. Es ist immer wieder zu beobachten, daß leistungsstarke Sportler steter Ansporn für die anderen sind, ähnlich zielgerichtet an sich zu arbeiten. Der Leistungssport vermittelt dem Breitensport wichtige Impulse. Dies gilt auch für Trainingsmethoden und Sportgeräte.

5. Der Leistungssport bringt eine Erweiterung der sozialen Kontakte für den behinderten Sportler. Training und Wettkämpfe führen zu vielfältigen Begegnungen und Freundschaften, die die soziale Mobilität des behinderten Sportlers erhöhen. Nationale und internationale Wettkämpfe führen in andere Städte und Länder. Der behinderte Sportler lernt im Gegensatz zu seinem sonst eher begrenzten Aktionsradius eine neue Umwelt kennen und verbessert seine geistige Mobilität.

6. Der behinderte Sportler dokumentiert mit seinem Wunsch und seinem Willen zum Leistungssport, daß er in der Gesellschaft nicht abseits stehen will. Er will seine Leistungsfähigkeit, seine Leistungsbereitschaft zeigen. Er will die Leistungsnormen der Gesellschaft annehmen, um zu zeigen, daß er zu adäquaten Leistungen in der Lage sein kann und gleichberechtigter Mitgestalter dieser Gesellschaft ist. Die Behindertensportler der Bundesrepublik Deutschland gehören zu den erfolgreichsten Behindertensportlern in der Welt. Sie haben durch ihren herausragenden Leistungsstand und ihren weit entwickelten Organisationsgrad beträchtlichen Verdienst an dem hohen Ansehen, das der Behindertensport unseres Landes im Ausland genießt.

Entscheidungsfaktoren für einen Wettkampf- oder Breitensport sind neben der persönlichen Einstellung der Behinderten, die örtlichen Gegebenheiten, die Art und Schwere der Behinderung, das Alter der Behinderten, die Einstellung und besonders die fachliche Kompetenz der betreuenden Übungsleiter. Natürlich wird im Sport und Sportunterricht mit körperbehinderten Kindern der Spaß an der eigenen körperlichen Aktivität im Vordergrund stehen. Sportunterricht sollte in diesem Alter vor allem als psychisches und soziales Handlungsfeld verstanden werden (LÄMMEL 1981). Bewegungsübungen und Spiele motivieren in dieser Altersstufe zu einer intensiveren Teilnahme am Sport.

Die Auseinandersetzung mit sich selbst, mit den Gruppenmitgliedern, mit unterschiedlichen Geräten, mit hohem Aufforderungscharakter, mit den verschiedenen Elementen hat aber auch unbestritten Auswirkungen auf die von Vertretern einer kommunikationstheoretischen Sportdidaktik oft geschmähte Verbesserung der körperlichen Leistungsfähigkeit. Sportlehrern und Übungsleitern mit langjähriger Erfahrung im Sportunterricht mit körperbehinderten Kindern und Jugendlichen ist bekannt, daß der natürliche Wetteifer bei behinderten Kindern genauso entwickelt ist, wie bei nichtbehinderten. Werden keine Wettkampfsituationen angeboten, dann schaffen sich behinderte Kinder diese Konkurrenzsituationen selbst. Deshalb scheint es eine wichtige Aufgabe für den Sportpädagogen zu sein, phantasievolle und pädagogische Wettkampfsituationen zu organisieren.

Mit zunehmendem Alter der Behinderten wird im Sportunterricht naturgemäß die Vermittlung von sportmotorischen Fertigkeiten und Techniken unter Berücksichtigung präventiver Zielsetzungen in den Vordergrund rücken. Das Vorgehen in kleinsten Lernschritten, wiederholtes umfangreiches Grundlagentraining, die Schaffung von Kooperationssituationen und die verbale positive Verstärkung durch den Sportlehrer und Übungsleiter, trägt zur Stabilisierung des individuellen und gemeinschaftsbezogenen Selbstbewußtseins bei. Bewegungsunsicherheiten werden zugunsten einer Harmonisierung der Motorik der Körperbehinderten abgebaut (DORDEL 1981). Die Angst vor Mißerfolgserlebnissen weicht. Das Erkennen der eigenen körperlichen Leistungsfähigkeit motiviert dazu, das eigene Leistungsoptimum zu trainieren und vielleicht sich an Behindertensportwettkämpfen teilzunehmen.

2. Probleme der Leistungsbewertung

Die Vielfalt der möglichen und miteinander kaum zu vergleichenden Behinderungsarten bringt mit sich, daß Bewegungsaufgaben in Qualität und Quantität von den Betroffenen nur recht unterschiedlich gelöst werden können. Mit Hilfe sogenannter Lernzielkontrollen kann im Sportunterricht der individuelle (intrapersonelle) Leistungsfortschritt der körperbehinderten Schüler aufgezeigt werden. Die Durchführung von Lernzielkontrollen ist für den Schüler ebenso wichtig wie für den Sportpädagogen. So wird ersterer durch das Aufzeigen von Lernfortschritten mehr Freude und Spaß an der sportlichen Betätigung bekommen, letzterer kann den Erfolg seiner pädagogischen Bemühungen besser kontrollieren. Gerade für den im Behindertensport tätigen Lehrer und Übungsleiter ist die Zustandsbeurteilung der körperbehinderten Kinder und Jugendlichen ungeheuer notwendig, denn nur durch sie kann der Verlauf der psychomotorischen Entwicklung objektiviert werden. Im Sportunterricht mit körperbehinderten Kindern und Jugendlichen sind Lernzielkontrollen als Einzelwettbewerbe zu verstehen. Ein Vergleich mit anderen Gruppenmitgliedern sollte dabei nicht erfolgen. Nur das eigene Leistungsvermögen bzw. der eigene Leistungsfortschritt wird festgehalten. Das Deutsche Sportabzeichen unter Versehrtenbedingungen, bei dem für insgesamt 32 Schadensklassen schadensklassenspezifische Leistungen erfüllt werden müssen, ist ein gutes Beispiel für die Durchführungsmöglichkeit von Einzelwettbewerben im Behindertensport. Ein wettkampfgemäßer Vergleich mit anderen körperbehinderten Schülern einer Klasse oder eines Behindertensportvereins ist kaum möglich und bedeutet für den schwerer Behinderten andauernden Mißerfolg und Enttäuschung. Der Vergleich ist in den meisten Fällen ungerecht, auch wenn die Wettkämpfer mit ähnlichen Schadensbildern zu sogenannten Schadensklassen zusammengefaßt werden und man so einen relativen Leistungsvergleich herbeizuführen glaubt.

3. Veranstaltungen ohne Siegerermittlung

3.1 Landesjugendsportfest des Bayerischen Behinderten- und Versehrten-Sportverbandes

In Erkenntnis der Problematik des Leistungsvergleichs bei Sportwettkämpfen Behinderter war es zuerst der Bayerische Behinderten- und Versehrten-Sportverband, der 1972 bei seinem ersten Landesjugendsportfest in Kempten auf jeglichen Leistungsvergleich verzichtete und den Teilnehmern, je nach Schadensbild und Trainingszustand, vor allem aber nach Lust und Laune die Auswahl der einzelnen Disziplinen überließ (RUSCH 1971). Jeder Teilnehmer erhielt eine Urkunde, auf der seine persönlichen Leistungen festgehalten wurden. Dem Vergleich mit sich selbst, dem Vergleich mit den Leistungen, die beim Üben im Verein oder in der Schule erzielt wurden, konnte so der Vorrang gegeben werden. Der Vergleich der Wettkampfergebnisse untereinander erfolgte nur verbal, die unterschiedlichen individuellen Ergebnisse der anderen Teilnehmer des Sportfestes wurden anerkannt. Gerade schwerer behinderter Kinder und Jugendliche befürworteten bei Interviews die Grundkonzeption dieser Veranstaltung, deren Ausschreibung an dieser Stelle wiedergegeben wird. Eine Ähnlichkeit mit der Durchführung und Gestaltung eines Spielfestes für und mit Behinderten ist unverkennbar (s. auch Beitrag Spielfest).

Zur Austragung gelangte ein Vierkampf nach eigener Wahl, und zwar aus der Gruppe I eine Übung, aus der Gruppe II zwei Übungen, und aus der Gruppe III eine Übung.

Gruppe I: Lauf oder eine andere Form der Vorwärtsbewegung: 1. 25-m-Freistilschwimmen — 2. 50-m-Lauf (auch für Blinde) — 3. Fußballslalom: 4 Stangen im Abstand von 5 m, hin und zurück — 4. Slalomprellen mit Hohlball — 5. Slalomgehen (für schwer Gehbehinderte; bei Gleichgewichtsstörungen) — 6. Slalomfahren (für Rollstuhlfahrer); 4—6: 10 Stangen im Abstand von 90 cm, hin und zurück.

Gruppe II: Wurf oder Bewegen eines Gegenstandes nach Weite oder Ziel: 1. Speerzielwurf auf Gymnastikreif: Abstand 6 m, 5 Versuche — 2. Basketballzielwurf auf Korb in 2 m Höhe: Abstand 3 m, 5 Versuche — 3. Büchsenwurf auf 6 Büchsen in Pyramidenform: Abstand 3 m, 5 Versuche — 4. Wurfpfeilschießen auf Ringscheibe: Abstand 2,5 m, 5 Versuche — 5. Kegeln mit Medizinball (1,5 kg) auf 5 Kegel: Abstand 5 m, 5 Versuche — 6. Ringtenniswurf auf 1 Stange von 1 m Höhe: Abstand 2 m, 5 Versuche — 7. Medizinballweitwurf mit zwei Händen über den Kopf aus dem Stand: Gewicht 1,5 kg, 3 Versuche — 8. Nockenballweitwurf: Gewicht 400 g, 3 Versuche — 9. Schlagballweitwurf: Gewicht 80 g, 3 Versuche — 10. Kugelstoßen: Gewicht 4 kg, 3 Versuche.

Gruppe III: Sprung oder Bewegen des eigenen Körpers nach Weite, Höhe und Tiefe: 1. Tieftauchen: Wassertiefe 2 m, Gummiring zweimal von der Wasseroberfläche aus nach Zeit — 2. Weittauchen: mit oder ohne Startsprung — 3. Hochsprung — 4. Weitsprung mit Anlauf: 3 Versuche — 5. Weitsprung aus dem Stand: 3 Versuche — 6. Aufsprünge auf den Kasten: 30 cm Höhe, Zeit $1/2$ Minute.

4. Veranstaltungen mit Siegerermittlung

4.1 Schulsportwettbewerbe in Bayern (1988/89)

Das Bayerische Staatsministerium für Unterricht und Kultus, das seit 1977 Landesschulsportfeste für behinderte Schüler durchführt, hatte zuerst das Konzept des Bayerischen Behindertensportverbandes übernommen, jedoch eine Einteilung in Schadensklassen aus organisatorischen Gründen verfügt. In den letzten Jahren werden jedoch in den einzelnen Schadensklassen und Jahrgangsstufen Sieger ermittelt und mit Siegermedaillen ausgezeichnet. Nachfolgend sind das Wettkampfangebot und die Übungsbeschreibungen im Überblick dargestellt.

Mehrkampf für Körperbehinderte

Im Bereich der Körperbehinderten hat die Medizin neun **Schadensklassen** mit entsprechenden Funktionsprofilen erarbeitet. Die Schadensklassen dienen bei den Wettkämpfen für körperbehinderte Schüler als Gruppeneinteilung.

Schadensklasse 1 — Schwerstbehinderte (Elektro-Rollstuhlfahrer)
A — Spastiker, B — Muskeldystrophiker
— Mäßige bis schwere Spastik in allen vier Gliedmaßen.
— Geringe Funktionskraft der oberen Gliedmaßen und des Rumpfes machen im gewöhnlichen Tagesablauf den Gebrauch eines **Elektrorollstuhles** oder persönliche Hilfen erforderlich.
— Diese Behinderten können einen gewöhnlichen Rollstuhl weder mit den Armen noch mit den Beinen fortbewegen.

Schadensklasse 2 — Beidseitig Arm- und Beinbehinderte (Rollstuhlfahrer)
— Mäßige bis schwere Beeinträchtigung aller vier Gliedmaßen.
— Gewöhnlich auf Rollstuhl angewiesen; Gehen ist nicht ohne fremde Hilfe oder nur mit äußerster Schwierigkeit möglich.
— Diese Behinderten haben geringe Funktionskraft und schwere Kontrollprobleme der oberen Gliedmaßen und des Rumpfes.
— Im Bewegungsumfang und Koordination der oberen Gliedmaßen besser als Schadensklasse 1.

Hinweis: Wegen der verschiedenartigen funktionellen Fähigkeiten innerhalb dieser Schadensklasse wurden getrennte Bahn- und Feldsportarten für die oberen und für die unteren Gliedmaßen entwickelt.

Schadensklasse 3 — Beidseitig Beinbehinderte (Rollstuhlfahrer)
A — Spastiker, B — Querschnittsgelähmte
— Gute Funktionskraft und minimale Kontrollprobleme der oberen Gliedmaßen und des Rumpfes (obere Gliedmaßen können überhöhte Reflexe haben).
— Untere Gliedmaßen haben mäßige bis schwere Spastik.

Schadensklasse 4 — Beidseitig Arm- und Beinbehinderte (mit Gehhilfen)
— Eine oder beide unteren Gliedmaßen weisen eine mittlere bis schwere Spastik auf, wodurch Schwierigkeiten beim Gehen verursacht werden.
— Die Behinderten haben gute Funktionskraft und leichte Kontrollprobleme in den oberen Gliedmaßen. Im Falle einer mäßigen Hemiplegie haben ein Arm oder ein Bein gute Funktionskraft, während die befallene Seite überhöhte Reflexe haben kann.
— Sie können beim Gehen Gehhilfen benutzen oder auch nicht und bei manchen Betätigungen des Tagesablaufs den Rollstuhl benötigen.

Hinweis: Als Gehhilfen zählen: Stützgeräte wie Krücken, Gehapparate und Stöcke; Stützkorsette werden nicht als Gehhilfen betrachtet.

Schadensklasse 5 — Beidseitig Arm- und Beinbehinderte (gehfähig ohne Gehhilfen)
— Mäßige bis schwere Kontrollprobleme in allen vier Gliedmaßen.
— Die Behinderten gehen im Ablauf des Tages ohne Gehhilfen.

Hinweis: Der Wettkämpfer kann ein Stützkorsett tragen. Die Behinderten der Schadensklasse 5 haben in den oberen Gliedmaßen mehr Kontrollprobleme als die der Schadensklasse 4.

Schadensklasse 6 — Gehbehinderte
— Mäßige bis schwere Kontrollprobleme in den unteren Gliedmaßen.
— Die Funktionsfähigkeit des Rumpfes und der oberen Gliedmaßen ist nur gering oder gar nicht beeinträchtigt.
— Die Behinderten gehen im Ablauf des Tages ohne Gehhilfen.

Schadensklasse 7 — Einseitig Arm- und Beinbehinderte
— Mäßige Spastik in einer Körperhälfte nur mäßige bis minimale Spastik in allen vier Gliedmaßen.
— Die Behinderten gehen ohne Gehhilfen, aber die Spastik in den unteren Gliedmaßen kann beim Gehen ein Hinken verursachen.
— In der Regel gute Funktionsfähigkeit der nichtbetroffenen Seite des Hemiplegikers.

Schadensklasse 8 — Allgemein- oder Minimalbehinderte (Leichtbehinderte)
— Die motorische Funktionsfähigkeit ist nur gering eingeschränkt.
— Minimale Hemiplegie freies Laufen ohne Hinken (symmetrische Bewegungsabläufe) und freies Springen möglich.
— Der Behinderte kann in seiner vollen Funktion durch eine Koordinationsstörung geringfügig beeinträchtigt sein.

Wettkampfklassen

Wettkampfklasse I	— Jahrgänge 1972 und älter
Wettkampfklasse II	— Jahrgänge 1973 bis 1974
Wettkampfklasse III	— Jahrgänge 1975 und 1976
Wettkampfklasse IV	— Jahrgänge 1977 und 1978

Wettbewerbe

In den angegebenen Schadens- und Wettkampfklassen werden verschiedenen Disziplinen aus dem Bereich der Bahn- und Feldsportarten sowie im Schwimmen angeboten. Dabei werden in den Bahn- und Feldsportarten die Wettkämpfe in Form von **Dreikämpfen** durchgeführt. Im Schwimmen werden Einzelwettkämpfe ausgetragen, wobei jeder Teilnehmer aus den angebotenen Möglichkeiten (Stilart, Streckenlänge) je nach Art der Behinderung und seines Leistungsstandes eine Disziplin auswählen kann.

Meldebogen

Den Meldebogen können Sie dem Heft entnehmen, das jede Schule mit der Broschüre erhalten hat.

Wettkampfangebot

Schadensklasse 1
Wettkampfklassen I, II, III, IV mit dem Elektrorollstuhl
— Keulen umstoßen
— Ball (Ø ca. 50 cm) treiben (mit Ballabweiser)
— 80-m-Hindernisparcours

Schadensklasse 2
a) Rollstuhl mit Armantrieb

Wettkampfklassen I, II, III
— 40-m-Rollstuhlslalom
— 20-m-Rollstuhlschnellfahren
— Volleyball-Zielrollen

Wettkampfklasse IV
— 20-m-Rollstuhlslalom
— 20-m-Rollstuhlschnellfahren
— Volleyball-Zielrollen

— Schwimmen
  25 m Freistil mit Schwimmhilfen
  25 m Freistil ohne Schwimmhilfen

b) Rollstuhl mit Beinantrieb

Wettkampfklassen I, II, III
— 40-m-Rollstuhlslalom
— 60-m-Rollstuhlschnellfahren
— Fußballzielstoßen

Wettkampfklasse IV
— 20-m-Rollstuhlslalom
— 40-m-Rollstuhlschnellfahren
— Fußballzielstoßen

— Schwimmen:
  25 m Freistil mit Schwimmhilfen
  25 m Freistil ohne Schwimmhilfen

Schadensklasse 3
Wettkampfklassen I, II, III, IV

A — Spastiker
— 40-m-Rollstuhlslalom
— 40-m-Rollstuhlschnellfahren
— Basketballzielrollen
— Schwimmen:
  — 25 m Freistil
  — 25 m Rücken

B — Querschnittsgelähmte
— 80-m-Hindernisparcours
— 75-m-Rollstuhlfahren
— Schlagballwurf (80 g)
— Schwimmen:
  — 25 m Freistil
  — 25 m Rücken

Schadensklasse 4

Wettkampfklassen I, II, III, IV
— 40-m-Slalomgehen
— Ballwurf (80 g)
— Basketballzielrollen
— Schwimmen:
— 50 m Freistil
— 50 m Rücken

Schadensklasse 5

Wettkampfklassen I, II, III, IV
— 40-m-Slalomgehen
— Hindernisgehen
— Basketballzielrollen
— Schwimmen:
— 50 m Freistil
— 50 m Rücken

Schadensklasse 6

Wettkampfklassen I, II, III, IV
— 40-m-Slalomgehen
— Hindernisgehen
— Basketballzielrollen
— Schwimmen
— 50 m Freistil
— 50 m Rücken

Schadensklasse 7

Wettkampfklasse I und II   Wettkampfklasse III und IV
— 75-m-Lauf   — 50-m-Lauf
— Ballwurf (200 g)   — Ballwurf (80 g)
— Standweitsprung   — Standweitsprung
— Schwimmen:
— 50 m Freistil
— 50 m Rücken
— 50 m Brust

Schadensklasse 8

Wettkampfklasse I und II   Wettkampfklasse III und IV
— 100-m-Lauf   — 75-m-Lauf
— Kugelstoß (Jungen 4 kg,   — Ballwurf (80 g)
Mädchen 3 kg)
— Weitsprung mit Anlauf   — Weitsprung mit Anlauf
— Schwimmen:
— 50 m Freistil
— 50 m Rücken
— 50 m Brust

Die Übungsbeschreibungen finden sich in der Broschüre „Schulsport-Wettbewerbe in Bayern im Schuljahr 1986/87" auf den Seiten 112—113.

Wertung

1. Bei allen Sprüngen, Würfen und Stößen können drei Versuche durchgeführt werden; der beste Versuch wird gewertet. Die Slalom- und Hindernisdisziplinen können einmal wiederholt werden; der bessere Versuch wird gewertet. Beim Weitsprung erfolgt der Absprung aus dem 80-cm-Absprungraum.

2. Bei jedem Wettkampf werden aufgrund der erzielten Leistungen Platzziffern vergeben. Sieger ist der Teilnehmer mit der niedrigsten Summe der Platzziffern aus den drei durchgeführten Disziplinen.
   Im Schwimmen wird die Reihenfolge durch die erzielten Zeiten festgelegt.

Auszeichnungen

Die siegreichen Schüler jedes Wettkampfes (Mehrkampf) werden mit den bayerischen Schulsport-Siegermedaillen in Gold, Silber und Bronze ausgezeichnet. Jeder Teilnehmer erhält eine Urkunde.

Übungsbeschreibungen

Fußballzielstoß

Anlage: Rechtwinklig zu einer Linie wird im Abstand von 7 m ein Kastenteil waagrecht aufgestellt.

Ausführung: Der Ball muß durch das aufgestellte Kastenteil geschossen werden.

Wertung: Es sind 6 Versuche erlaubt; jeder Treffer wird als ein Punkt gewertet.

Hindernisgehen (40 m)

Anlage: Rechtwinklig zu einer 2 m langen Start- und Ziellinie werden im Abstand von 4, 6, 8, 12, 14, 16, 18 m Fahnenstangen (Höhe 1,50 m), im Abstand von 2 m ein aufrechtgestelltes Kastenteil quer (A), im Abstand von 20 m ein aufrechtgestelltes Kastenteil längs (B) zur Gehrichtung und im Abstand von 10 m ein 0,90 m hoher Kasten (C) quer zur Gehrichtung aufgestellt.

Durchführung: A und B müssen durchschlüpft, C muß überwunden, die Slalomstangen umgangen werden. Auf dem Rückweg müssen die Hindernisse nicht mehr genommen werden.

Wertung: Zeit vom Start bis zum Überschreiten der Ziellinie.

Slalomgehen und Slalomfahren 20 m (40 m)

Anlage: Fünf bzw. neun Fahnen werden im Abstand von 2 m recht-winklig zu einer 2 m langen Start- und Ziellinie aufgestellt.

Wertung: Zeit vom Start bis zum Überqueren der Ziellinie.

Keulen umstoßen

In einem rechteckigen Feld von 6 x 9 m (Volleyballfeld) werden 10 Gymna-stikkeulen aufgestellt. Die Standorte der Keulen werden markiert und sind somit für alle Wettkämpfer gleich. Die Keulen sind in möglichst kurzer Zeit mit dem Rollstuhl umzustoßen. Gemessen wird die Zeit vom Start von einer beliebigen Stelle außerhalb des Feldes bis zum Umstoßen der letzten Keule.

Ball treiben

Ein Ball (Durchmesser ca. 50 cm oder Spastikerball) ist mit Hilfe des Roll-stuhls von der Startlinie über eine 18 Meter entfernte Ziellinie zu treiben (Vol-leyballfeld). Gemessen wird die Zeit, die der Ball von der Startlinie bis zur Ziellinie benötigt.

80-m-Hindernisparcours

① 28 Lübecker Hüte (Markierungskegel) für die Slalomtore (evtl. verschie-
denfarbig, so daß sich die vor- und rückwärts zu durchfahrenden Slalomtore farblich voneinander abheben);

② 1 Tonne (altes Ölfaß) von ca. 60 bis 80 cm Durchmesser.

③ 3 Schwellenhindernisse oder Balken ca. 5—8 cm hoch, 10 cm breit und
1,50 m lang. Alternativ 2 großflächige Rampen mit derselben Höhe; einmal 1 m breit und 1 m lang, einmal 1 m breit und 2 m lang;

④ 2 Bohlen ca. 5 cm hoch, ca. 20 cm breit und 3 m lang;

⑤ 1 Rampe, zerlegbar in Einzelteile (Auffahrt, Mittelteil und Abfahrtsteil), 30
cm hoch, 1 m breit und insgesamt 4 m lang.

Zielwerfen/-rollen (Volleyball/Medizinball — 2 kg)

Anlage: Im Abstand von 10 m von einer 2 m langen Abwurflinie
werden durch 10 Fahnenstangen (Höhe 1,50 m) im Abstand von 70 cm nebeneinander 9 Tore gebildet. Der Volleyball wird vom Rollstuhl aus geworfen.

Wertung: Es werden 6 Versuche ausgeführt; gewertet wird die Summe der in den fünf besten Versuchen erzielten Punkte.
Das mittlere Tor wird mit 5, die Tore links und rechts von
diesem mit 4, 3, 2, 1 Punkt(en) bewertet. Prallt ein Ball von
einer Fahnenstange zurück, so gilt die höhere Wertung.

4.2 Wertungstabelle nach LORENZEN und MARTEN (1967)

Um eine Chancengleichheit der Konkurrenten bei diesen Sportwettkämpfen zu
gewährleisten, versuchten LORENZEN und MARTEN (1958, 1967) Behinderte mit
annähernd gleichen Funktionseinschränkungen in Schadensklassen zusammenzufassen. Die Eingliederung in eine der Schadenskategorien wird vom Ver-
sehrtensportarzt vorgenommen. Er ist es auch, der durch regelmäßige
Untersuchungen die Wettkampffähigkeit der Behinderten für die verschiedenen Sportarten feststellt. Um das Bewertungssystem nach LORENZEN und MAR-
TEN verständlich zu machen, wird die Siegerermittlung im Bereich der
Schadensklasse I (doppelter Beinschaden) beispielhaft herangezogen. Grundsätzlich wird die Leistung der Wettkampfteilnehmer in den verschiedenen
Schadensklassen nach einer Tausend-Punkte-Wertung festgesetzt. Abbildung
1 zeigt die Punktetabelle für das Kugelstoßen der Schadensklasse I (Männer).

m	Punkte	m	Punkte
12	1000	7	500
11	900	6	400
10	800	5	300
9	700	4	200
8	600		

1 cm = 1 Punkt

Abb. 1 Punktetabelle — Kugelstoß Männer

Ausführung:

DVF, DUS und **DKV** stoßen aus dem Stand bzw. Angehen mit Prothesen. Gestoßen wird aus dem 3-m-Raum mit 2 m langen, 5 cm breiten, 2 cm dicken Begrenzungslatten, die geweißt und so einzulassen sind, daß höchstens 1 cm über den Erdboden ragt.

OUS und **DOS (DKV)** stoßen nach eigener Wahl aus dem Sitz vom Stoßtisch mit Haltegriff und vorgestelltem Turnkasten oder aus dem Stand mit Prothesen. (Zuhilfenahme eines Stocks oder Stuhls gestattet.)

Bei näherer Betrachtung der Schadensklasse I ist zu erkennen, daß je nach Grad der funktionellen Behinderung ganz erhebliche Leistungsunterschiede bestehen. LORENZEN und MARTEN versuchten nun in ihrer Mehrkampfwertung diese Unterschiede durch sogenannte Schadensgutpunkte auszugleichen. Abbildung 2 zeigt die unterschiedlichen Schadensbilder der Schadensklasse I und die Verteilung der Schadensgutpunkte für die einzelnen Schadensbilder in den wählbaren Disziplinen.

Schadenspunkte Klasse I

Schaden	A	B	C	D	E	F	G	H	J	K	L	M	N	O	P	Q	R	S	T
	Wertungsgehen	50-m-Beliebig-Schwimmen	50 m Brust, 50 m Rücken	Kugelstoß bests.	Kugelstoß beids.	Speerzielwurf	Keulenweitwurf	Medizinball-Weitwurf bests.	Medizinball beids.	Basketballzielwurf	Schlagballzielwurf	Schleuderball	Nackenballweitwurf	Bogenschießen	Kegeln	Rollsitzfahren	25 m Schwimmen bel.	25 m Brust, 25 m Rücken	Barrenturnen
1. DVF	Sonderwertung	0	0	0	0	Sonderwertung	0	0	0	Sonderwertung	Sonderwertung	0	0	Sonderwertung	0	0	—	—	0
2. DUS	Sonderwertung	30	50	80	100	Sonderwertung	80	90	90	Sonderwertung	Sonderwertung	200	100	Sonderwertung	30	0	0	0	0
3. OUS	Sonderwertung	60	90	150	200	Sonderwertung	160	200	200	Sonderwertung	Sonderwertung	—	150	Sonderwertung	70	25	25	30	30
4. DOS	Sonderwertung	100	120	200	280	Sonderwertung	280	280	280	Sonderwertung	Sonderwertung	—	280	Sonderwertung	100	0	50	60	50
5. DKV	Sonderwertung	130	150	120	150	Sonderwertung	240	100	100	Sonderwertung	Sonderwertung	100	250	Sonderwertung	50	50	75	100	0

1. Doppelvorfußverlust, 2. Doppel-Unterschenkelverlust, 3. 1 Ober- und 1 Unterschenkelverlust, 4. Doppel-Oberschenkelverlust, 5. Doppel-Knieversteift.

Abb. 2   Schadensbilder und Schadensgutpunkte der Klasse I

Um auch noch das Alter der Teilnehmer bei den Wettkämpfen zu berücksichtigen, werden nach LORENZEN und MARTEN auch noch Altersgutpunkte vergeben (s. Abb. 3).

Männer	Dreikampf	Vierkampf	Fünfkampf
18—25	0	0	0
26—34	+ 100	+ 130	+ 170
35—43	+ 200	+ 260	+ 330
44—49	+ 310	+ 400	+ 510
50—57	+ 430	+ 560	+ 710
58—63	+ 550	+ 730	+ 920
64—68	+ 700	+ 900	+ 1170
älter als 68	+ 900	+ 1200	+ 1500

Abb. 3   Altersgutpunkte — Männer

LORENZEN und MARTEN sahen 1967, daß auch Leistungspunkte, Schadensgut- und Alterspunkte keinen gerechten Vergleich zulassen und empfahlen deshalb eine Siegerehrung in alphabetischer Reihenfolge.

5. Ausblick

Trotz der beschriebenen Bewertungsschwierigkeiten, haben sich die persönlichen Leistungen der Behindertensportler in den letzten Jahren explosionsartig verbessert. Als Gründe dafür sind Entwicklung und Verbesserung der Sportgeräte (Rollstühle) und Hilfsmittel (Prothesen) sowie die Übernahme professioneller Trainingsmethoden zu nennen. Um auf internationaler Ebene mit dem Leistungsfortschritt im Behindertensport mithalten zu können, wird künftig zwangsläufig eine Spezialisierung notwendig werden, die Betreuung der Sportler durch Disziplintrainer und Sportmediziner erforderlich sein.

Obwohl aus Mitteln des Bundesinnenministeriums der Leistungssport der Behinderten 1988 im Jahr der „parolympics" in Seoul mit 3,5 Millionen DM gefördert wurde, stellt sich die Frage, ob es zu einer Professionalisierung mit Kommerzialisierung im Behindertensport kommen wird, wegen einer guten Rangfolge eines Landes im Medaillenspiegel, kommen muß? (s. *Abb. 4*).

Medaillen-spiegel	Medaillen			
	Gold	Silber	Bronze	Gesamt
1. USA	92	91	85	268
2. Bundesrepublik Deutschland	**77**	**64**	**51**	**192**
3. Großbritannien	62	66	51	179
4. Kanada	54	42	57	153
5. Frankreich	45	48	49	142
6. Schweden	42	38	22	102
7. Korea	40	35	19	94
8. Niederlande	30	23	29	82
9. Dänemark	25	18	22	65
10. Australien	23	34	37	94
11. Polen	22	25	34	81
12. UdSSR	21	19	15	55
13. Spanien	18	13	12	43
14. China	17	17	9	43
15. Italien	16	15	27	58
16. Japan	16	12	17	45
17. Belgien	15	17	9	41
18. Israel	15	13	15	43
19. Irland	13	13	18	44
20. Österreich	13	7	15	35
21. Schweiz	12	10	10	32
22. Finnland	11	23	15	49
23. Norwegen	11	11	13	35
24. Mexico	8	9	6	23
25. Brasilien	4	9	14	27
26. Kuwait	4	6	8	18
27. Jugoslawien	4	4	11	19
28. Iran	4	1	3	8
29. Portugal	3	4	5	12
30. Neuseeland	2	4	11	17
31. Island	2	2	8	12
32. Bulgarien	2	1	0	3
33. Jamaica	1	4	3	8
34. Faroe Islands	1	3	3	7
35. Ägypten	1	2	3	6
36. Puerto Rico	1	2	0	3
37. Bahrain	1	1	1	3
38. Guatemala	1	0	0	1
39. Argentinien	0	7	2	9
40. Ungarn	0	4	7	11
41. Kenia	0	4	1	5
42. Hong Kong	0	2	7	9
43. Griechenland	0	1	3	4
44. Indonesien	0	1	0	1
45. Tschechoslowakei	0	1	0	1
46. Thailand	0	1	0	1
47. Tunesien	0	0	2	2
48. Malaysia	0	0	1	1
Total	729	729	730	2188

Abb. 4   Medaillenspiegel der „parolympics" in Seoul 1988

6. Literatur

Bayerisches Staatsministerium für Unterricht und Kultus: Schulsportwettbewerbe in Bayern. Schuljahr 1988/89, Heft 17.

Behindertensport: Verbandsorgan des Deutschen Behindertensportverbandes, Heft 8/1980.

BLOSS, H.: Sport mit körperbehinderten Kindern und Jugendlichen. Bad Homburg 1978.

Deutscher Sportbund: Deutsches Sportabzeichen unter Behindertenbedingungen (o. a. d. J.).

DORDEL, H. J.: Entwicklungsförderung durch Sport/-Begründungsansätze für den Sportunterricht mit Körperbehinderten. In: Sportunterricht Heft 8/1981.

INNENMOSER, J.: Pro zum Leistungssport. In: Behindertensport Heft 10/82.

LÄMMEL, R.: Probleme und Bedeutung des Hochschulsports für (Körper-) Behinderte. Hochschulsport Heft I/1981.

LORENZEN, H., MARTEN, G.: Bewertung sportlicher Leistungen bei Körperschaden. Grundlage des Versehrtensports. Düsseldorf 1958, 1967.

RÖTHIG, P.: Sportwissenschaftliches Lexikon, Schorndorf 1983[5].

RUSCH, H.: Ausschreibung zum 1. Landesjugendsportfest des Bayerischen Versehrten-Sportverbandes. Der Sportkamerad Heft 11, 1971.

SPRANGER, D.: Der Stellenwert des Leistungssports Behinderter im Rahmen der Politik der Bundesregierung. In: DAHLMANN, J.: Übungsleiter im vereinsorientierten Behindertensport. Düsseldorf 1987.

Schriftenreihe zur Praxis der Leibeserziehung und des Sports